国家重点档案专项资金资助项目

抗日战争档案汇编

抗战时期滇缅公路运输档案汇编

云南省档案馆 编

五洲传播出版社

图书在版编目（CIP）数据

抗战时期滇缅公路运输档案汇编 / 云南省档案馆编 . 北京 : 五洲传播出版社 , 2025. 6. -- (抗日战争档案汇编). -- ISBN 978-7-5085-5332-0

Ⅰ . F542.9

中国国家版本馆 CIP 数据核字第 2025BE8744 号

抗战时期滇缅公路运输档案汇编

编　　者：云南省档案馆
出 版 人：关　宏
责任编辑：阴湙萌
装帧设计：北京禾风雅艺文化发展有限公司
出版发行：五洲传播出版社
地　　址：北京市海淀区北三环中路31号生产力大楼B座6层
邮　　编：100088
电　　话：010-82005927，82007837
网　　址：www.cicc.org.cn, www.thatsbooks.com
印　　刷：天津艺嘉印刷科技有限公司
版　　次：2025年6月第1版第1次印刷
开　　本：210 mm × 285 mm
印　　张：28.5
定　　价：460.00元

抗日战争档案汇编编纂出版工作组织机构

编纂出版工作领导小组

组　长　王绍忠

副组长　高　嵚　李洁鸿　林振义

编纂委员会

主　任　王绍忠

副主任　李洁鸿

顾　问　杨冬权　李明华　陆国强

成　员（按姓氏笔画为序排列）

王　宇　王　放　王海燕　方　旭　甘自强　田　红
田　峰　田富祥　代年云　白晓军　冯建华　伍　英
刘晓阳　孙秀梅　孙建军　苏雨新　苏树增　杜昕昱
李　军　李　晶　李世华　李宝玲　李莉娜　李海蓉
李家成　杨文丰　杨智友　谷　磊　张　军　张向军
张军勇　张秀丽　陆和兰　陈念先　陈熙满　欧阳春
罗先东　周向阳　郑泽隆　赵舒龙　胡　勇　姜若宁
姚永军　聂文胜　夏　红　顾　俊　徐未晚　高建舟
常建宏　梁克昌　蒋宏灵　喻在岗　焦东华　童　鹿
曾德亚　谭荣鹏　潘　勇

编纂出版工作领导小组办公室

主　任　李莉娜

副主任　贾　坤　沈　岚

成　员（按姓氏笔画为序排列）

朱召师　李　宁　汪海涛　董书婷

云南省抗战时期滇缅公路运输档案汇编编纂出版工作组织机构

编纂委员会

主　任　黄凤平

副主任　段俐娟　龙　岗　张文芝　刘海岩　王志强

委　员　梁屹峰　陈建东　杨健生　苏晓霞　梁雪花　叶惠杰　李　涛　杨庆树　杨　萍

编辑部

主　编　黄凤平

副主编　段俐娟

执行副主编　李　燕

审　稿　梁屹峰

编　辑　殷俊燕　黄燕玲　和丽琨　杨　萍　李晓蓉　刘春茂　唐　娟

总序

为深入贯彻落实习近平总书记「让历史说话，用史实发言，深入开展中国人民抗日战争研究」的重要指示精神，国家档案局根据《全国档案事业发展「十三五」规划纲要》和《「十三五」时期国家重点档案保护与开发工作总体规划》的有关安排，决定全面系统地整理全国各级综合档案馆馆藏抗战档案，编纂出版《抗日战争档案汇编》（以下简称《汇编》）。

中国人民抗日战争是近代以来中国反抗外敌入侵第一次取得完全胜利的民族解放战争，开辟了中华民族伟大复兴的光明前景。这一伟大胜利，也是中国人民为世界反法西斯战争胜利、维护世界和平作出的重大贡献。加强中国人民抗日战争研究，具有重要的历史意义和现实意义。

全国各级档案馆保存的抗战档案，数量众多，内容丰富，全面记录了中国人民抗日战争的艰辛历程，是研究抗战历史的珍贵史料。一直以来，全国各级档案馆十分重视抗战档案的开发利用，陆续出版公布了一大批抗战档案，对揭露日本帝国主义侵华罪行，讴歌中华儿女勠力同心、不屈不挠抗击侵略的伟大壮举，弘扬伟大的抗战精神，引导正确的历史认知，发挥了积极作用。特别是国家档案局组织有关方面共同努力和积极推动，「南京大屠杀档案」被联合国教科文组织评选为「世界记忆遗产」，列入《世界记忆名录》，捍卫了历史真相，在国际上产生了广泛而深远的影响。

全国各级档案馆馆藏抗战档案开发利用工作虽然取得了一定的成果，但是，在档案信息资源开发的系统性和深入性方面仍显不足。正如习近平总书记所指出的：「同中国人民抗日战争的历史地位和历史意义相比，同这场战争对中华民族和世界的影响相比，我们的抗战研究还远远不够，要继续进行深入系统的研究。」「抗战研究要深入，就要更多通过档案、资料、事实、当事人证词等各种人证、物证来说话。要加强资料收集和整理这一基础性工作，全面整理我国各地抗战档案、照片、资料、实物……」

国家档案局组织编纂《汇编》，对全国各级档案馆馆藏抗战档案进行深入系统地开发，是档案部门贯彻落实习近平总书记重要指示精神，推动深入开展中国人民抗日战争研究的一项重要举措。本书的编纂力图准确把握中国人民抗日战争的历史进程、主流和本质，用详实的档案全面反映一九三一年九一八事变后十四年抗战的全过程，反映中国共产党在抗日战争中的中流砥柱作用以及中国人民抗日战争在世界反法西斯战争中的重要地位，反映国共两党「兄弟阋于墙，外御其侮」进行合作抗战、共同捍卫民族尊严的历史，反映各民族、各阶层及海外华侨共同参与抗战的壮举，展现中国人民抗日战争的伟大意义，以历史档案揭露日本侵华暴行，揭示日本军国主义反人类、反和平的实质。

编纂《汇编》是一项浩繁而艰巨的系统工程。为保证这项工作的有序推进，国家档案局制订了总体规划和详细的实施方案，明确了指导思想、工作步骤和编纂要求。为保证编纂成果的科学性、准确性和严肃性，国家档案局组织专家对选题进行全面论证，对编纂成果进行严格审核。

各级档案馆高度重视并积极参与到《汇编》工作之中，通过全面清理馆藏抗战档案，将政治、军事、外交、经济、文化、宣传、教育等多个领域涉及抗战的内容列入选材范围。入选档案包括公文、电报、传单、文告、日记、照片、图表等多种类型。在编纂过程中，坚持实事求是的原则和科学严谨的态度，对所收录的每一件档案都仔细鉴定、甄别与考证，维护档案文献的真实性，彰显档案文献的权威性。同时，以《汇编》编纂工作为契机，以项目谋发展，用实干育人才，带动国家重点档案保护与开发，夯实档案馆基础业务，提高档案人员的业务水平，促进档案馆各项事业的发展。

守护历史，传承文明，是档案部门的重要责任。我们相信，编纂出版《汇编》，对于记录抗战历史，弘扬抗战精神，发挥档案留史存鉴、资政育人的作用，更好地服务于新时代中国特色社会主义文化建设，都具有极其重要的意义。

抗日战争档案汇编编纂委员会

编辑说明

一九三八年八月底，经过云南各族人民耗时九个月的艰苦奋战，滇缅公路提前竣工通车。同年十二月，首批军需物资经缅甸腊戍沿滇缅公路运入昆明，从此拉开了滇缅公路物资运输的序幕。一九四〇年六月，滇越铁路被日军切断后，滇缅公路一度成为我国唯一一条出海的国际通道，滇缅公路运输成为规模空前、战线悠长的国际运输的一个重要组成部分，成为中国人民抗日战争的「输血线」和「生命线」。

《抗战时期滇缅公路运输档案汇编》一书选用云南省档案馆馆藏滇缅公路运输相关档案八十余份，主要为国民政府军事委员会西南进出口运输总经理处档案，部分为中央信托局昆明分局、昆明海防西贡交通银行档案，其形式为各种呈、训令、指令、办法、会议记录、函、代电、财务表格等。这些档案真实记录了在中华民族生死存亡的紧要关头，各运输机构万众一心、排除万难，从滇缅公路抢运援华抗战物资的全过程。

本书选稿起自一九三八年，迄至一九四五年，按照「主题—时间」体例编排。全书按照事件历史脉络分为三个部分：第一部分为负责滇缅公路物资抢运的各运输机构抢运物资计划和办法，第二部分为运出、运入货物的种类及运量统计表，第三部分为物资抢运会议记录、抢运情况报告，分别按时间排序。

全书选用档案均据本馆馆藏原件全文影印，未作删节，如有缺页、跳页，为档案自身缺失或整理有误所致。档案中原标题完整或基本符合要求的使用原标题；原标题有明显错误或者缺陷的，对其进行了修改或重拟；无标题的加拟标题。标题中机构名称使用全称或规范简称，历史地名沿用当时名称。档案所载时间不完整或不准确的，作了补充或订正。

本书使用规范的简化字。对标题中的人名、历史地名、机构名称中出现的繁体字、错别字等，予以径改。限于篇幅，本书不作注释。

由于时间紧，档案公布量大，编者水平有限，在编辑过程中可能存在疏漏之处，考订难免有误，欢迎方家斧正。

编　者

二〇二〇年十二月二十五日

目录

二、抢运物资种类、运量统计表

三、抢运物资会议记录、情况报告

一、抢运物资计划和办法

航空委员会第一飞机制造厂恳请运输急需器材致交通部滇缅公路运输管理局的函（一九四〇年五月二十二日）

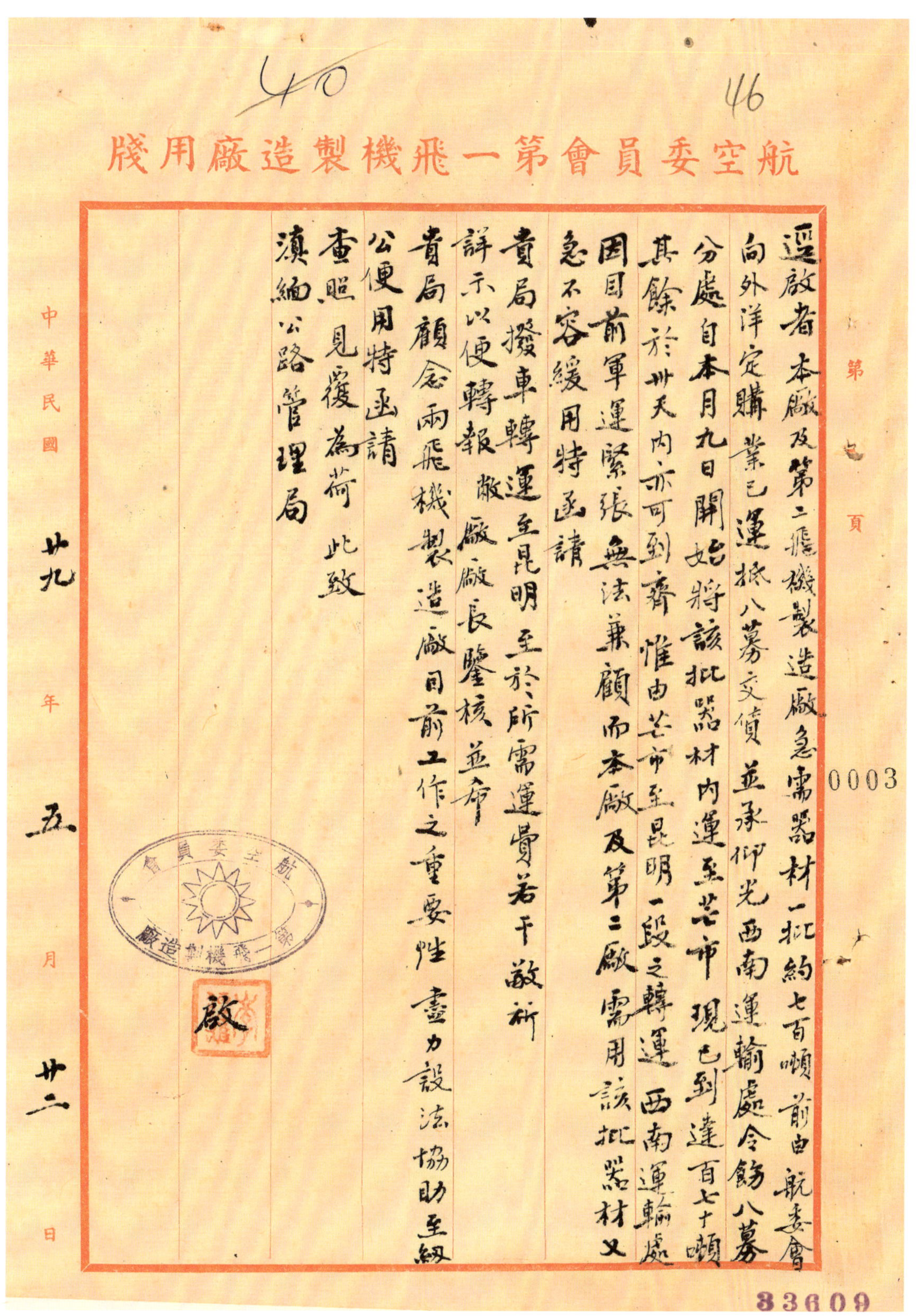

40

46

航空委員會第一飛機製造廠用牋

第　頁

逕啟者本廠及第二飛機製造廠急需器材一批約七百噸前由航委會向外洋定購業已運抵八募交貨並承仰光西南運輸處令飭八募分處自本月九日開始將該批器材內運至芒市現已到達百七十噸其餘於卅天內亦可到齊惟由芒市至昆明一段之轉運西南運輸處因目前軍運緊張無法兼顧而本廠及第二廠需用該批器材又急不容緩用特函請

貴局撥車轉運至昆明至於所需運費若干敬祈

詳示以便轉報　敝廠廠長鑒核並希

貴局顧念兩飛機製造廠目前工作之重要性盡力設法協助至紉

公便用特函請

查照見復為荷　此致

滇緬公路管理局

航空委員會第一飛機製造廠

啟

中華民國廿九年五月廿二日

0003

83609

交通部要求报送每月承运各机关军品物资分段吨量表致滇缅公路运输管理局的代电
（一九四〇年五月二十三日）

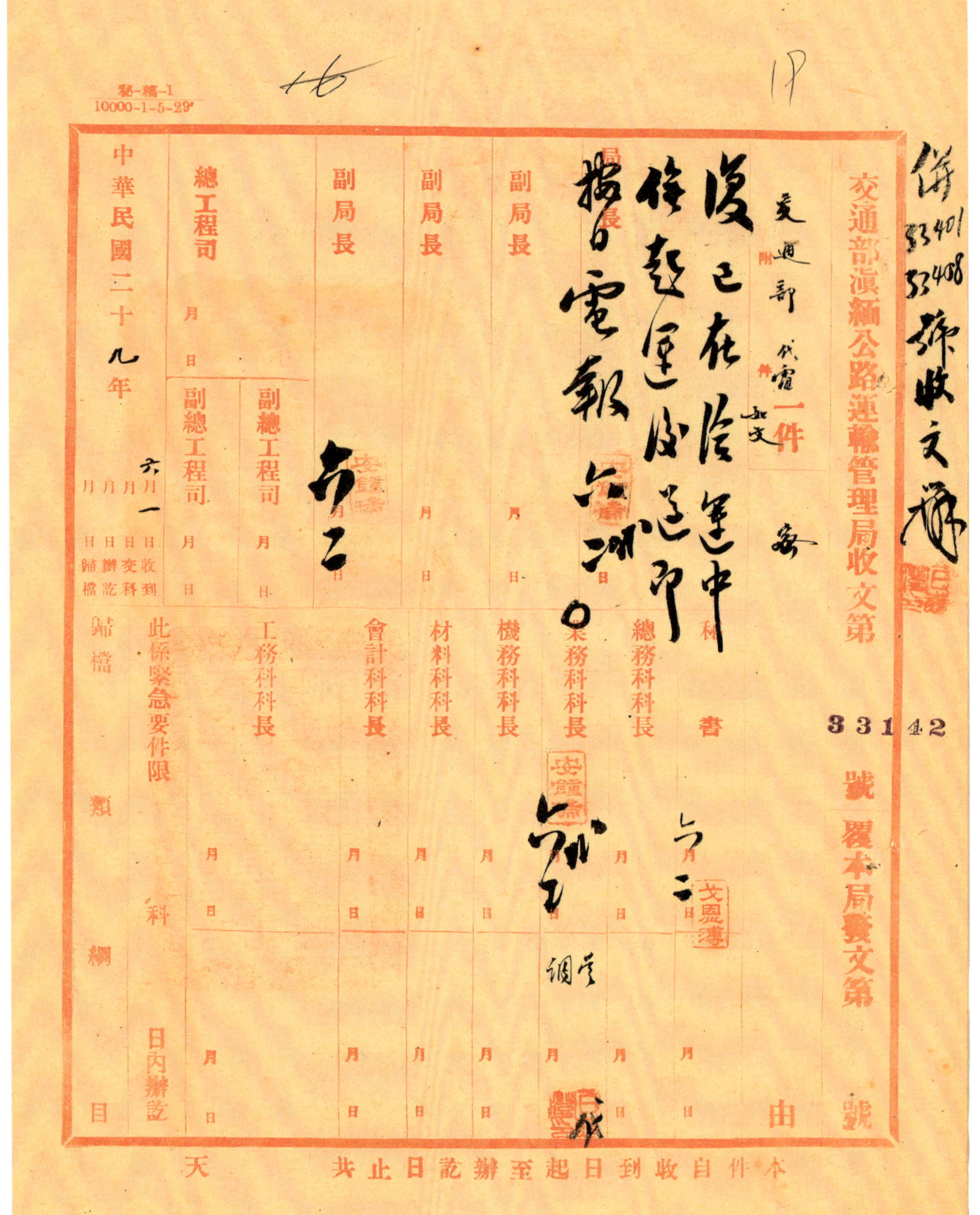
秘-稿-1
10000-1-5-29

交通部滇緬公路運輸管理局收文第 33142 號　覆本局發文第　號

附件：代電一件

文：交通部

科 書

由

局長

副局長　月　日

副局長　月　日

副局長　月　日

總工程司　月　日

副總工程司　月　日

副總工程司　月　日

總務科科長　月　日

業務科科長　月　日

機務科科長　月　日

材料科科長　月　日

會計科科長　月　日

工務科科長　月　日

此係緊急要件限　日內辦訖

中華民國二十九年
六月一日收到
月　日交科
月　日辦訖
月　日歸檔

歸檔　類　綱　目

本件自收到日起至辦訖日止共　天

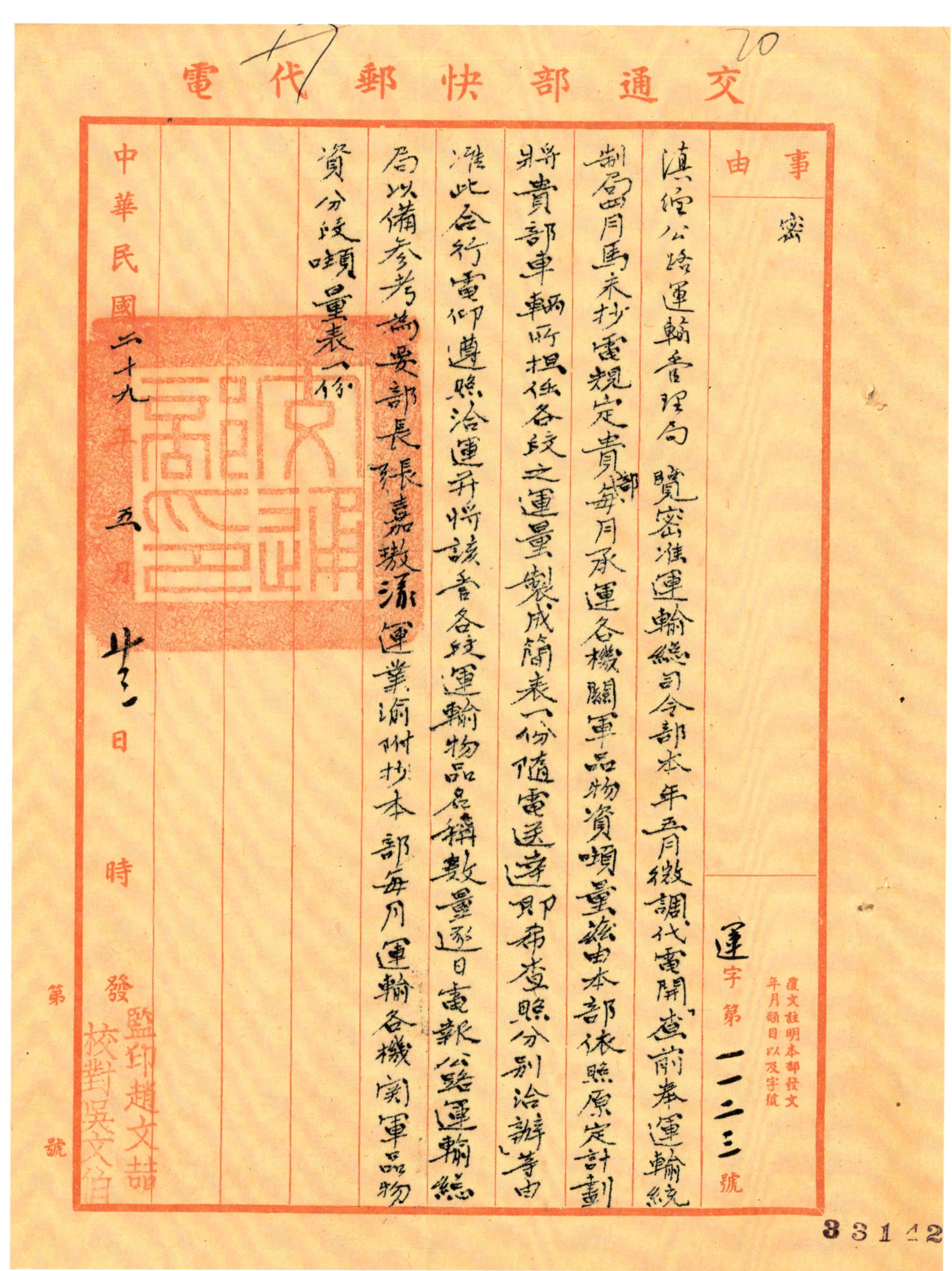

交通部快郵代電

事由：密

滇緬公路運輸管理局覽密。准運輸總司令部本年五月微調代電開：查前奉運輸統制局酉月馬未抄電規定貴部每月承運各機關軍品物資噸量統由本部依照原定計劃將貴部車輛所擔任各段之運量製成簡表一份隨電送達，即希查照分別洽辦等由。准此，合行電仰遵照洽運，並將該管各段運輸物品名稱數量逐日電報公路運輸總局，以備參考為要。部長張嘉璈。漾運業渝。附抄本部每月運輸各機關軍品物資分段噸量表一份。

運字第一一二三號

覆文註明本部發文年月額目以及字號

中華民國二十九年五月廿三日　時發　第　號

監印趙文喆　校對吳文伯

33142

附：交通部每月运输各机关军品物资分段吨量表

交通部每月運輸各機關軍品物資分段噸量表

路線 / 託運機關及物資名称	滇緬線	筑沅線	筑渝線	川滇東線	昆筑線	普筑線	筑柳線	車柳線	車筑線	筑遵線	渝蓉線	蓉廣線	廣宝線
兵工署材料					500					500			
兵工署軍械		420	※(一)1000		1000		1130				222	600	500
軍政部交通通信衛生器材等項			600		1000		300				150	150	
交通司汽油			1100		1000	200		400	※(二)300				500
航委會汽油及配件工具			400	200	400								
自用汽油	900		400	25	600	700							
川陝線汽油											250	130	
總計	900	420	3500	225	4500	900	1430	400	300	500	622	880	1000

※(一)渝製成品一千噸運筑轉沅柳利用回空車裝運

※(二)利用回空車裝運

交通部滇缅公路运输管理局要求上报运输物资办法以及统一物资运价等情况致科长陈瑞龄的电

（一九四〇年六月一日）

交通部滇緬公路運輸管理局稿

事由：密

來文號數：第　號

文別：電

送達機關：陳科長小溪

遞送方法：專送　航寄　平寄　快寄　附件

中華民國年

昆明處主任[illegible]譯轉陳科長小溪兄密

〈1〉關於運務物資事請速補正式公事詳列商定與否俾有依據〈2〉現在中央既制定統一運價對於出口物資如鎢砂桐油等應絕對依照規定運價辦理請轉呈統制局實施執行現在出口桐油鎢砂利用各方爭攬機會與各方商減運價抑價競運者運價之紊亂情況影響內運物資之運價請轉呈由統制局召集經濟部財政部交通部規定鎢砂桐油運價〈3〉由統制局支配運輸之車輛是否亦由統制局支配相當出口之鎢砂及桐油。

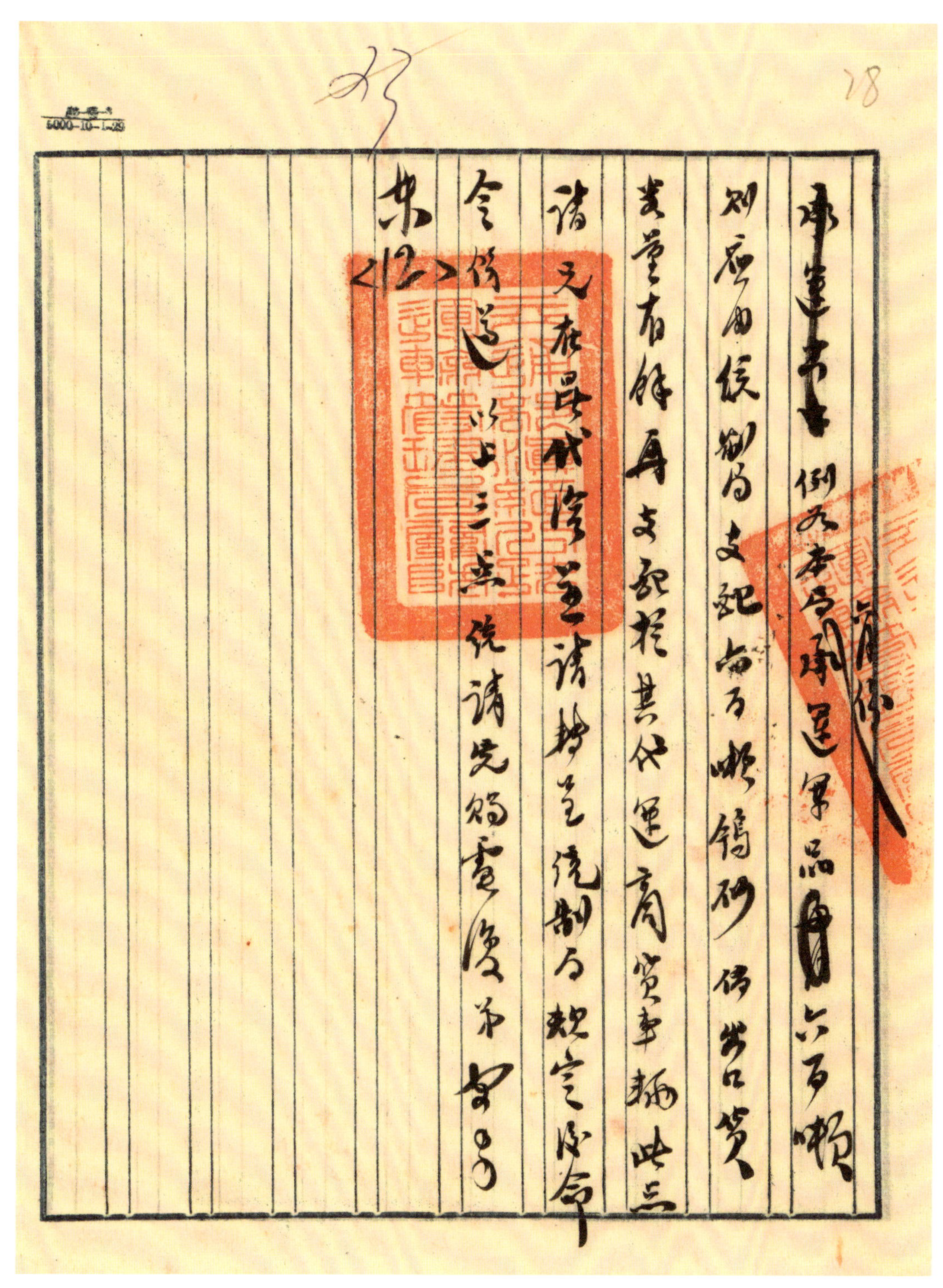

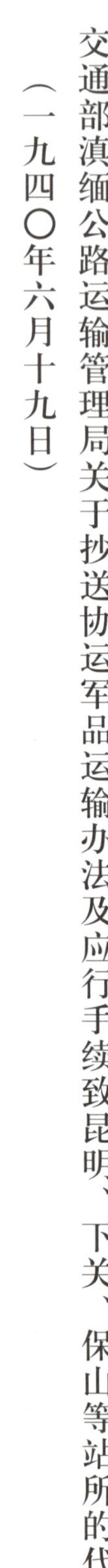

交通部滇缅公路运输管理局关于抄送协运军品运输办法及应行手续致昆明、下关、保山等站所的代电（一九四〇年六月十九日）

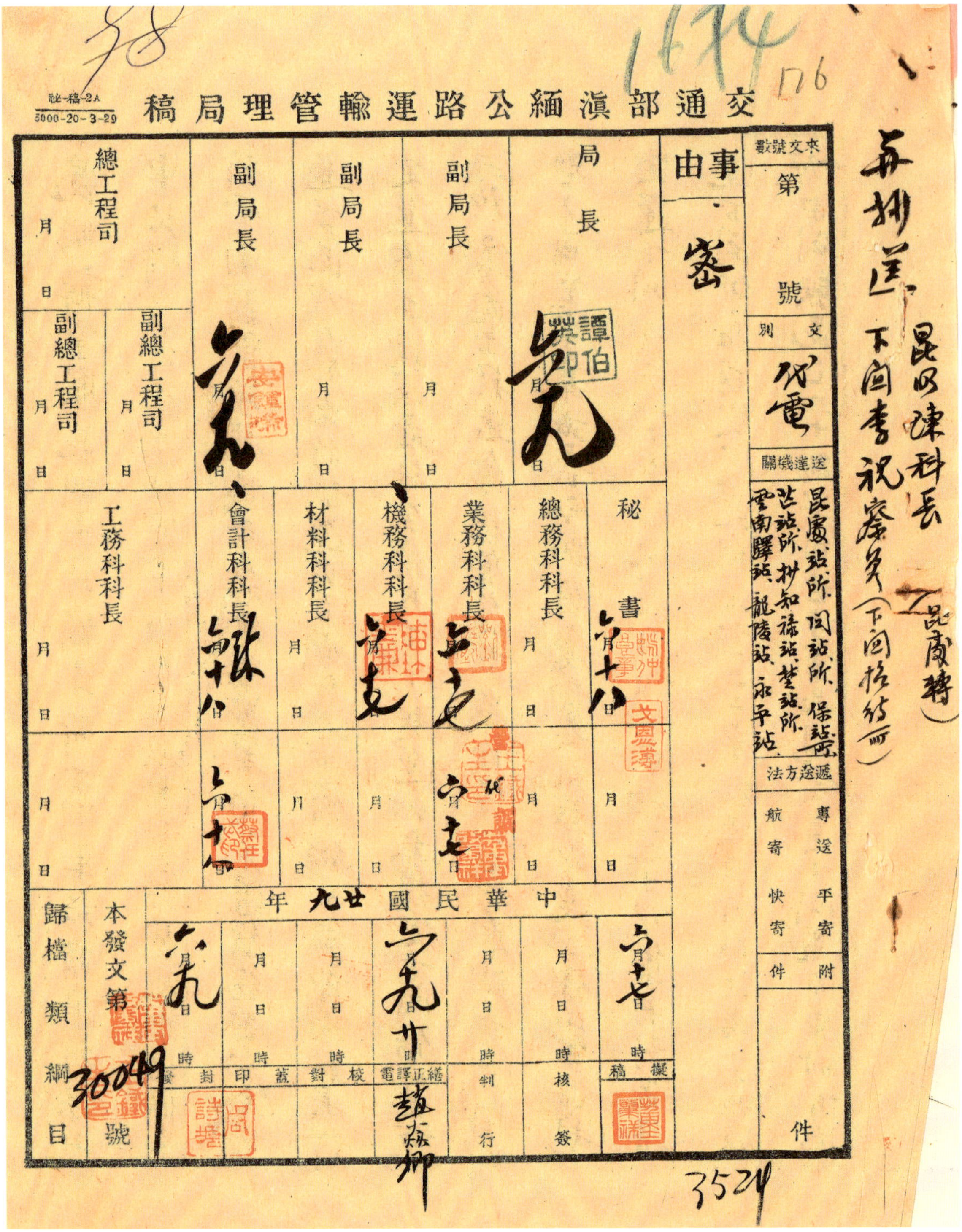

交通部滇緬公路運輸管理局稿

事由：

文別：代電

送達機關：昆處站所、關站所、保站所、芒站所、抄知祿站、楚站所、雲南驛站、龍陵站、永平站

中華民國廿九年

昆明辦事處、昆明車站、倘車所、下關車站、倘車所、保山車站、倘車所、芒市車站、倘車所、沙知、祿豐車站、楚雄車站、倘車所、雲南驛車站、永平車站、龍陵車站：

密查本局奉運輸統制局令協運軍品六月份先行試運六百噸，經與運輸總司令部陳科長洽定運輸辦法及應行手續如下〈1〉起運地點規定下關、保山、芒市三站〈2〉下關由航委會視察員李忠銓、保山由空軍站長李楠、芒市由空軍章站長分別負責向各該站洽運〈3〉保山軍品規定運下關，派定三十車往返運行，該批車輛尅日即集中到保擔運下關軍品，規定運昆明，派定二十車往返運行，已經指定9915及9917由關駛昆之二十輛，專用芒市軍品規定運下關，遇有車時即為陸續搶運，但不限定車數。（4）關昆及保關兩區間已經指定行駛之車輛及其他站搶運之車輛，如因修理以他車替換或在中途因故必須接運時，應由換車之站隨時將車號及換裝原因電知調度股及該車之到達站。（5）運費按每噸公里一元零六分核計，所有關昆間保關間及其他間回程空駛車輛，或由其他各站放空車輛，均照收空駛費，按每噸公里一元零六分八折核計，一併由起運站起票，由本局於月終結算核收。關於調車費在單程四十公里以內者免收，如超過四十公里時，每公里照半數核收，不足一公里按一公里計算。（6）押運由託運機關負責辦理，但每車只限押運官兵一人，並准免費押乘，如將來編隊行駛時，每車隊祇限定官兵二人

押運所有押運官兵姓名人數俱應由站長分別在各該車行
車總票及貨票上註明並分別簽章（另記）〈7〉以運往昆明之軍品
應由起運站並填「裝運軍品報到單」另由交運機關蓋章再
另由押運官兵於出發時經站長蓋章以隨身帶繳昆明
運輸總司令部報核該項報到單即另印寄發備用〈8〉
各起運站每次撥車裝運情形以及到達站於各該車到
站後應即隨時用本局站務電碼分電報告局長昆明办
事處暨昆明運輸總司令部陈科長電報內容應包括
運機關出發或到達日期時刻車數及車號共裝若件數噸
數及站長具名等項而裝載名稱簡密起見并規定以〈3〉代

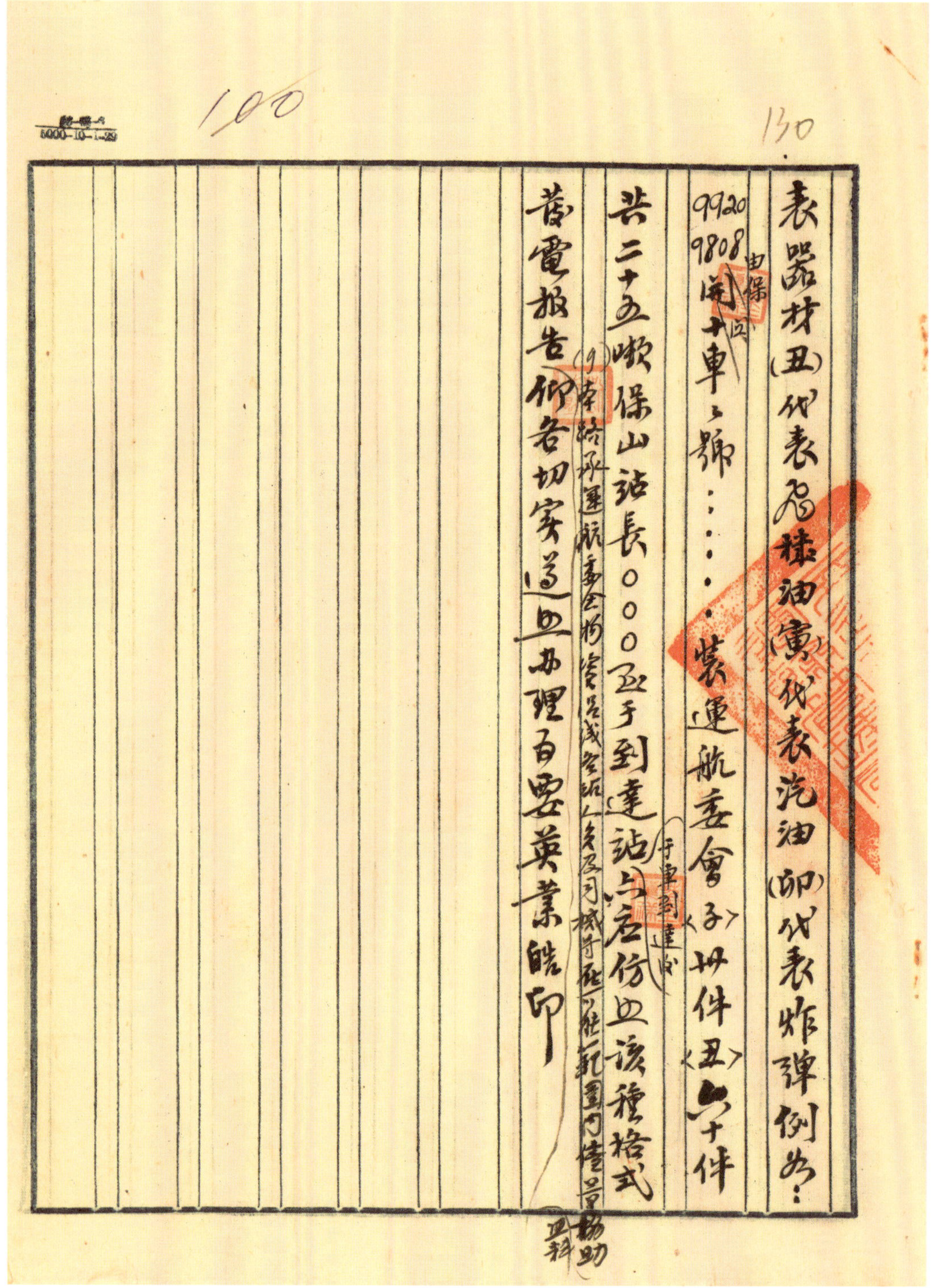

100　130

6000-10-1-29

表器材（丑）代表為機油（寅）代表汽油（卯）代表炸彈例如：

9920 9808（由保山）第十車ㄨ號……裝運航委會〈子〉卅件〈丑〉六十件

共二十五噸保山站長〇〇〇簽手（于車到達時）到達站亦應仿照該種格式

（9）本站承運航委會物資品名數量及司機牌號應一律電告以資協助

當電報告仰各切實遵照辦理為要英葉皓印

一、统制管理局驻昆代表兼交通部滇缅公路运输管理局规定每月[illegible]运航空委员会物资指定由下关至昆明运量六百吨

二、滇缅公路管理局[illegible]拨车[illegible]国[illegible]五十辆专运航委会物资驶行关昆间

三、航委会所存物资下关吨量用秘密方法向下关车站托运川役分批拨车起运如每批托运之物资运

132

102

致而不能續運者，由公路方面認為為暫不需車輛改變用途而免蒙受停車待貨損失。

四、航會下關暫無物資可運，擬請撥用車輛調運至二區市或保山裝運航會材料，若每次應由航會駐昆代表書面商請將有用運回昆物資車輛，公路方面將其留用，但回運工區係航會材料，以路下關運昆數量減少，公路方面不須負責任

133

五、公路與航會商定運輸物資之辦法如下

六、航會由經保問運昆物資運價每公噸里以.06標收

七、西段車輛如無貨運利用則回空駛里程按.06價八折標收空駛費，每次共計開出收空駛費車輛由公路起運站將車號掛送各空軍託運機關

八、調車費在單程四公里以內者免收

10

134

如趕造四公里者每公里照章核給，不足一公里者按一公里計算。

九、押運官得准免費來回乘坐車，憑押運和領車證明書向站接洽。

十、經運輸中途各站向各人員對於貨運物資在能力範圍內儘量協助照料，對於一切責任由押運自理。

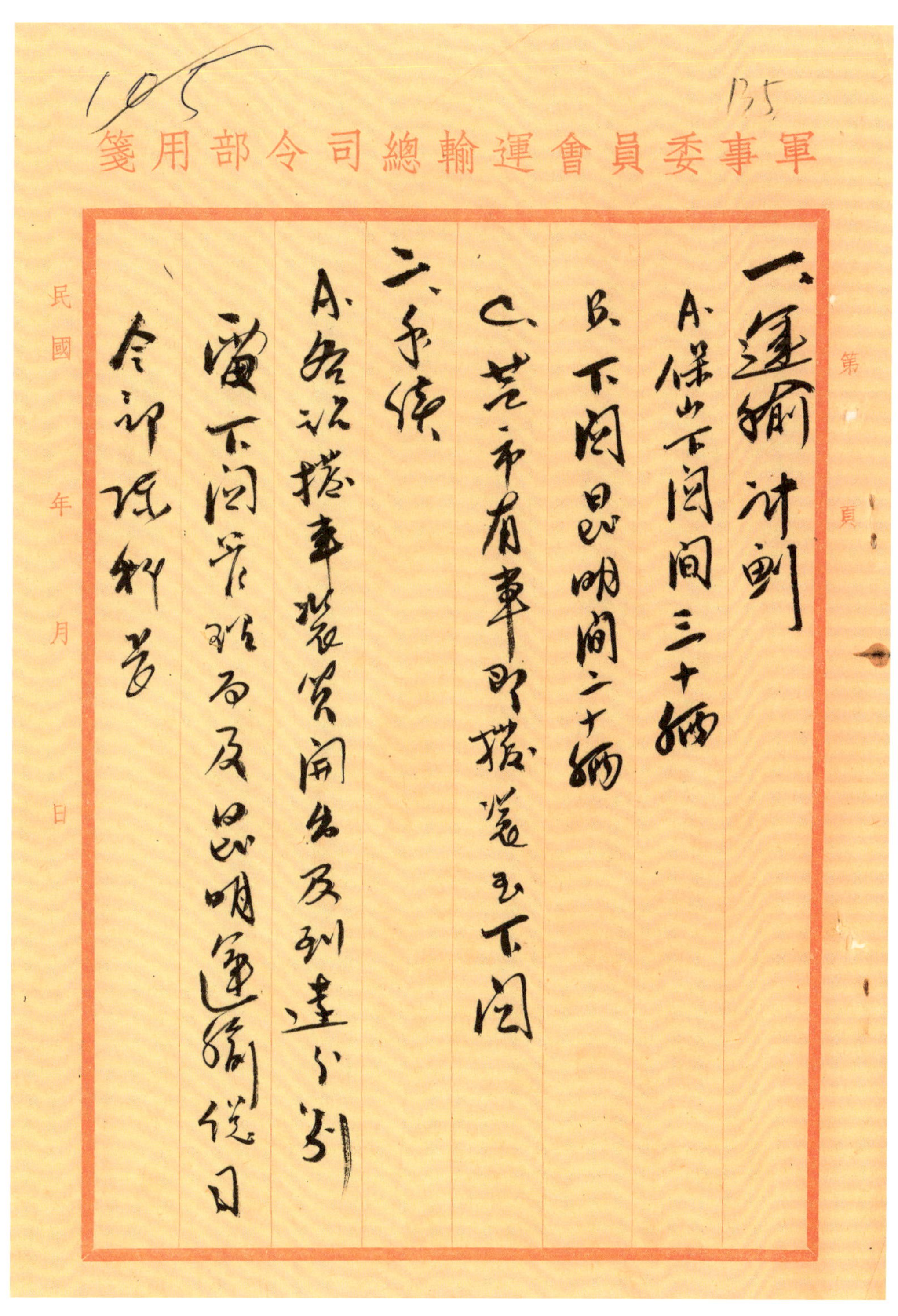

105　135

軍事委員會運輸總司令部用箋

一、運輸計劃

A、保山下關間三十輛

B、下關昆明間二十輛

C、芒市有車即撥運至下關

二、手續

A、每次撥車裝貨開出及到達分別

電下關兵站及昆明運輸總司

令部經辦者

民國　年　月　日　　第　頁

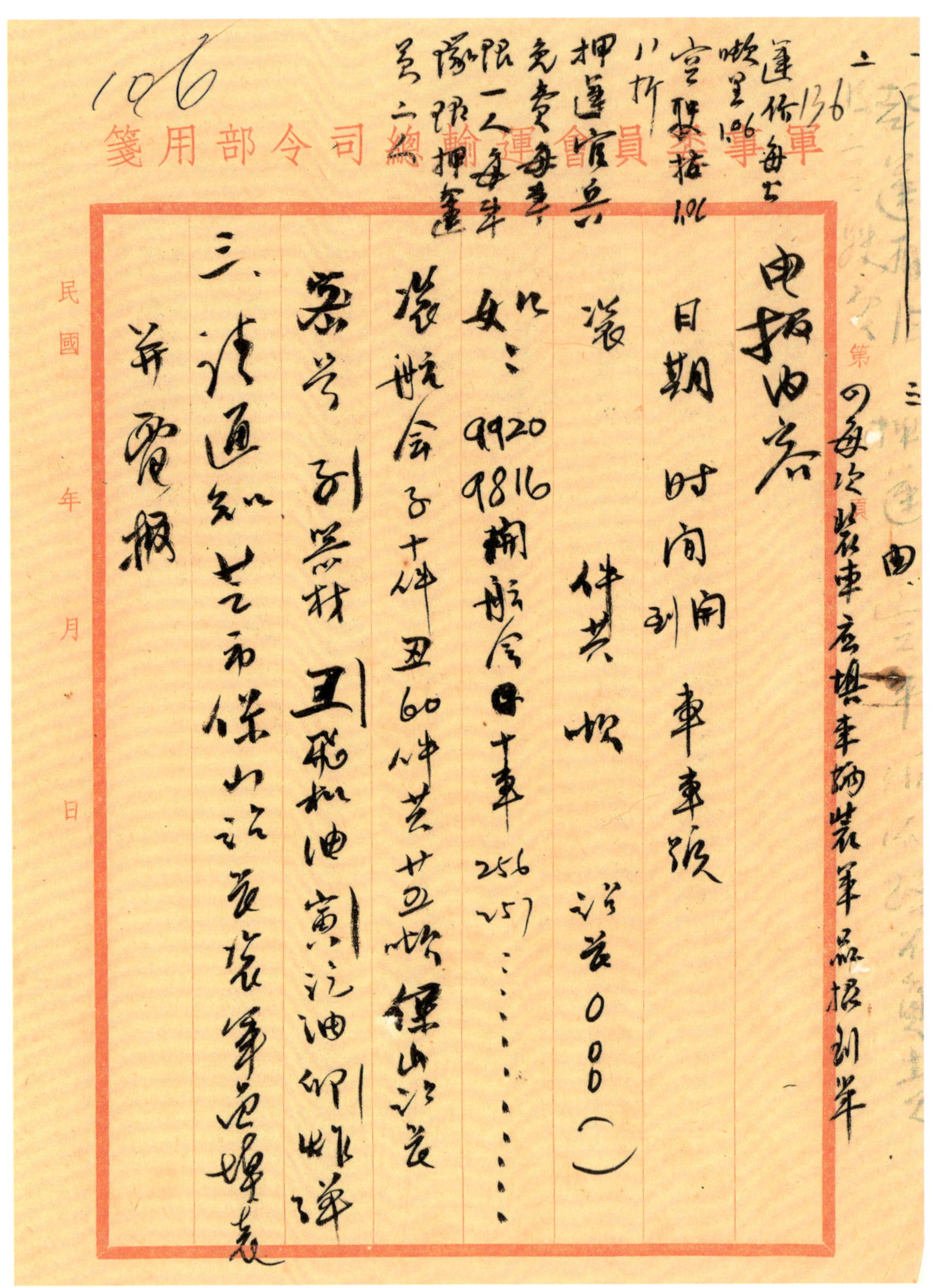
军事委员会运输总司令部用笺

106

136

二、運价每公吨公哩106，空駛按106八折，押運官兵免費，每車限一人，每車隊限押運員二人。

三、

四、每次須裝車應填車輛裝運品報到單

電報內容

日期　时间　到（向）　車　車號

裝　件共　噸　淨裝000（一）

如：9920　9816　桐油會十車　256　257……

裝航会子十件　丑60件共廿五噸　保山淨裝

要者　到器材　五　飛機油　寅沉油　卯　炸彈

三、請通知芒市保山站裝裝運單也填裝

并電報

民國　年　月　日

第　頁

军事委员会运输统制局关于印发抢运存缅物资入境运量配备计划致滇缅公路公商车辆管制所、西南运输处的代电（一九四〇年十月二十五日）

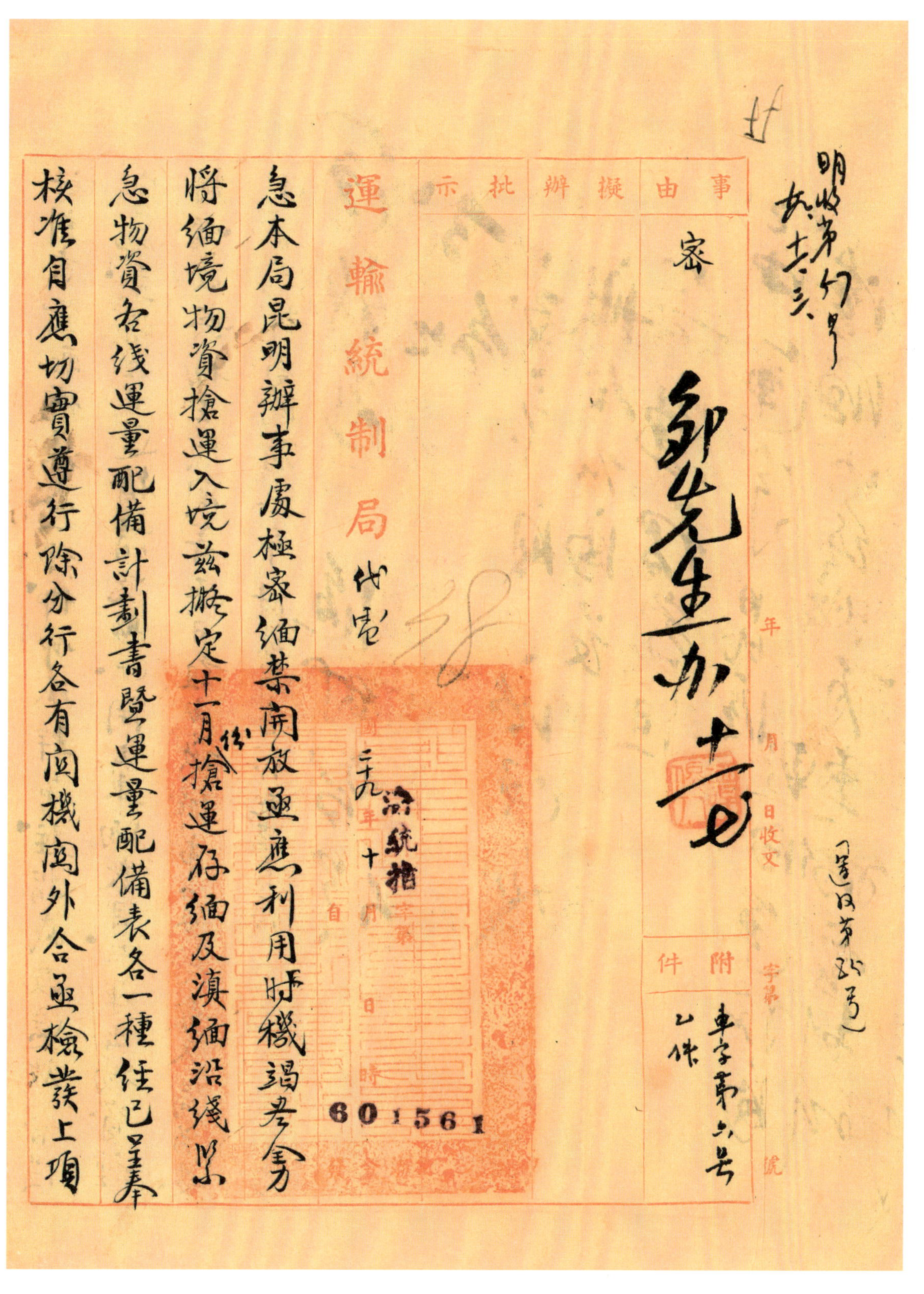

事由 密

擬辦

批示

附件 車字第六号 山件

運輸統制局 代電

急 本局昆明辦事處極密緬禁開放亟應利用時機竭盡全力將緬境物資搶運入境茲擬定十一月份搶運存緬及滇緬沿綫緊急物資各线運量配備計劃書暨運量配備表各一種经已呈奉核准自應切實遵行除分行各有關機關外合亟檢發上項

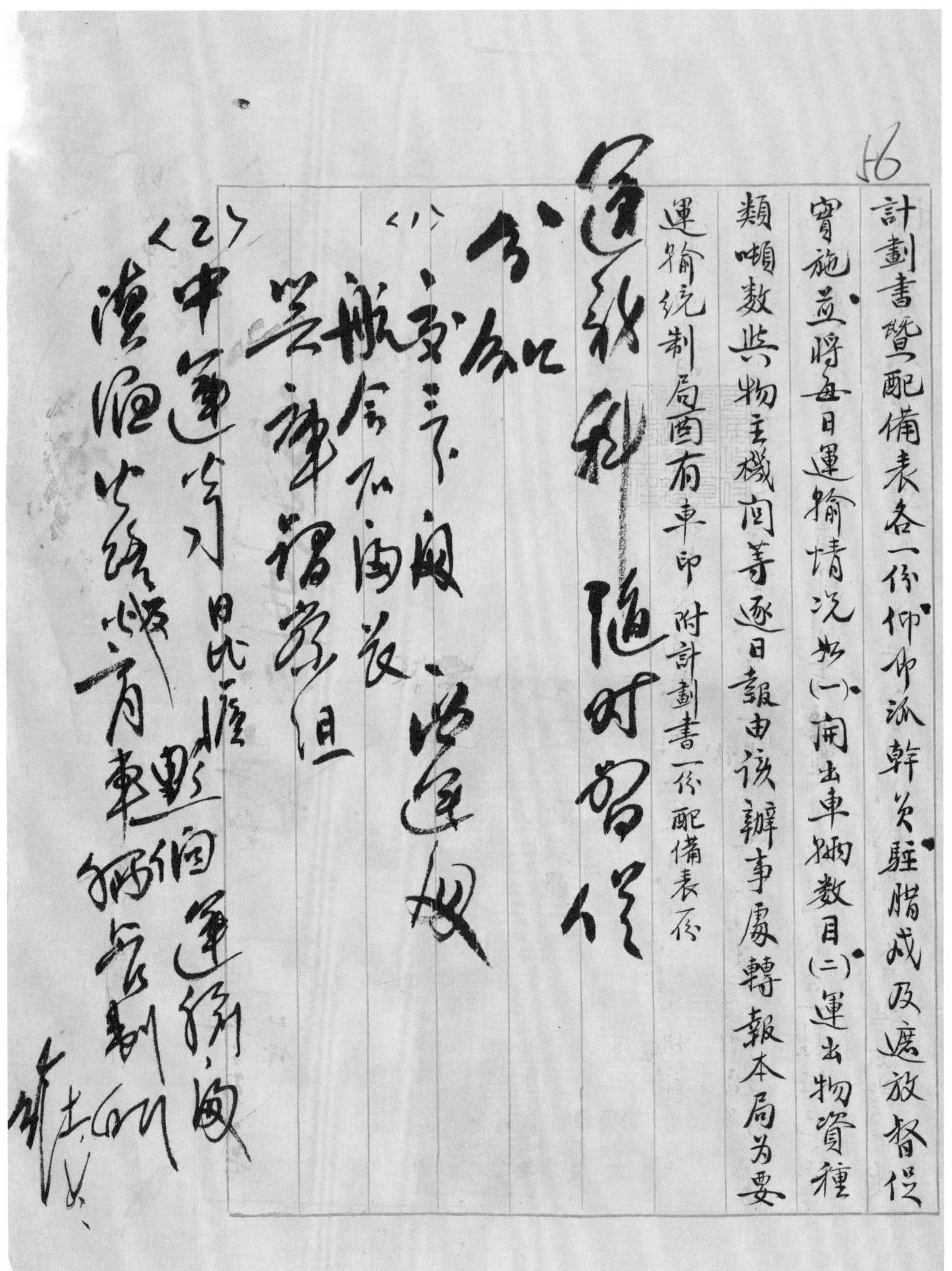

計劃書暨配備表各一份仰即派幹員駐臘戍及遮放督促實施並將每日運輸情況如(一)開出車輛數目(二)運出物資種類噸數與物主機關等逐日報由該辦事處轉報本局為要

運輸統制局酉有車印 附計劃書一份配備表一份

遵經[illegible]隨時督促

分[illegible]

(一)交三處[illegible]

[illegible]

[illegible]組

(二)中運[illegible]

[illegible]

附：缅甸开放后一九四〇年十一月份抢运存缅及滇缅沿线紧急物资各线运量配备计划

最機密

車字第七一號

緬甸開放後二十九年十一月份搶運存緬及滇緬沿線緊急物資各線運量配備計劃

查緬甸自十月十八日起開禁我政府各機關所有積存緬境物資亟應以全力悉數搶運回國增加抗戰能力惟查現在存緬物資數量約有四萬五千噸之多以限於運輸能力實非短時間內所能全部運入而國際情況變化莫測必須爭取時間方克有濟且越南形勢緊張所有運入物資尤須搶運至昆明以東以策安全茲本上述原則並視物品之性質及緩急擬於二十九年十一月份一個月內先行搶運(一)汽車汽油零配件(二)飛機及油料器材(三)兵工急需軍品及材料(四)急需藥品至其他物資則一律暫時緩運所有各機關存緬新車則限本月內悉數帶運上項物資駛入國境不得裝運其他物資搶運辦法分述如次：

(甲)航空委員會飛機及油料器材

查該會現存緬境飛機油料及配件約(3500)噸又飛機(136)架擬於十一月份內先運入(1700)噸並暨下列辦法分別配運

(一)八募或臘戍至畹町或遮放(1700)噸需二噸行駛車(142)輛由西南運輸處僱用緬甸商車擔任之

(二)畹町或遮放至昆明附近(1[illegible]00)噸由汽車團三噸行駛車(108)輛擔任(560)噸雲南公司二噸

半行驶车(30)辆，担负(120)吨，商车二吨半行驶车(50)辆，担任(180)吨，滇缅公路局二吨行驶车(65)辆，担任(300)吨，西南运输处二吨半行驶车(120)担任(500)吨。

(三)昆明至泸县(350)吨，由中国运输公司三吨行驶车(50)辆，担任(200)吨，航空委员会二吨行驶车(40)辆，担任(150)吨。

(四)昆明至重庆(860)吨，由中国运输公司三吨行驶车(160)担任(1660)吨，商车二吨半行驶车(60)辆，担任(200)吨。

(五)昆明至贵阳(400)吨，由商车二吨半行驶车(60)辆，担任之。

(乙)兵工署紧急器材

查该署积存滇缅沿线器材数量至巨，急须抢运至昆明以东，所有存缅器材在最近期内不宜再行大量输入，以增空袭危险，兹拟于十一月份内运进(1600)吨，并照下列办法分别配运。(并遵照总长批示〈1000〉吨内运通讯器材〈200〉吨)

(一)腊戍至畹町或遮放(1000)吨，需二吨行驶车(83)辆，由西南运输处雇用缅甸商车担任之。

48

（二）畹町或遮放至保山（1700）噸需二噸半行駛車（136）輛保山至馬龍（900）噸需二噸半行駛車（180）輛馬龍至沾縣（900）噸需二噸半行駛車（140）輛及二噸行駛車（50）輛昆明至宣威（12000）噸需八噸行駛車（152）輛及五噸行駛車（32）輛貴陽至重慶（340）噸需二噸行駛車（57）輛悉由西南運輸處車輛担任如有不敷由該處代僱商車補充之

（丙）交通司汽油及汽車配件

查該司現存緬汽油及配件約（16000）噸存遮放汽油及配件（1000）餘噸存昆明汽油及配件（1200）餘噸茲擬於十一月份內運入（2400）噸照下列办法分别配運：

（一）臘戍至畹町或遮放（1200）噸除由該司新車（300）輛一次帶運（600）噸又独立第五营二噸行駛柴油車（80）輛（系係存仰新車）直運昆明（200）噸外需二噸行駛商車（108）輛由西南運輸處僱用緬甸商車担任之。

（二）畹町或遮放至昆明附近（1900）噸除由該司三噸新車（300）輛一次帶運（900）噸及独立第五营二噸行駛柴油車（80）輛由臘戍直運昆明（200）噸外並由汽二團三噸行駛

新車(108)輛担任(500)噸汽車運一噸半行駛車(90)輛担任(200)噸又二噸半行駛商車(30)輛担任(100)噸。

(三)昆明至重慶(400)噸由中國運輸公司三噸行駛車(100)輛担任之

(四)昆明至貴陽(1440)噸由軍政部存柳三噸新車(300)輛一次帶運(900)噸輜五團三噸行駛車(72)輛担任(540)噸

(五)昆明至安南(850)噸由汽五團三噸行駛車(36)輛担任(350)噸二噸半行駛商車(80)輛担任(500)噸

(丁)交通部及中國運輸公司汽油及汽車配件

(一)交通部汽油及汽車配件擬於兩個月內運入(1000)噸在緬甸境內用該部自有緬甸照會車搶運不足之數由西南運輸處動僱緬商車協運俟運抵國境後再由該部自行接運

(二)中國運輸公司汽油及汽車配件擬於兩個月內運入(1000)噸在緬甸境內用該公司自有緬甸照會車搶運如有不足由西南運輸處動僱緬商車協運俟運抵國境後由該公司自行接運

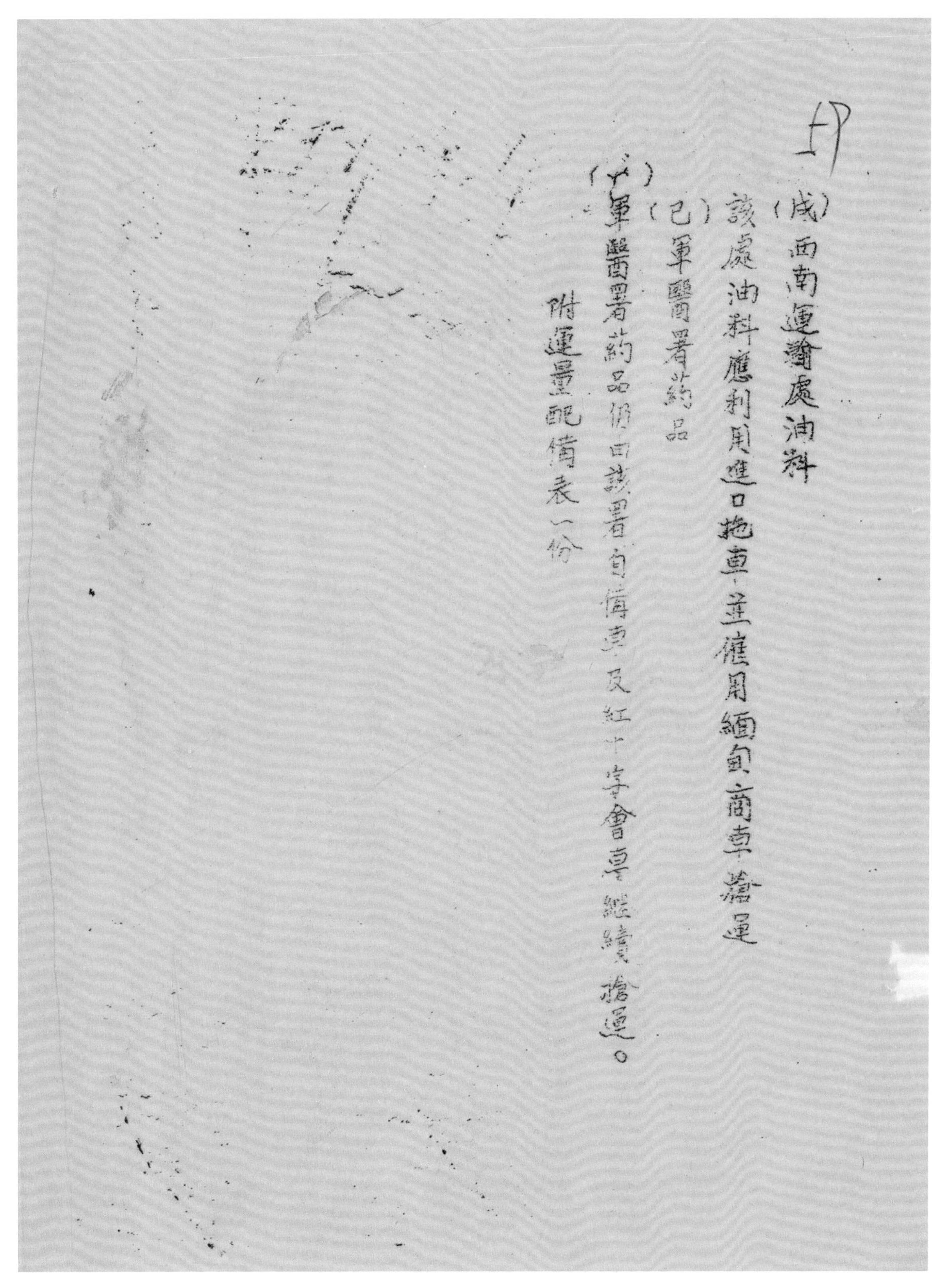

印

（戊）西南運輸處油料

該處油料應利用進口拖車並僱用緬甸商車搶運

（己）軍醫署藥品

（庚）軍醫署藥品仍由該署自備車及紅十字會車繼續搶運。

附運量配備表一份

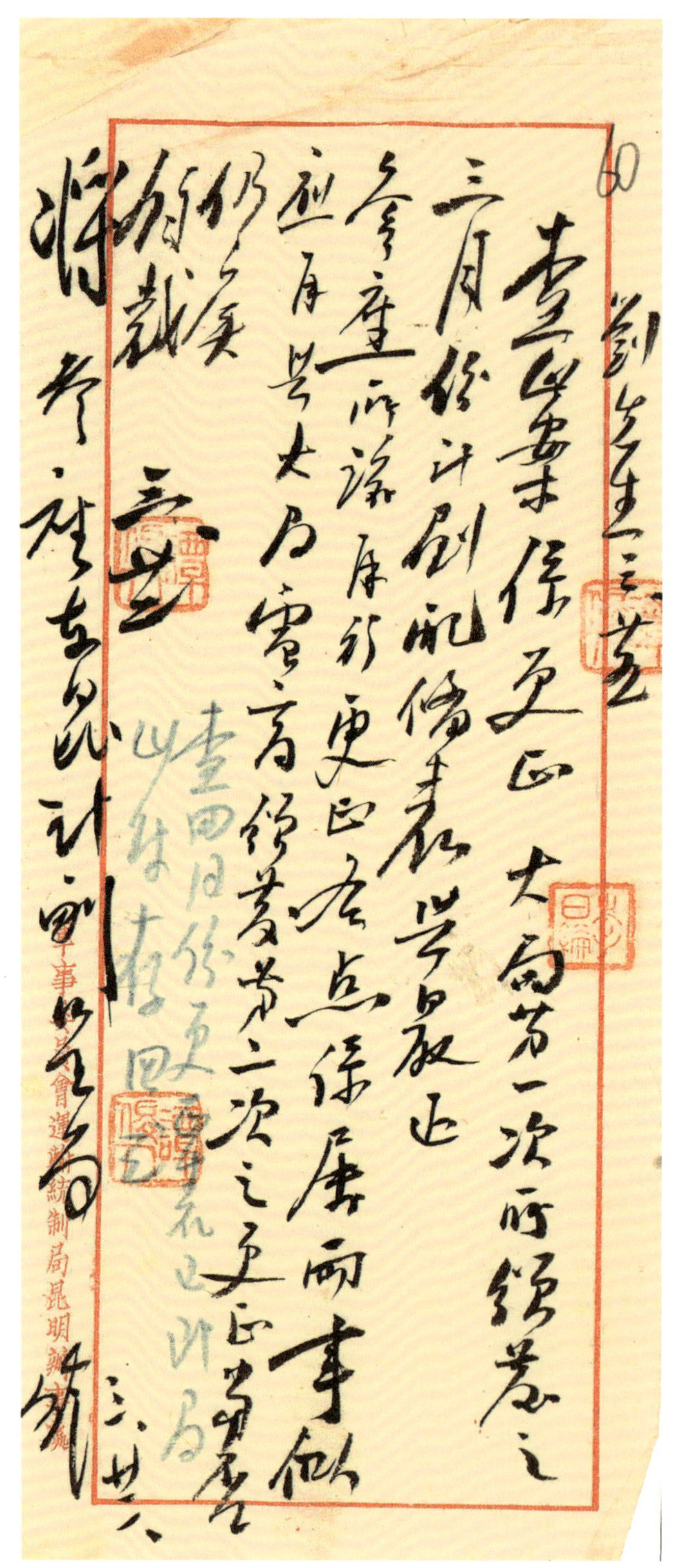

刘[illegible]先生大鉴：

查此案係更正大局第一次所領卷之

三月份計劃配備表[illegible]正

令遵辦所謂原計更正各点係屬兩事似

[illegible]大局需商領第二次之更正書[illegible]

仍候

核裁[illegible]

蔣[illegible]建[illegible]計劃[illegible]

三、廿六

軍事委員會運輸統制局昆明辦事處

军事委员会运输统制局关于下发一九四一年五月份抢运物资运量配备表致昆明办事处的代电
（一九四一年四月二十四日）

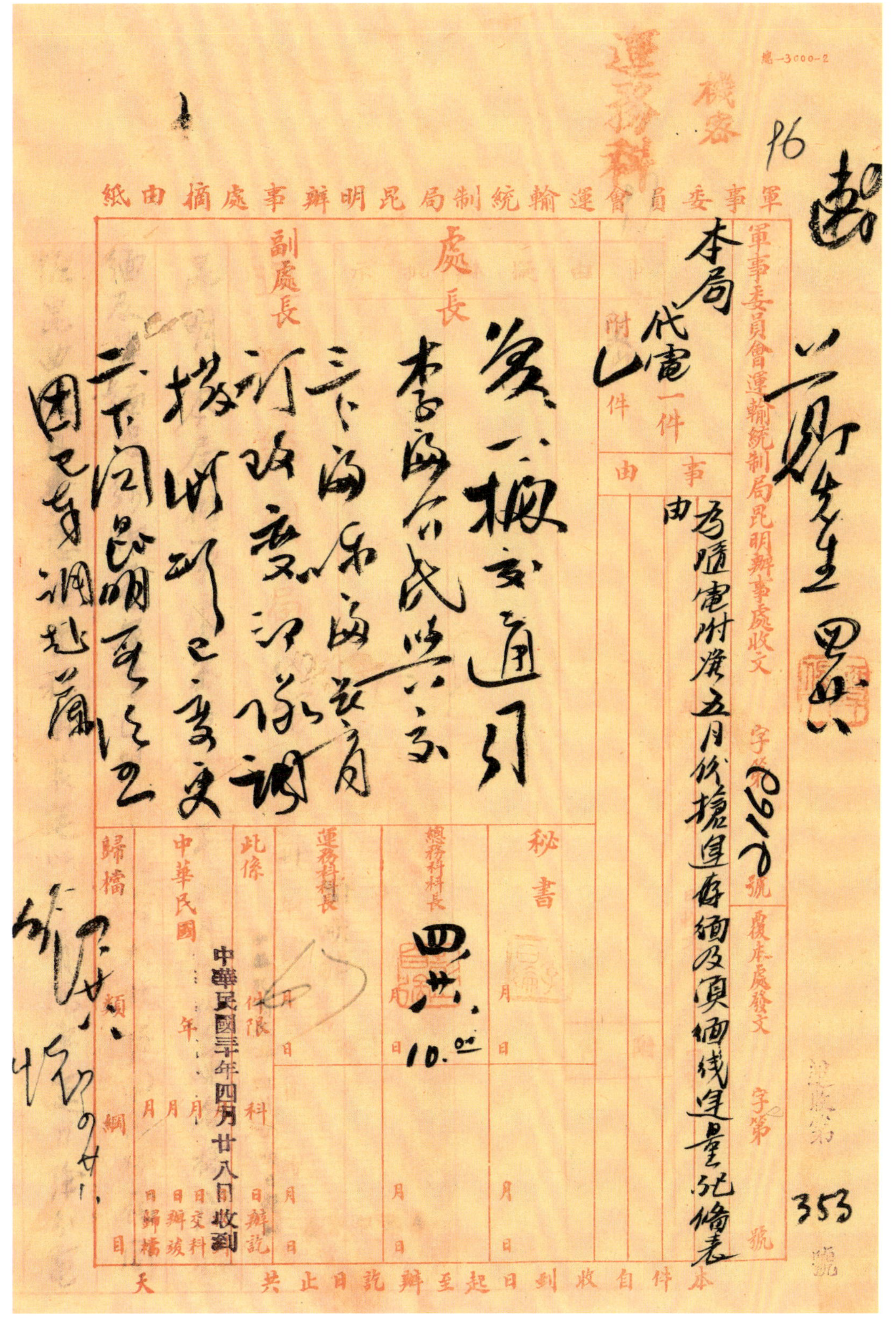
軍事委員會運輸統制局昆明辦事處摘由紙

軍事委員會運輸統制局昆明辦事處收文 字第 號

覆本處發文 字第 號

本局 代電一件

附件

事由 為隨電附發五月份搶運物資運量配備表

處長

副處長

秘書

總務科科長

運務科科長

此係 件限 科 日辦訖

中華民國 年 月 日交科 日辦竣

歸檔 類 綱 目

中華民國卅年四月廿八日收到

本件自收到日起至辦訖日止共 天

17

事由	拟办	批示
密		

附件

年　月　日收文　字第　號

68

運輸統制局代電

民國卅年四月　日　時發　渝統措字第　號

中華民國三十年四月廿四日發　4784

昆明　本局辦事處密查三十年五月份搶運各機關存緬及滇緬沿線物資運量已規定，[illegible][illegible]循大致與四月份相同，惟昆曲段火車應儘量利用裝運以節省汽車運力，除分電各有關機關轉飭切實照辦外，茲檢發上項運量配備表

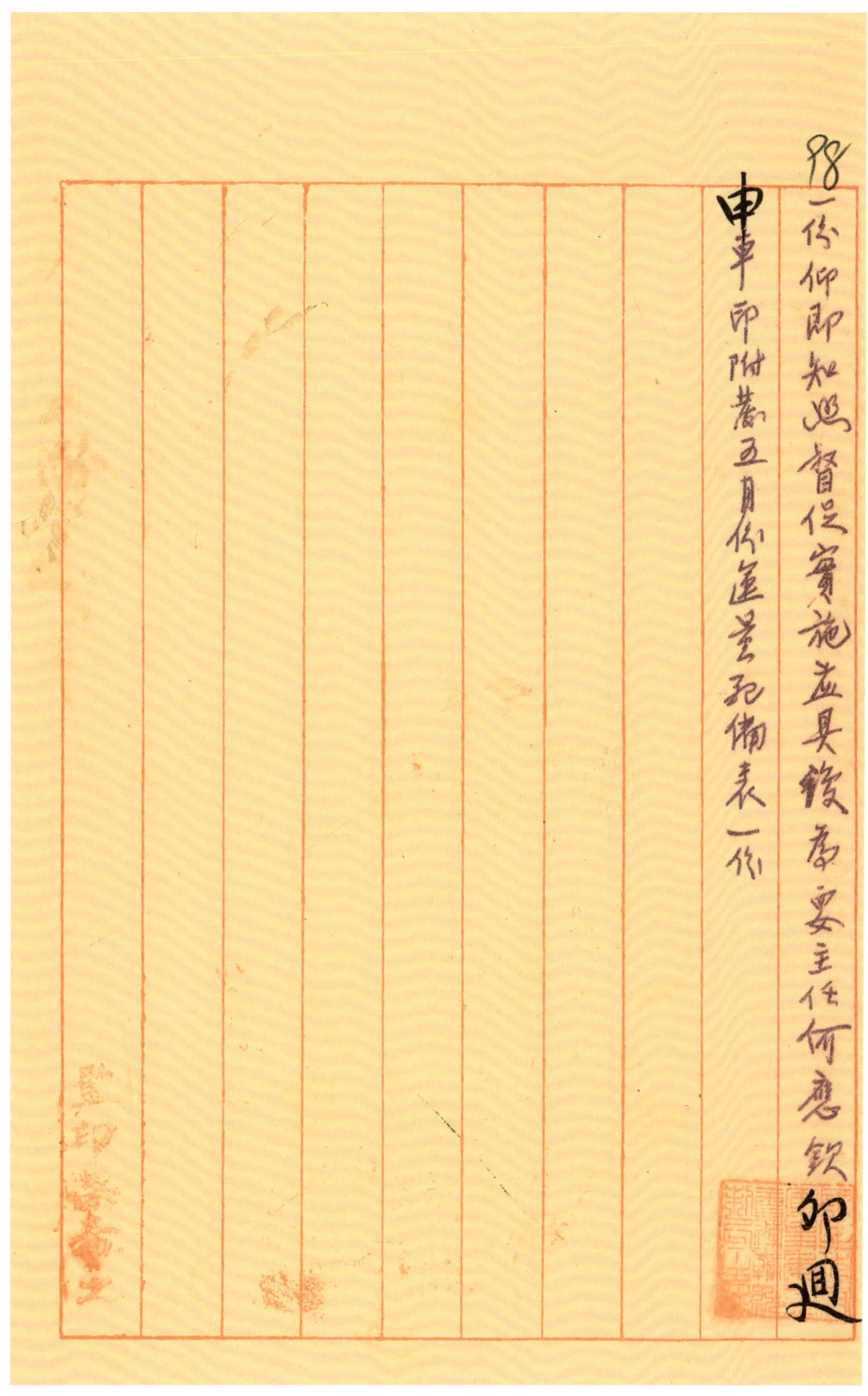

一份，仰即知照，督促實施，並具報為要。主任何應欽。卯迴

申東印

附黨五月份進黨預備表一份

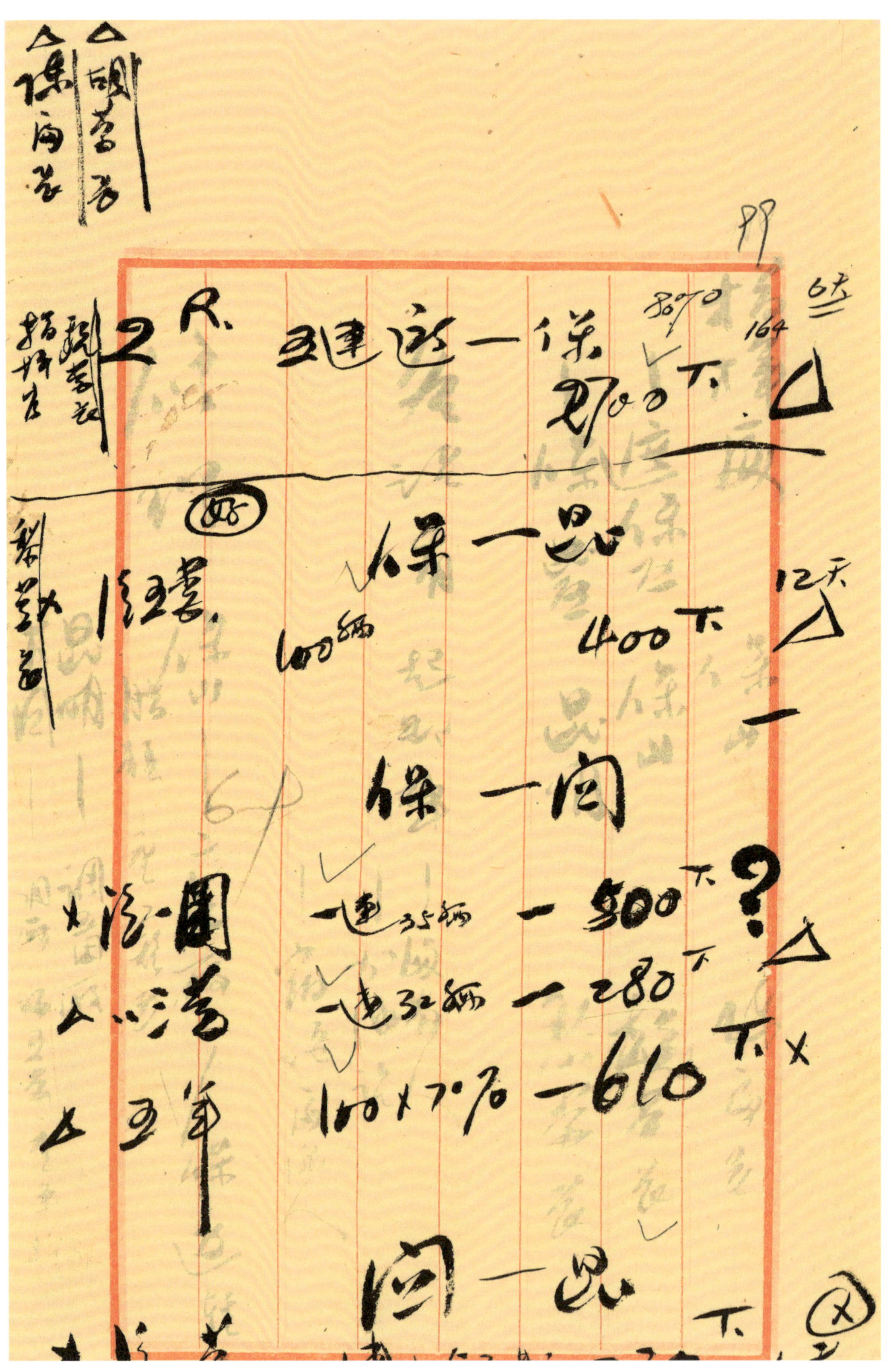

附：一九四一年五月份运量配备表

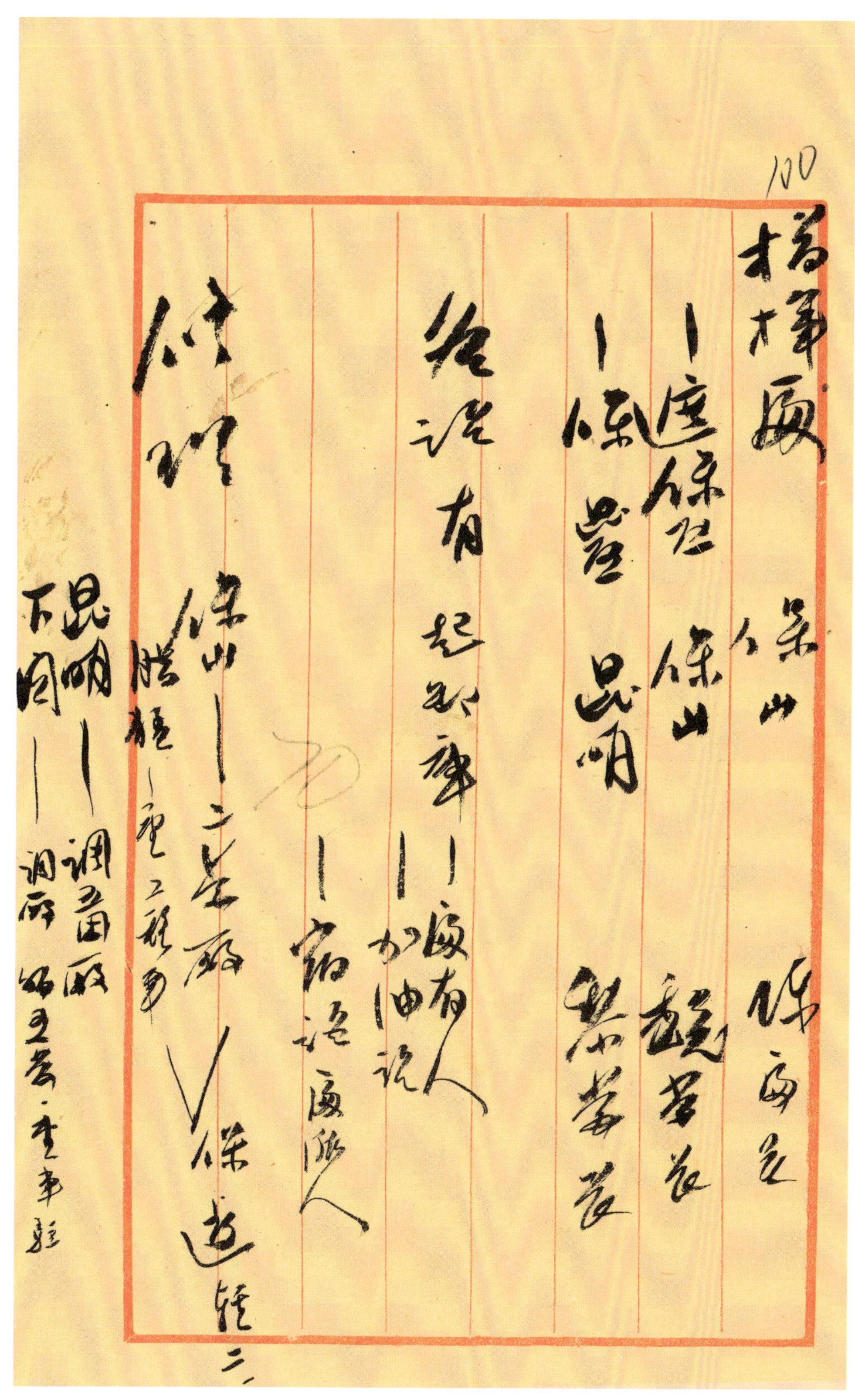

档案股

一、遵保山

一、保山 昆明

绝 有 起 卸 庄

修理 保山

昆明

下关

滇缅公路运输工程监理委员会关于十一月份运费必须筹足一次付缴方得派车致液委会昆明办事处的代电

（一九四一年十一月九日）

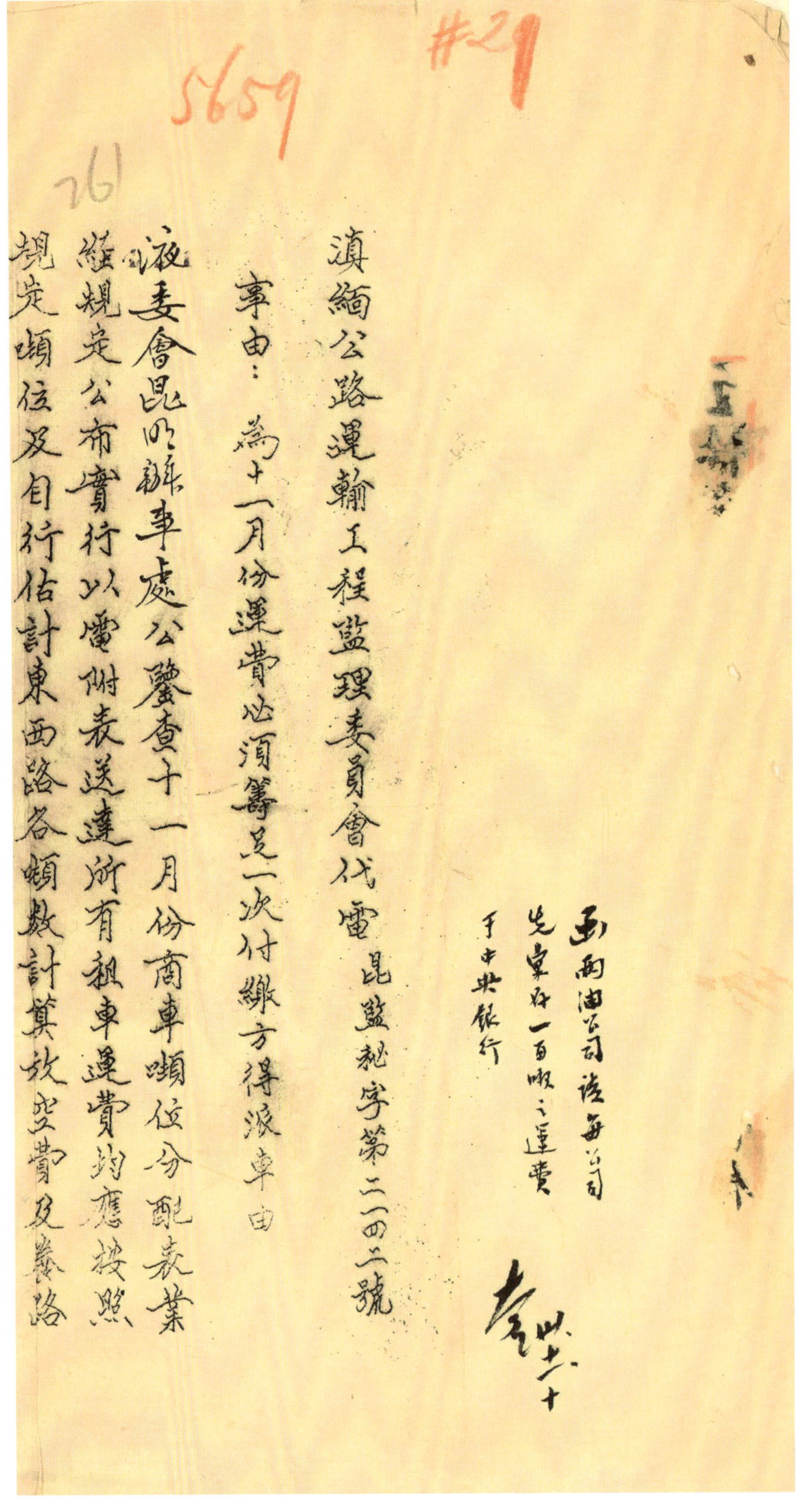

滇緬公路運輸工程監理委員會代電 昆監秘字第二一四二號

事由：為十一月份運費必須籌足一次付繳方得派車由

液委會昆明辦事處公鑒：查十一月份商車噸位分配表業經規定公布實行，以電附表送達，所有租車運費均應按照規定噸位及自行估計東西路各噸數計算，故空費及養路

函西南油公司請每公司先繳存一百啦之運費于中央銀行

捐一併計算在内將全月份運費總數一次彙交昆明中央
銀行國庫代收存入貴處 運費户名由庫方憑單通知管
制所方得供運至本月份運費因事實困難不能一次付足
者得分兩次付交總之此項運費必須先存方得派車裝綫
會報時公布并規定實施辦法有案應請查照轉請將該款
籌發充足藉免稽延物資運輸端賴滇緬公路運輸工程監
理委員會戍佳昆監運秘

中華民國三十年十一月九日

军事委员会运输统制局中缅运输总局关于同意积存滇缅线物资分段运输方法致航空委员会驻昆专员办公室的代电
（一九四二年三月二十四日）

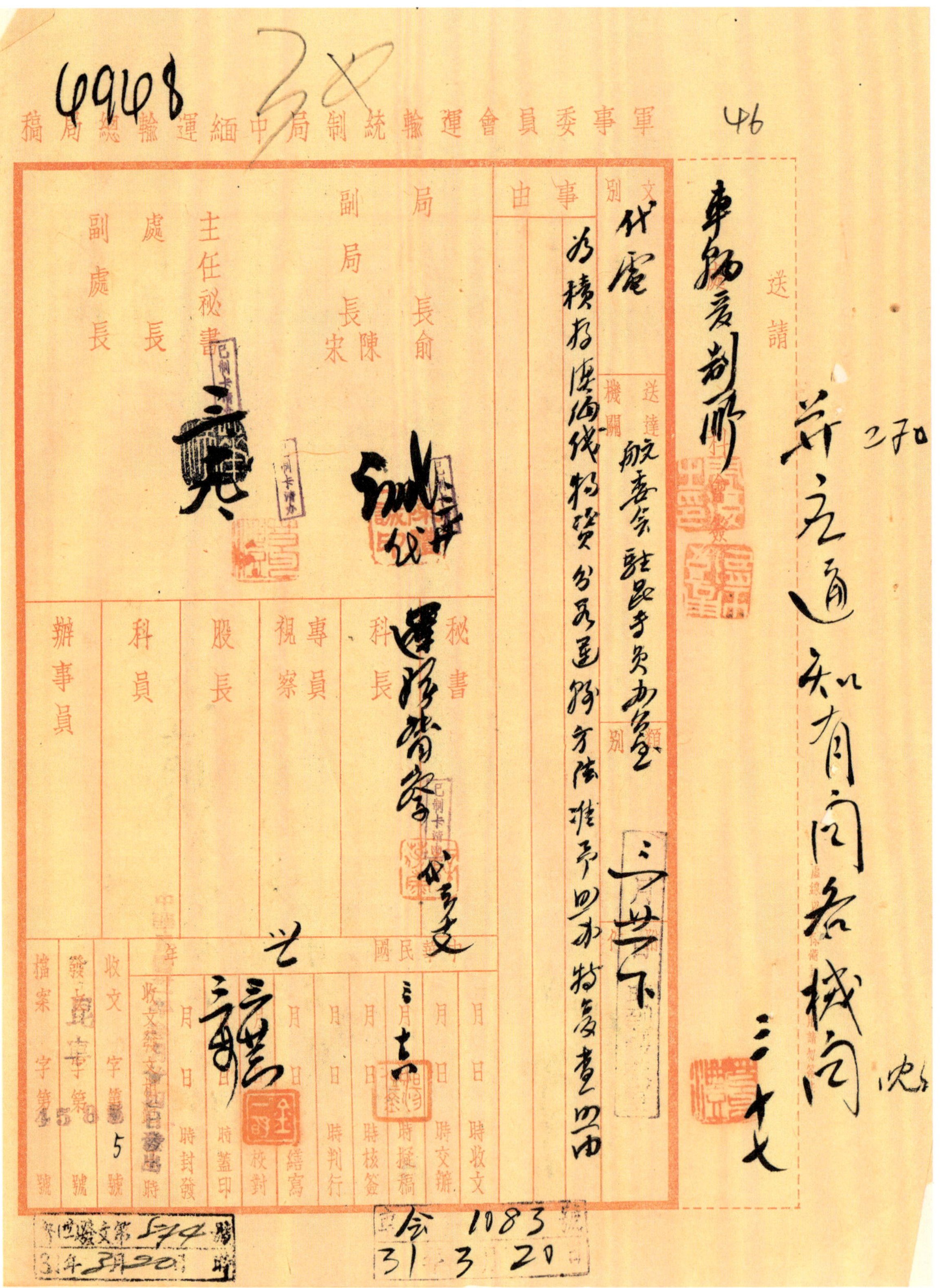

代電

昆明航空委员会駐昆专员办公室公鉴：贵室交专壬

办康字第1360號虞代電敬悉。關於積存滇緬公路物资

分別運輸办法，茲答復如下：（一）畹芒物资内運貴部卑车

输以下关为终点，商车以昆明为终点。（二）自[illegible]

昆明物资東運商车以畢節为终点，一節可照办。

照办。惟贵室应派员駐畢節接交商车，並請明書

并不必以两次作一次计，另由本局[illegible]

制所所需加拨商车（除呈报统制局并分别函行外），特復，查照为荷。

中國運輸总局 督昆印

監印 蔣星 檢

军事委员会运输统制局中缅运输总局关于同意航空委员会驻昆专员办公室拟定积存滇缅线物资分段运输方法致运输统制局、川滇东路运输局等的代电（一九四二年三月二十四日）

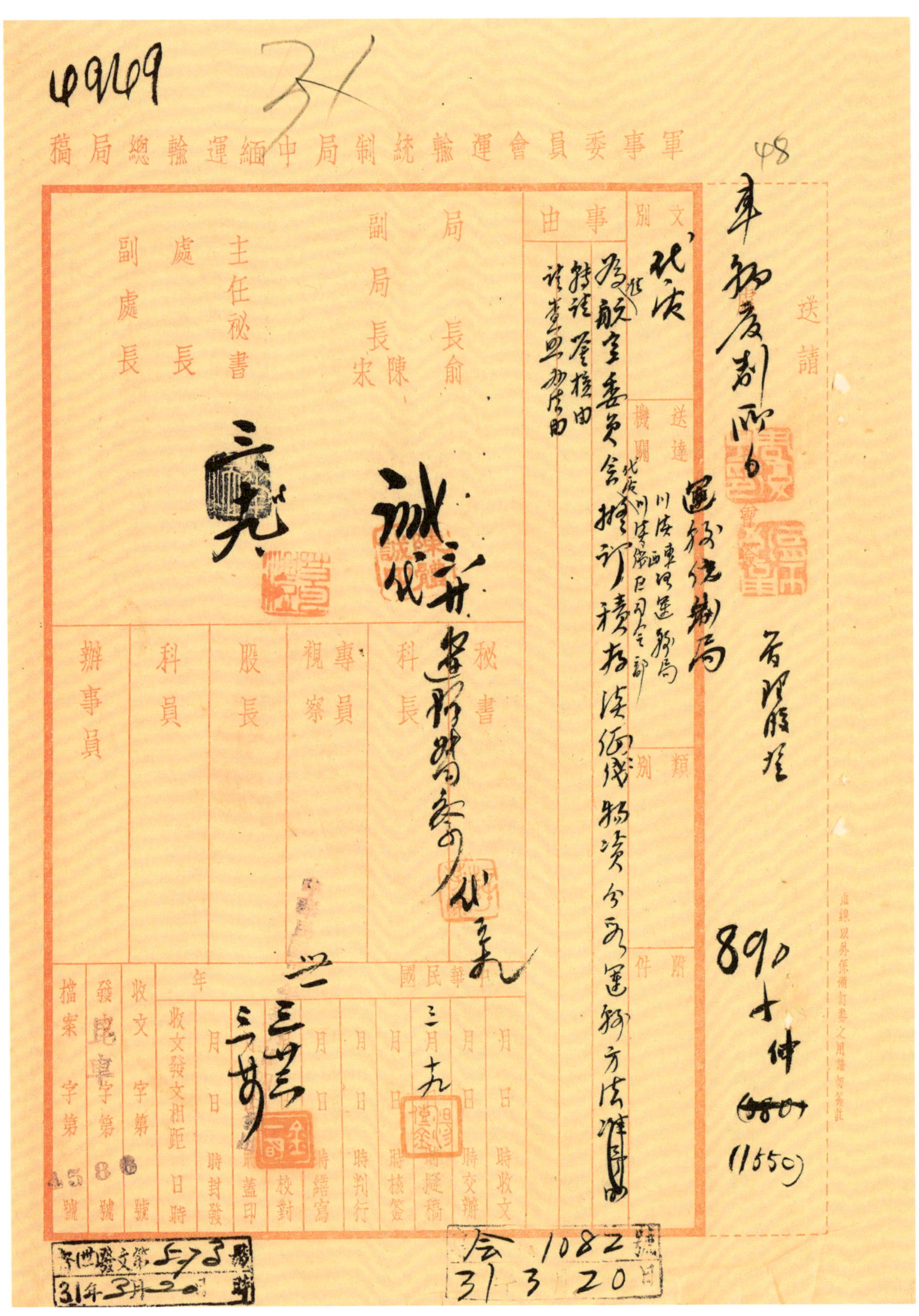

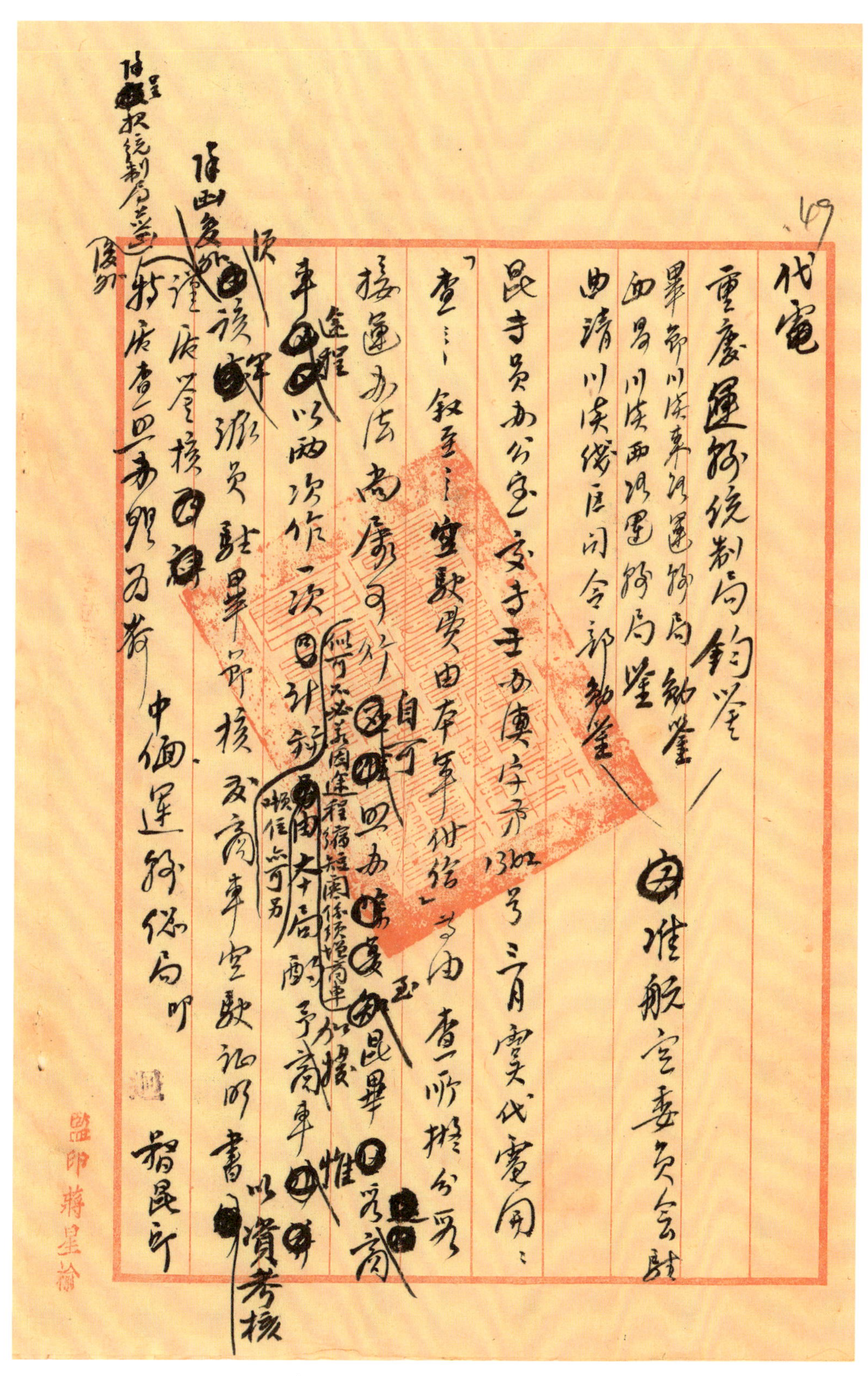

代電

重慶運輸統制局鈞鑒
畢節川滇東路運輸局鈞鑒
西昌川滇西路運輸局鑒
曲靖川滇綏區司令部鈞鑒

因准航空委員會駐昆特員辦公室交字王办庚字第1302號三月寒代電開：「查……空軍需由本年廿給」等由，查所擬分別[illegible]接運办法，尚屬可行，自可照办，惟[illegible]昆畢間[illegible]程以兩次作一次計，[illegible]大十局酌予[illegible]車[illegible]以資考核，[illegible]派員駐畢節核發商車空駛証明書，[illegible]希查照为荷。

中佩 運輸統制局 叩

滇省[illegible]

军事委员会运输统制局、中缅运输总局关于抢运空军物资的一组电文（一九四二年五月六日至十三日）

军事委员会运输统制局致中缅运输总局的代电（一九四二年五月六日）

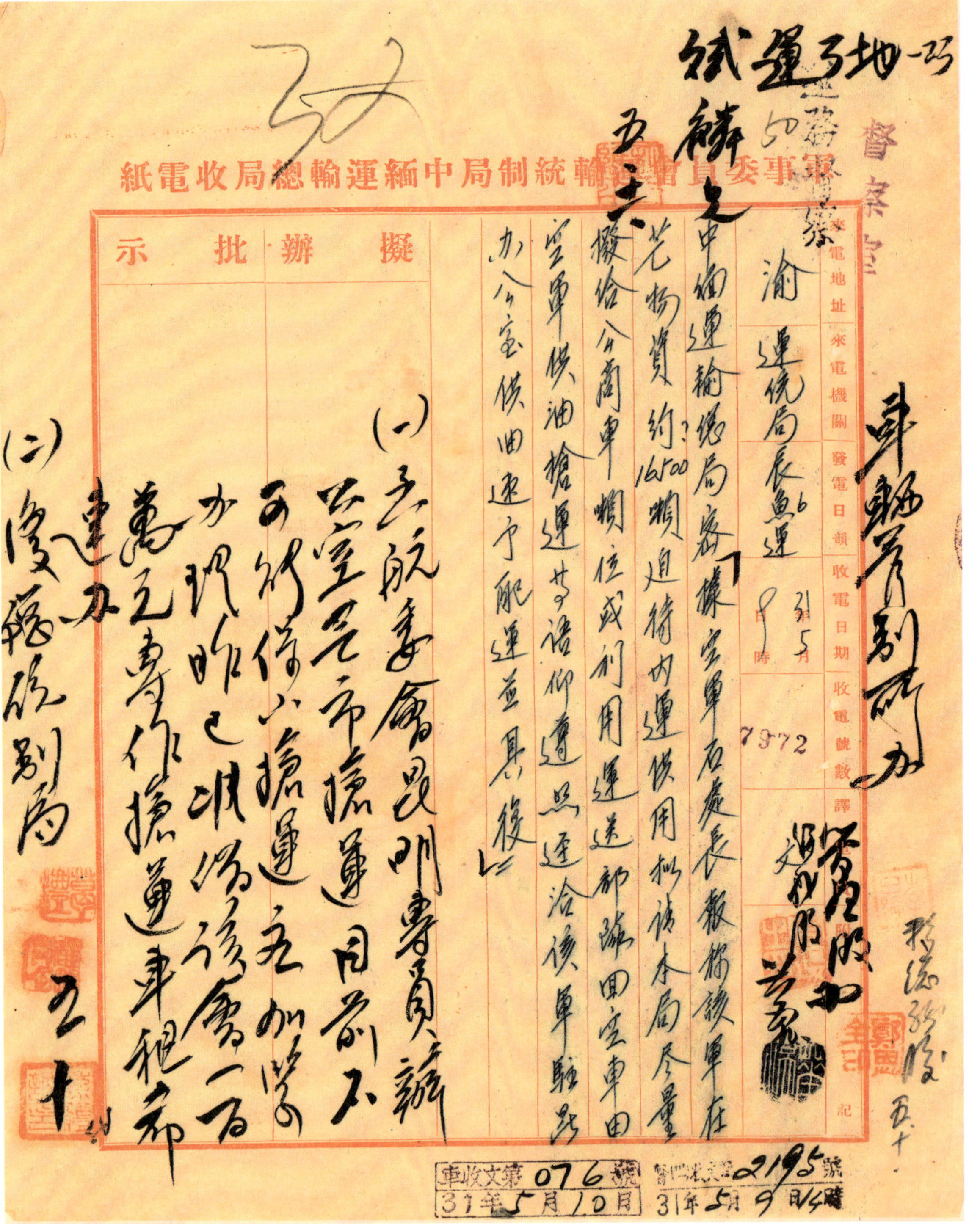
軍事委員會運輸統制局中緬運輸總局收電紙

來電地址：渝

來電機關：運統局長魚運

發電日期：31年5月

收電號數：7372

中緬運輸總局宋：據空軍右庭長報稱該軍在芒市物資約16500噸迫待內運供用，擬請本局盡量撥給公商車輛位或利用運送部隊回空車由空軍供油搶運等語，仰遵照速洽該軍駐芒辦公室供油迅速派運並具報為要。

擬辦　批示

車收文第076號　31年5月10日

军事委员会运输统制局中缅运输总局致空军总指挥部交通处驻昆专员办公室的代电（一九四二年五月十三日）

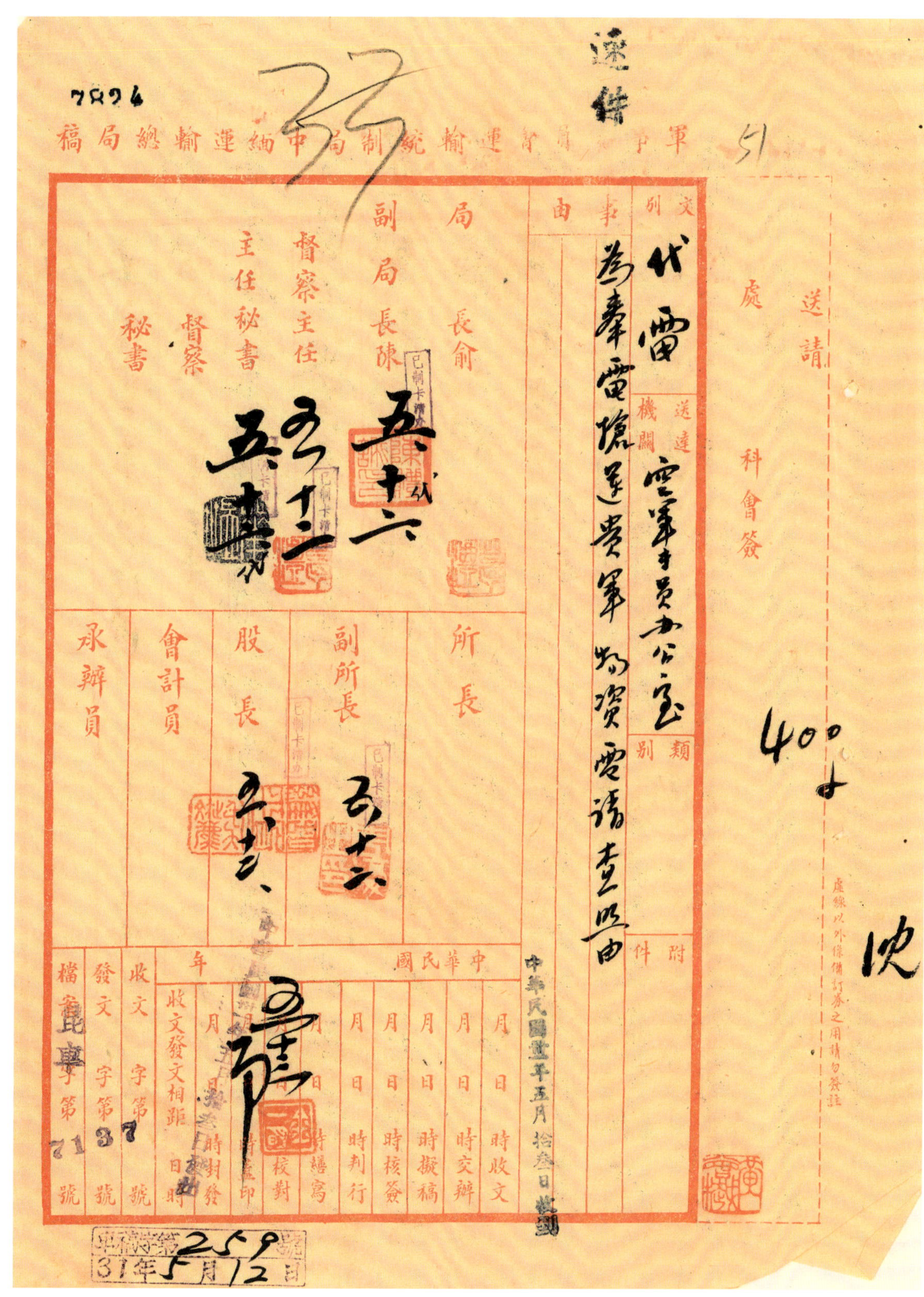
軍事委員會運輸統制局中緬運輸總局稿

速件

文別	代電
送達機關	空軍專員辦公室
事由	為奉電飭運送貴軍物資電請查照由
類別	
附件	

局長俞　副局長陳　督察主任　主任秘書　督察　秘書

所長　副所長　股長　會計員　承辦員

送請　處　科會簽

虛線以外係備訂簽之用請勿書註

中華民國卅一年五月拾叁日

檔昆字第7137號

52

代電

本市空軍總指揮部交通處駐昆寺員办公室公鑒：奉運輸統制局本年辰魚運電開「(10)20金敘」等因，奉此，查搶運貴軍芸市物資，因局勢不同，目前已不可能，惟貴軍存儲物資應即加緊搶運，除已撥借貴軍國幣一百萬元專作搶運輸運，並電呈統制局備案暨飭車輛管制所迅撥車輛前往搶運外，相應電達，即希查照迅办為荷。（局銜）辰　昆車军事委员会运输统制局中缅运输总局关于滇缅线公商车准以半数吨位运军品一半吨位运自资致昆明交通银行的代电（一九四二年五月十三日）

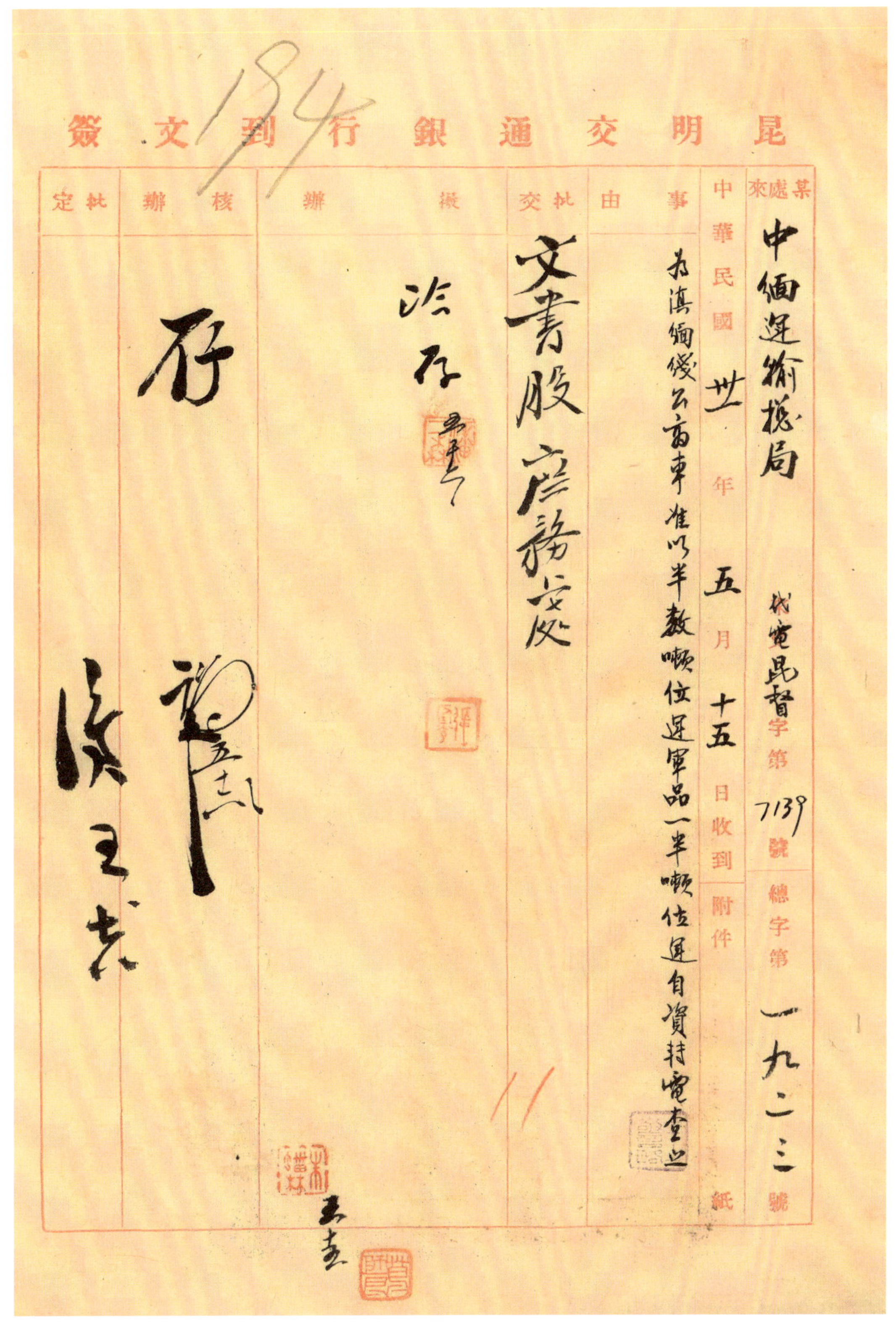
昆明交通银行到文签

来处某	中缅运输总局
代电昆督字第7139号	总字第一九二三号
中华民国卅一年五月十五日收到	附件 纸
事由	为滇缅线公商车准以半数吨位运军品一半吨位运自资特电查照
批交	文书股、庶务处
拟办	洽存
核办	存
批定	

軍事委員會
運輸統制局中緬運輸總局代電

中華民國卅一年五月

昆督字第7139號

中華民國卅一年五月拾叁日發出

事由：為滇緬綫公商汽車准以半數噸位運軍品一半噸位自資轉電查照由

昆明交通銀行公鑒：查本局奉命統制滇緬路沿綫油料及寔行填發汽油車行駛証兩案，迭經電達查照在卷。頃奉運輸統制局辰佳運電開：「准龍主席寅電略以保山以東公私物資堆積甚多，因汽車汽油均受統制，無法搶運，請予便通等由。現滇緬公路形勢特殊，仰自即日起，所有公商汽車凡肯以一半噸位供搶運軍品者，其餘一半噸位准其自運物品，並准提用自存汽油，不加限制」等因。特電查照辦理為荷。中緬運輸總局（元）昆督印

下关总站、军事委员会运输统制局关于要求兵工署填发起解单一车两份以便存查的一组电文（一九四二年八月五日至十九日）

下关总站致军事委员会运输统制局中缅运输总局的电（一九四二年八月五日）

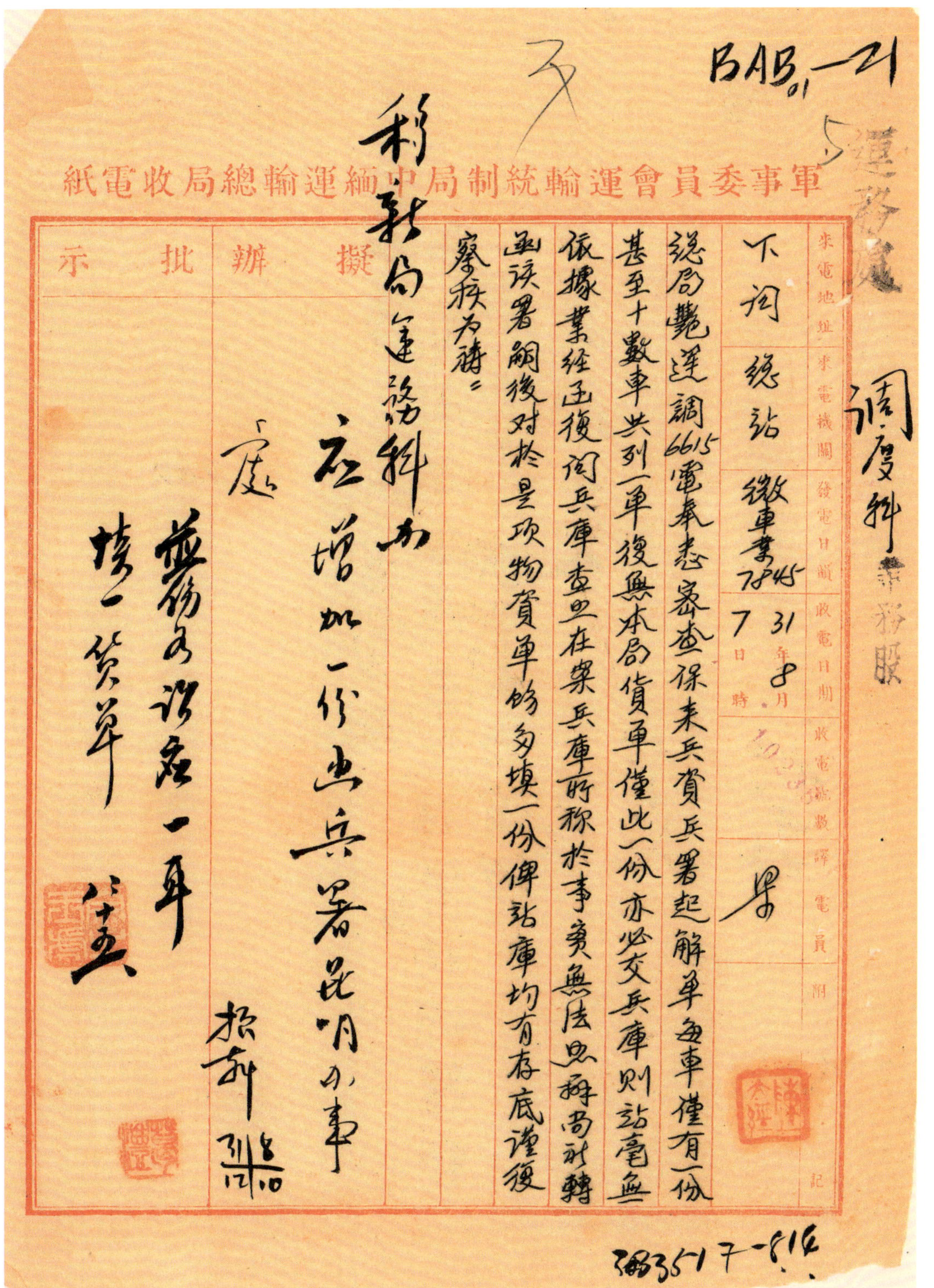
軍事委員會運輸統制局中緬運輸總局收電紙

下關總站 徼車業7845 31年8月7日

總局艷運調6615電奉悉查係來兵資兵署起解單每車僅有一份甚至十數車共列一單復無本局貨單僅此一份亦必交兵庫則站毫無依據業經函復關兵庫查照在案兵庫所稱於事實無法照辦尚祈轉函該署嗣後對於是項物資單須多填一份俾站庫均有存底謹復 察核為禱

擬辦：移新局運務科辦 應增加一份由兵署昆明辦事處

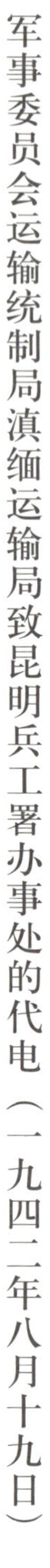

军事委员会运输统制局滇缅运输局致昆明兵工署办事处的代电（一九四二年八月十九日）

軍事委員會運輸統制局滇緬運輸局稿

文別：代電

送達機關：昆明兵工署辦事處

事由：為貴處名單填發起解貨務請轉飭一車兩單以便聯單存查由

局長　副局長　主任秘書　處長　副處長

秘書　科長　專員　稽核　股長　科員　辦事員

送請　處　科　會簽

附件

中華民國　年　月　日

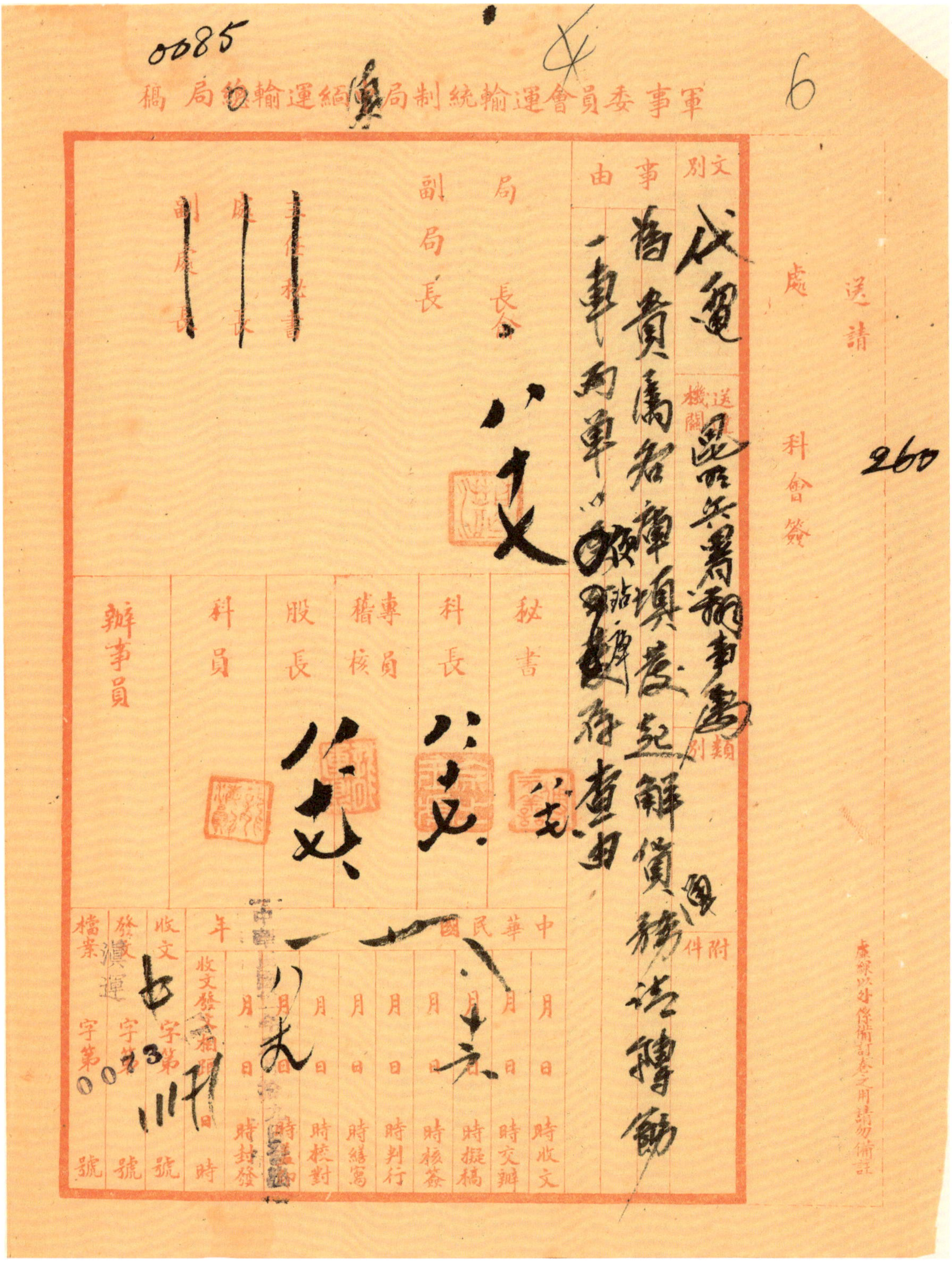

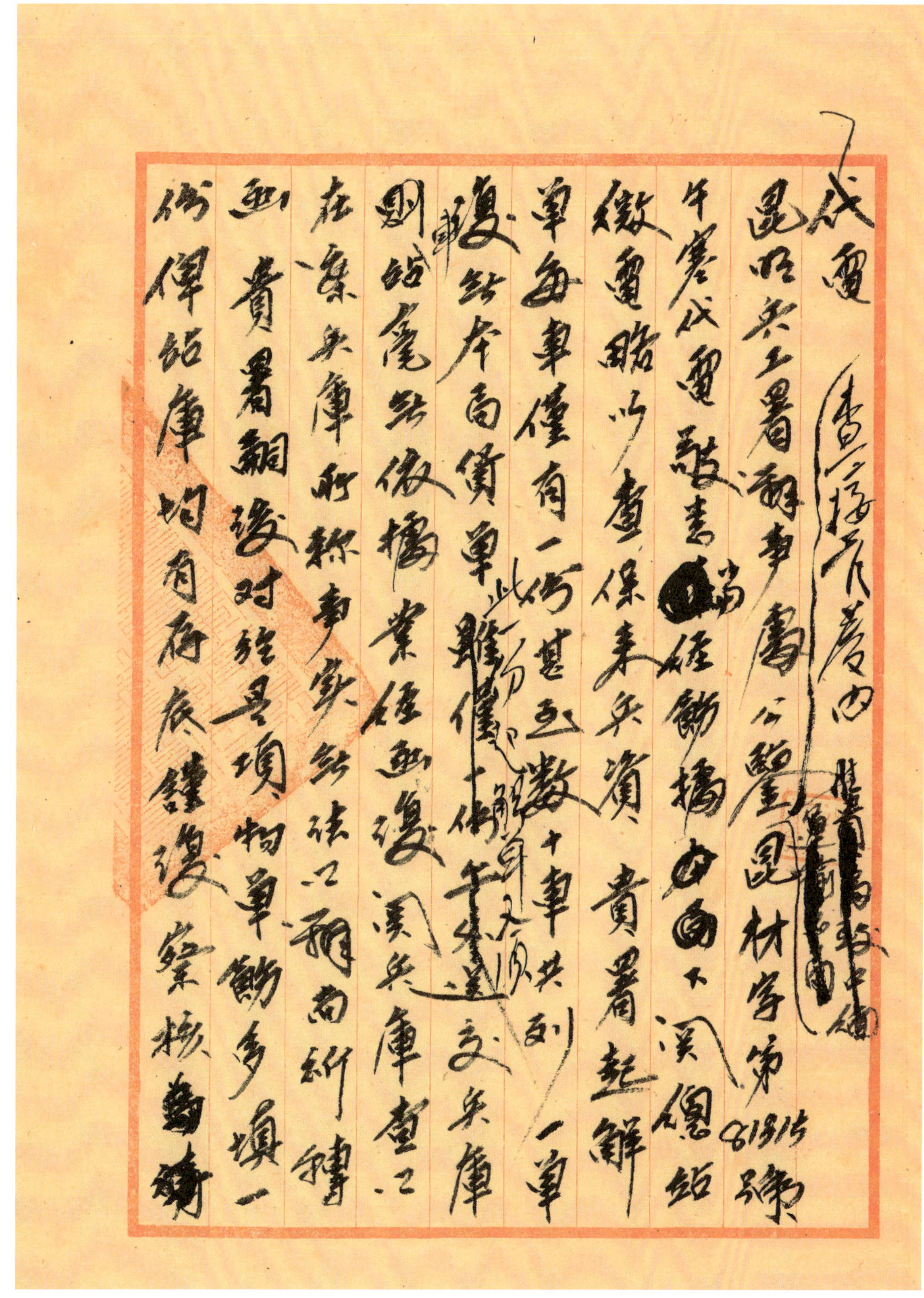

代電

昆明兵工署駐滇辦事處公鑒：昆材字第81315號

午寒代電敬悉。[illegible]經飭據[illegible]滇總站

徵運股以查保來兵資，貴署並解

單每車僅有一份，甚至數十車共列一單

復。站本向貨單[illegible]交兵庫

到站處站依據案經通復滇兵庫查照

在案。兵庫所稱事實，站依照前行轉

知貴署飭復對站是項物單飭多填一

份，俾站庫均有存底，謹復。簽核為禱

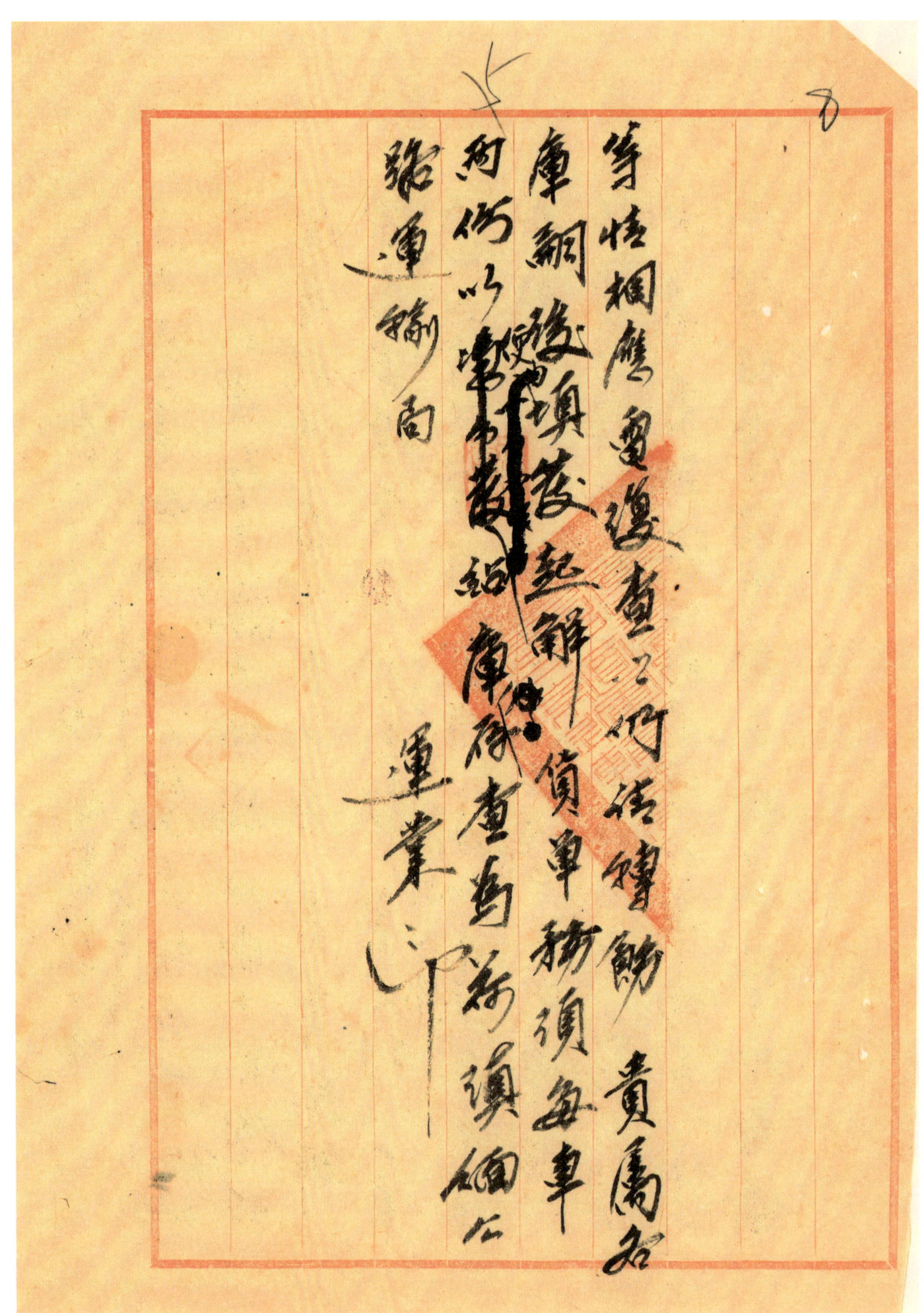
等情，相應電復查照，已行（往）轉飭 貴局各庫，嗣後填發起解貨單，務須每車附份，以便轉發站庫存查對為荷。滇緬公路運輸局

運業處叩

中缅运输总局保山总站关于抢运积存保山物资详情致军事委员会运输统制局的报告

（一九四二年八月十三日）

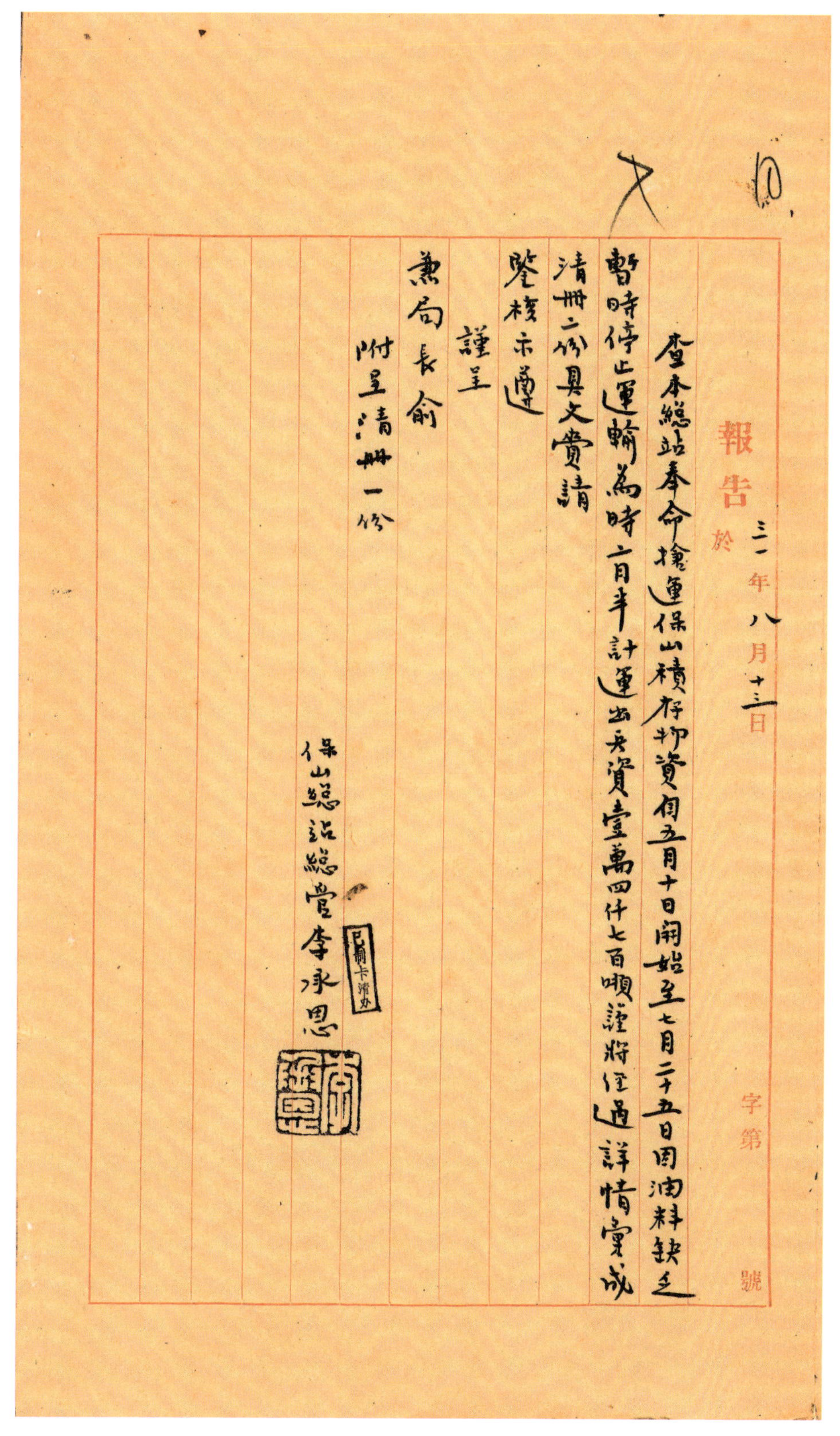

報告　於　三一年八月十三日　字第　號

查本總站奉命搶運保山積存物資自五月十日開始至七月二十五日因油料缺乏暫時停止運輸爲時兩月半計運出物資壹萬四仟七百噸謹將經過詳情彙成清冊二份具文賫請

鑒核示遵

謹呈

兼局長俞

附呈清冊一份

保山總站總管李承恩

附：军事委员会运输统制局中缅运输总局保山总站抢运保存物资报告

軍事委員會運輸統制局中緬運輸總局保山總站搶運保存物資報告

任命之頒示

一、局長手令

1.兵署存保物資一七八〇〇噸，緊要者六〇〇〇噸，下關存四〇〇〇噸，兩共二一八〇〇噸，其緊要者六〇〇〇噸，儘先搶運，如有多餘能力將下關所存物資搶運去昆，兵資之先後可與陳處長洽定。經協定第一批為軍品，第二批為軍用材料，第三批為材料，第四批材料與笨重物品。

2.本局汽車材料亦應儘先搶運去昆或楚雄。

3.軍醫署藥品及中央廣播電台機器應即先行派車裝

13

運去昆

4、兵資車與其他車輛之分配比為兵資車百分之八十其他車佔百分之二十——以上五月十二日

5、凡雲南物資運輸車准予半數自運商貨半數運兵資——五月十八日

6、務期將保存兵資九千噸搶運完畢並應督促各車輛隨到隨裝不得任意延遲——六月三十日

7、奉何總長電令搶運存保兵資仰速集中運力每車派司機二名日夜行駛倉庫裝資亦應日夜分三班工作仰即督促務於七月十五日以前運出九千噸——六月三十日

二、陳副局長手令

1、保存第二批軍資計四仟五百噸、另第三批七千噸若每日能運出五百噸、至關則可於七月五日以前運完

2、關存資與保來貨、應視其性質之重要配合內運現關存急貨尚有二千噸

3、搶運兵署物資自六月二十一日起搶運第三批器材至下關以五千噸為標準預定七月五日完成——以上六月十八日

4、凡由下關來保之車輛均係搶運兵署軍資不論軍公商車均應由總站調度

5、凡搶運各軍公商車其裝貨不得少過三噸

15

6、每日應派員及技工隨同救濟車在保永間擔任救濟如遇大修之拋錨車以拖至永平為原則

7、擔運物資車輛之伙食運津及獎金除本局車（保關發雙倍運津）及商車另有規定外其餘軍車均照交司之規定由本局發給津貼每噸保關發給獎金$15.00 保昆$30.00 關昆、$20.00

——以上六月二十日

三、總局電令

1、奉 何總長電令將次要物資擔運至下關 ——六月廿日

2、奉昆行營代電保山公物限七月十五日以前擔運完畢 除已由局調集軍商車四佰輛本局車四百輛專駛保關段擔運

存保物資外仰督促車輛晝夜趕運以期達成任務（六月七日）

3.准以一部先搶至永平惟應注意者不可露放而急需物資仍應直運至下關——七月七日

4.帶運本局實桶由保至關由關站每只發給奬金十元

5.每車帶交司實桶兩只每只保關五元保昆十元由交司到達站給付——六月十五日

車輛之調集

第一期車輛支配

1.調集汽4營車一四〇輛交通司一〇〇輛糧食部車二十五輛資委會車三〇輛中國銀行車四〇輛汽五團車

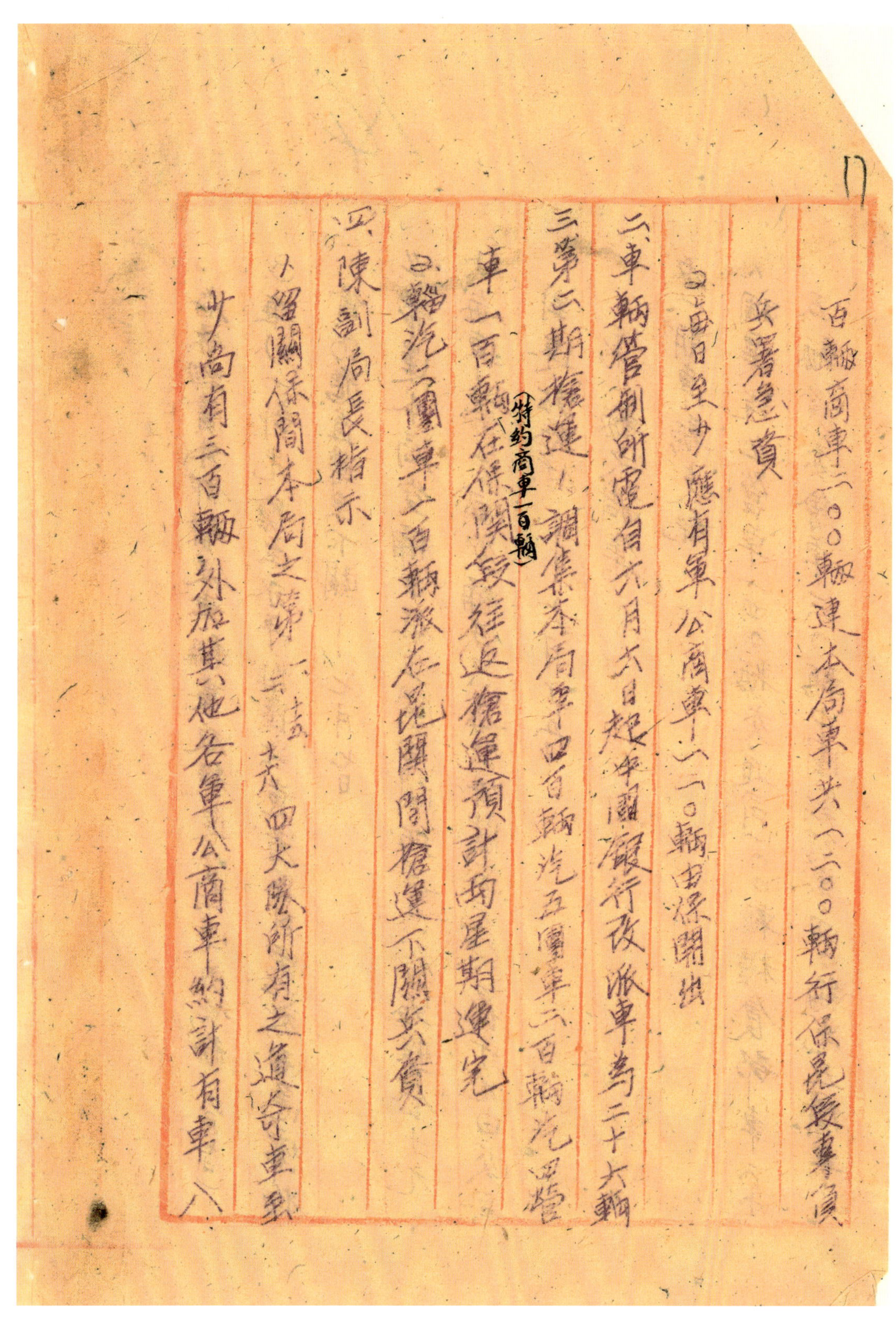

百輛商車二〇〇輛連本局車共一二〇〇輛行保晃線專員
兵署急需
2.每日至少應有軍公商車一二〇輛由保關出
二、車輛管制所電自六月六日起平爾履行夜派車為二十六輛
三、第二期搶運之調集本局車四百輛汽五團車二百輛汽四營
車一百輛（特約商車一百輛）在保關段往返搶運預計兩星期運完
四、輜汽二團車一百輛派在昆關間搶運下關兵員
五、陳副局長指示
1.留關係閒本局之第一、二、三、五、六、四大隊所有之道奇車在
廿尚有三百輛之外加其他各軍公商車約計有車八

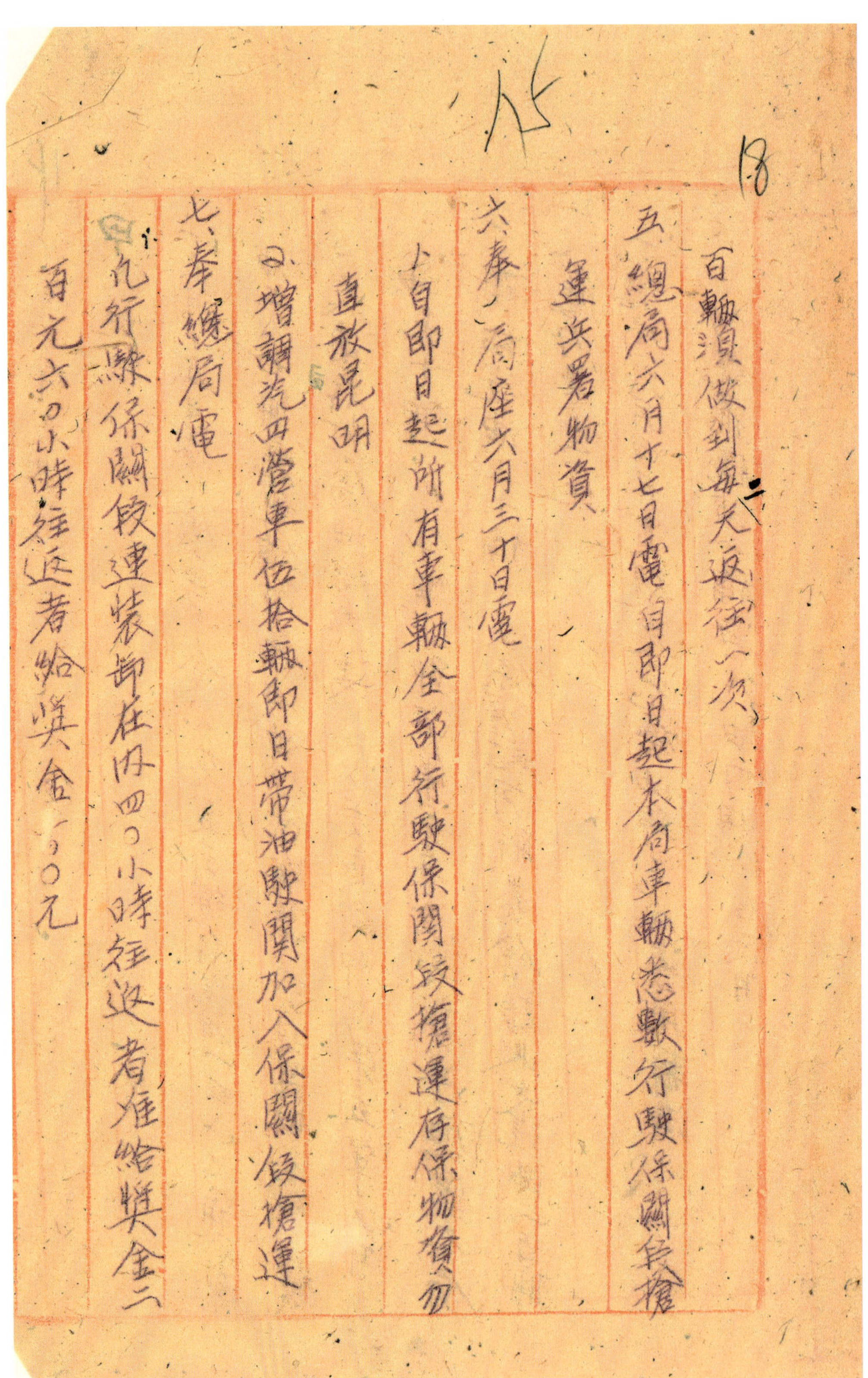

百輛須做到每天返往一次，

五、總局六月十七日電自即日起本局車輛悉數行駛保關段搶運兵署物資，

六、奉局座六月三十日電

1、自即日起所有車輛全部行駛保關段搶運存保物資，勿直放昆明

2、增調汽四營車伍拾輛即日帶油駛關加入保關段搶運

七、奉總局電

凡行駛保關段連裝卸在四〇小時往返者准給奬金二百元，六〇小時往返者給奬金一〇〇元

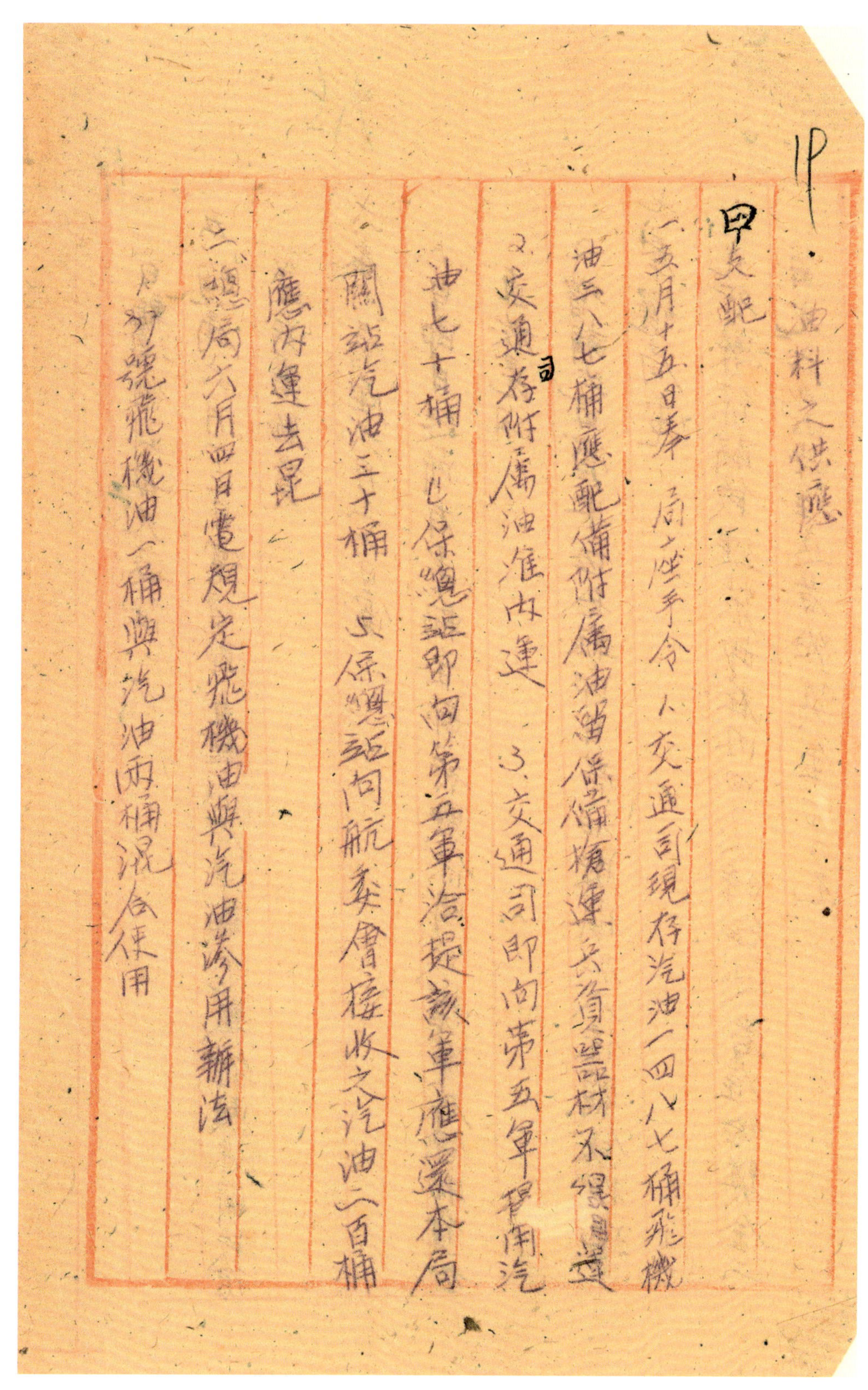

甲、油料之供應

甲、支配

一、五月十五日奉 局座手令 1.交通司現存汽油一四八七桶飛機油三八七桶應配備附屬油留保備搶運兵員器材不得另運 2.交通司存附屬油准內運 3.交通司即向第五軍借用汽油七十桶 4.保總站即向第五軍洽提該軍應還本局關站汽油三十桶 5.保總站向航委會接收之汽油二百桶應內運去昆

二、總局六月四日電規定飛機油與汽油摻用辦法

1.十號飛機油一桶與汽油兩桶混合使用

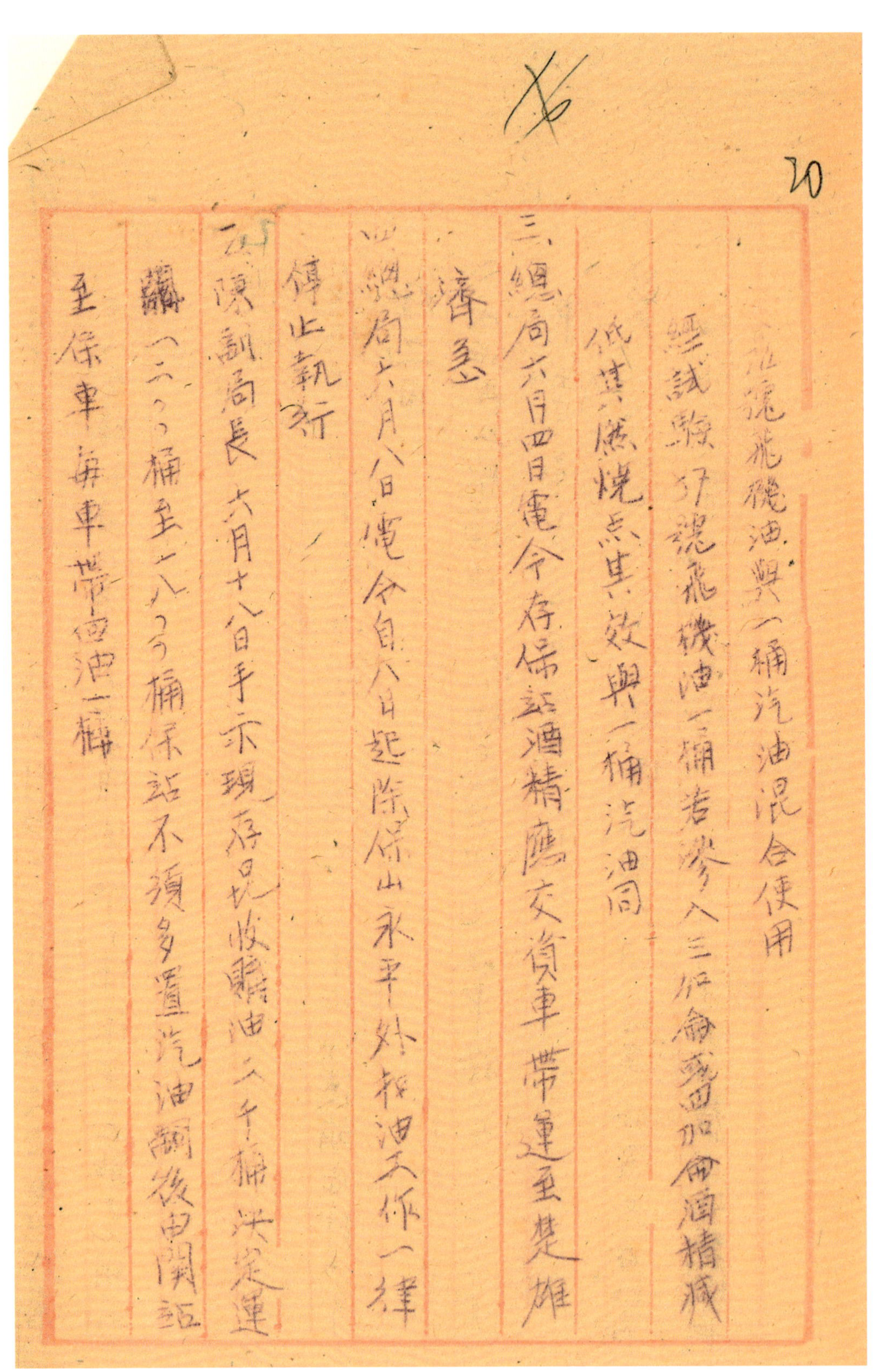

75號飛機油與一桶汽油混合使用

經試驗57號飛機油一桶若滲入三加侖酒精加侖酒精減

低其燃燒點其效與一桶汽油同

三、總局六月四日電令存保站酒精應交資車帶運至楚雄

濟急

四、總局六月八日電令自八日起除保山永平外報油工作一律

停止執行

五、陳副局長六月十八日手示現存昆收購油二千桶決定運

[illegible]一二〇〇桶至一八〇〇桶保站不須多置汽油剩後由開站

至保車每車帶回油一桶

六、自六月十五日起，昆明總站對沿途各站供料之支配，計有油一百桶，下關四十桶，下莊五桶，楚雄十桶，祿豐五桶，昆明八十桶。

乙、復購

1.總局於五月二十六日匯款二百萬元來，本站作復購油料一千桶之用。

2.保站成立板橋油料收購處，由保站派車務室技士李十少康主其事，定每桶公價二千元。

3.昆明行營設汽油收購處收購昆明蒿直、外縣由各外縣政府負責先登記，昆明為六月十五日截止，外縣則於

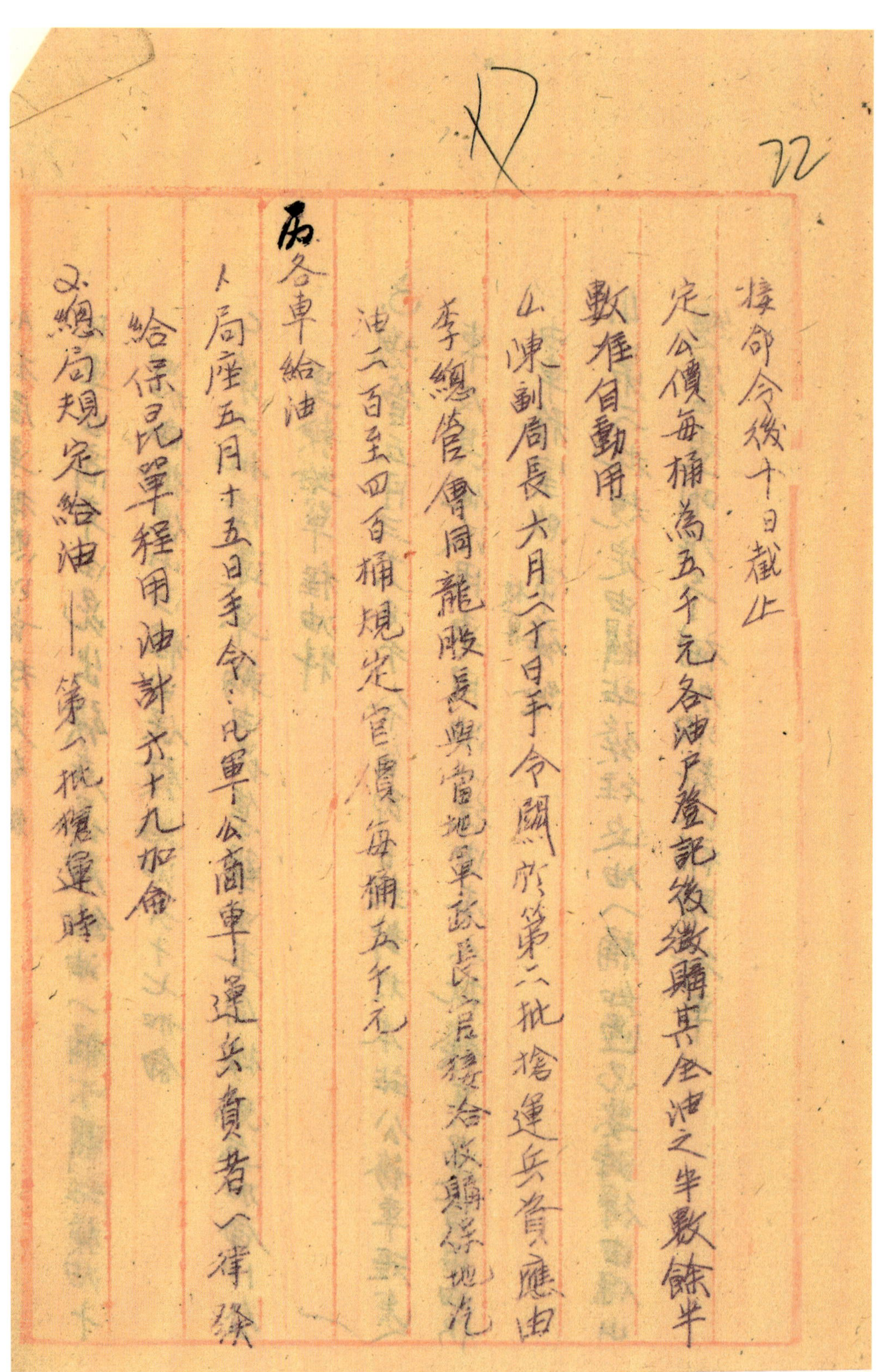

接命令後十日截止
定公價每桶為五千元各油户登記後徵購其全油之半數餘半
數准自動用

乙 陳副局長六月二十日手令關於第二批搶運兵員應由
李總管會同龍殿長與當地軍政長官接洽收購保地汽
油二百至四百桶規定官價每桶五千元

丙 各車給油

1. 局座五月十五日手令：凡軍公商車運兵員者一律發
給保昆單程用油計六十九加侖

2. 總局規定給油——第一批搶運時

A.本局車按照以前規定發給

B.軍公商車由昆出發在昆發給油一桶下關站發油十四加侖抵保山回程由保發給油六十七加侖

C.第二批搶運車輛由昆集關由本局按照每加侖10公里發給單程油料

3.總管五月三十一日手令自即日起對於本站公務車短途車及其他派用車用油一律由本人批發其運貨用油仍由車務室照常核算發給

4.第二批規定由關站發往返油一桶如遇必要時得由保山總管查明准予補加油料以補助行車

158

24

d. 獎勵辦法

一、總管五月廿八日手令

1. 凡由昆明開來保裝運公貨之車輛不論單公商車司機如能自行設法油料不在本局加油而有證實確能行抵昆明者准予給獎二千五百元

2. 不論本局或單公商車司機能自動繳油來站足够一大桶者准給獎金國幣一千元

3. 總局規定二批擔運保關來回一次發給汽油一大桶能仍有餘油在下關站交還者每加侖給獎金七十元其因缺油而拋錨者每加侖亦罰金七十元

附則

一、商車搶運保關綫物資付費加油辦法

1、該項車輛租期為一月由管制局發給以到下關後二星期為有效期之准行證一紙每車一張

2、每車每月至少須由保山運至下關八噸如運足九噸者每噸加給運費一成運足十噸或十噸以上者加給運費二成

3、保關往返一次以536公里計由本局發汽油53加侖在下關核發按每桶國幣五仟元扣款如各車有多餘油料交還本局總站時亦按每桶國幣五千元收回

4、各車空駛費運費由本局下關總站按實際行駛里程

核發

5.各車由本局負責保護使不致為各機關扣留

6.各車由本局發車用證每車一張文曰中緬總局專租車

7.各車如不幸而遭受損失持有確切證明者由本局賠償同式車或每輛賠償車價國幣三萬元

8.各車由緬行駛下關時由本局交運汽油每車十五桶或帶運部隊並付給來程空駛費

六、本局與緬區司令職務之劃分

1.本局以搶運物資為主要任務緬區以運送部隊及補給[illegible]務各機關運送部隊及補給均向緬區司令取聯絡

27

2.調撥汽五團車一百輛爲軍運專車以運輸補
給爲主要任務回程帶運物資爲附屬任務如無
或有其他必要時得空駛回昆

3.在滇緬路行駛之其他軍公商車爲物資專車以搶運
物資爲主

4.所有車輛自裝部隊後即由綫區指揮一俟部隊運到後
即歸本局指揮

5.滇緬公路之車輛仍歸本局負責辦理管制但沿途部
隊或其他機關擅行扣車由綫區負責制止

6.軍運專車行駛於滇緬路往返程所需油料由本局按照

20

28

每加侖十公里爲標準發給其回程帶運物資由保至昆每噸由本局給奬金30元關昆20元

三、搶救車輛辦法

1、空車搶出由車主給奬金二千元重車連物資不得超過一萬元

2、在保山交車由車主給旅費五百元下關一千元楚雄一千五百元昆明二千元

3、搶救車輛人員如係職業司機應將該車照繳本局總站總管或其公司經理證明該司機並未棄置其應開之車如非職業司機及抵達該地任務詳加申

述經車輛管制所核准後始可具領獎金及旅費

4. 上項車輛如由部隊搶救出險者照辦另第三条規定之證明手續後所有獎金旅費數交由其主管長官分配如係私人搶出者准予證明或甲述當時搶救情形後由二者直接交付並呈報車輛管制所備案

30

軍事委員會運輸統制局中緬運輸總局保山總站搶運保存物資運出噸量統計表

配給機関	物資名稱	第一期（5月10日至6月20日）						第二期（6月21日至7月25日）								運出噸量總計							
		保閔		保昆		共計		保永		保閔		保昆		共計		保永		保閔		保昆		共計	
		車	噸	車	噸	車	噸	車	噸	車	噸	車	噸	車	噸	車	噸	車	噸	車	噸	車	噸
兵工第二總庫	軍品材料	40	132	2107	1378.7	2147	1511.7	885	2835	1474	4784.4	101	362.7	2460	8196.1	885	2835	1514	1730.4	2248	6241.9	4647	14707.8
〃	公務									20	60			20	60			20	60			20	60
軍醫署	藥品	49	132.3			49	132.3											49	132.3			49	132.3
兵站總監部	彈藥			57	197.8	57	197.8													57	197.8	57	197.8
兵站分監部	軍毯			4	12	4	12													4	12	4	12
軍需署	〃			4	12	4	12													4	12	4	12
交三處60庫	附屬油料			24	72	24	72													24	72	24	72
保站材料庫	汽車材料			145	424.3	145	424.3													145	424.3	145	424.3
保站接轉庫	航空材料			3	11	3	11													3	11	3	11
〃	機件			1	3	1	3													1	3	1	3
〃	軍品材料									9	21.5			9	21.5			9	21.5			9	21.5
保站油庫	附屬油料	8		86		94				2				2				10		86		96△	
保站材料部	舊胎									3	10.5			3	10.5			3	10.5			3	10.5
保站	公務									12	36			12	36			12	36			12	36
其他				39	113.9	39	113.9			3	9			3	9			3	9	39	113.9	42	122.9
共計		97	264.3	2470	7221.7	2567	7486	885	2835.5	1563	4735.4	101	362.7	2549	8333.1	885	2835.5	1660	4999.7	2571	7487.9	5116	15823.1

附註：

1 保存兵資共存18000噸依本局計算已運出14707.8噸尚差3292.2噸待運惟自搶運來該庫每車均超規定噸位共超出約千噸故據該處吳副總處長稱現只存2400噸待運

2 第二期規定九千噸軍資因缺油尚有803噸待運

3 ※該批車均係裝載機件難卸由保直放昆明

4 △本局附屬油料共運出黄油45桶 黑油110桶 機油813桶 酒精154桶 柴油262桶

5 本局各資車帶運空桶共運出1742只

3188

31

中緬運輸總局保山總站搶運保存物資油料收進統計表　（5月9日至7月30日）

存油機關 ＼ 單位 數量 ＼ 油別	汽油		87號汽油		酒精		機油		柴油		黃油		黑油		備考
	桶	加侖	桶	加侖	桶	加侖	桶	加侖	桶	加侖	桶	加侖	桶	加侖	
交通處60庫	1039	39	428												奉龔局長手諭提用
亞細亞公司	505														原存519桶提用505桶
航空委員會	200		38												原存229桶提用200桶
中國銀行	173	15													提用171桶扣用2桶15加
滇緬鐵路	59														扣用
交巡大隊	58														由該隊扣交車務室用
昆明行營	36														扣用
第五軍	36														歸還30桶扣用6桶
後勤部	7														扣用
警務室	9														該室扣交車務室用
昆總站	419	38	47	35											運保
關總站	5														〃
油料收購處	185														收購
三太子油庫	200				400		1000		300		37		117		庫原存
諸葛營油庫	43						55		215						〃
接轉庫					166										〃
共計	2604	92	513	35	566		1055		515		37		117		

72

中緬運輸總局保山總站搶運保存物資油料收發統計表

收發 項別 數量 油別	收							進			發							出	結存	
	提用	和用		價購	歸還	運保		原庫存	共計		行車用油		滲漏累計		運出		共計		桶	加侖
		給價	未給價			桶	加侖		桶	加侖	桶	加侖	桶	加侖	桶	加侖	桶	加侖		
汽油	1916桶	73桶	104桶	185桶	30桶	54	38	2143	2605	39	2595	22	8(11)	20			2603	42	1	50
87號汽油	428桶		38桶			47	35		513	35	496				17(2)		513			35
酒精								566	566		371		10	15	184(3)		565			38
機油								1055	1055		157	2			895		1049	2	5	51
柴油								515	515						515(5)		515		0	0
黑油								117	117		7				110		117		0	0
黃油								37	37						37		37		0	0

附註

1、本站由交三處60庫提用各油多因桶舊放置庫內故有滲漏
2、該項油料運存楚雄本站辦事處留作公務及遣散結束之行車用油
3、內有30桶撥借保密車總站
4、內有82桶係單桶附各物資車運昆
5、該項柴油由雲南物資運輸處收用自行派車提運共285桶 雲南經委會提回輕柴油14桶 又昆華公司提回11桶 又本站運存關站235桶
6、所有結存油料統交由仁壽門分站應用

本局及各軍公商車輛核保車數與行車次數比較表

轄車機關	核保車輛數	行車次數				行車次數與車數比	備考
		保昆段	保關段	保永段	共計		
中緬局	803	1164	660	381	2205	2.75	
汽五團	200		508	194	702	3.6	
汽二團	100	68	100		168	1.6	
汽四營	226	221	180	150	551	2.5	
資委會	32	32			32	1	
中國銀行	32	32			32	1	
昆行營	23	23			23	1	
滇緬鐵路	26	26			26	1	
商車	402	1005	212	160	1377	3.14	
共計	1896	2571	1660	885	5116		

34

中緬運輸總局各大隊搶保搶運車數與行車次數比較表

隊別	搶保車數	行車次數				搶保車數與行車次數比	備考
		保昆段	保關段	保永段	共計		
1B	66	101	62	40	203	3	
2B	56	96	52	40	188	3.3	
3B	67	117	54	36	207	3	
4B	89	121	113	64	298	3.3	
10B	104	118	64	51	233	2.2	
15B	66	114	54	38	206	3.1	
16B	90	104	70	52	226	2.5	
17B	36	36	12		48	1.3	
20B	79	133	78	24	235	2.9	
1H	11	12			12	1	
2H	75	129	90	36	255	3.4	
3H	10	10	7		17	1.7	
中印B	42	58			58	1.3	
保緬1C	2	2			2	1	
保緬2C	6	9	4		13	2.1	
川西路	4	4			4	1	
共計	803	1164	660	381	2205		

28

中緬運輸總局保山總站搶運保物資各軍公商車規定車噸位與實際車噸位比較表

廠牌	年份	規定噸位	實際裝貨噸位	備考
道奇	1941	3	3.5	
道奇	1940	3	3.5	
雪弗蘭	1941	2.5	3.5	
萬國	1941	3.5	3	汽5團車
萬國	1941	3.5	4	本局車
福特	1941	3	3.5	
司蒂倍克	1941	2.5	2.8	
十輪G.M.C.	1941	4	5	
G.M.C.	1939	2.5	3	

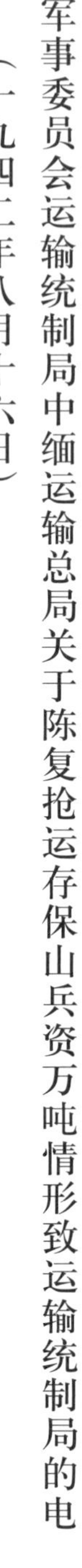

军事委员会运输统制局中缅运输总局关于陈复抢运存保山兵资万吨情形致运输统制局的电（一九四二年八月十六日）

軍事委員會運輸統制局中緬運輸總局稿

文别：代電

事由：陳復搶運存保兵資萬噸情形

運統局 核用

局長 副局長 主任秘書 處長 副處長

秘書 科長 專員 稽核 股長 科員 辦事員

送達機關 類別 附件

中華民國 年 月 日

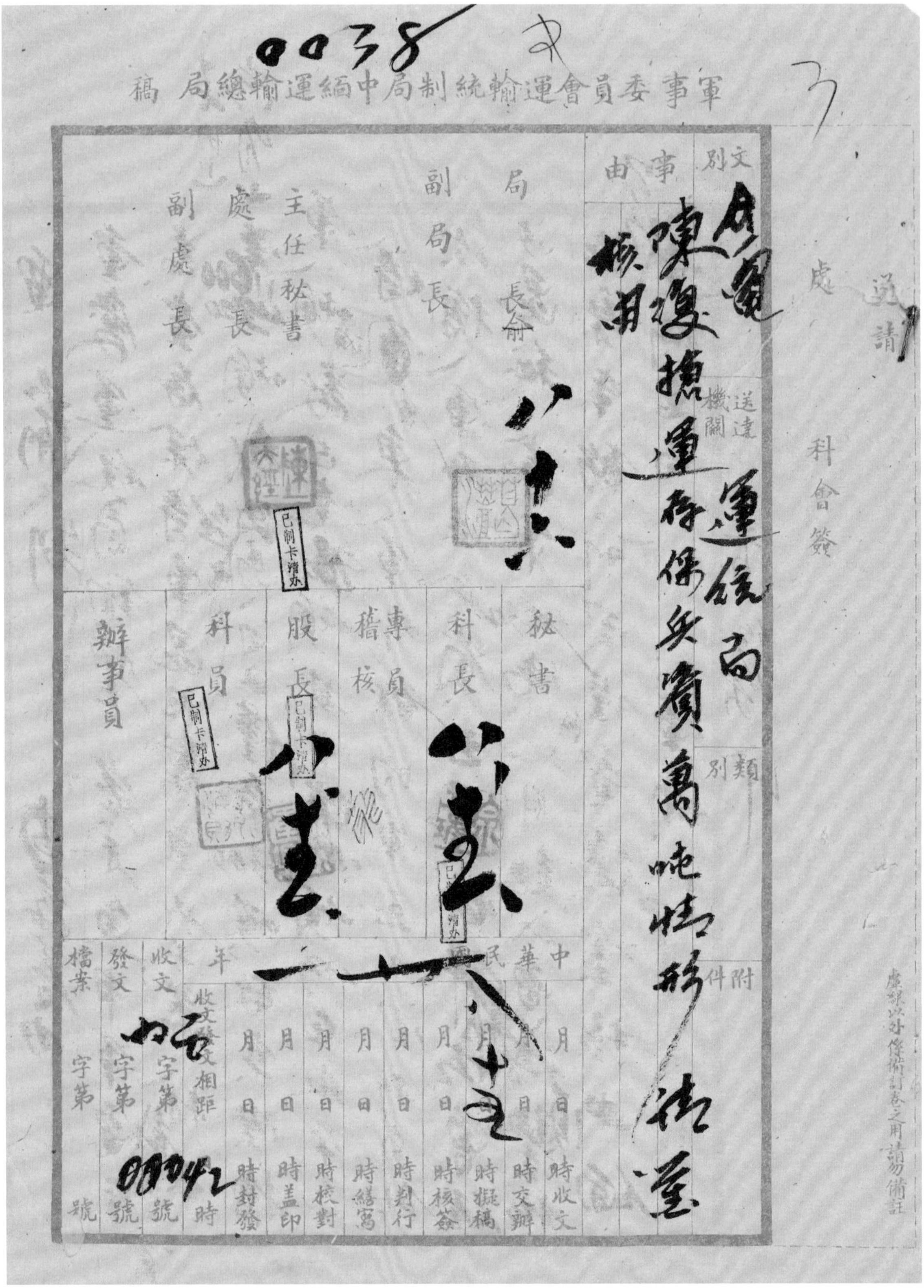

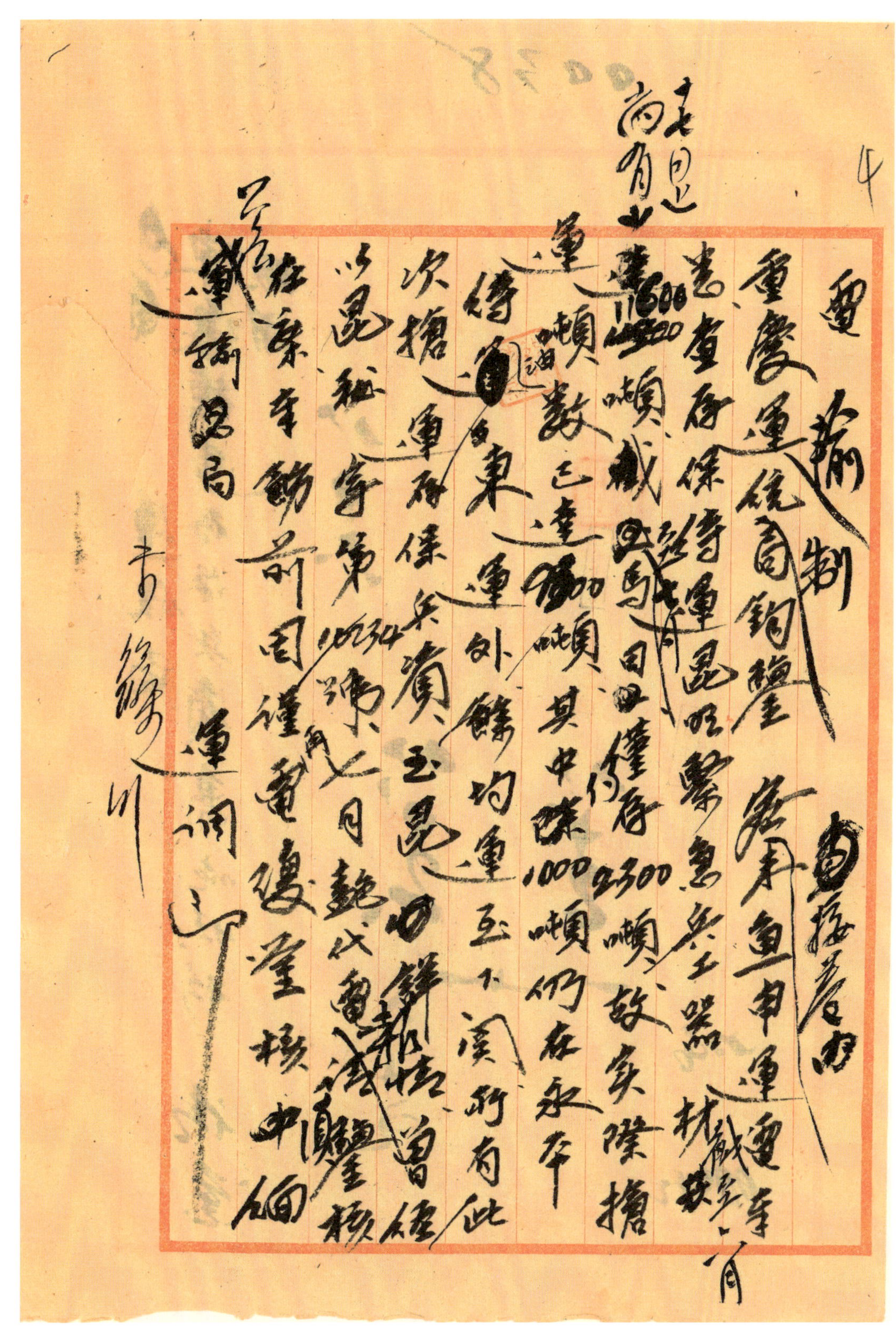

電

重慶運輸統制局錫鑾兄：寅魚申運電奉悉。

滇省存保待運昆明緊急兵工器材，截至 月

[illegible]噸，截至[illegible]日止，僅存2300噸，故實際擔

運噸數已達[illegible]噸，其中1000噸仍存永平

待運，除東運外，餘均運至下關，所有此

次擔運存保兵資，玉昆曾[illegible]

以昆秘字第10234號寅七日艷代電[illegible]

在案。本年節前因[illegible]核中

運輸總局[illegible]

運調[illegible]

弟[illegible]

军政部第三交通分处关于附送七月份昆明接收、运出物资吨位报告表和八月份运输计划致交通部滇缅公路运输局的代电（一九四二年八月二十四日）

運輸科

收文公字第00177號

軍政部第三交通分處快郵代電

昆運卅字第2383號

事由：為電送七月份運輸噸位表及八月份運輸計劃請查照由

批示

擬辦

附件：附件如文

本市龔局長勛鑒：茲附送本處七月份運輸噸位表及八月份運輸計劃各一份，電請查照為荷。昆第沈宗元未迴運印 附件如文

中華民國三十一年八月廿四日 午 點

分發

第一頁 共全頁

中華民國卅一年八月廿七日收到

運科收0159號

附一：军政部第三交通分处昆明接收运出物资吨位报告表（一九四二年七月二十八日）

軍政部第三交通分處昆明接收運出物資噸位報告表

31年7月28日

週別	起止日期	車別	昆明接收		昆明運出	
			油料	器材	油料	器材
第一週	7月1日至7日	軍車	6T		40T	100T
		商車			60T	21T
		合計	6T		100T	121T
第二週	7月8日至14日	軍車	22T		59T	66T
		商車				24T
		合計	22T		59T	90T
第三週	7月15日至21日	軍車	10T		147T	
		商車			54T	90T
		合計	10T		201T	90T
第四週	7月22日至31日	軍車	9T		81T	3T
		商車				
		合計	9T		81T	3T
總計			47		軍327 商114 441	軍169 商135 304

附二：军政部第三交通分处八月份运输计划

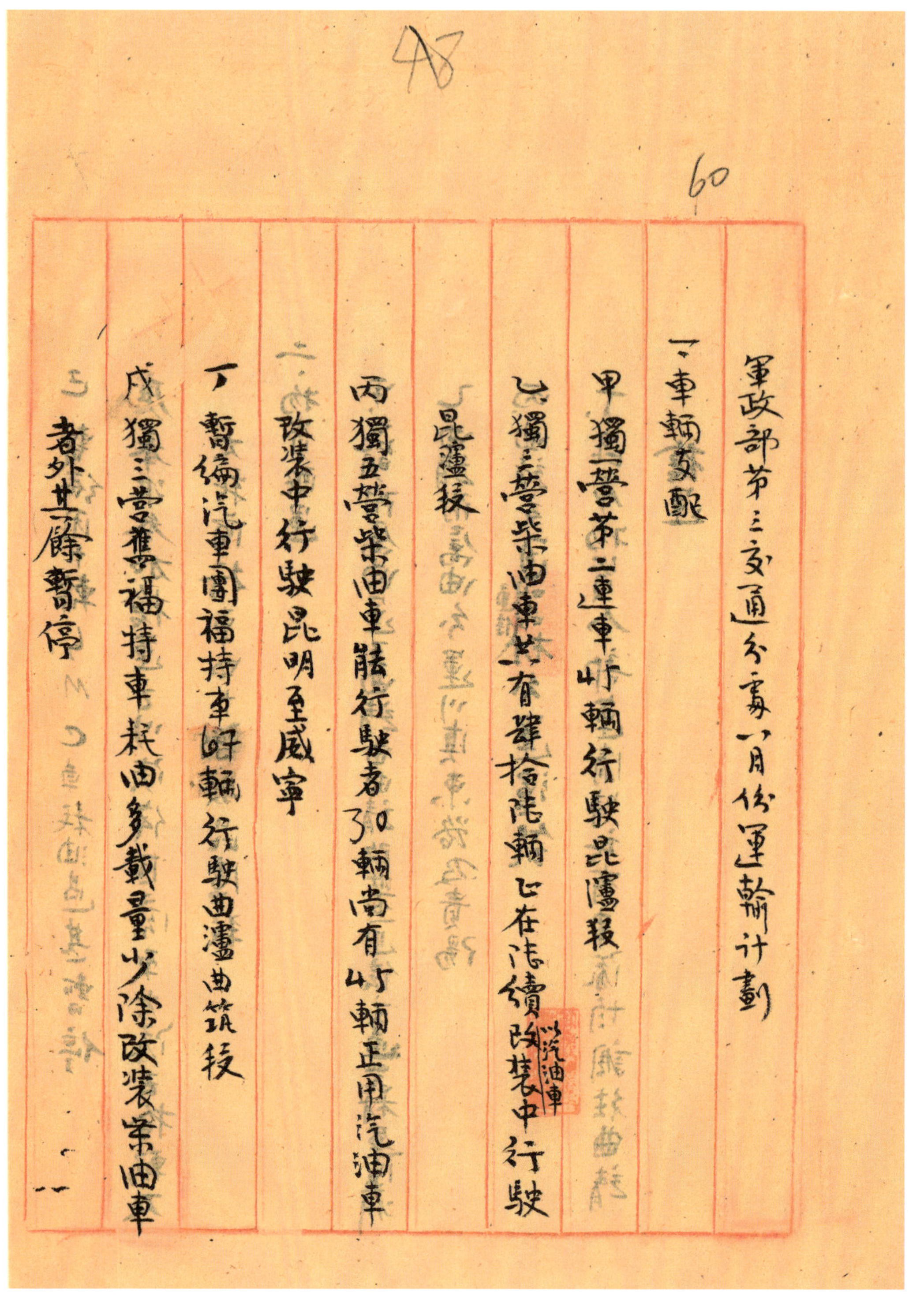
48

60

軍政部第三交通分處八月份運輸計劃

一、車輛支配

甲、獨一營第二連車卅輛行駛昆瀘段

乙、獨三營柴油車共有肆拾陸輛已在陸續改裝中行駛（以汽油車）昆瀘段

丙、獨五營柴油車能行駛者70輛尚有45輛正用汽油車改裝中行駛昆明至威寧

丁、暫編汽車團福特車卅輛行駛曲瀘曲筑段

戊、獨三營舊福特車耗油多載量少除改裝柴油車者外其餘暫停

已、暂编团十轮与MC车耗油过甚暂停

庚、奉准参加抢运之川陕[illegible]区商车大队五拾辆及大新商行车四十辆驶昆卢线

二、物资配运

甲、昆明附属由运至曲靖由曲靖改装交通信交通器材运泸州

乙、曲靖附属由分运川滇东路及贵阳

丙、曲靖交通[通信]器材分运泸筑

丁、昆库物资全部运清时所有车队均调往曲靖

抢运

军事委员会运输统制局所拟有关改进运输统计方法（一九四二年九月十八日）

查閲於軍公商車運量之統計編製近奉令署有更改茲為謀運量確實統計迅速起見擬

（一）自九月十六日起由運務科下閲所及保山站各指派一人各員於每日上午八時至十二時前往當地檢查所站抄錄上日車輛登記日報並每日將軍公商車々數噸量分別開出到達於次日晨報科（下閲保山用急電）

（二）登記員將五日運量彙計填列五日運

604號

量表用最迅速方法寄送運務科並應於每月終將所有全月登記日報彙訂送運務科即根據是項日報編製運輸狀況月報表

(三)前規定之本局車運量電報除永莊線三站仍照常按日電報外昆河線三站仍按旬電報嗣後即於每日次晨將上日出發到達車輛連同軍公商車運量一併電科以便彙報

(四)車輛在站情形除本局車由昆河保

三站將獲報日前一日廿四點內在站小修及停站待命車輛數於每日次晨電報運務科（係用急電拍發）其他軍公商車亦須依法查報擬電大局准予免報

（五）羊街至楊林空運接轉車輛及存積運量擬電飭開段並於每日次晨報科（羊街用急電）

上列五點是否可行敬祈

核示

九六八

交通部公路总局滇缅公路运输局关于签订由云南驿运输美方物资至昆明合约致第一、二运务段的代电

（一九四二年九月十八日）

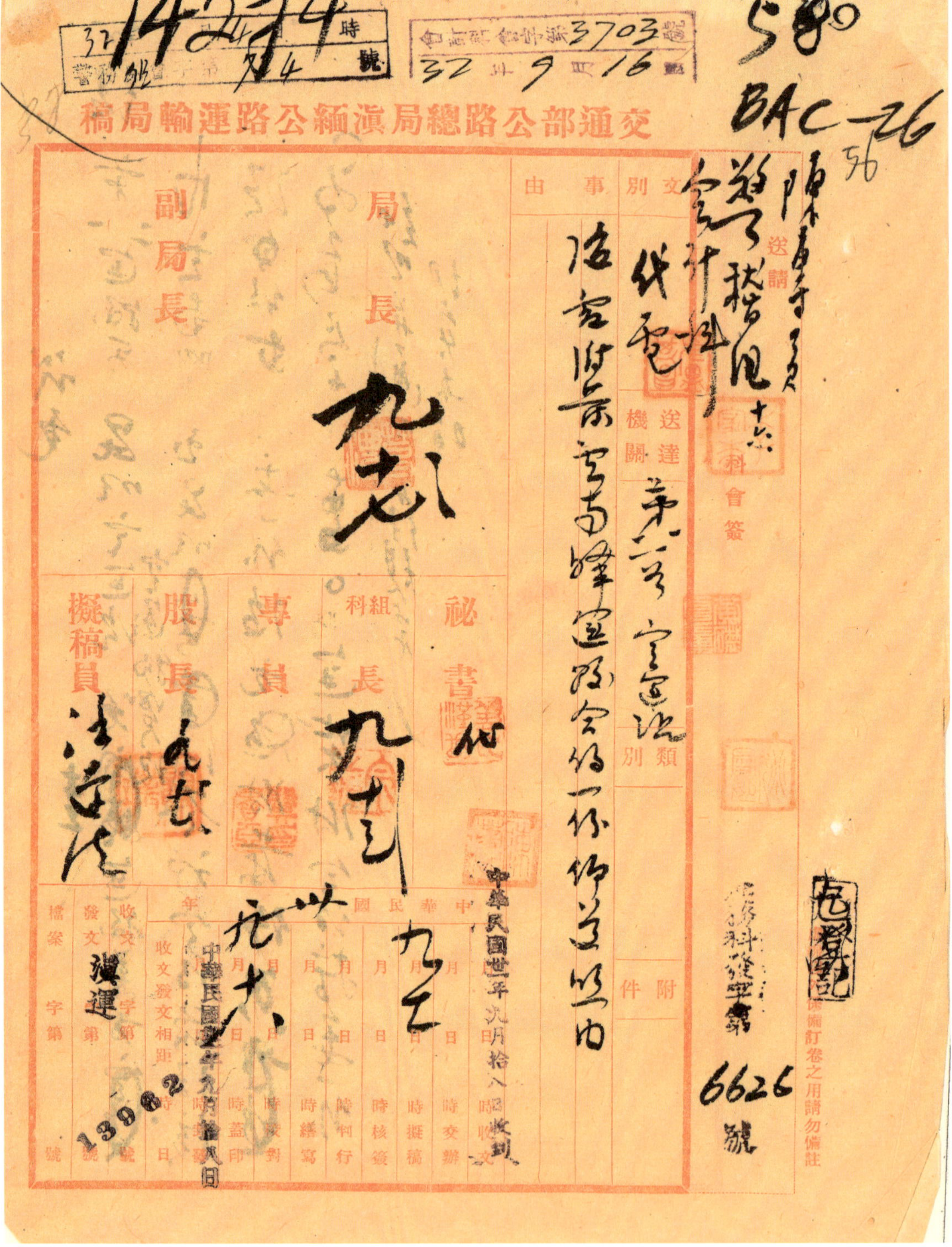

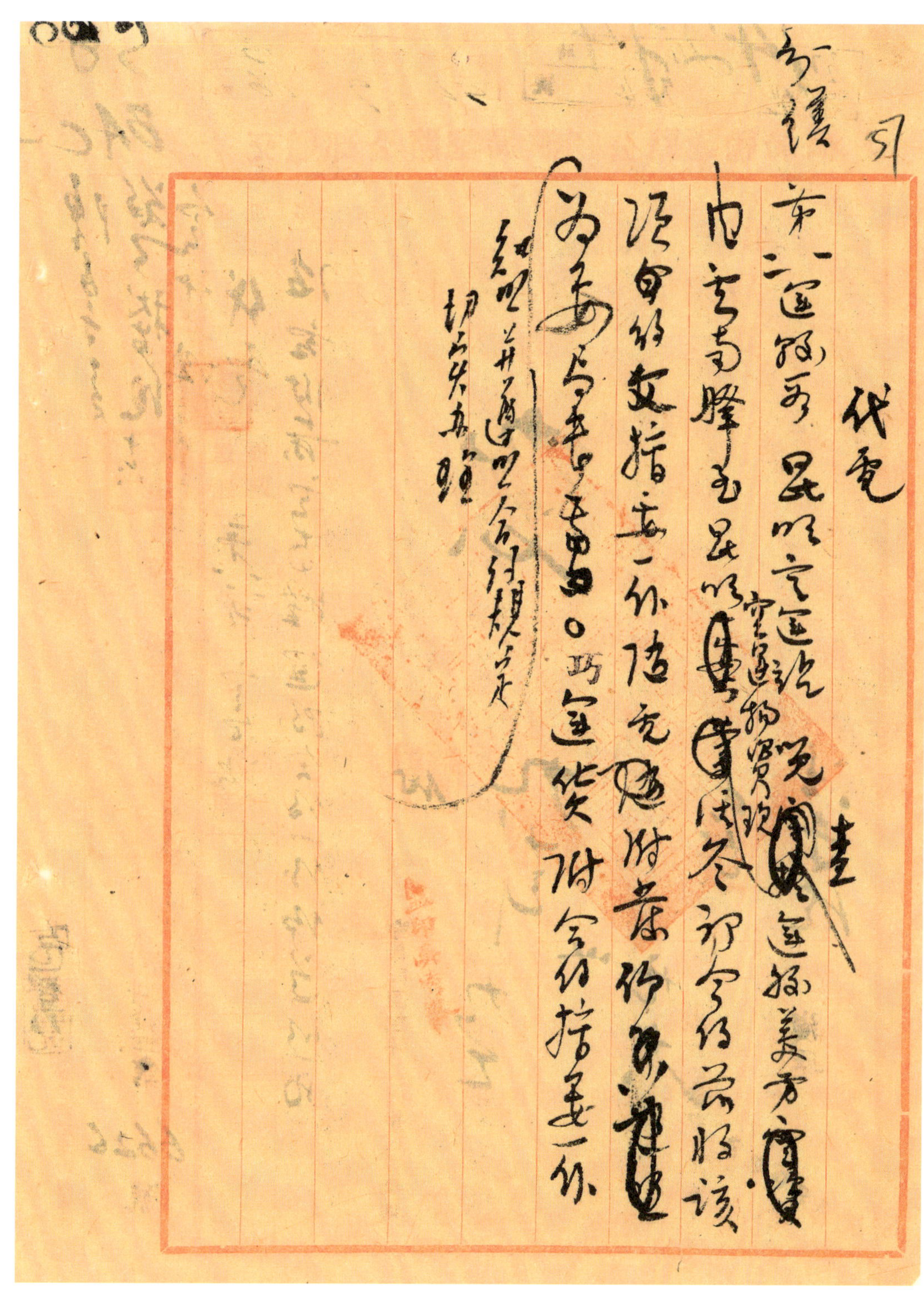

新疆 司

代電

第一、二運輸所吳明宣、運銓兄暨[illegible]運輸美方[illegible] 奎

由哈密轉交吳明[illegible]運輸物資[illegible]法令部令[illegible]將該

項目的文摘每一份隨電附發仰即遵[illegible]

為要[illegible]○[illegible]運貨附令[illegible]每一份

知照并轉[illegible]合行規定

切[illegible]

云南驿昆明运输合约摘要

一、本约（签订后）自成立……有效期二月……合约……

二、局方每月承运由美方托运之每月至少一千吨之军资，由该地点内［illegible］运至昆明

三、局方同意在昆明码头付运九公里内卸货，不另收费用

四、自九月一日起，云南驿美方［illegible］吨之物资付运，［illegible］之车辆由押人伕等概由局方供应

五、除天灾、敌祸之外，局方有保障该项物资安全之责，并负运送之方法，卸货物。

5、美方按每吨美金35元之实际运率及加之空使运率付费（我方之物资所得已扣除付出者，其余依定运率付）
6、受限付则本项续付修费之
7、我方降至民用路线每23方（吨）以……计算
8、美方预付一千吨运费计285,000元
9、美方承诺维持国内每日极运之降低运费25元之物资，但遇有天灾祸及战争侵之原因自应例外。
10、美方内供应家出纳所付费。各方按模具请款收据应付同各项单据，集中于每月按时呈美方，即以汇进之方法付款。此项结算以每周一次为限

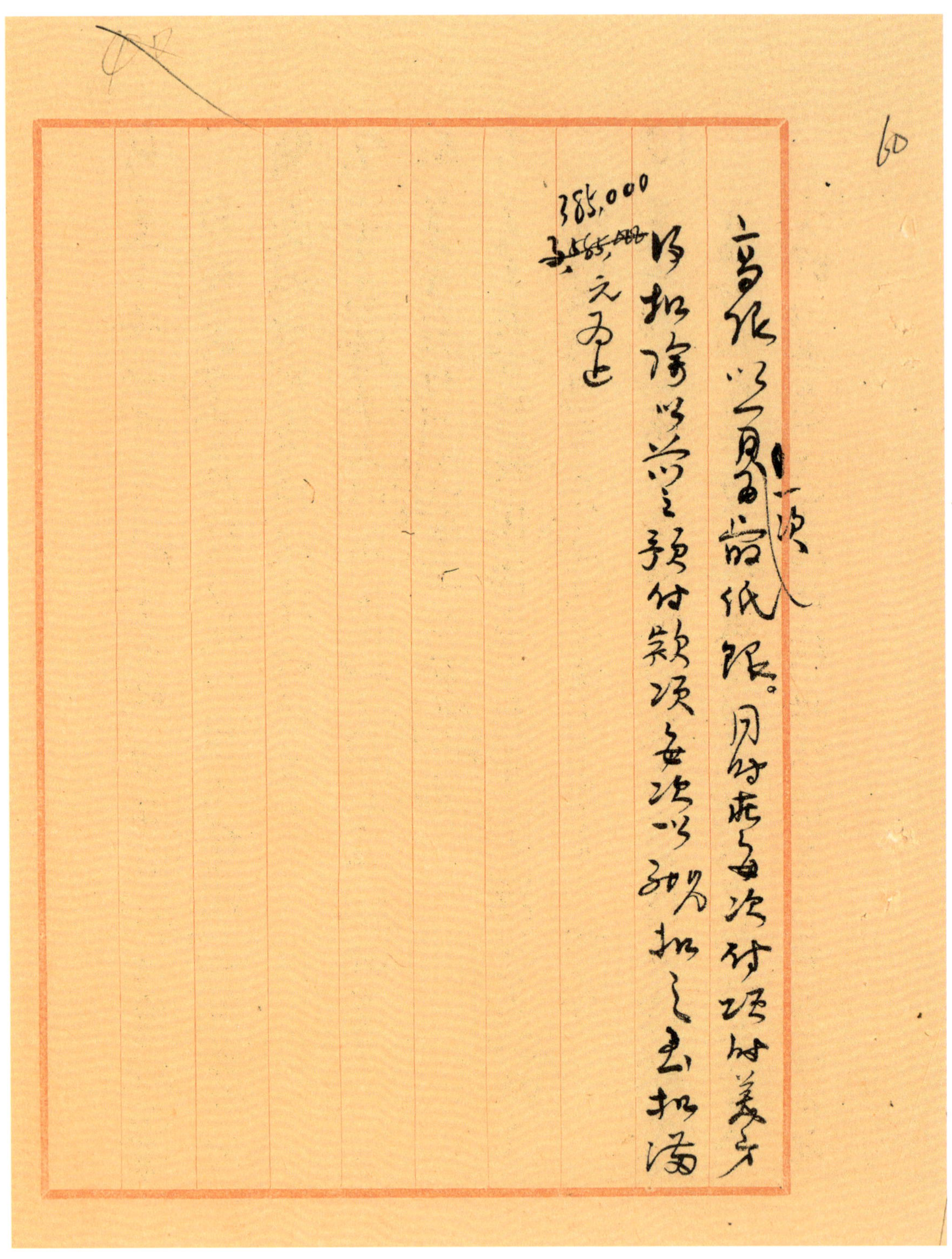
高限以三月为一次前纸限。同时本处每次付运价时美方

须扣除以前之预付款项，每次以30%扣之，至扣满

385,000元为止

军事委员会运输统制局关于抄发第一兵工厂待运物资单致西南公路运输局的代电（一九四二年九月二十二日）

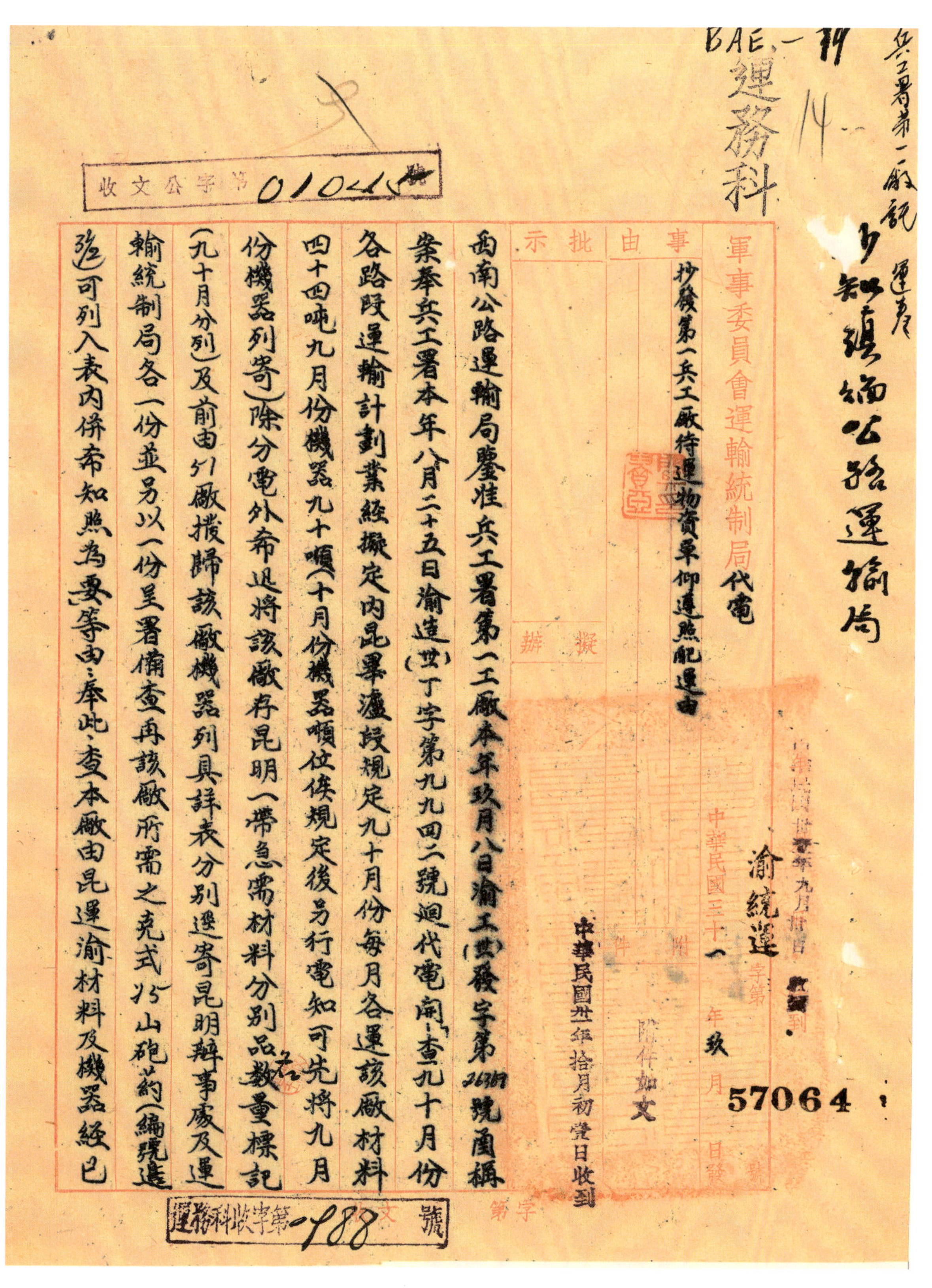

運務科

收文公字第010415

軍事委員會運輸統制局代電

事由：抄發第一兵工廠待運物資單仰遵照配運由

西南公路運輸局鑒准兵工署第一工廠本年玖月八日渝工(卅)發字第26767號函稱
案奉兵工署本年八月二十五日渝造(卅)丁字第九九四二號迴代電開，查九十月份
各路段運輸計劃業經擬定內昆畢瀘段規定九十月份每月各運該廠材料
四十四噸九月份機器九十噸（十月份機器噸位俟規定後另行電知可先將九月
份機器列寄）除分電外希迅將該廠存昆明（一帶急需材料分別品名數量標記
（九十月分列）及前由外廠撥歸該廠機器列具詳表分別逕寄昆明辦事處及運
輸統制局各一份並另以一份呈署備查再該廠所需之克式75山砲藥（編號逕
逕可列入表內併希知照為要等由；奉此，查本廠由昆運渝材料及機器經已

渝統運字第　號

中華民國三十一年玖月　日發

附件如文

中華民國卅一年拾月初叁日收到

57064

運務科收字第188號

分別造具請運單及清册具請運單內註有×號者為急需料又鋼料亦需用甚急擬請在規定九月份運輸機器九十吨內改運該項鋼料五十噸共約計百吨先行運渝其餘材料請於十月份內儘量運渝除呈報並分函外相應檢同請運單及清册各一份隨函寄請查照辦理為荷等由附送物資請運單及急需運渝機器清册各一份准此自應照辦合行抄發原表仰即遵照配運為要運輸統制局申養運調 附表五紙

校對沈德元

交通部公路总局滇缅公路运输局关于采用五日运量填报办法致下关第二运输段的代电（一九四二年九月二十六日）

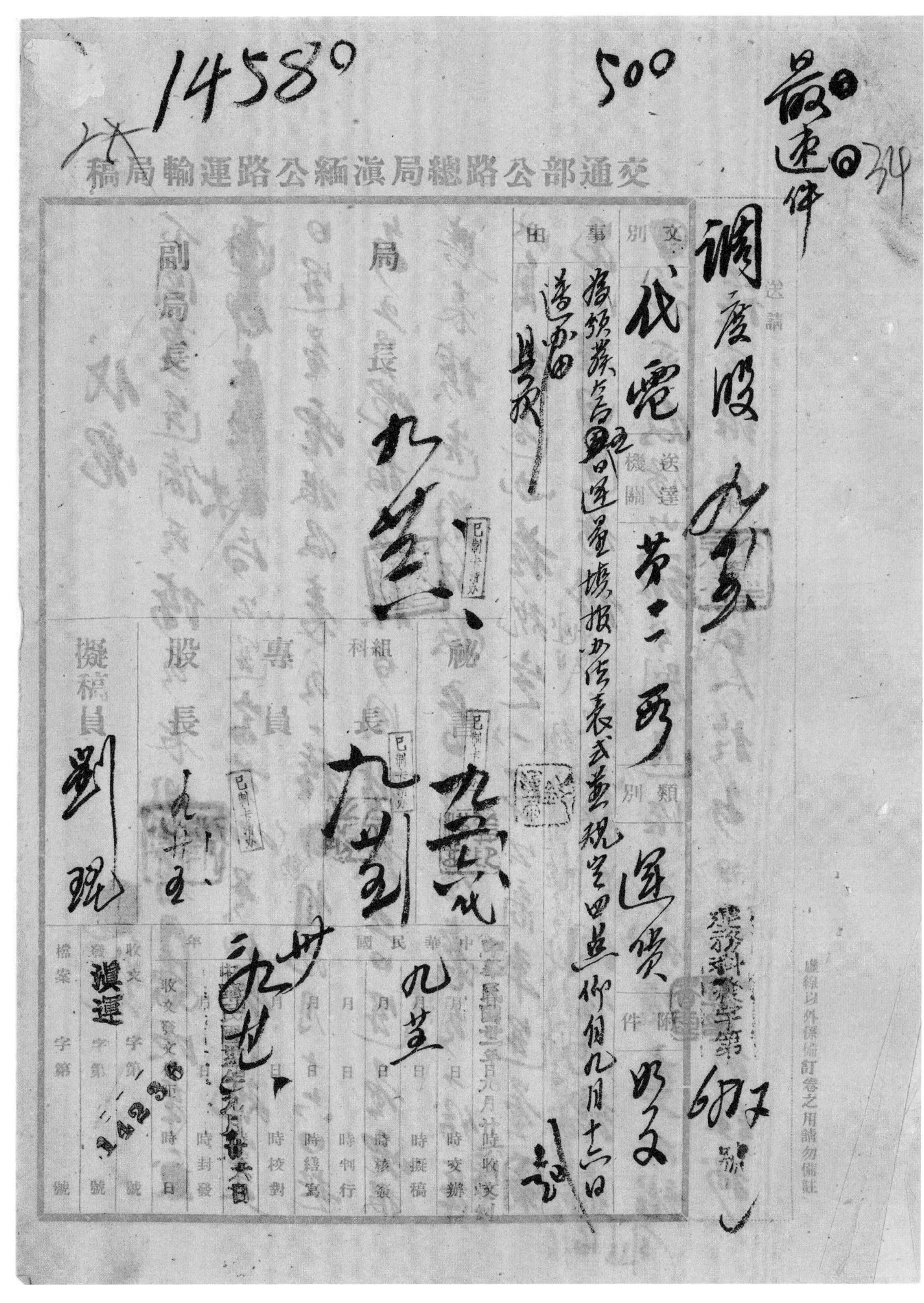

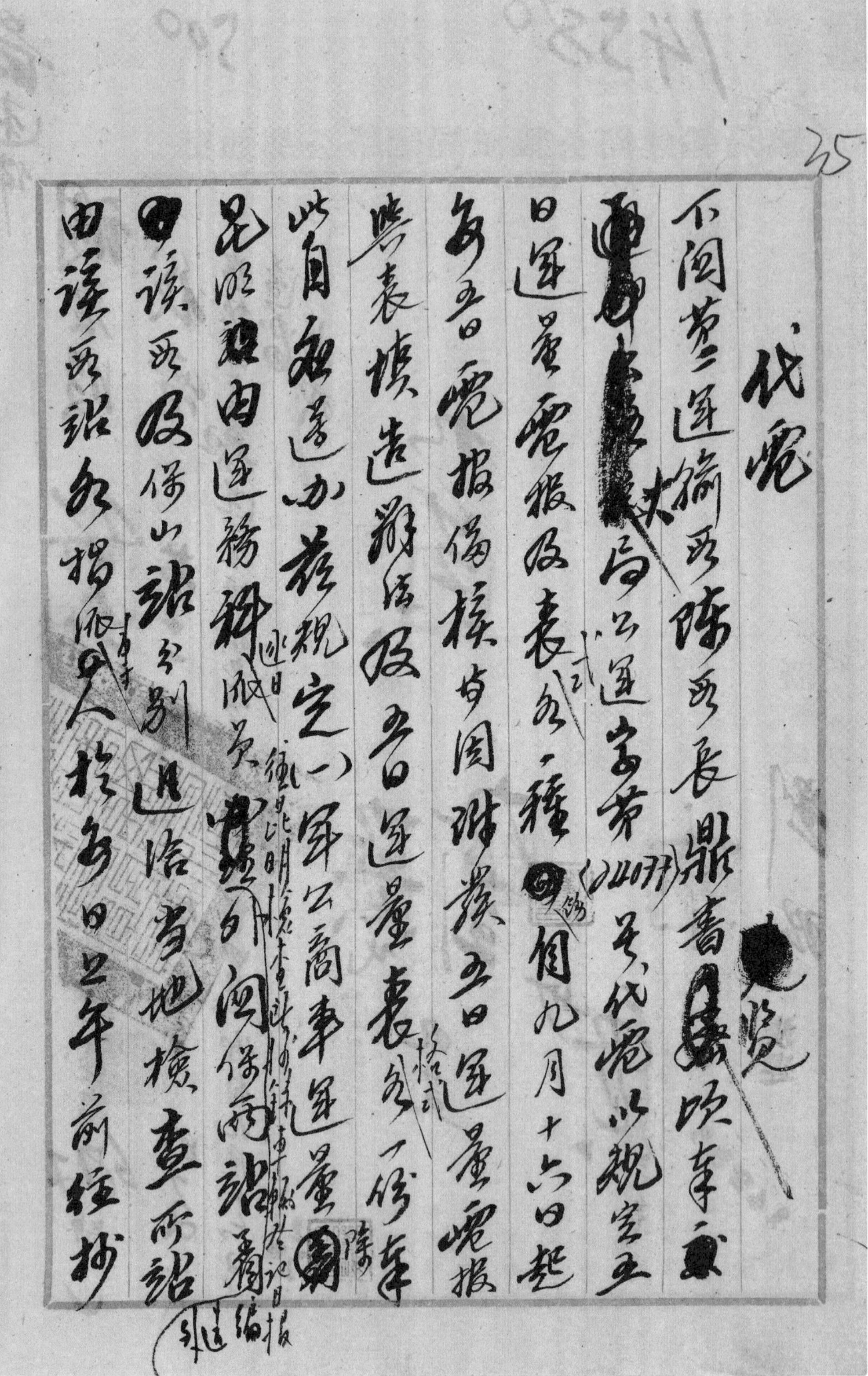

代電

下關運輸處陳處長鼎書覽：[illegible]本局公運字第（24077）號代電以規定五日運量電報及表式一種，飭自九月十六日起每五日電報備核，茲因對於五日運量電報暨表填造辦法及五日運量表式一併修正，此自應遵辦，茲規定（一）軍公商車運量，昆明、畹町由運務科派員[illegible]向保[illegible]站[illegible]，由該處及保山站分別逕洽當地檢查所站，由該處站每日指派人於每日上午前往抄

（抄）錄項目詳附表

戊 每日車輛登記日報表同前車運量依照
所頒辦法表式（編）於每日次晨匯電運
務科並即彙填五旬運量表以備用
最速方法寄送運務科（二）每月終應
將所布登記之軍公商車運輸日報彙訂
寄送運務科以憑編造運輸狀況月報
（三）前規定之各車每日運量電報仍須摘
日摘錄（四）五旬運量表內「車輛在站情形」
欄可將摘日前廿四小時內在站修或
待命之各車輛數填入軍公商車的有

車輛情形

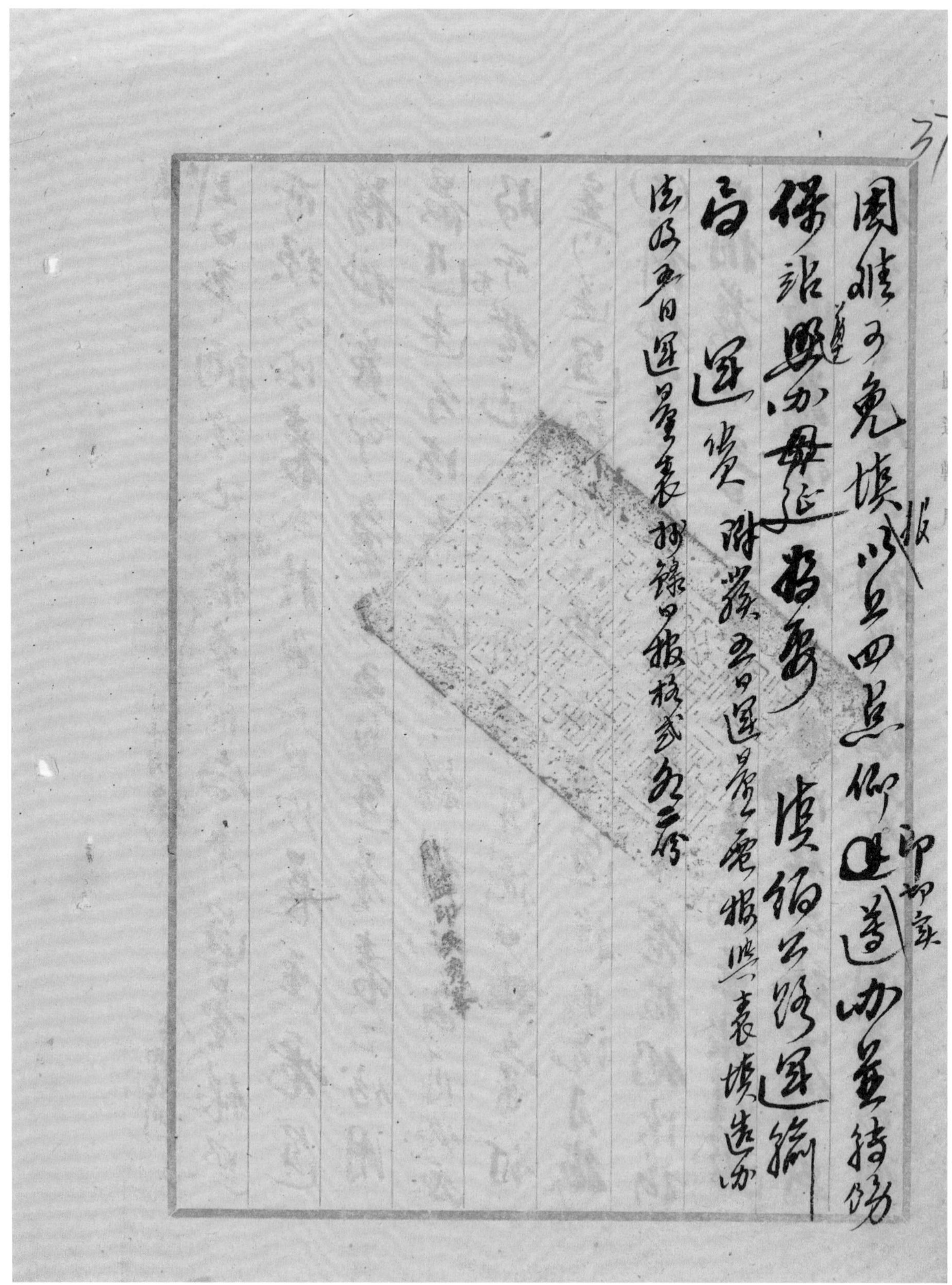

军事委员会运输统制局中缅运输总局车辆管制所关于上报一九四二年九月份运量并呈送商车承运物资约书致交通部公路总局滇缅公路运输局的代电（一九四二年十月二十日）

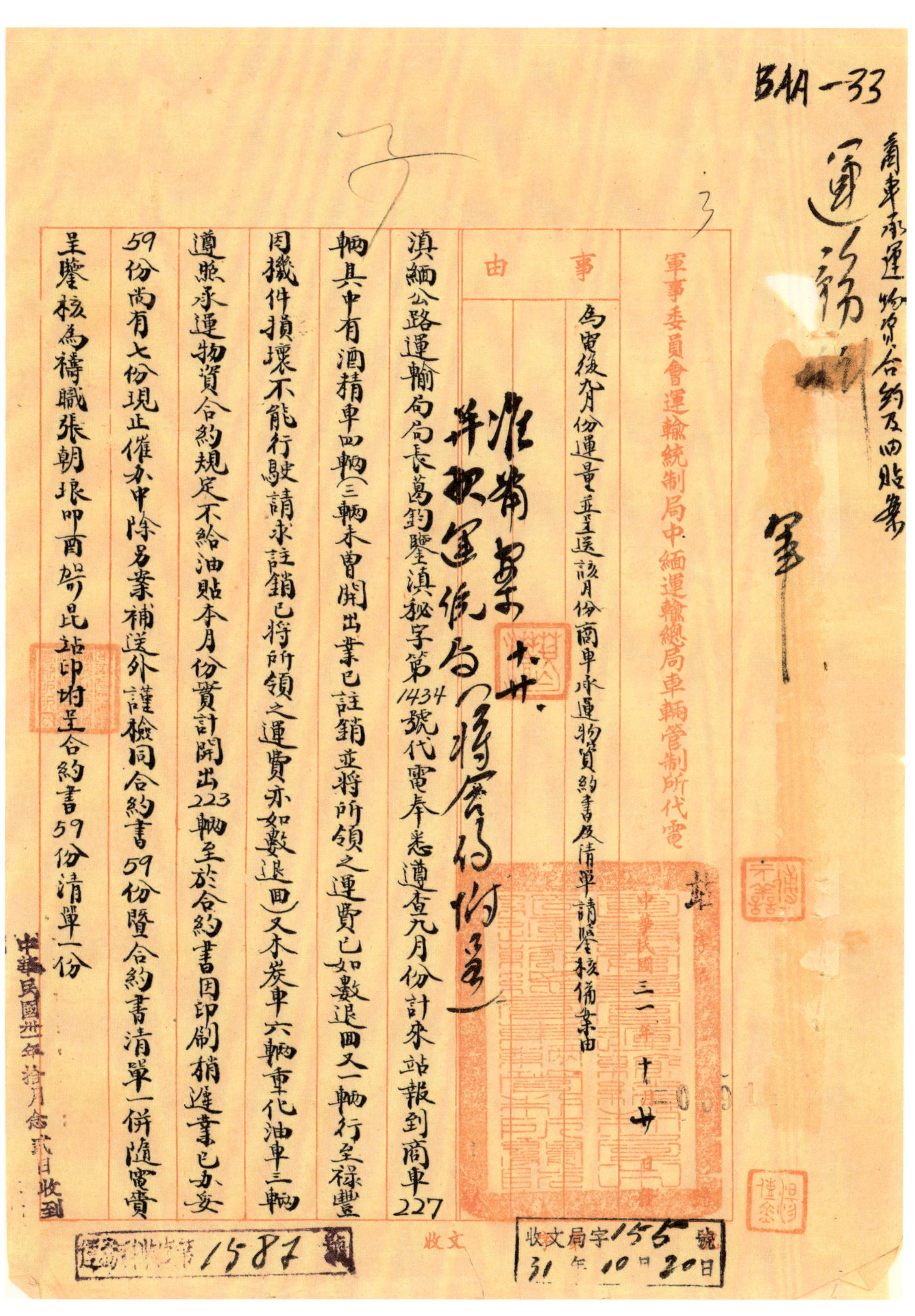

BAA-33

運務 [illegible]

商車承運物資合約及油貼案

軍事委員會運輸統制局中緬運輸總局車輛管制所代電

事由：為電復九月份運量並呈送該月份商車承運物資約書及清單請鑒核備案由

中華民國三一年十月廿日

滇緬公路運輸局局長萬鈞鑒：滇秘字第1434號代電奉悉。遵查九月份計來站報到商車227輛，其中有酒精車四輛（三輛未曾開出，業已註銷，並將所領之運費已如數退回；又一輛行至祿豐，因機件損壞不能行駛，請求註銷，已將所領之運費亦如數退回），又木炭車六輛、重化油車三輛，遵照承運物資合約規定不給油貼。本月份實計開出223輛。至於合約書因印刷稍遲，業已办妥59份，尚有七份現正催办中，除另案補送外，謹檢同合約書59份暨合約書清單一併隨電賫呈，鑒核為禱。職張朝琅叩酉[illegible]昆站印 附呈合約書59份、清單一份

准備案 [illegible]

十廿

中華民國卅一年拾月念貳日收到

收文局字155號 31年10月20日

收文 1587

附一：九月份派赴下关车辆清单

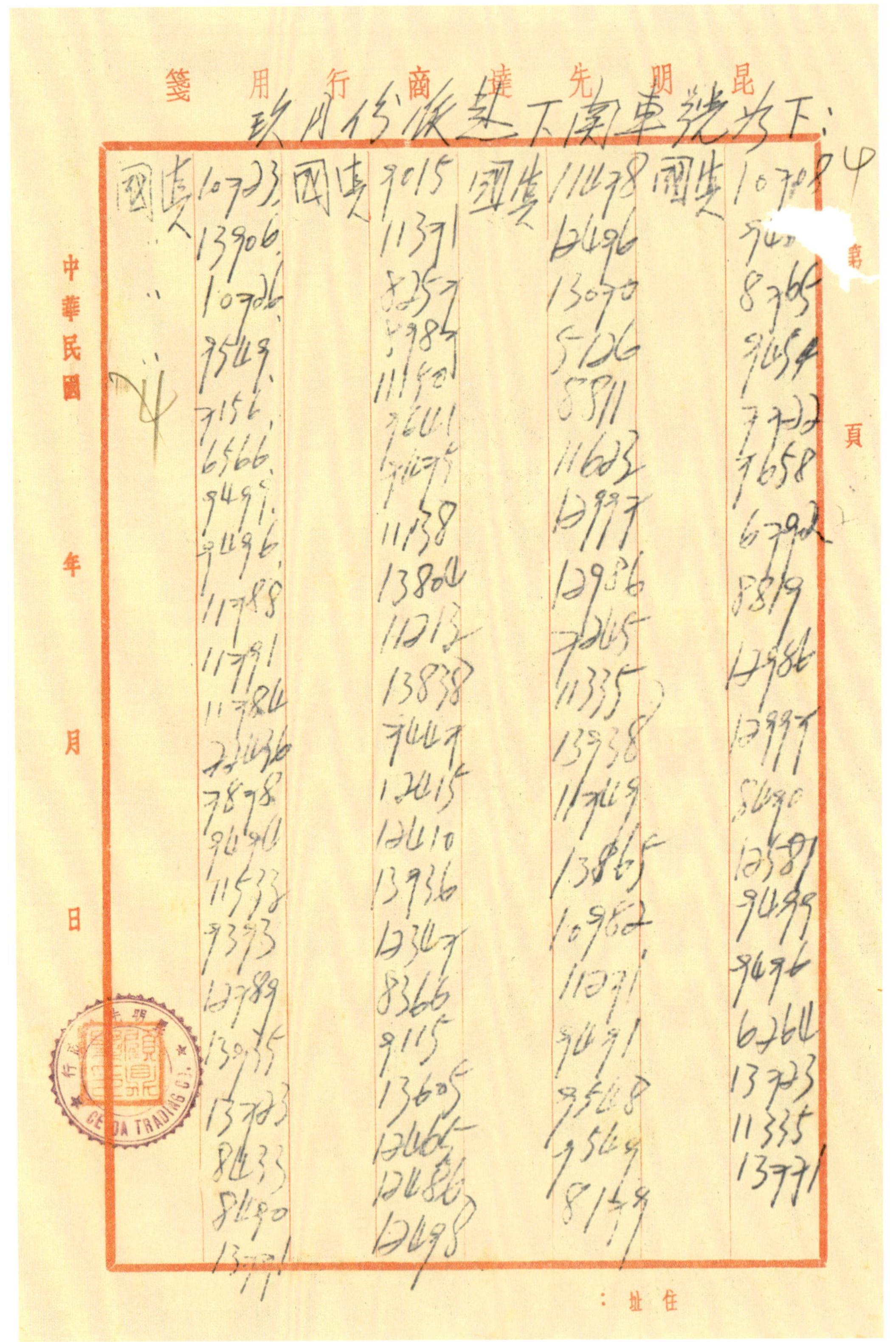

昆明先達商行用箋

玖月份派赴下関車號如下：

國貨		國貨		國貨		國貨	
	10723		9015		11478		10788
	13906		11371		12496		9640
	10726		8257		13070		8365
	9549		9987		5126		9654
	7156		11590		8811		7732
	6566		9601		11682		7658
	9497		9495		12997		6792
	9496		11158		12936		8819
	11788		13804		7265		12986
	11791		11212		11335		12997
	11784		13838		13938		8690
	7486		7447		11749		12587
	7898		12415		13865		9499
	9690		12410		10962		9496
	11538		13936		11071		6264
	9393		12347		9491		13783
	12789		8366		9548		11335
	13935		9115		9549		13771
	13783		13605		8159		
	8433		12465				
	8490		12486				
	13771		12498				

74

中華民國　年　月　日

第　頁

住址：

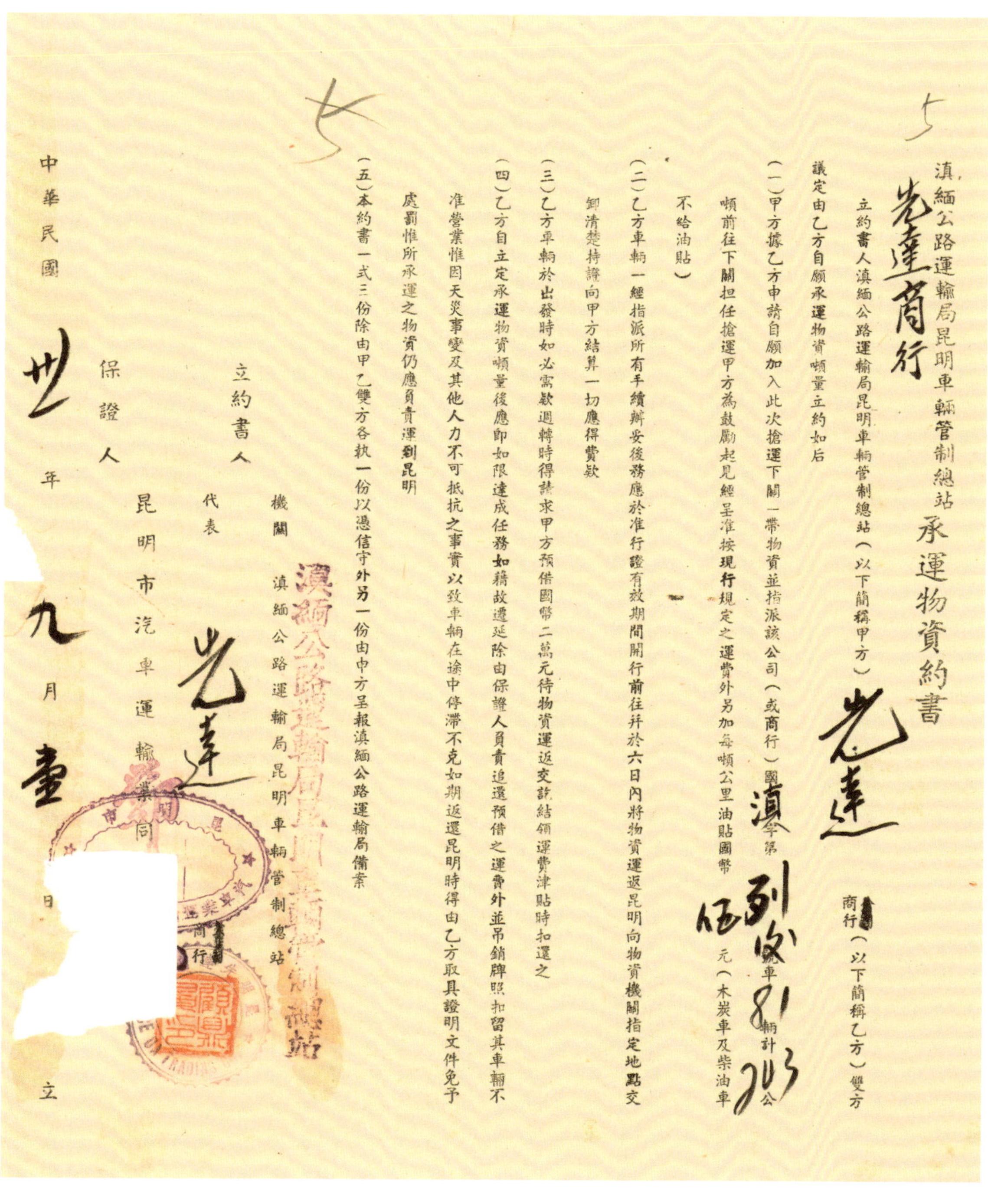

滇緬公路運輸局昆明車輛管制總站承運物資約書

光達商行

立約書人滇緬公路運輸局昆明車輛管制總站（以下簡稱甲方）光達商行（以下簡稱乙方）雙方議定由乙方自願承運物資噸量立約如后

（一）甲方據乙方申請自願加入此次搶運下關一帶物資並指派該公司（或商行）滇字第副收號車81輛計213公噸前往下關担任搶運甲方為鼓勵起見經呈准按現行規定之運費外另加每噸公里油貼國幣伍元（木炭車及柴油車不給油貼）

（二）乙方車輛一經指派所有手續辦妥後務應於准行證有效期間開行前往并於六日內將物資運返昆明向物資機關指定地點交卸清楚持證向甲方結算一切應得費款

（三）乙方車輛於出發時如必需款週轉時得請求甲方預借國幣二萬元待物資運返交訖結領運費津貼時扣還之

（四）乙方自立定承運物資噸量後應即如限達成任務如藉故遷延除由保證人負責追還預借之運費外並吊銷牌照扣留其車輛不准營業惟因天災事變及其他人力不可抵抗之事實以致車輛在途中停滯不克如期返還昆明時得由乙方取具證明文件免予處罰惟所承運之物資仍應負責運到昆明

（五）本約書一式三份除由甲乙雙方各執一份以憑信守外另一份由甲方呈報滇緬公路運輸局備案

立約書人

機關 滇緬公路運輸局昆明車輛管制總站

商行 代表 光達

保證人 昆明市汽車運輸業同

中華民國卅一年九月壹日立

附二：军事委员会运输统制局滇缅公路运输局昆明车辆管制总站、昆明先达商行承运物资约书

附三：军事委员会运输统制局滇缅公路运输局昆明车辆管制总站、云南公路局汽营处承运物资约书

滇緬公路運輸局昆明車輛管制總站 雲南公路局汽營處 承運物資約書

立約書人滇緬公路運輸局昆明車輛管制總站（以下簡稱甲方）雲南公路局汽營處公司商行（以下簡稱乙方）雙方議定由乙方自願承運物資噸量立約如后

（一）甲方據乙方申請自願加入此次搶運下關一帶物資並指派該公司（或商行）國滇字第八三四五號車壹輛計三公噸前往下關担任搶運甲方為鼓勵起見經呈准按現行規定之運費外另加每噸公里油貼國幣伍元（木炭車及柴油車不給油貼）

（二）乙方車輛一經指派所有手續辦妥後務應於准行證有效期間開行前往并於六日內將物資運返昆明向物資機關指定地點交卸清楚持證向甲方結算一切應得費款

（三）乙方車輛於出發時如必需款週轉時得請求甲方預借國幣二萬元待物資運返交訖結領運費津貼時扣還之

（四）乙方自立定承運物資噸量後應即如限達成任務如藉故遷延除由保證人負責追還預借之運費外並吊銷牌照扣留其車輛不准營業惟因天災事變及其他人力不可抵抗之事實以致車輛在途中停滯不克如期返還昆明時得由乙方取具證明文件免予處罰惟所承運之物資仍應負責運到昆明

（五）本約書一式三份除由甲乙雙方各執一份以憑信守外另一份由甲方呈報滇緬公路運輸局備案

立約書人 機關 滇緬公路運輸局昆明車輛管制總站

代表 公司商行

保證人 昆明市汽車運輸業同業公會

中華民國三十一年九月廿五日 十月九日補立

军政部兵工署驻昆明办事处关于前方局势紧张请速派车抢运保山存资致交通部公路总局滇缅公路运输局的函（一九四三年二月二十三日）

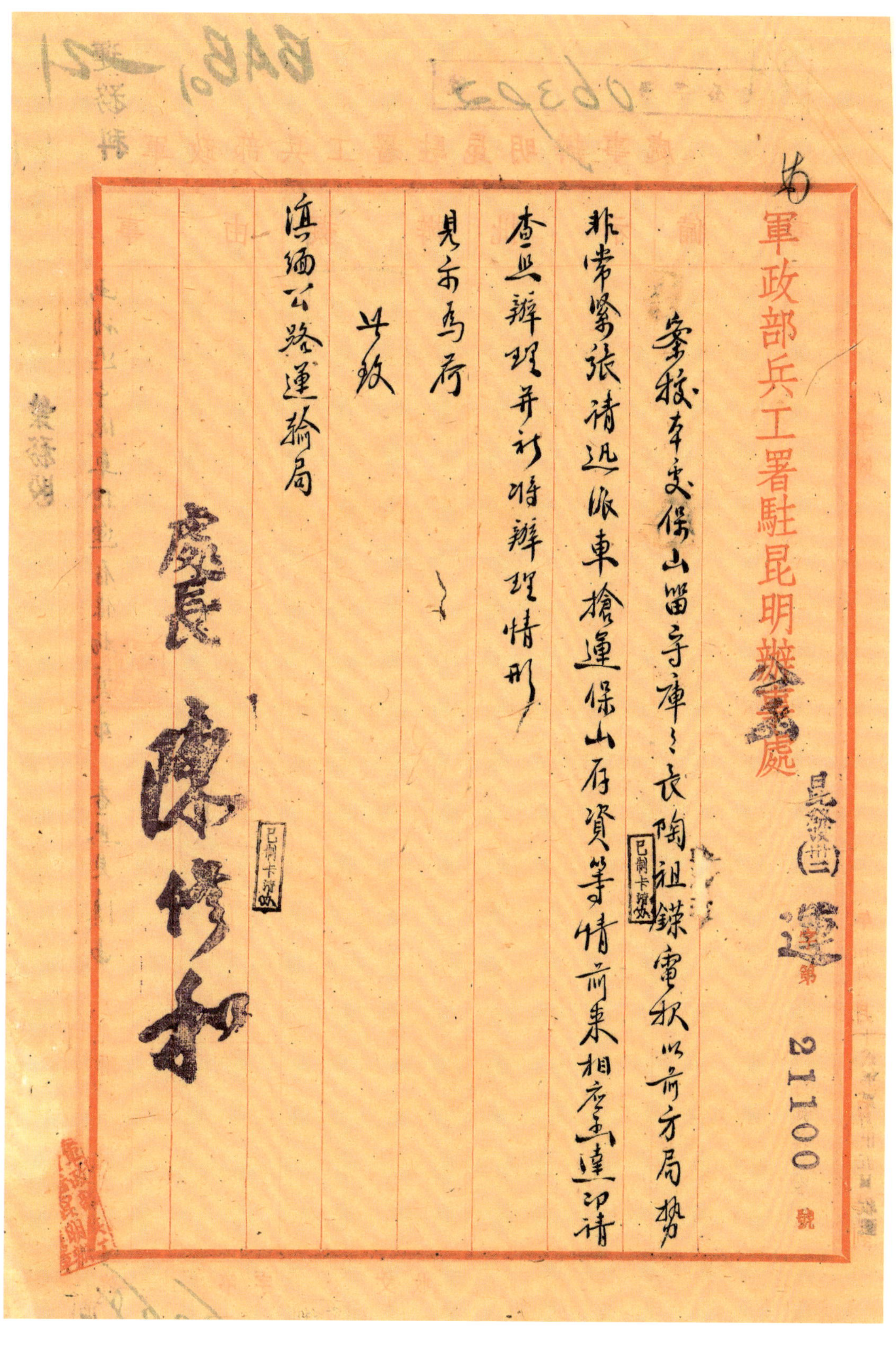

軍政部兵工署駐昆明辦事處

昆字第 211100 號

案據本處保山留守庫庫長陶祖鍊電稱以前方局勢非常緊張請迅派車搶運保山存資等情前來相應函達即請查照辦理并祈將辦理情形見示爲荷

此致

滇緬公路運輸局

處長 陳修和

中華民國 卅二 年 二 月 日
中華民國卅二年贰月廿叁日發出
校對李續唐

交通部公路总局滇缅公路运输局空运进口物资到达旬报表（一九四三年三月一日至三十一日）

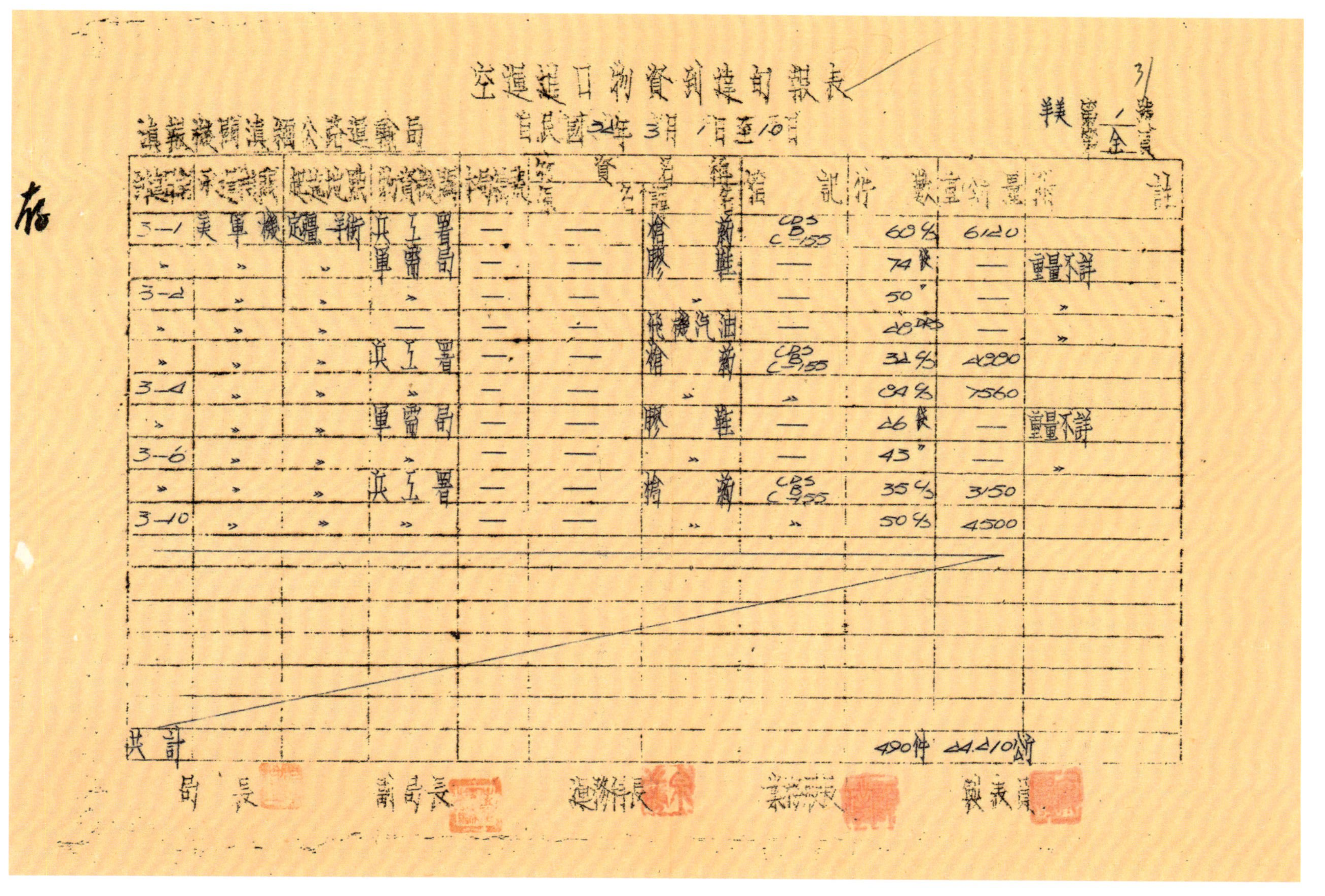

空運進口物資到達旬報表

填報機關滇緬公路運輸局　　自民國32年3月1日至10日　　共一頁 第一頁

到達日期	承運機關	起運地點	物資所屬機關	標記號碼	箱號	物資名稱	記號	件數	重量公斤	備註
3-1	美軍機	丁江	兵工署	—	—	槍彈	CDS B C-155	60箱	6120	
〃	〃	〃	軍需局	—	—	膠鞋	—	74袋	—	重量不詳
3-2	〃	〃	〃	—	—	〃	—	50〃	—	〃
〃	〃	〃	—	—	—	飛機汽油	—	28DRS	—	〃
〃	〃	〃	兵工署	—	—	槍彈	CDS C-155	32箱	4990	
3-4	〃	〃	〃	—	—	〃	〃	84箱	7560	
〃	〃	〃	軍需局	—	—	膠鞋	—	26袋	—	重量不詳
3-6	〃	〃	〃	—	—	〃	—	43〃	—	〃
〃	〃	〃	兵工署	—	—	槍彈	CDS B C-155	35箱	3150	
3-10	〃	〃	〃	—	—	〃	〃	50箱	4500	
共計								490件	24.410公斤	

局長　　副局長　　運務處長　　科長　　製表員

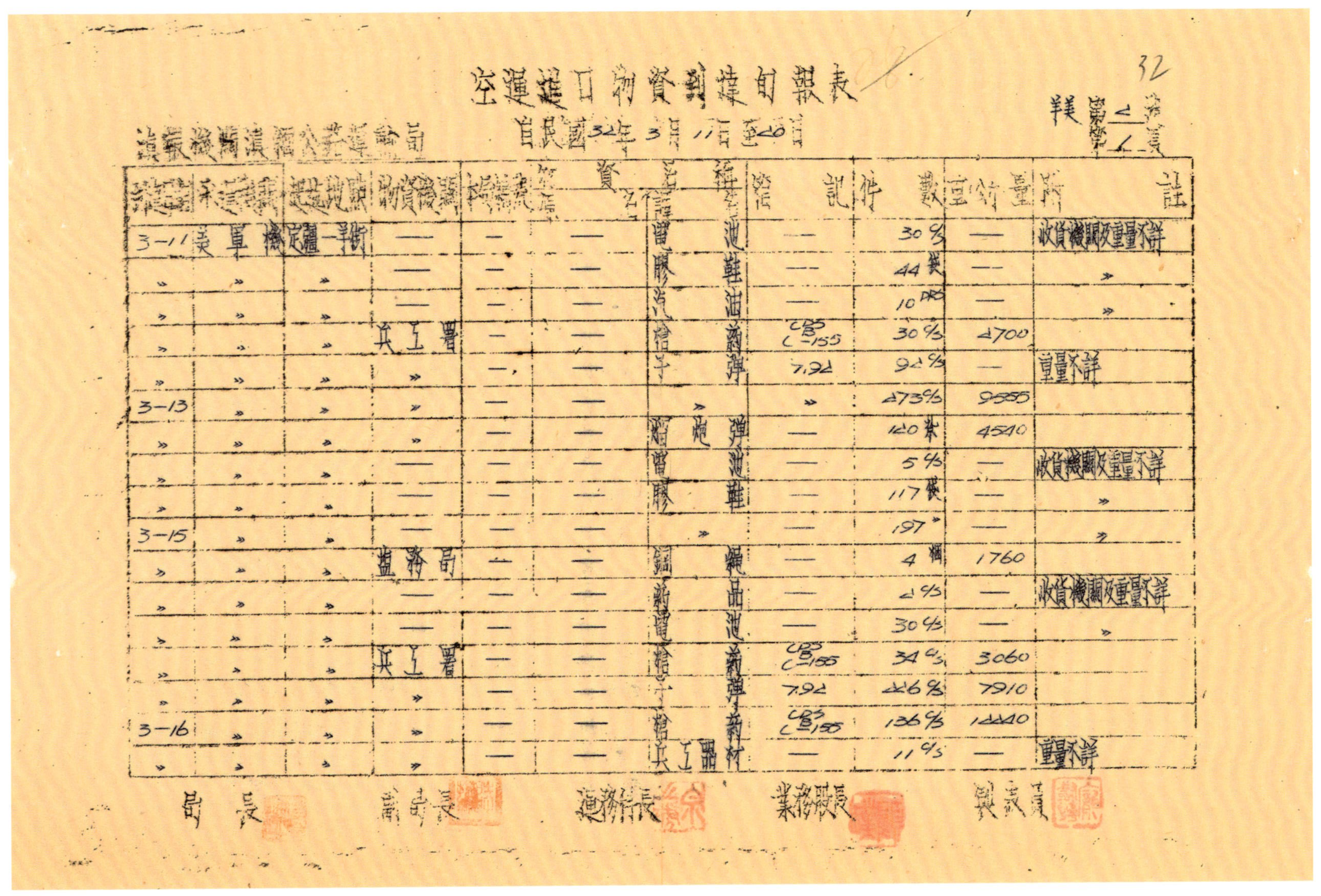

空運進口物資到達旬報表

自民國32年3月11日至20日

填報機關 滇緬公路運輸局

美 第2號 第1頁

到達日期	承運機關	起運地點	物資機關	轉運機關	貨主	物資名稱	標記	件數	公斤重量	附註
3-11	美軍機	定遠一字街	—	—	—	電池	—	30 C/S	—	收貨機關及重量不詳
»	»	»	—	—	—	膠鞋	—	44 雙	—	»
»	»	»	—	—	—	汽油	—	10 DRS	—	»
»	»	»	兵工署	—	—	槍藥	CBS C-155	30 C/S	2700	
»	»	»	»	—	—	子彈	7.92	92 C/S	—	重量不詳
3-13	»	»	»	—	—	»	»	273 C/S	9585	
»	»	»	»	—	—	榴炮彈	—	120 隻	4540	
»	»	»	—	—	—	電池	—	5 C/S	—	收貨機關及重量不詳
»	»	»	—	—	—	膠鞋	—	117 雙	—	»
3-15	»	»	—	—	—	»	—	197 »	—	»
»	»	»	鹽務局	—	—	鋁綫	—	4 綑	1760	
»	»	»	—	—	—	藥品	—	2 C/S	—	收貨機關及重量不詳
»	»	»	—	—	—	電池	—	30 C/S	—	»
»	»	»	兵工署	—	—	槍藥	CBS C-155	34 C/S	3060	
»	»	»	»	—	—	子彈	7.92	226 C/S	7910	
3-16	»	»	»	—	—	槍藥	CBS C-155	136 C/S	12240	
»	»	»	»	—	—	兵工器材	—	11 C/S	—	重量不詳

局長　副局長　運務處長　業務股長　製表員

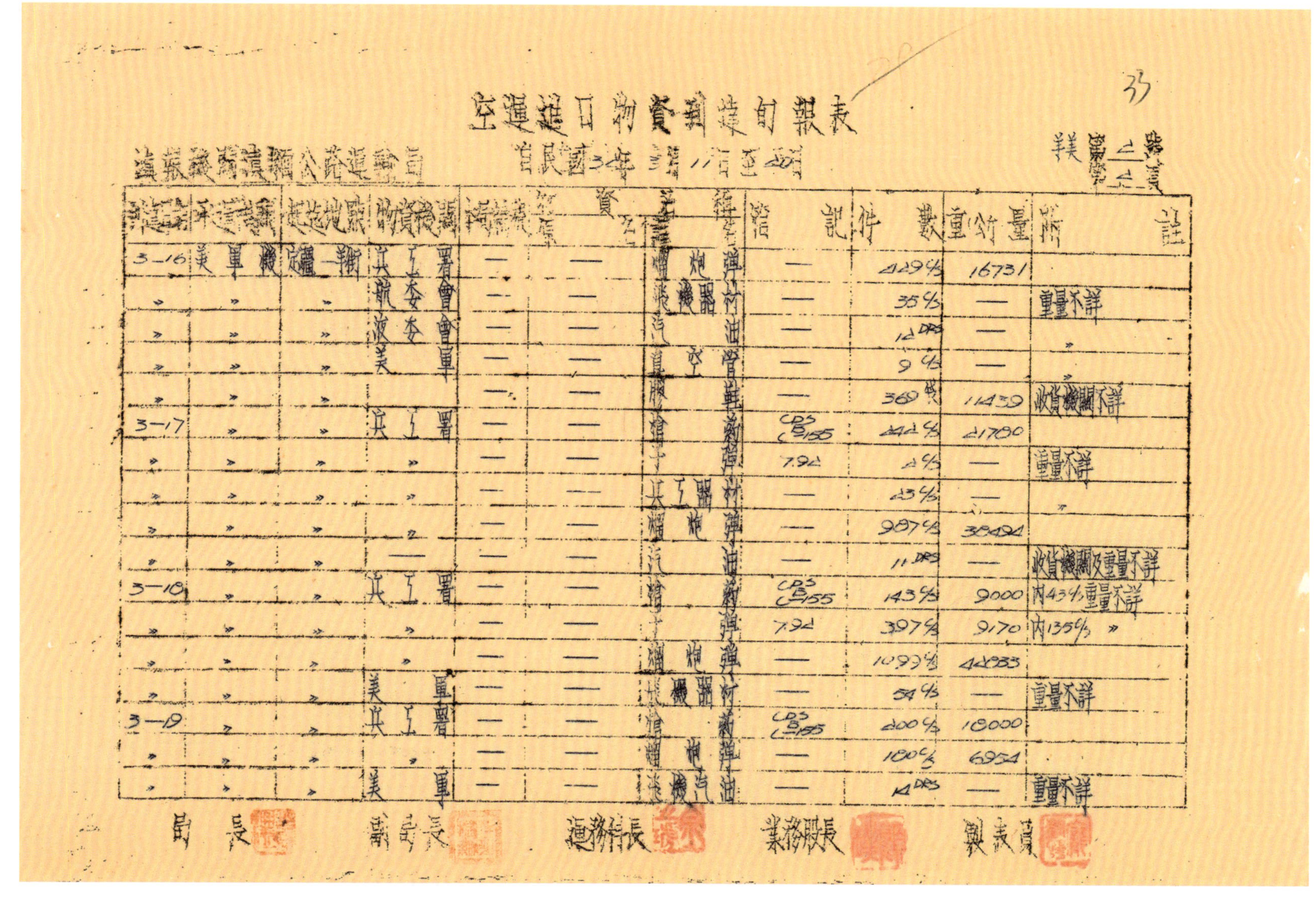

空運進口物資到達旬報表

[illegible]　　自民國36年3月11日至20日　　第二號 第二頁

到達日期	承運機關	起運地點	收貨機關	[illegible]	[illegible]	物資名稱	標記	件數	重量(公斤)	附註
3-16	美軍機	加爾各答	兵工署	—	—	榴炮彈	—	229 c/s	16731	
〃	〃	〃	航委會	—	—	飛機器材	—	35 c/s	—	重量不詳
〃	〃	〃	液委會	—	—	汽油	—	12 DRS	—	〃
〃	〃	〃	美軍	—	—	真空管	—	9 c/s	—	〃
〃	〃	〃		—	—	服[illegible]鞋	—	369 [illegible]	11439	收貨機關不詳
3-17	〃	〃	兵工署	—	—	槍彈藥	CDS B C-155	244 c/s	21700	
〃	〃	〃	〃	—	—	子彈	7.92	2 c/s	—	重量不詳
〃	〃	〃	〃	—	—	兵工器材	—	23 c/s	—	〃
〃	〃	〃	〃	—	—	榴炮彈	—	987 c/s	38494	
〃	〃	〃	—	—	—	汽油	—	11 DRS	—	收貨機關及重量不詳
3-18	〃	〃	兵工署	—	—	槍藥	CDS B C-155	143 c/s	9000	內43 c/s重量不詳
〃	〃	〃	〃	—	—	子彈	7.92	397 c/s	9170	內135 c/s 〃
〃	〃	〃	〃	—	—	榴炮彈	—	1093 c/s	44933	
〃	〃	〃	美軍	—	—	飛機器材	—	54 c/s	—	重量不詳
3-19	〃	〃	兵工署	—	—	槍藥	CDS B C-155	200 c/s	10000	
〃	〃	〃	〃	—	—	榴炮彈	—	100 c/s	6954	
〃	〃	〃	美軍	—	—	飛機汽油	—	14 DRS	—	重量不詳

局長　　副局長　　運務科長　　業務股長　　製表員

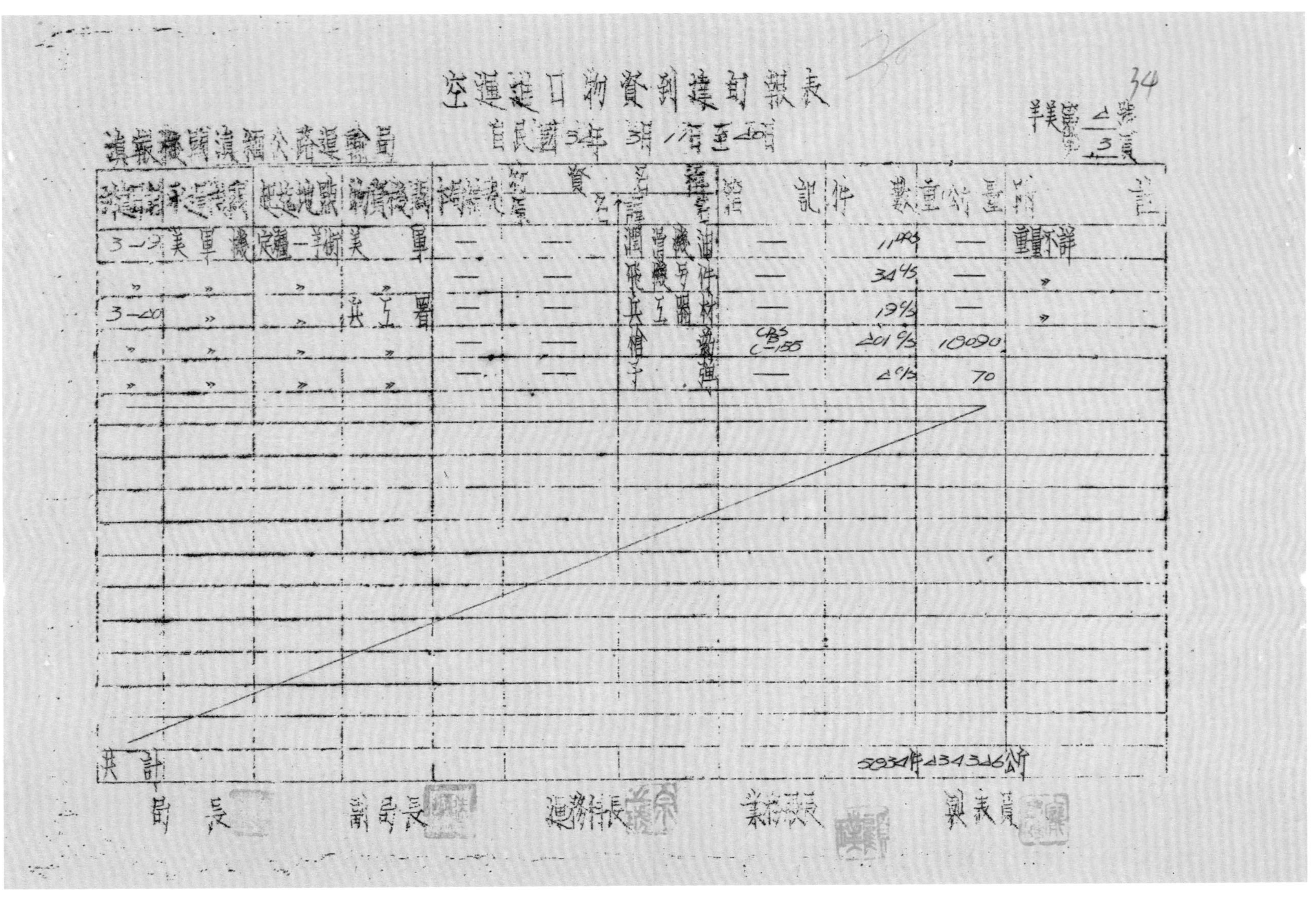

空運進口物資到達旬報表

自民國3?年3月11日至20日

填報機關 滇緬公路運輸局

第2張 第3頁

34

到達日期	承運機關	起運地點	物資機關	押運機關	箱號	物資名稱	標記	件數	重量（公斤）	附註
3-19	美軍機	定疆—羊街	美軍	—	—	潤滑機油	—	11??	—	重量不詳
〃	〃	〃		—	—	飛機另件	—	34 4/5	—	〃
3-20	〃	〃	兵工署	—	—	兵工器材	—	19 ?/5	—	〃
〃	〃	〃	〃	—	—	槍彈	CBS C-155	201 ?/5	10090	
〃	〃	〃	〃	—	—	子藥	—	2 ?/5	70	
共計								5934件	234326公斤	

局長　副局長　運務科長　業務科長　製表員

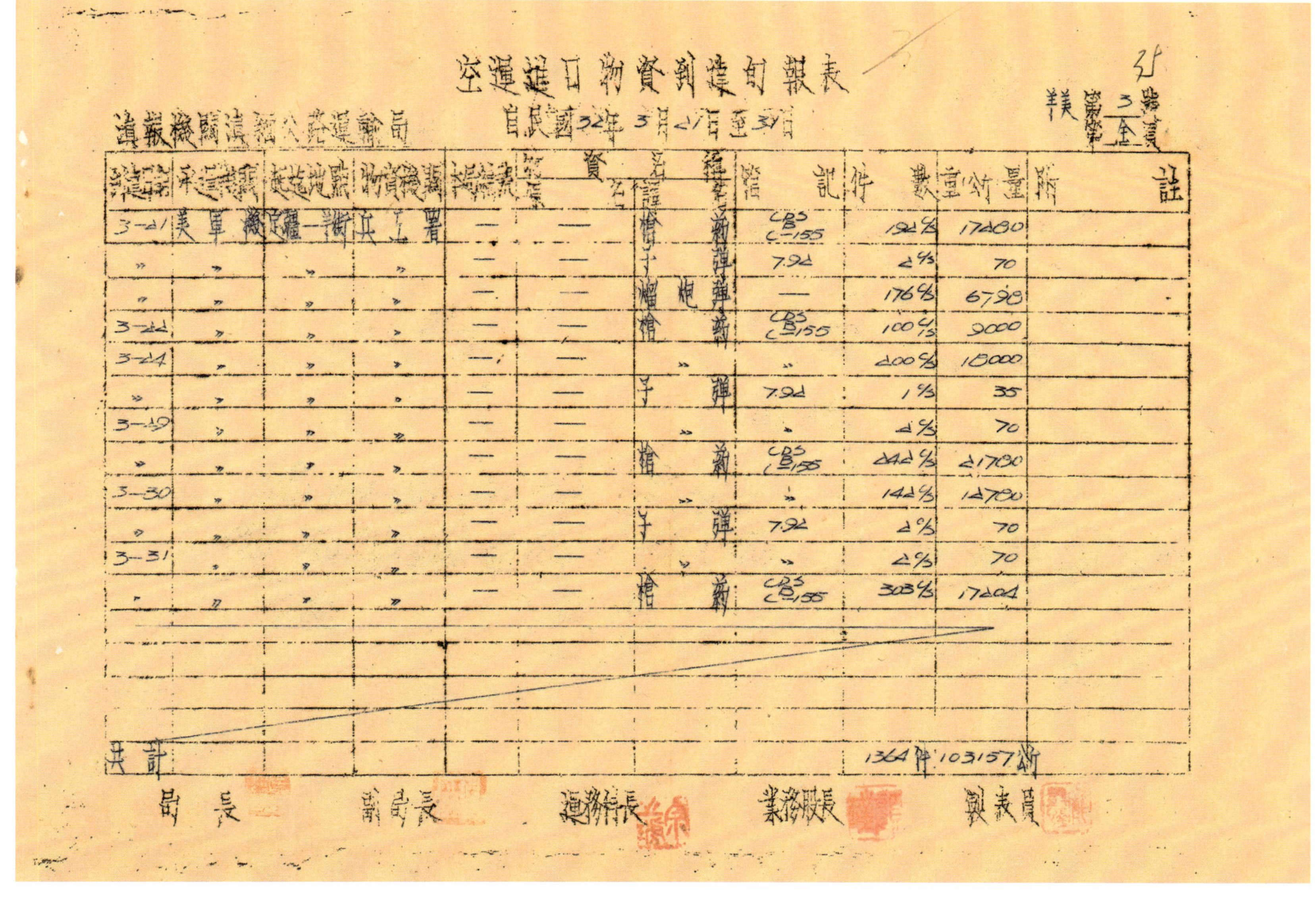

35

空運進口物資到達旬報表

美第3號 全1頁

填報機關 滇緬公路運輸局　　自民國32年3月21日至31日

到達日期	承運機關	起運地點	物資機關	提單號數	類別	品名	嘜記	件數	重量(公斤)	附註
3-21	美軍機	定疆一號	兵工署	—	—	槍藥	CBS B C-155	192 c/s	17280	
〃	〃	〃	〃	—	—	子彈	7.92	2 c/s	70	
〃	〃	〃	〃	—	—	榴炮彈	—	176 c/s	6798	
3-22	〃	〃	〃	—	—	槍藥	CBS B C-155	100 c/s	9000	
3-24	〃	〃	〃	—	—	〃	〃	200 c/s	10000	
〃	〃	〃	〃	—	—	子彈	7.92	1 c/s	35	
3-29	〃	〃	〃	—	—	〃	〃	2 c/s	70	
〃	〃	〃	〃	—	—	槍藥	CBS B C-155	242 c/s	21780	
3-30	〃	〃	〃	—	—	〃	〃	142 c/s	12780	
〃	〃	〃	〃	—	—	子彈	7.92	2 c/s	70	
3-31	〃	〃	〃	—	—	〃	〃	2 c/s	70	
〃	〃	〃	〃	—	—	槍藥	CBS B C-155	303 c/s	17204	
共計								1364件	103157公斤	

局長　　副局長　　運務科長　　業務股長　　製表員

军事委员会运输统制局滇缅公路运输局关于抢运存保山物资应以利用东驶回程空车为原则致下关站的电

（一九四三年三月十九日）

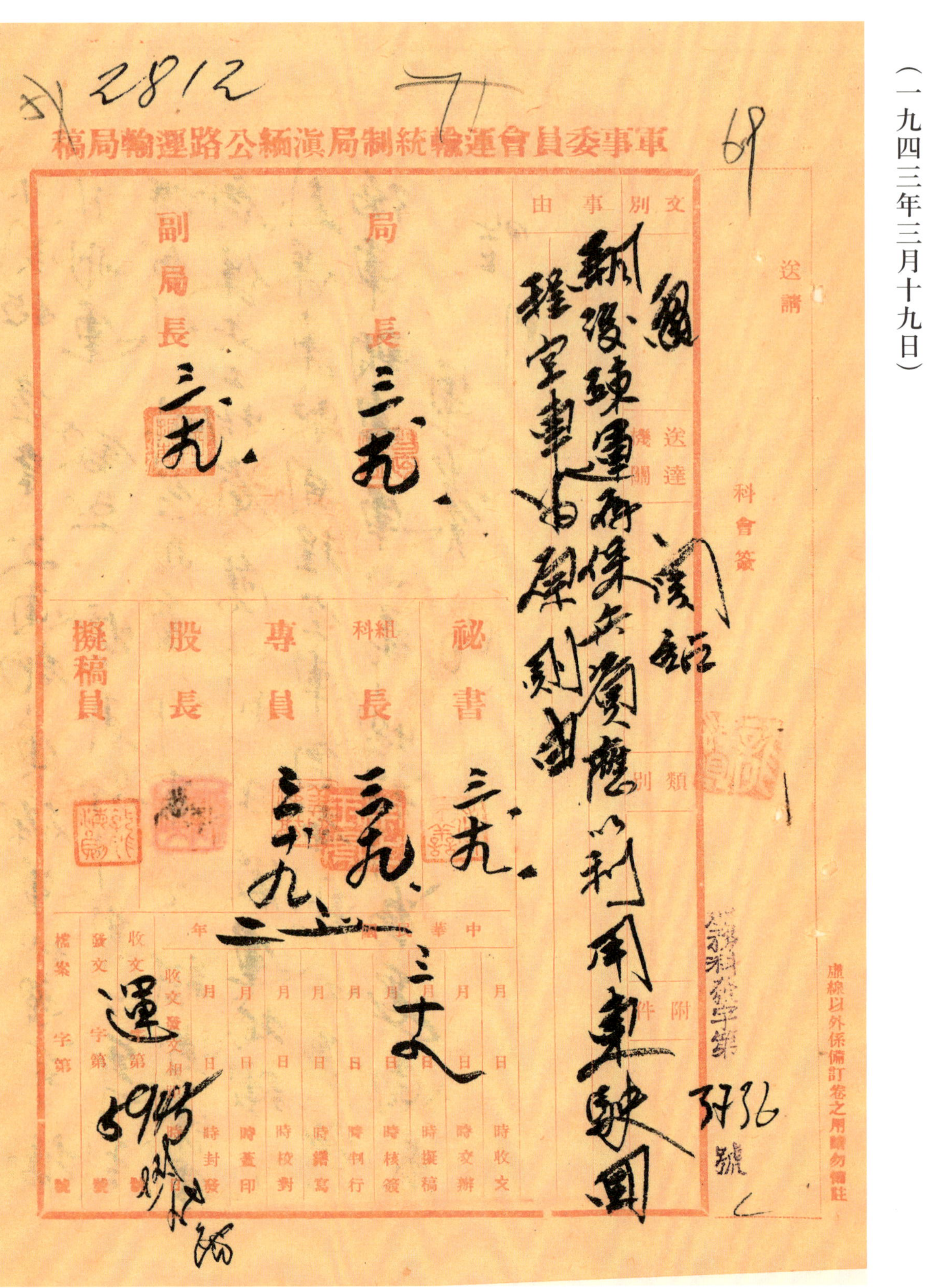

軍事委員會運輸統制局滇緬公路運輸局稿

文別 事由

局長 副局長

秘書 組科長 專員 股長 擬稿員

送達機關

類別 附件

送請科會簽

中華民國 年 月 日

收文 擬稿 核簽 判行 繕寫 校對 蓋印 封發

收文 字第 號 發文 字第 號 檔案 字第 號

虛線以外係備訂卷之用請勿標註

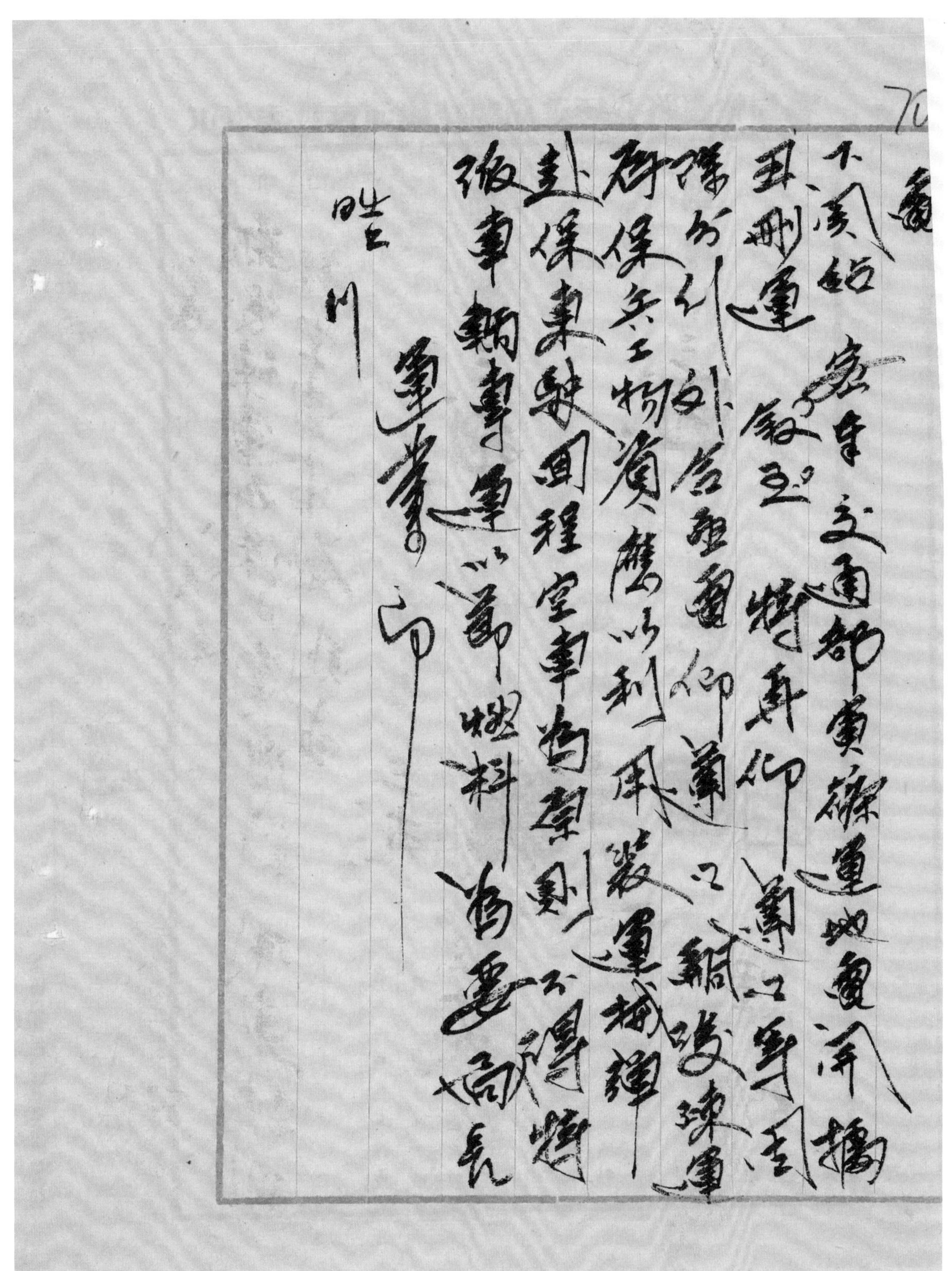
70

急

下關鉛　密。交通部黃鎮球兄：渝揚
丑刪運錄悉。撥兵仰萬之數到
際分行外合組國仰萬之鉅維護軍
存保兵工物資，應以利用裝運機彈
赴保東安回程空車為原則，不得濫
徵車輛專運，以節燃料為要。弟長
蔣中正印
皓川

远征军兵站总监部关于运输物资行车注意事项致交通部公路总局滇缅公路运输局的代电（一九四三年六月十五日）

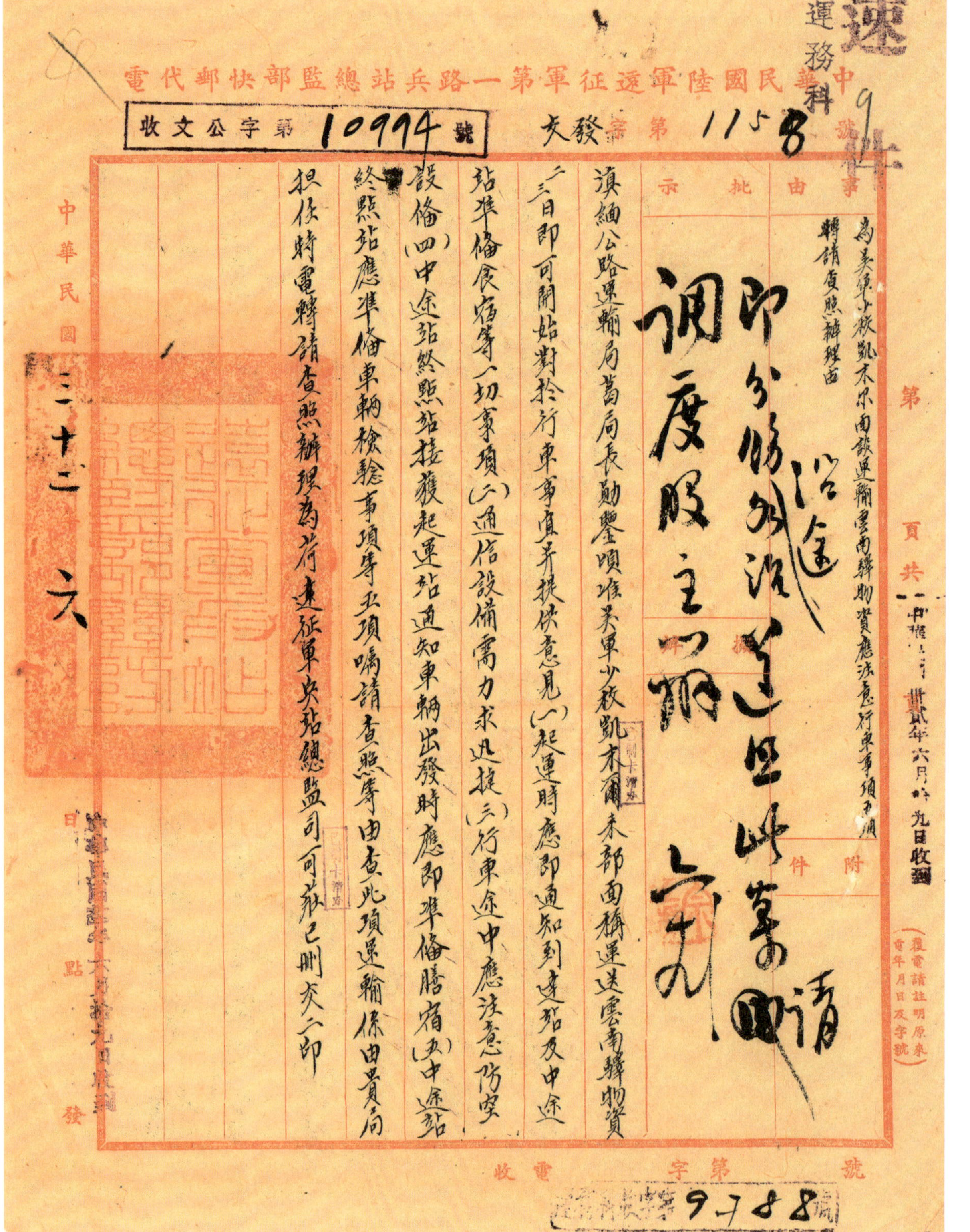
速
運務科
中華民國陸軍遠征軍第一路兵站總監部快郵代電
收文公字第10994號
發文第1158號
事由：為美軍少校凱木尔面談運輸雲南驛物資應注意行車事項五項轉請查照辦理由
批示
擬辦
附件
第　頁共一頁
中樞　卅貳年六月廿九日收到
（復電請註明原來電年月日及字號）

滇緬公路運輸局龔局長勛鑒：頃准美軍少校凱木爾來部面稱，運送雲南驛物資二三日即可開始，對於行車事宜并提供意見：（一）起運時應即通知到達站及中途站準備食宿等一切事項；（二）通信設備需力求迅捷；（三）行車途中應注意防空設備；（四）中途站終點站接獲起運站通知車輛出發時，應即準備膳宿；（五）中途站終點站應準備車輛檢驗事項等五項，囑請查照等由。查此項運輸係由貴局担任，特電轉請查照辦理為荷。遠征軍兵站總監司可莊巳刪交六印

中華民國三十二年六月　日　點發
電收　字第9788號

交通部公路总局滇缅公路运输局关于确定承运美军供应局军品运费致交通部的报告（一九四三年六月十九日）

BAC—26

報告　三十二年六月　日　於滇緬公路運輸局

本局最近與美軍供應局簽訂由雲南驛承運該軍軍品七百噸至昆明之合同其中運費一項係遵照大部規定每噸公里十八元一角計算所有承運車輛之去程無論由昆明或下關至雲南驛如確無物資可以利用裝儎必須空駛時美方承認照付空駛費（每噸公里十三元八角）并經承認將來如公路汽車運價調整并得照新運價計算復查遠征軍兵站總監部由昆明西運下關下莊軍品為數尚多經與兵站商妥可先撥彈藥七百噸配運下關下莊兩地由兵站供油付車租唯兵站方面對於車租一項請以除去養路費折半後再加養路費計算（即三元四角）俾減

發文局字第　號　月19日

9843號

4

少軍品負擔職為減少軍品負擔計擬允照規定車租減少壹元計算（即四元八角）倘將來運價調整亦照此原則辦理查本局車輛如去程空駛每噸公里僅得空駛費十三元八角照目前油價情形尚不敷購油現去程方向兵站既有軍品交運除允供給油料外并另付車租是較空駛獲利為多本此原則雖車租酌減仍屬有利唯對兵站要求將車租折半計算一點（養路費不折半即每噸公里三元四角）是否可行謹報請

鑒核示遵　謹呈

部長曾

職葛灃

車租准七五折計算

徐以枋　卅一　八　九

交通部公路总局滇缅公路运输局关于运输美军物资应注意事项致昆明站、下关站的电（一九四三年六月二十三日）

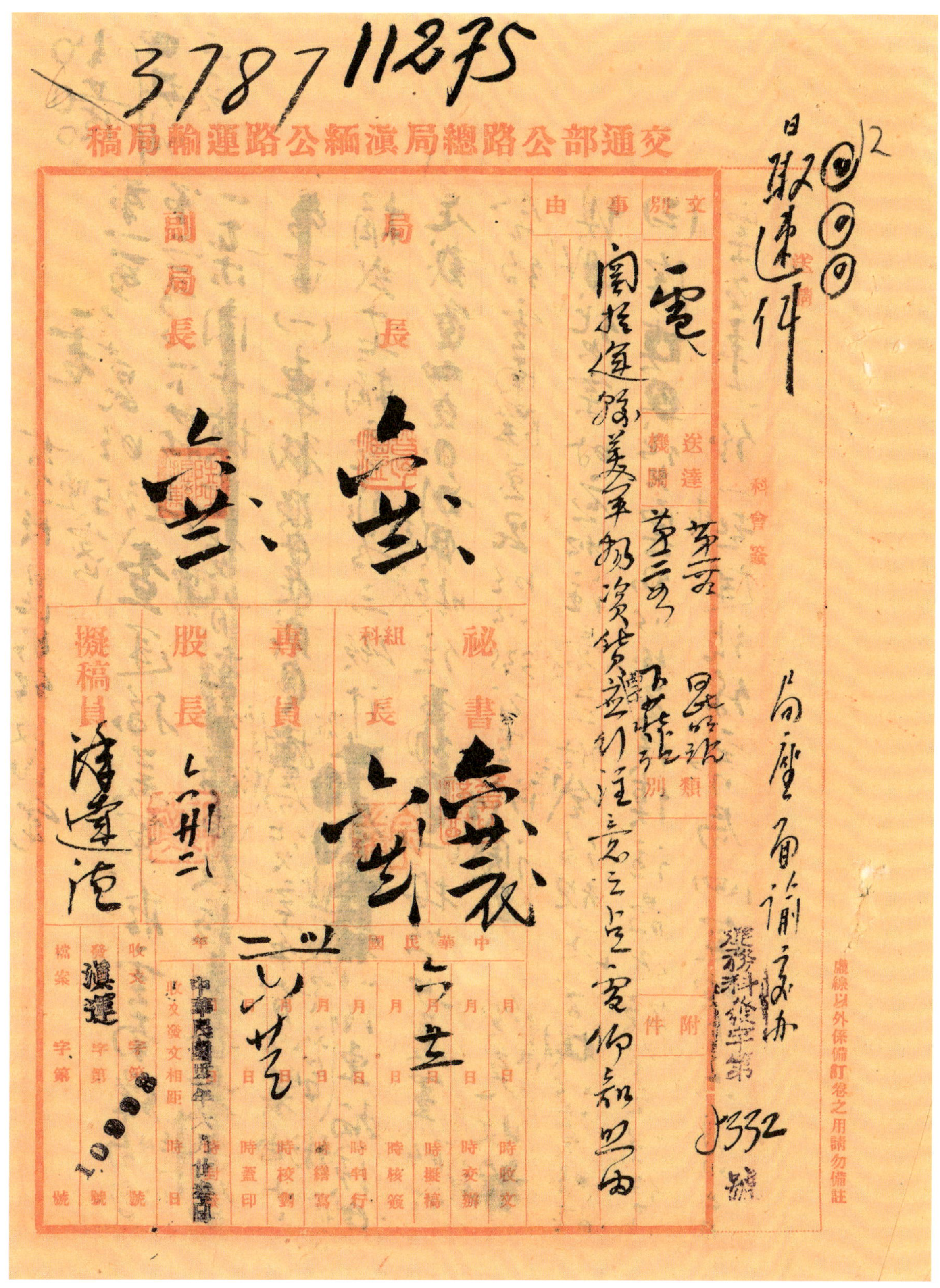

交通部公路總局滇緬公路運輸局稿

文別	電
事由	
送達機關	昆明站 下關站
附件	

局長　副局長　秘書　組長　專員　股長　擬稿員

中華民國　年　月　日

收文　時　月　日
交辦　時　月　日
擬稿　時　月　日
核簽　時　月　日
判行　時　月　日
繕寫　時　月　日
校對　時　月　日
蓋印　時　月　日
封發　時　月　日

收文發文相距　時　日

收文　字第　號
發文　字第　號
檔案　字　第　號

虛線以外保備訂卷之用請勿備註

纪〇发〇〇13

四廿诸 二一五

第一段 昆明行政处电

第一至八、电昆明站、安宁站

第二至八、下关站、祥云站：

查运输美军本云南驿物资一案，[illegible]

（一）车辆[illegible]按装油十六桶或十七桶竟作为三吨计，[illegible]规定载重吨位[illegible]（二）按照与美军所订合约云南驿至昆明以335公里计，请车[illegible]

填具托货票时应加注意，并付给规定字样，以资明确。

（三）除填具托货票外，以后更须填该最近站号之提货

票为要。车务一行一起运输处运务局（四）运输处巳月廿二日

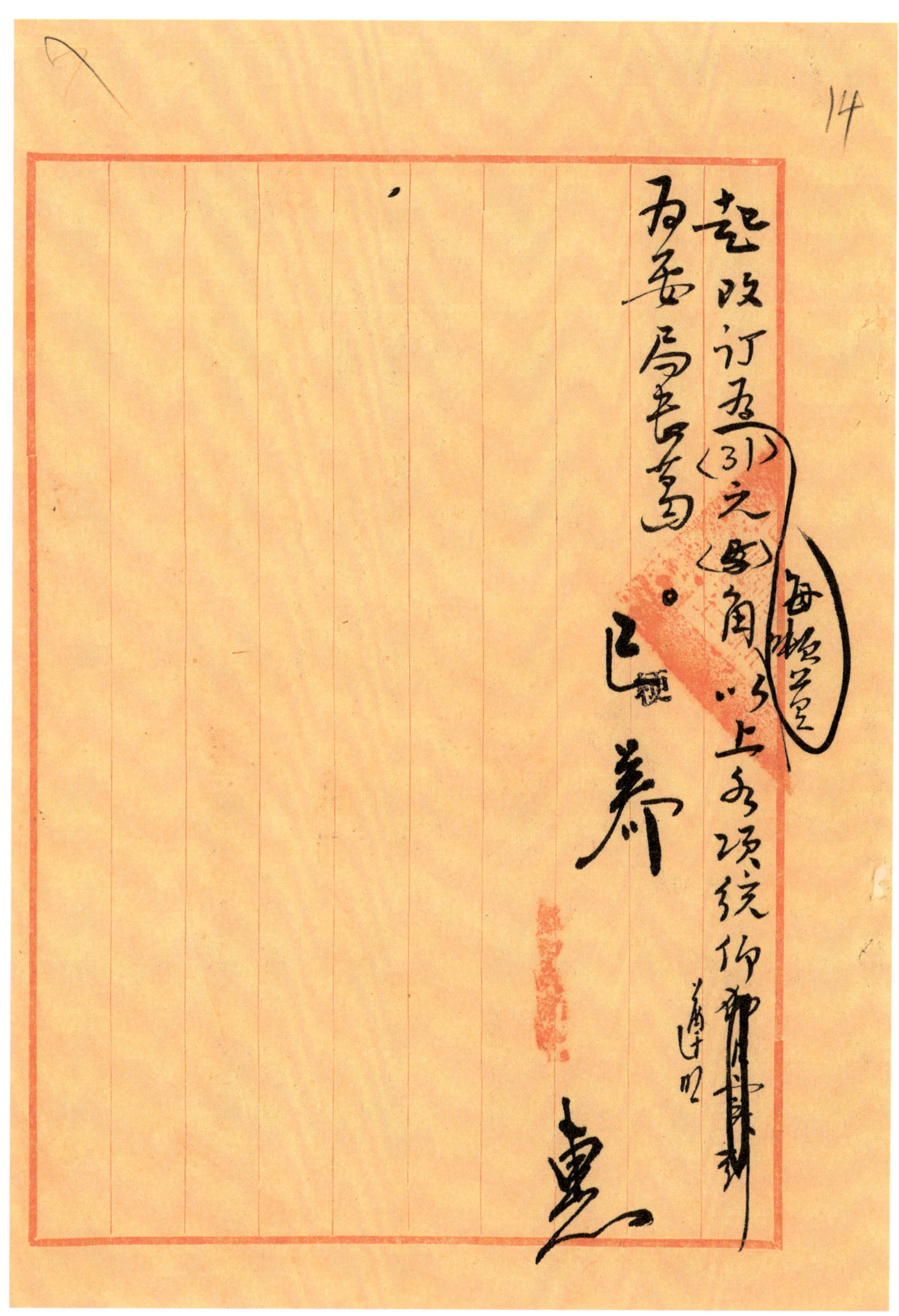

起改订为〈3〉之〈安〉角（每帖若干）以上各项统仰钧座裁夺

为要为祷。

臣 恭

交通部公路总局滇缅公路运输局关于利用运输美军物资车辆运输远征军物资租车费用致远征军兵站总监部的代电（一九四三年六月二十三日）

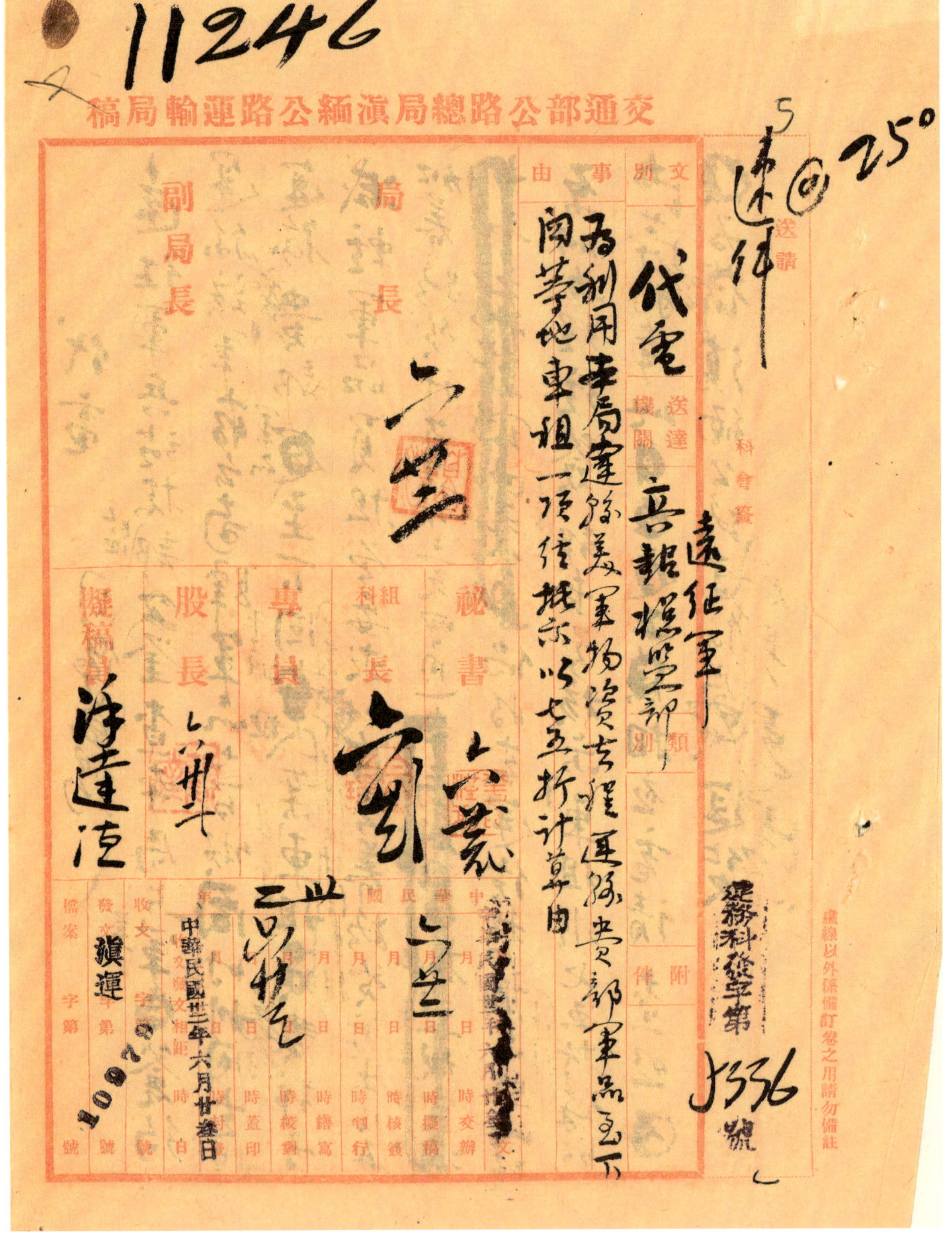

代電

远征軍兵站總部監 司令官 鈞鑒：查本局與軍部簽約運輸該軍前方軍品七百噸，同時利用去程運輸費部軍品運至下關之公路車租，該部為減輕軍品負担，曾要求以後再籌路資折半後再加籌路費計算（即三元四角）[illegible]倘將來運價調整，即照此項原訂辦理，經簽奉部長核示：下車租准七五折，餘照所請辦理等情，此自應遵照，相應電請 查照為荷。滇緬公路運輸局局長[illegible]叩。

二、抢运物资种类、运量统计表

西南物资运输总经理处仰光分处物资分类统计表（一九三八年十一月二十日至一九四二年一月一日）

仰光分處物資分類統計表

廿七年十一月廿日至卅一年一月一日止

23

收貨			物資分類	運貨			存貨			備註
數量	件數	公斤		數量	件數	公斤	數量	件數	公斤	
	861,570	39,481,960	軍用品		333,983	37,474,390		37,557	1,747,570	
150	159	280,132	機[illegible]	130	139	345,186	20	20	34,926	
	4,227	586,923	飛機材料		3,937	549,206		290	37,717	
922	1,059	246,359	[illegible]砲	922	1,099	246,359				
	2,209	159,044	[illegible]		2,203	150,522		66	8,522	
37,906	12,107	1,270,589	[illegible]	26,306	10,782	1,183,516	11,600	1,325	87,071	
	10,965	729,235	機槍配件		10,391	660,334		574	68,901	
229,401	10,100	1,512,494	步槍	229,401	10,100	1,512,494				
	294	41,919	步槍配件		294	41,919				
13,983	294	32,562	手[illegible]	13,983	294	32,582				
11,535	4,602	411,470	[illegible]	11,535	4,602	411,470				
	353	9,952	[illegible]配[illegible]		353	9,952				
1,983,031	111,050	6,545,459	[illegible]	1,983,031	111,050	6,545,459				
	29,084	1,692,675	[illegible]配件		29,084	1,692,675				
435,197,384	330,790	13,596,743	[illegible]	429,485,847	323,937	13,316,550	5,711,537	6,853	280,193	附註
	7,871	296,441	[illegible]品配件		7,868	296,355		3	86	結存油料總數14,105噸內另須扣除世界公司代購尚未交貨但已提取油料5150餘噸故截至卅一年一月一日結存油料應為8,950噸存貨總數應為70,987噸
	305,178	10,387,523	火藥		283,547	9,798,964		21,631	588,559	
	30,444	984,774	[illegible]用具		28,805	773,239		6,639	211,535	
187	487	511,461	[illegible]	28	344	23,549	161	143	487,912	
	237	26,205	[illegible]配件		224	24,057		13	2,148	
	3,411,903	360,205,049	普通類		2,788,924	285,765,125		622,979	74,439,924	
15,738	26,929	46,067,482	[illegible]	10,380	15,349	27,341,172	5,358	11,580	18,726,310	
	159,806	9,029,171	[illegible]配件		130,318	7,277,290		29,488	1,751,881	
	881,177	144,625,952	[illegible]		804,096	130,520,033		77,081	14,105,919	
	1,631,150	102,259,679	[illegible]五金		1,375,034	78,874,319		256,116	23,385,360	
	115,566	11,297,929	[illegible]材		79,273	6,386,968		36,293	4,910,961	
	235,803	16,109,171	[illegible]器工具		83,073	9,698,247		152,730	6,410,924	
	89,459	8,199,101	化學品		76,338	7,435,405		13,121	763,696	
	28,326	1,762,913	醫藥品		27,029	1,711,761		1,297	51,152	

交通部滇缅公路运输管理局关于呈报抢运交通部物资等情形致交通部的代电（一九四〇年六月六日）

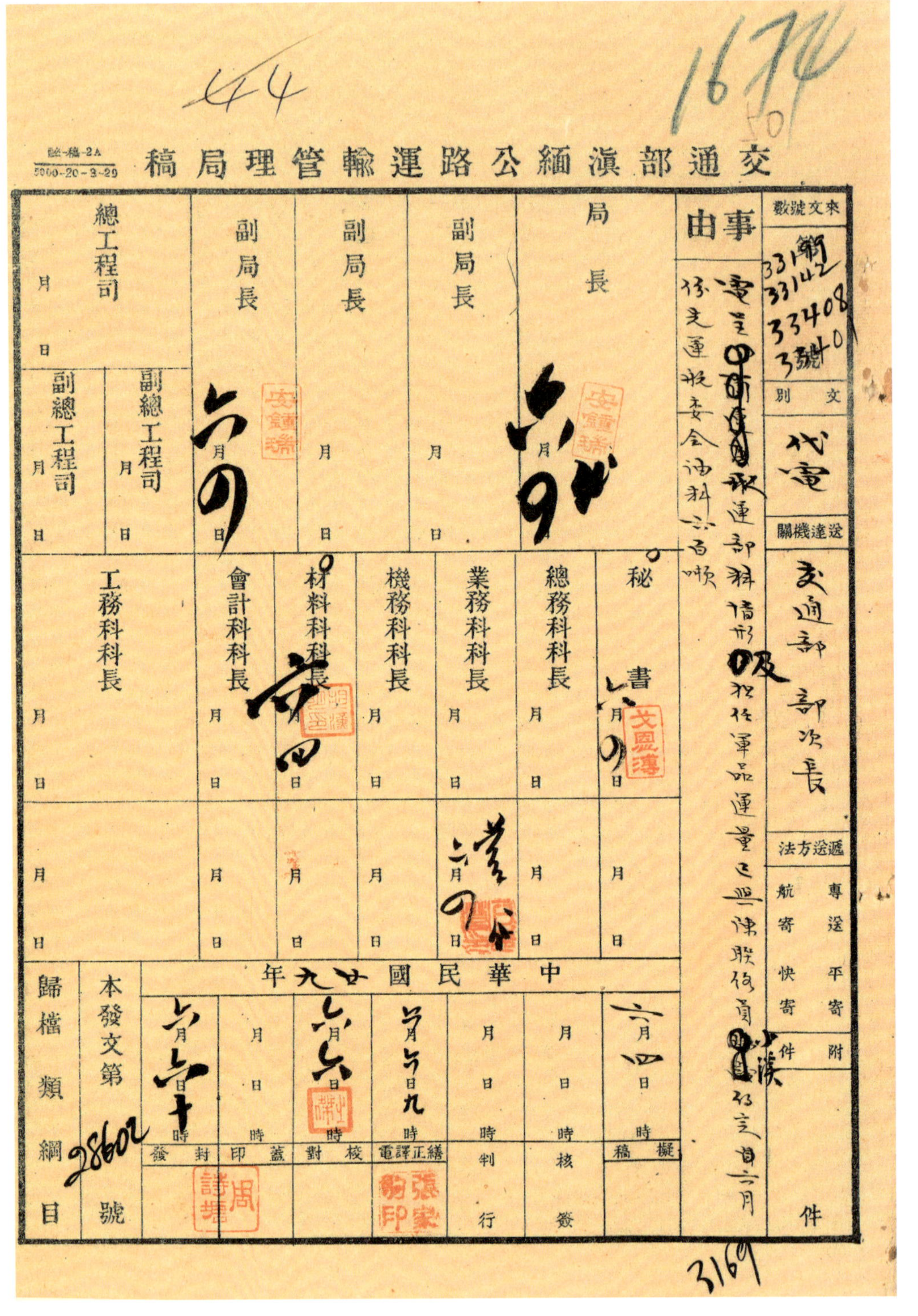

重慶部次長鈞鑒：世電及東運秘渝電均奉悉。查本局車輛除指定之工程該用車外，其餘由西往東大部均運工程機務材料油料之未由東往西，自昆出發者運桐油鎢砂及海防進口材料，自閩出發者運石礦食鹽，至於普通商貨僅佔極端少數。前以桐油急待出口，昆明去車為免放空起見，曾由閩調車酌運中國茶葉公司之茶葉及資源委員會所用之藥銅等赴昆。本年一月起至五月底共運商貨二百餘噸，而外間傳說不符，請向統制局解釋。鈞部存芒油料等除已轉撥運交昆廠四萬加侖外，後於本年四月二十七日電飭撥車續運，在第一批十輛出發後奉鈞部運業字第九二八九號訓令飭交中運公司撥車代運，該本局撥運暫停。至於鈞部存龍炸藥亦已撥車起運中。往以本局車輛有限，工程緊急，各方託運材料亦不僅從萬急，且本路以往軍運向由西運處專負責，本路能力固所不及，職權上亦未

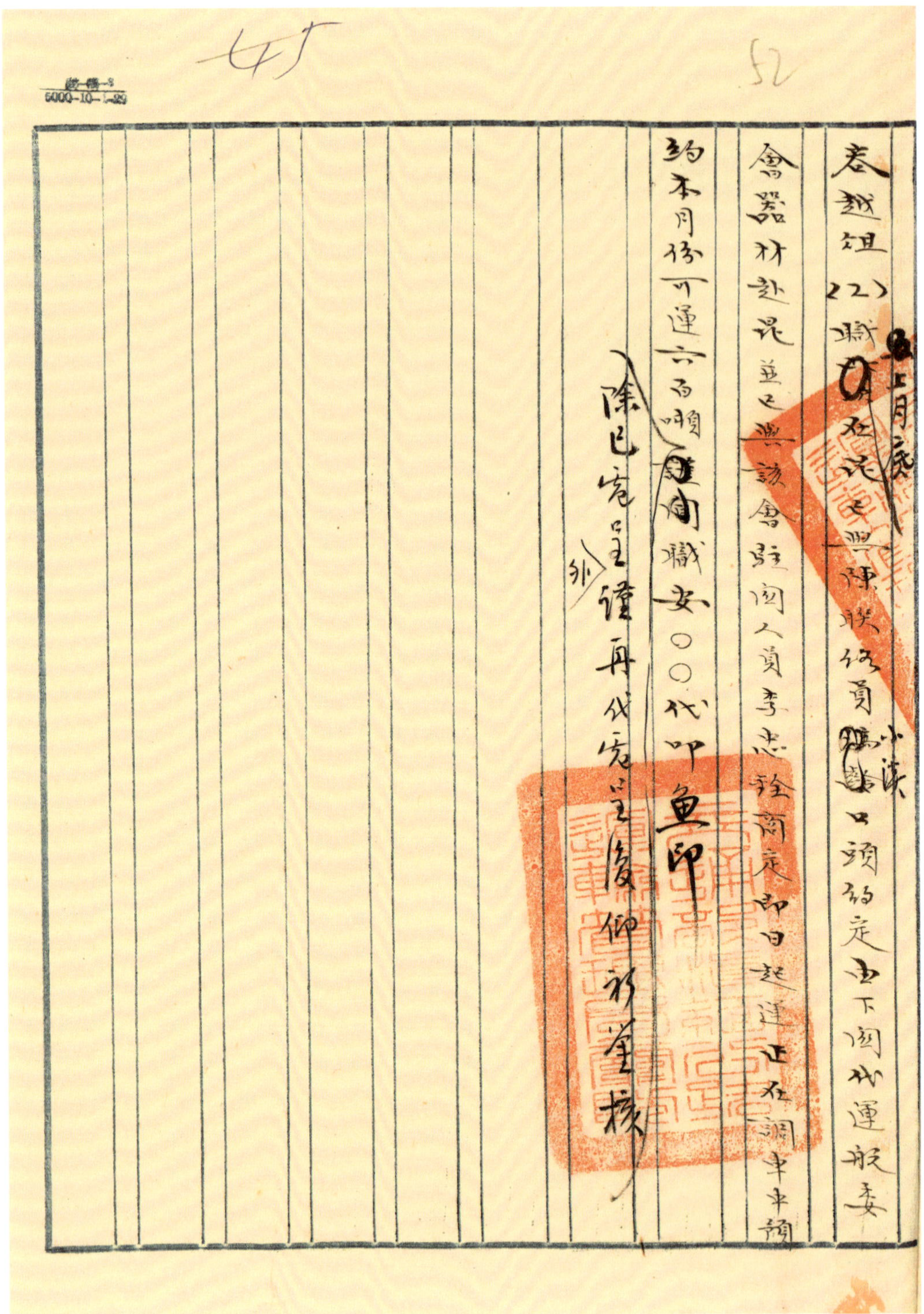

委越组（2）職七月庚在昆已與陳聯絡員小濱口頭約定由下關代運般委會器材赴昆並已與該會駐關人員李忠銓商定即日起運正在調車中預約本月份可運六百噸謹肅職安〇〇代叩魚印

除已電呈謹再代電呈復仰祈鑒核

站别	日期	貨名	重量
保山	29-2-18	绵纱	5T[illegible]40K
	11	〃	6T
	4-5	〃	11T880K
	9	〃	5T940K
	14	〃	23T724K
	15	〃	8T905K
	Total		62T389K
下関	28-10-28	茶葉	9T
	31	〃	9T
	11-14	山羊皮	3T
	〃	茶葉	9T
	15	什貨	3T
	〃	茶葉	6T
	17	〃	3T
	18	〃	3T
	20	〃	6T
	22	〃	3T
	30	〃	6T
	〃	猪鬃	3T
	12-3	茶葉	6T
	8	山羊皮，猪鬃	6T
	15	中国药材	3T
	16	茶葉	9T
	18	〃	6T
	19	中国药材	3T
	22	中国药材，茶葉	3T
	〃	绵纱	3T
	23	茶葉	6T
	25	什貨	3T
	〃	绵纱，茶葉	3T
	〃	茶葉	9T
下関	28-12-26	茶葉	3T
	28	绵纱	3T
	29-1-7	茶葉	3T
	〃	水菓	3T
	16	茶葉	18T
	20	〃	3T
	24	〃	3T
	2-23	行李	1T341K
	3-12	茶葉	15T
	21	中国药材	9T
	31	生銅，茶葉	4T500K
	〃	中国药材	4T500K
	〃	绵纱	4T500K
	4-5	〃	6T
	7	中国药材	4T500K
	〃	绵纱	8T
	14	香油，茶葉	3T
	14	茶葉	3T
	15	中国纸	6T
	16	中国药材	3T
	21	茶葉	4T500K
	23	水菓，茶葉	3T
	25	绵纱	4T500K
	5-3	绵纱，茶葉	4T500K
	〃	生銅	4T500K
	〃	茶葉	4T500K
	〃	中国药材，茶葉	4T500K
	14	绵纱	6T
	〃	中国纸	3T
	〃	茶葉	3T
	〃	中国药材	6T
	15	绵纱	6T
	20	茶葉	6T
	〃	中国纸	6T

附：运昆明商货清单

站别	日期	貨名	重量
下関	29-5-21	中国药材,猪鬃	9T
	〃	茶葉	7T500K
	〃	中国药材	4T500K
	23	生銅	21T
	24	茶葉	18T
	〃	中国药材	3T
	30	茶葉	6T
	31	〃	3T
	〃	生銅	3T
	Total		372T341K

以單所列係運昆之商貨（自本路商辦起至廿九年五月底止）特此註明謹呈

科長

職 李玉謨 謹注

六月四日

54

军事委员会运输统制局昆明办事处关于呈报一九四〇年十二月各项运况统计表致运输统制局的代电（一九四一年一月十二日）

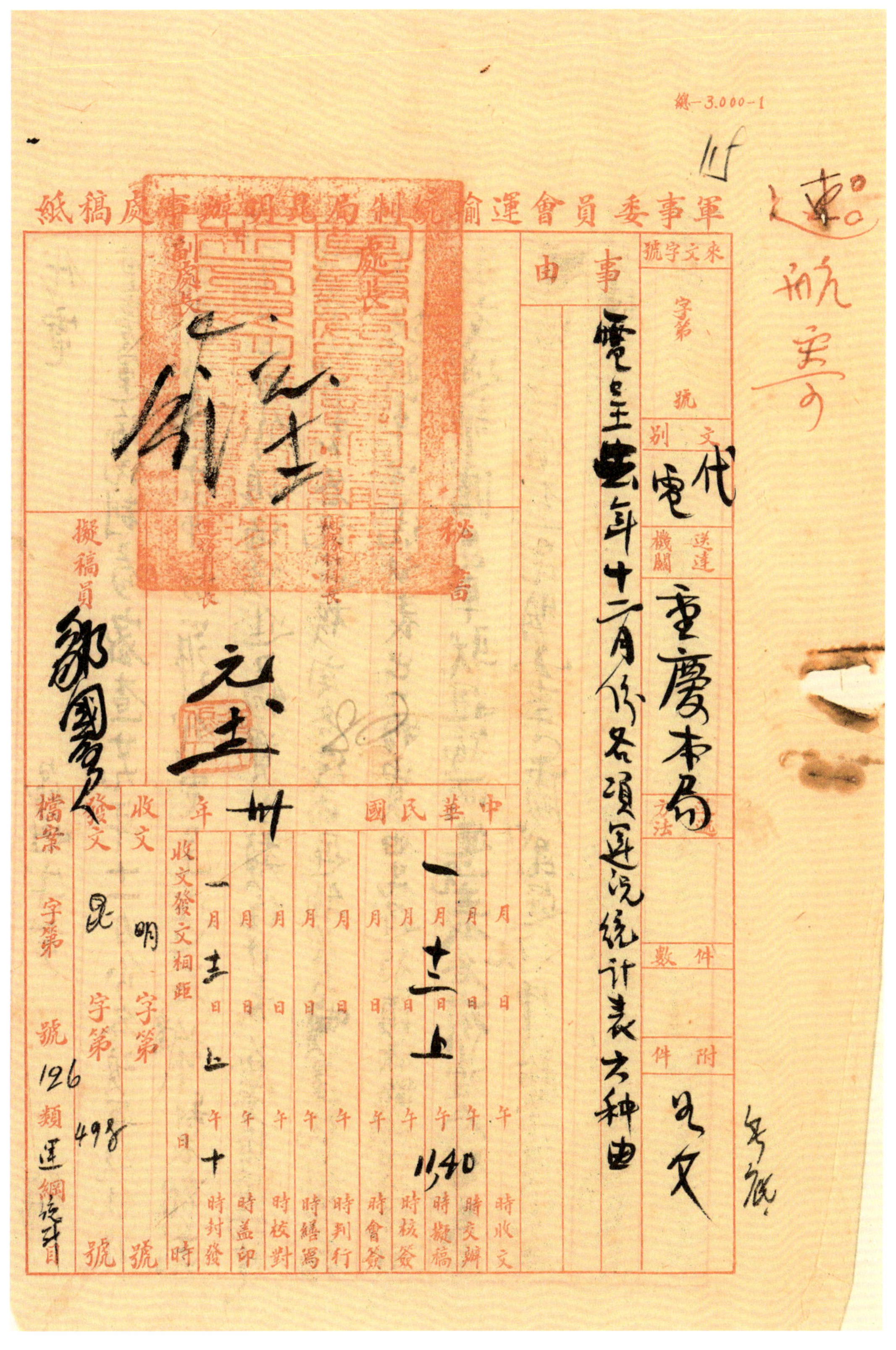
軍事委員會運輸統制局昆明辦事處稿紙

事由：電呈卅年十二月份各項運況統計表六種由

文別：代電

送達機關：重慶本局

附件：呈文

擬稿員：鄒國鑒

中華民國卅年一月十二日上午十一時四十分

收文 昆 字第 號

發文 明 字第 4998 號

檔案 字第 126 號 類 運輸統計

116

代電　　　　　　　　　　昆運字第　　號

重慶運輸統制局鈞鑒：查廿九年十一月份各項運況統計表，業以昆字五第333號代電呈送在案。茲製表就廿九年十二月份滇緬綫進口物資分類統計表、各綫擔運物資之噸量統計表、各託運機關各綫內運物資噸量統計表、滇越鐵路軍運統計表、出口物資由昆運往滇緬路噸量統計表、交通部瀘昆車馱運輸所運況表各一份，理合檢同電呈送鑒核備查。昆明辦事處叩。昆運[illegible]印。附呈統計表六種。

附一：一九四〇年十二月份滇缅线进口物资分类统计表

二十九年十二月份滇緬綫進口物資分類統計表

運量　機關 物資	兵工署	航委會	交通司	西運處	軍需署	其他機關	總計
械彈		6 017				1 908	7 925
油料		247 210	129 180	1725 297		75 000	2176 687
化學品	9 202	14 055	1 083	482 393		9 918	516 651
其他油料		574 869		96 380			671 249
五金	1645 124	19 487	61 890	045		6 645	1733 191
器材	280 576	107 906	403 723	437 909	165 799	174 807	1570 720
醫藥品						7 247	7 247
雜件					55 312	16 330	71 642
合計	1934 902	969 544	595 876	2742 024	221 111	291 855	6755 312
百分比	28.64%	14.35%	8.83%	40.59%	3.27%	4.32%	100%

運輸統制局昆明辦事處運務科製

附記：1.表內運量均據臘戍起運噸量計算
2.油料含航空油及汽車油兩種，其他油料係指各種礦油（如機油等）

附二：一九四〇年十二月份各线抢运物资吨量统计表

廿九年十二月份各线抢运物资吨量统计表

路线	各线总吨量	西运处	中运公司	滇缅路局	汽四团	战炮队	汽一团	汽六团	汽五团	汽一营	汽三营	汽四营	航会	军医署红十字会	资委运输处	城塞局	兵工署	商	东	其他
畹町至昆明	2272.040	[illegible]	[illegible]	[illegible]	[illegible]	[illegible]	[illegible]	[illegible]		[illegible]	[illegible]	[illegible]		[illegible]	[illegible]	[illegible]		[illegible]		[illegible]
保山至平彝	416.704	[illegible]	[illegible]										6.500					70.500		
昆明至沾益	1830.203	[illegible]	[illegible]										22.832				2.500	[illegible]		
昆明至贵阳	825.364	[illegible]	[illegible]						23.333		9.333		9.300	[illegible]			2.500	[illegible]		
昆明至重庆	363.689	[illegible]	6.000								10.000		16.100					[illegible]		
共计	5508.003	[illegible]	[illegible]	[illegible]	[illegible]	23.962	53.000	[illegible]	23.333	16.000	[illegible]	8.000	[illegible]	[illegible]	[illegible]	9.333	5.000	[illegible]		16.227
百分比	100	55.86	13.34	3.67	3.82	0.43	0.96	4.63	0.42	0.26	0.9	0.14	0.96	2.24	1.58	0.17	0.09	11.23		0.31
附注	1. 十二月十四日澜沧江旧桥被炸后新修横桩吊桥照常通行																			

124

附三：一九四〇年十二月份各托运机关各线内运物资吨量统计表

二十九年十二月份各託運機關各綫内運物資噸量統計表

物資機關 \ 路綫	總噸量		噸量百分數	畹遮至昆明		保山至平彝		昆明至瀘縣		昆明至貴陽		昆明至重慶	
兵工署	1799	292	32.73	220	167	150	455	1035	781	149	919	242	970
西運處	1474	474	26.47	373	352	165	163	280	474	209	865	45	620
交通部	121	594	2.21	121	594								
航委会	1069	482	19.52	544	004	77	086	98	182	336	110	14	100
歐亞公司	137	000	2.49	137	000								
中運公司	96	000	1.74	24	000	24	000	6	000	39	000	3	000
滇緬路局	49	000	0.88	49	000								
交通司	350	665	6.47	307	999					32	666	10	000
軍需署	59	079	1.07	56	579							2	500
軍医署	139	725	2.54	89	918					49	807		
紅十字会	23	333	0.43	15	333					8	000		
液委会	27	000	0.48	27	000								
其他	161	359	2.97	106	094					9	766	45	499
合計	5508	003	100	2472	040	416	704	1430	203	825	367	363	689

軍事委員會運輸統制局昆明辦事處運務科製

附四：一九四〇年十二月份滇越铁路军运统计表

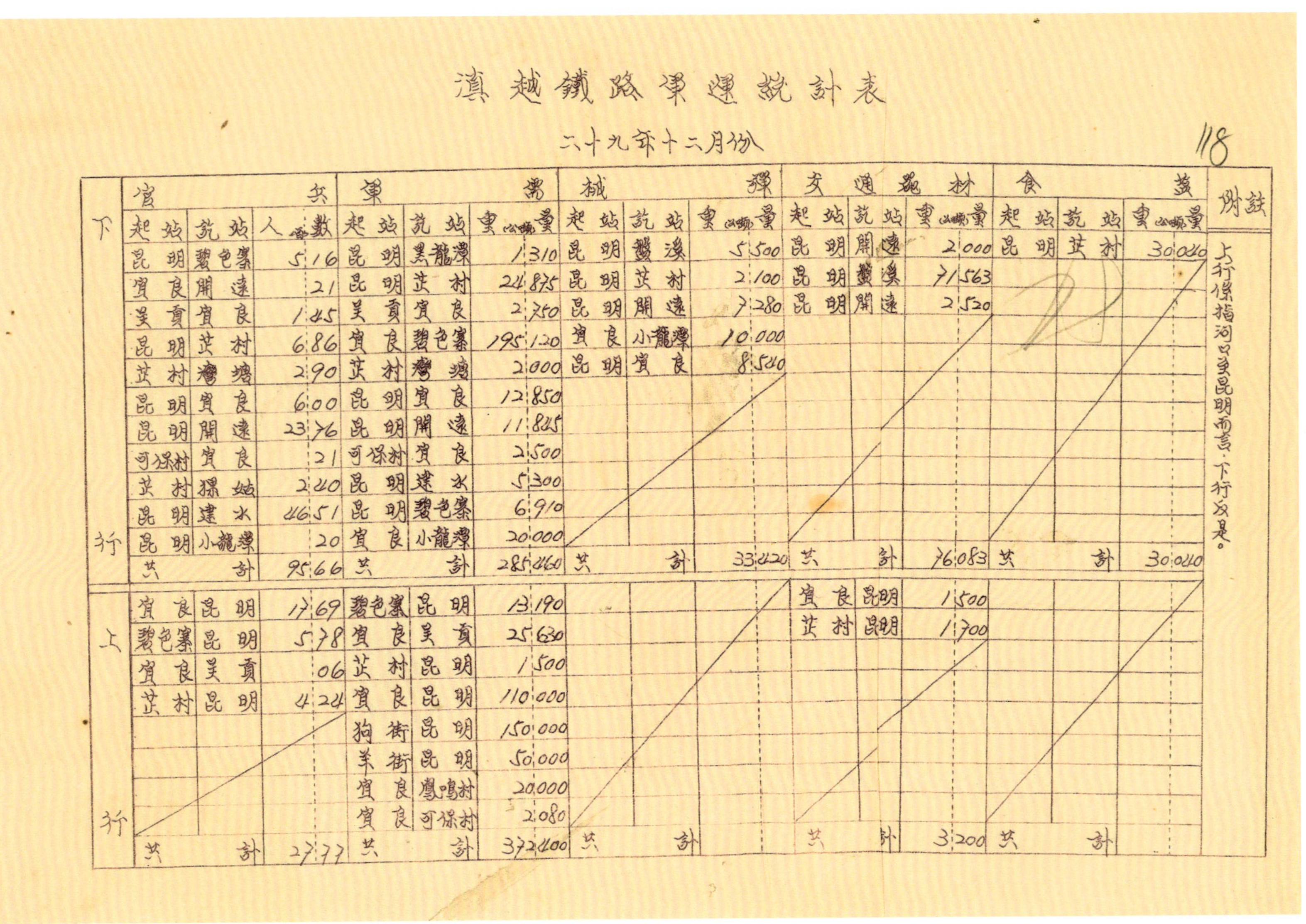

滇越鐵路軍運統計表

二十九年十二月份

118

	官兵			軍需			械彈			交通器材			食鹽			附註
	起站	訖站	人數	起站	訖站	重量（公噸）	起站	訖站	重量（公噸）	起站	訖站	重量（公噸）	起站	訖站	重量（公噸）	
下行	昆明	碧色寨	5.16	昆明	黑龍潭	1.310	昆明	盤溪	5.500	昆明	開遠	2.000	昆明	芷村	30.040	上行係指河口至昆明而言·下行反是。
	宜良	開遠	.21	昆明	芷村	24.875	昆明	芷村	2.100	昆明	盤溪	71.563				
	呈貢	宜良	1.45	呈貢	宜良	2.250	昆明	開遠	7.280	昆明	開遠	2.520				
	昆明	芷村	6.86	宜良	碧色寨	195.120	宜良	小龍潭	10.000							
	芷村	灣塘	2.90	芷村	灣塘	2.000	昆明	宜良	8.540							
	昆明	宜良	6.00	昆明	宜良	12.850										
	昆明	開遠	23.76	昆明	開遠	11.825										
	可保村	宜良	.21	可保村	宜良	2.500										
	芷村	猓姑	2.40	昆明	建水	5.300										
	昆明	建水	46.51	昆明	碧色寨	6.910										
	昆明	小龍潭	.20	宜良	小龍潭	20.000										
	共	計	95.66	共	計	285.460	共	計	33.420	共	計	76.083	共	計	30.040	
上行	宜良	昆明	17.69	碧色寨	昆明	13.190				宜良	昆明	1.500				
	碧色寨	昆明	5.78	宜良	呈貢	25.630				芷村	昆明	1.700				
	宜良	呈貢	.06	芷村	昆明	1.500										
	芷村	昆明	4.24	宜良	昆明	110.000										
				狗街	昆明	150.000										
				羊街	昆明	50.000										
				宜良	鳳鳴村	20.000										
				宜良	可保村	2.080										
	共	計	27.77	共	計	372.400	共	計		共	計	3.200	共	計		

附五：一九四〇年十二月份出口物资由昆明运往滇缅路吨量统计表

二十九年十二月份出口物資由昆運往滇緬路噸量統計表 118

物資名稱 / 噸量 / 總噸量 / 項目		桐油	鵝砂	滇錫	豬鬃	兔皮	豬腸	生絲	羊皮	腸衣
噸量	3523 036	1479 514	1480 215	19 610	201 096	63 026	29 779	4 015	240 891	4 870
百分數	100	41.98	42.01	0.55	5.69	1.68	0.80	0.11	7.05	0.13

運輸統制局昆明辦事處運務科製

附六：各机关及军车各线行驶车辆配备表

各機關及軍車各綫行駛車輛配備表

路綫 / 行駛區間 / 實際輛數 / 機關名稱	國際綫	滇緬綫					川滇綫		昆筑渝綫		共計
	腊戍-畹町	畹町-昆明	畹町-保山	保山-昆明	芒市-昆明	下關-昆明	楊林-宣威	昆明-瀘州	昆明-貴陽	貴陽-重慶	
航委會								40			40輛
汽一團		45									45〃
汽二團			135								135〃
汽四團		80									80〃
戰砲營		15									15〃
汽五團				20					140		160〃
汽一營				40							40〃
汽三營			34								34〃
汽四營		50									50〃
滇緬公路局					110						110〃
中運公司		240						27	150		417〃
西南運輸處			110	350	125	50	50	210	310	75	1280〃
緬甸商車	60										60〃
緬政府車	104										104〃
汽五營	100										100〃
共計	264	430	279	410	235	50	50	277	600	75	2670輛

交通部滇缅公路运输管理局关于优先抢运乌砂致资源委员会昆明区办事处的代电（一九四一年二月二十一日）

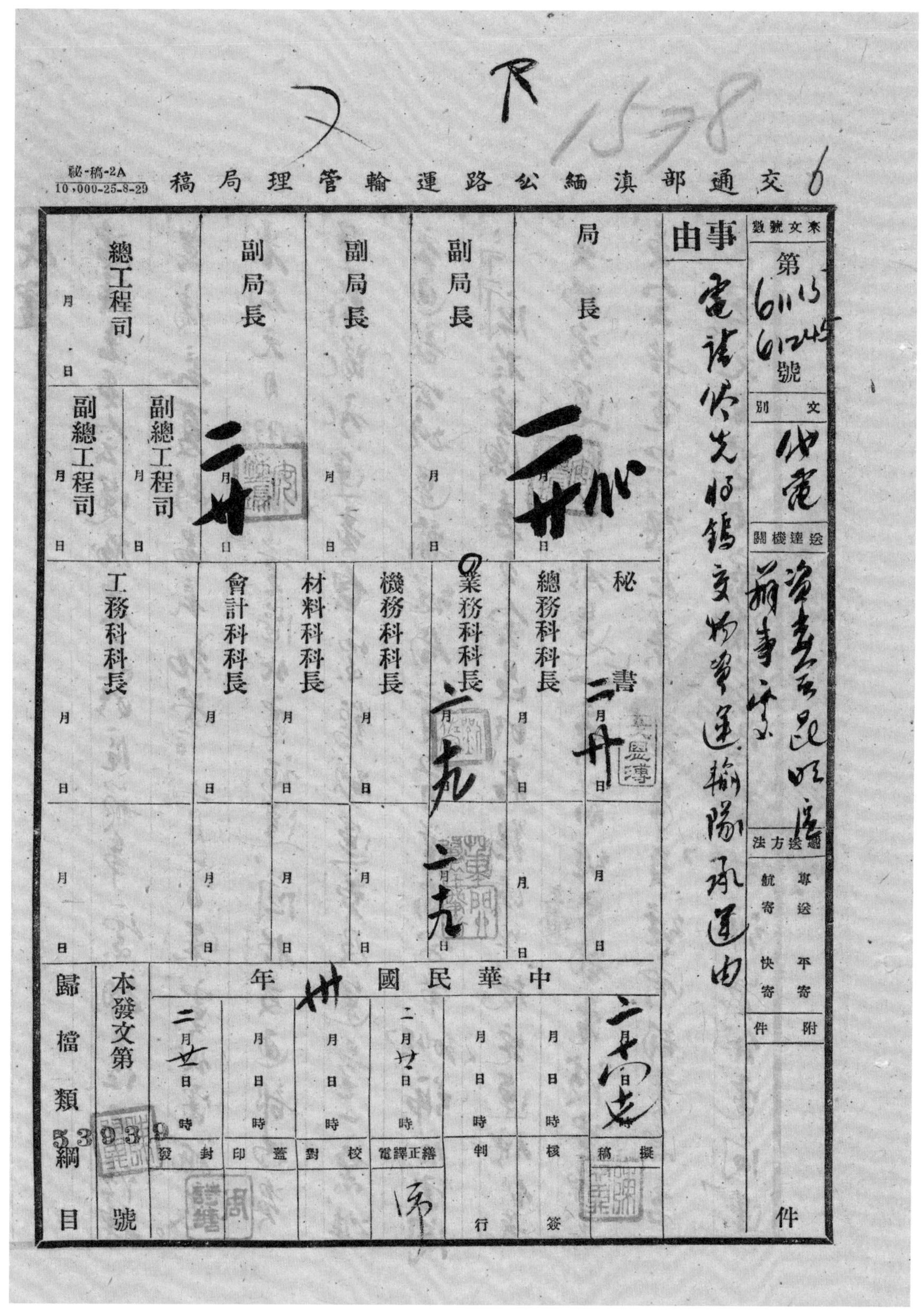
交通部滇緬公路運輸管理局稿

事由：電請除先將鎢砂交物資運輸處承運由

來文號數：第61115、61245號

文別：代電

送達機關：資委會昆明區辦事處

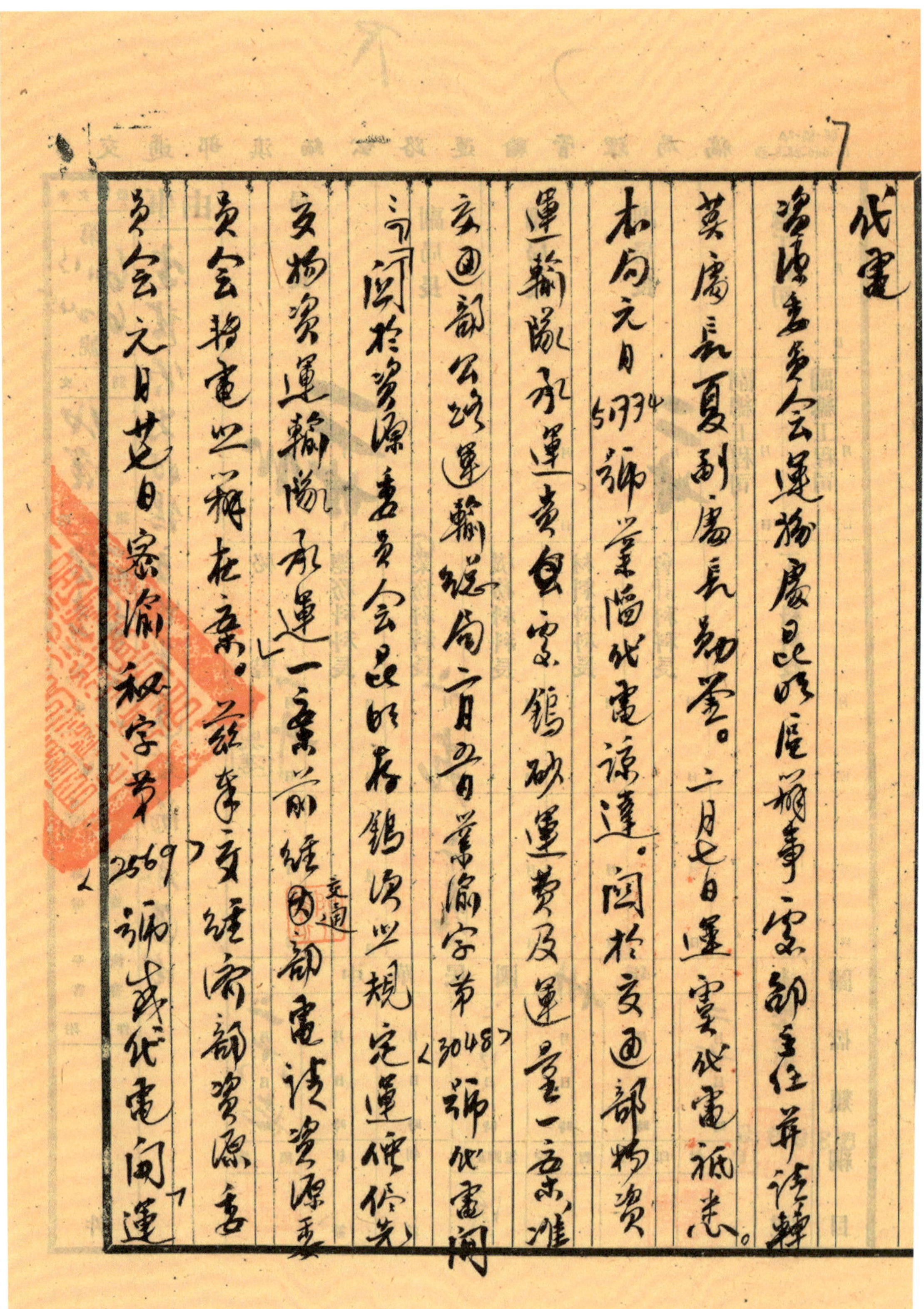

代電

資源委員會運務處昆明區辦事處主任并請轉英處長、夏副處長勛鑒。二月七日運電祗悉。本局元月5734號業務代電諒達。關於交通部物資運輸隊承運貴會鎢砂運費及運量一案，准交通部公路運輸總局二月五日業渝字第〈3048〉號代電開：「關於資源委員會昆明存鎢須以規定運價優先交物資運輸隊承運」一案，前經本部電請資源委員會將電照轉在案。茲奉交經濟部資源委員會元月廿七日密渝秘字第〈2569〉號代電開：運

8

業渝字第1033號代電奉悉。關於本公司昆明存鎢交物資運輸處運輸出口及規定運費事，已轉飭運輸處辦理，相應復請察照。等由。本局除分電外，相應電請查照洽辦。旋又准該局二月七日業渝字第3116號代電開：「查關於……（云云）……」云云，相應電請速洽為荷。各等由，准此，相應電請查照，將貴處存昆鎢礦，從先交物資運輸處承運。如有多餘，再交統制局交配，并請示復為荷！第五處代叩業馬

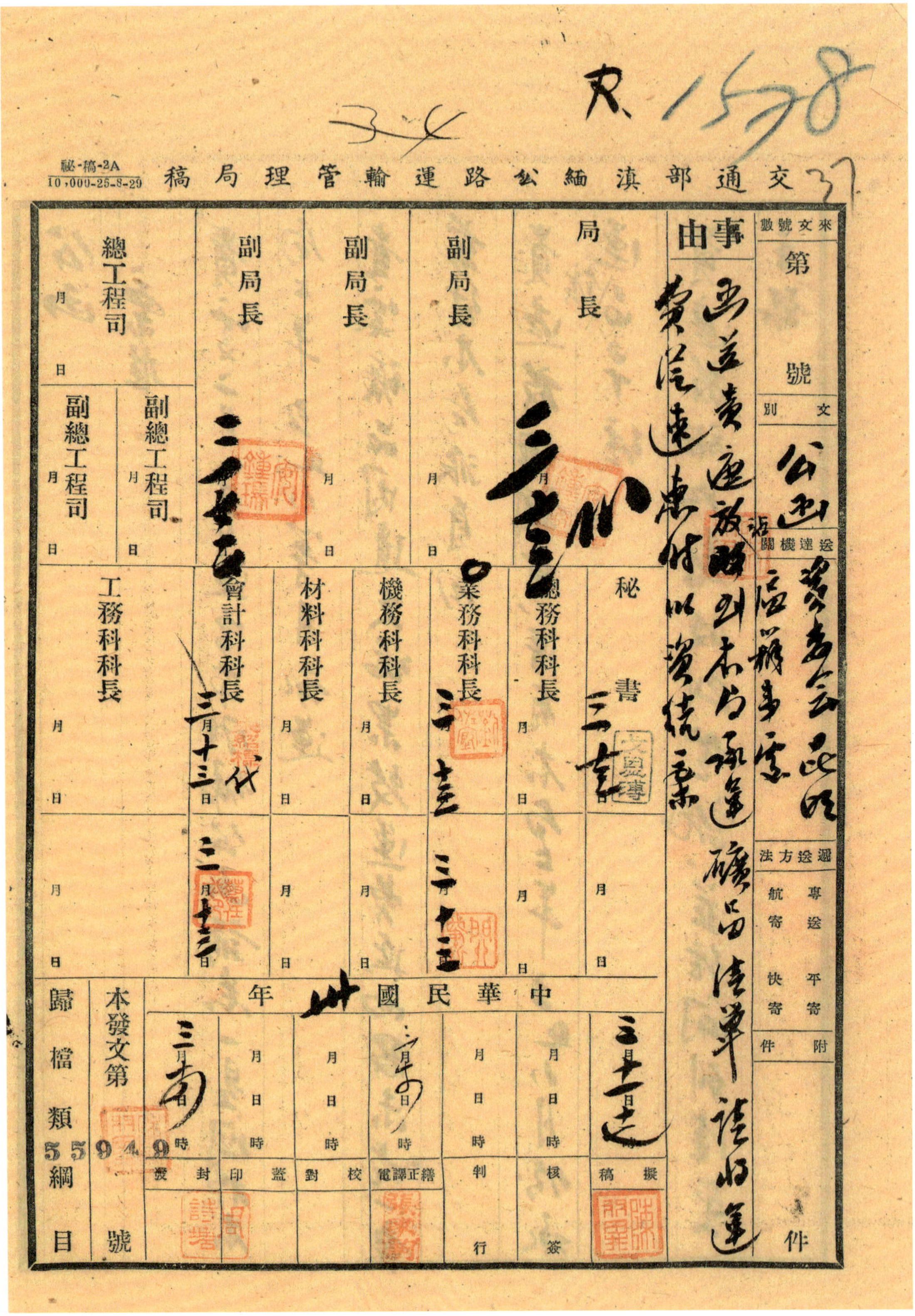

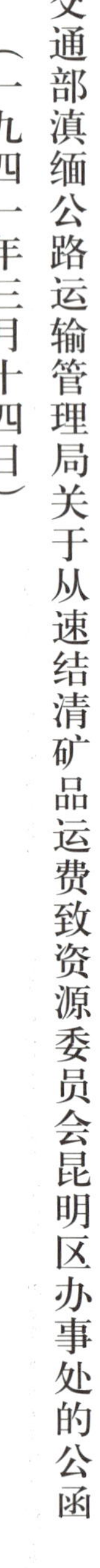

交通部滇缅公路运输管理局关于从速结清矿品运费致资源委员会昆明区办事处的公函（一九四一年三月十四日）

交通部滇缅公路运输管理局稿

秘-稿-2A 10,000-25-8-29

文别：公函

送达机关：资委会昆明区办事处

事由：函送贵处欠付本局承运矿品清单请将运费从速惠付以资结案

局长 副局长 副局长 副局长 总工程司 副总工程司 副总工程司

秘书 总务科科长 业务科科长 机务科科长 材料科科长 会计科科长 工务科科长

中华民国卅年

拟稿 核签 判行 缮正译电 校对 盖印 封发

本发文第　号

归档类类 55949 纲目

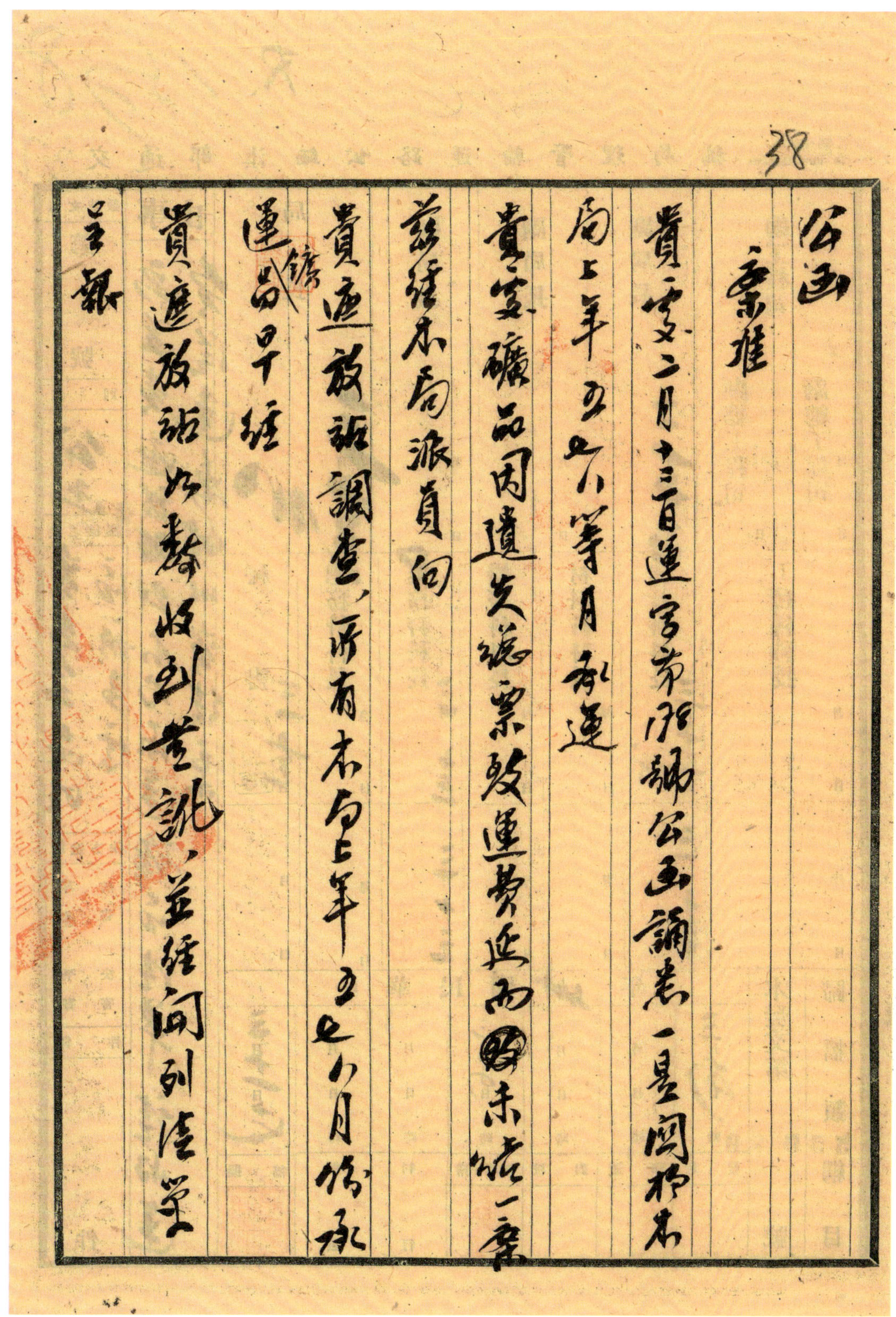

38

公函

案准

貴處二月十三日運字第78號公函，請為查呈關於本局上年五七八等月份運貴處礦品因遺失號票致運費延而未結一案，茲經本局派員向貴處放站調查，所有本局上年五七八月份承運鑛品早經貴處放站如數收到無訛，並經開列清單呈報

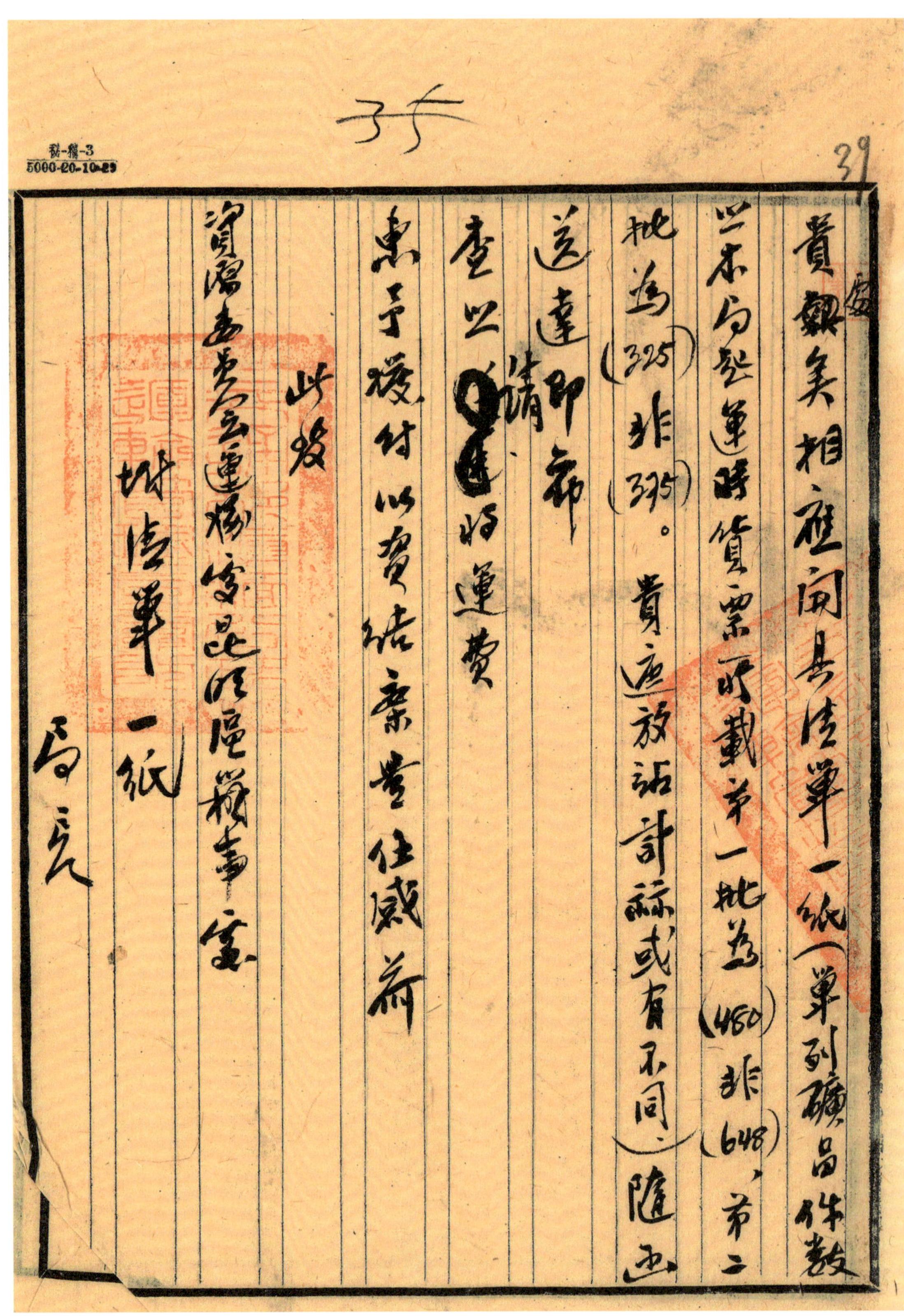
35

秘-稿-3
5000-20-10-29

39

貴鑛矣，相應開具清單一紙（單列鑛品件數，照本局組運時貨票所載第一批為（480）非（648），第二批為（325）非（335）。貴處放話計算或有不同），隨函送達，即希

查照，請將運費

惠予撥付，以資結案，曷任感荷！

此致

資源委員會運務處昆明辦事處

附清單一紙

局啟

附：资委会遮放站收到滇缅公路局矿品清单

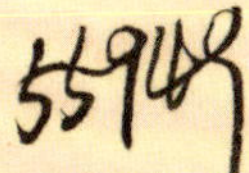

40

資委會遮放站收到滇緬公路局礦品清單

收到日期	昆站交件單號碼	品名	重量	件數	車號
29-7-15	昆字第五號	鎢砂	24T	648	5078、5085、5077、5102、5104、5095、5093、5106、
29-7-19	昆字第拾號	〃	15T	375	5115、5141、5087、5112、5117、
29-7-16	昆字第拾肆號	〃	34½T	805	119、5127、5007、5076、5075、116、5131、5065、156、5139、5113、
29-7-27	昆字第念叁號	〃	21T	475	133、5130、337、5128、125、242、5069、
29-7-27	昆字第念肆號	〃	18T	360	382、252、5013、5019、5067、5074、
29-7-26	昆字第念陸號	大錫	63T	1766	113、107、111、105、114、120、110、5090、5088、5094、5081、5079、115、5086、5084、5030、135、131、138、5105、5121、
29-7-31	昆字第念玖號	鎢砂	12T	240	5089、5120、5119、5143
	昆字第拾、拾玖、念肆等三號	〃	63T	1590	333、308、344、370、152、160、365、472、5069、5063、5120、5079、379、5115、5067、5092、377、363、5121、5096
		共計	250½T	6259	

30.3.11.製

中缅运输总局昆明总站一九四一年十二月三十一日到达物资车辆卸载登记表（一九四一年十二月三十一日）

30.11.10000(總)

中緬運輸總局昆明總站

到達物資車輛卸儎情形登記表

30年12月31日　　　　第61號第1頁

次第	到達時刻	大隊別	車號	運令號數	運令月/日	物資名稱	編號	箱記	數量	單位	重量（公噸/公斤）	起運地點	押運員	收貨機關	監卸員	驗收回單號數	卸車時刻起卸	卸車時刻卸完	卸車時刻待卸時間	附記
1	8	218	62621	54	12/24	[illegible]	[illegible]	UA2-243	100	[illegible]	4600	[illegible]		3-8						
2	〃	18	9399	58	12/28	[illegible]	[illegible]	—	40	[illegible]	3160	〃		〃						
3	〃	〃	9386	〃	〃	〃	〃	—	〃	〃	〃	〃		〃						
4	〃	〃	9390	〃	〃	〃	〃	—	〃	〃	〃	〃		〃						
5	〃	20B	56	56	12/26	〃	〃	〃	37	〃	2423	〃		〃						
6	〃	18	9191	59	12/29	TNT	[illegible]	CTC CAC-103	115	[illegible]	2990	〃		〃						
7	〃	〃	9187	〃	〃	〃	〃	〃	〃	〃	〃	〃		〃						
8	〃	〃	9190	〃	〃	〃	〃	〃	〃	〃	〃	〃		〃						
9	〃	158	9877	157	12/30	砲彈	—	—	100	[illegible]	—	[illegible]		第一援庫						
10	9	南	3382	54	12/3	鋅	[illegible]	CTC CAC-F461	110	[illegible]	2580	保山		[illegible]						
11	〃	〃	5737	〃	〃	〃	〃	〃	〃	〃	〃	〃		〃						
12	〃	158	9131	13	12/23	TNT	[illegible]	CTC OA2-107	100	[illegible]	2600	〃		〃						
13	〃	南	7118	0145	12/17	〃	[illegible]	[illegible]	117	〃	—	[illegible]		海軍部						
14	〃	〃	7120	〃	〃	〃	〃	〃	〃	〃	—	〃		〃						
15	〃	〃	7122	〃	〃	〃	〃	〃	〃	〃	—	〃		〃						
16	〃	〃	7127	〃	〃	〃	〃	〃	〃	〃	—	〃		〃						
17	〃	〃	7121	〃	〃	〃	〃	〃	〃	〃	—	〃		〃						
18	〃	〃	7126	〃	〃	〃	〃	〃	〃	〃	—	〃		〃						
19	〃	〃	7119	〃	〃	〃	〃	〃	〃	〃	—	〃		〃						
20	〃	〃	7124	〃	〃	〃	〃	〃	〃	〃	—	〃		〃						

說明　1.填表部份應將此表釘裝成冊逐日詳確登記并即日另複寫兩份（未釘裝者）翌日送計核股及裝卸股各一份以便查考
2.如卸交時發覺短少或多裝及駁車或轉運情形待卸原因等均應充份詳註附記欄內

總管　　車務長　　站務員　　製表員

130

124

30.11.10000(總)

中緬運輸總局昆明總站

到達物資車輛卸儎情形登記表

30年12月31日　　　　第61號第2頁

次第	到達時刻	大隊別	車號	運令號數	運令月/日	物資名稱	編號	箱記	數量	單位	重量公噸	重量公斤	起運地點	押運員	收貨機關	監卸員	驗收回單號數	卸車時刻起卸	卸車時刻卸完	卸車時刻待卸時間	附記
21	9	甬	Rn 7123	2165	12/17	TNT	[illegible] 2001	[illegible]	117	[illegible]	—		臘戍		海軍部						
22	10	〃	7586	2169	〃/19	汽車汽油	[illegible] 2237	[illegible]	18	[illegible]	3	T	〃		中運公司						
23	〃	〃	7582	〃	〃/〃	〃	〃	〃	〃	〃	〃	〃	〃		〃						
24	〃	〃	7581	〃	〃/〃	〃	〃	〃	〃	〃	〃	〃	〃		〃						
25	〃	〃	7591	〃	〃/〃	〃	〃	〃	〃	〃	〃	〃	〃		〃						
26	〃	〃	7587	〃	〃/〃	〃	〃	〃	〃	〃	〃	〃	〃		〃						
27	〃	〃	7589	〃	〃/〃	〃	〃	〃	〃	〃	〃	〃	〃		〃						
28	〃	〃	7585	〃	〃/〃	〃	〃	〃	〃	〃	〃	〃	〃		〃						
29	〃	〃	6537	〃	〃/〃	〃	〃	〃	〃	〃	〃	〃	〃		〃						
30	〃	〃	7584	〃	〃/〃	〃	〃	〃	〃	〃	〃	〃	〃		〃						
31	〃	〃	4210	〃	〃/〃	〃	〃	〃	15	〃		2500	〃		〃						
32	〃	〃	7583	〃	〃/〃	〃	〃	〃	18	〃		2000	〃		〃						
33	〃	〃	7593	〃	〃/〃	〃	〃	〃	〃	〃	〃	〃	〃		〃						
34	〃	〃	4211	〃	〃/〃	〃	〃	〃	15	〃		2400	〃		〃						
35	〃	〃	7588	〃	〃/〃	〃	〃	〃	18	〃		2000	〃		〃						
36	〃	〃	4209	〃	〃/〃	〃	〃	〃	15	〃		2500	〃		〃						
37	〃	〃	7590	〃	〃/〃	〃	〃	〃	18	〃		2000	〃		〃						
38	14	18	4110	83	12/23	[illegible]油	〃	—	10	〃	—		下關		本站						
39	〃	〃	9167	58	12/28	[illegible]	造683	—	80	根		3200	〃		3-8						
40	〃	〃	9189	〃	〃/〃	[illegible]	造B 2148	—	40	〃		3160	〃		〃						

說明
1、填表部份應將此表釘裝成冊逐日詳確登記并即日另複寫兩份（未釘裝者）翌日送計核股及裝卸股各一份以便查考
2、如卸交時發覺短少或多裝及駁車或轉運情形待卸原因等均應充份詳註附記欄内

總管　　車務長　　站務員　　製表員

30.11.10000(總)

中緬運輸總局昆明總站

到達物資車輛卸儎情形登記表

30年12月31日　　　　第61號第3頁

次第	到達時刻	大隊別	車號	運令號數	運令月/日	物資名稱	編號	箱記	數量	單位	重量公噸	重量公斤	起運地點	押運員	收貨機關	監卸員	驗收回單號數	卸車時刻起卸	卸車時刻卸完	待卸時間	附記
211	15	南	RE 7309	0156	12/11	發動機及[illegible]	造 2227	UTC UA2-F-4443-2 No2261A-24	1	[illegible]		330	騰衝		兵工署						
〃	〃	〃	〃	〃	〃	發動機及零件[illegible]	2170	UTC UA2-F-4909-9 No1201-19	2	〃		920	〃		〃						
〃	〃	〃	〃	〃	〃	汽油[illegible]	造 2358	UTC UA2-F-4443-1	1	〃		1,002	〃		〃						
〃	〃	〃	〃	〃	〃	鋅块	[illegible] 2049	[illegible] Hard	40	块		—	〃		〃						
212	〃	2[illegible]	7478 8135 8175	54	12/12	[illegible]鋼	造68	UA2-243	65	根		2600	下關		3-8						
213	〃	〃	[illegible]8033	〃	〃	方鋼条	[illegible] 2268	—	1160	根		—	〃		〃						
						附	錄														
1	—	10[illegible]	9547	[illegible]13	12/14	麻袋	械 92/15	N/M	2	[illegible]		1468	遮放		軍需署						
2	—	〃	9740	〃	〃	〃	〃	〃	1	〃		234	〃		〃						
3	—	〃	9723	〃	〃	〃	〃	〃	〃	〃	〃	〃	〃		〃						
4	〃	〃	9738	〃	〃	〃	〃	〃	〃	〃	〃	〃	〃		〃						
5	〃	〃	9701	〃	〃	〃	〃	〃	〃	〃	〃	〃	〃		〃						
6	〃	〃	9750	〃	〃	〃	〃	〃	〃	〃	〃	〃	〃		〃						
7	〃	〃	9730	〃	〃	〃	〃	〃	〃	〃	〃	〃	〃		〃						
8	〃	〃	9737	〃	〃	〃	〃	〃	〃	〃	〃	〃	〃		〃						
9	〃	〃	9707	〃	〃	〃	〃	〃	〃	〃	〃	〃	〃		〃						
10	〃	〃	9725	〃	〃	〃	〃	〃	〃	〃	〃	〃	〃		〃						
11	〃	〃	9726	〃	〃	〃	〃	〃	〃	〃	〃	〃	〃		〃						
12	〃	〃	9729	〃	〃	〃	〃	〃	〃	〃	〃	〃	〃		〃						

以上各車均26日到昆[illegible]

說明

1、填表部份應將此表釘裝成册逐日詳確登記并即日另複寫兩份(未釘裝者)翌日送計核股及裝卸股各一份以便查考。

2、如卸交時發覺短少或多裝及駁車或轉運情形待卸原因等均應充份詳註附記欄内

總管　　車務長　　站務員　　製表員

中缅运输总局仰光分局物资抢运报告表（一九四二年一月一日至二月二十日）

72

中緬運輸總局仰光分局
民國卅一年一月一日至二月廿日
物資搶運報告表

1. 卅一年一月一日存仰物資總數 70,787
(詳附表一)計分:—
各倉庫存貨 43,111
未裝車輛 18,726
各種油料 8,950

2. 卅一年一月一日起至二月廿日止到仰船隻卸存碼頭物資總數約計(詳附表二) 15,886

合計 86,873

扣除:—

1. 交通部售與英方鉄軌共計(詳附單) 13,617
2. 交通部售與英方橋樑材料共計(詳附單) 1,919
3. 資委會兵工署售與緬甸鉄路局大噸共計 1,224
4. 海防香港轉來殘缺不齊之笨重機件約計 3,000
5. 卅年十二月廿三日遭敵人轟炸損毀物資約計 705 20,465

卅一年一月一日至二月廿日應須搶運物資總數共計 66,408

1. 卅一年元月份搶運物資總數(詳附表三) 15,427
2. 卅一年二月一日起至二月廿日止搶運物資總數(詳附表四) 17,771
3. 卅一年元月份内駛美租借法案車輛噸位總數(詳附表五) 2,154
4. 卅一年二月一日起至二月廿日止内駛美租借法案車輛噸位總數(詳附表六) 6,787
5. 奉[illegible]准撥交英軍物資重量約計(詳收據) 5,500
6. 各機關自運物資總數約計 4,600
7. 各機關自行内駛世界公司[illegible][illegible]車輛噸位總數 5,318
8. 存仰未及搶運業已自動破壞物資總數約計(詳附件及附表七) 3,000
9. G.M.C.廠未及搶運存箱車輛噸位總數(詳附表八) 5,505
10. 留存港務局各碼頭未及搶運物資總數約計 350

總計 66,412

中缅运输总局仰光分局到仰卸存码头物资分船统计表（一九四二年一月一日至二月二十日）

24

到仰卸存碼頭物資分船統計表

卅一年一月一日至二月廿日止

船名	原裝噸數	卸存噸數
Cape Cod	6,024 Tons.	800 Tons.
Shick Shinny	3,044 "	3,044 "
Hoihow (由 Exchange 輪轉來)	1,200 "	1,200 "
Louise Lykes	7,247 "	6,500 "
Day Star	1,724 "	1,724 "
Camila	380 "	300 "
Virginia	967 "	967 "
Hangsuan gnawa	921 "	921 "
各機關在仰交運物資	350 "	350 "
總計	21,867 Tons.	15,306 Tons.

27

仰光中緬運輸分局

民國卅一年元月份物資搶運統計表

日期	搶運路線			(單位公噸)
	鐵路	公路	水路	合計
1	758 Tons.	-	-	758 Tons.
2	922 "	-	-	922 "
3	511 "	-	-	511 "
4	448 "	-	-	448 "
5	485 "	-	-	485 "
6	651 "	-	-	651 "
7	344 "	-	-	344 "
8	724 "	-	-	724 "
9	245 "	106 Tons.	68 Tons.	419 "
10	603 "	37 "	-	640 "
11	652 "	-	-	652 "
12	689 "	-	-	689 "
13	563 "	-	-	563 "
14	722 "	446 Tons.	44 Tons.	1,212 "
15	386 "	6½ "	52½ "	445 "
16	466 "	231 "	-	697 "
17	268 "	298 "	-	566 "
18	-	-	-	-
19	-	165 Tons.	2 Tons.	167 Tons.
20	-	120 "	50 "	170 "
21	-	91 "	-	91 "
22	-	18 "	-	13 "
23	-	41 "	-	41 "
24	-	48 "	-	48 "
25	-	87 "	-	37 "
26	87 Tons.	116 "	120 Tons.	323 "
27	340 "	92 "	-	432 "
28	345 "	83 "	-	428 "
29	274 "	32 "	-	306 "
30	248 "	223 "	1,103 "	1,574 "
31	368 "	101 "	547 "	1,016 "
總計	11,009 Tons.	2,341½ Tons.	1,986½ Tons.	15,427 Tons.

28

卸光中緬運輸分局

民國卅一年二月一日至二月二十日物資搶運統計表

日期	搶運路線			(單位公噸)
	鐵路	公路	水路	合計
1	342 Tons.	124 Tons.	330 Tons.	796 Tons.
2	188 "	32 "	-	220 "
3	336 "	78 "	-	414 "
4	386 "	190 "	290 Tons.	866 "
5	383 "	118 "	-	501 "
6	313 "	84 "	-	397 "
7	326 "	812 "	-	1,138 "
8	649 "	135 "	-	784 "
9	617 "	650 "	837 Tons.	2,104 "
10	679 "	770 "	-	1,449 "
11	718 "	675 "	-	1,393 "
12	658 "	760 "	25 Tons.	1,443 "
13	809 "	510 "	-	1,319 "
14	624 "	336 "	-	960 "
15	668 "	340 "	-	1,008 "
16	694 "	144 "	136 Tons.	974 "
17	484 "	422 "	-	906 "
18	575 "	301 "	-	876 "
19	59 "	127 "	-	186 "
20	-	37 "	-	37 "
總計	9,508 Tons.	6,645 Tons.	1,618 Tons.	17,771 Tons.

中缅运输总局仰光分局内驶车辆吨位估计表（一九四二年一月）

内駛車輛噸位估計表

民國卅一年元月份

車輛種類	輛數	單位重量	合計
雪佛蘭4X2卡車	229	3.2	733 Tons.
奇姆西6X6卡車	280	5.0	1,400 Tons.
機器脚踏車	84	0.25	21 Tons.
総計	593	-	2,154 Tons.

军事委员会运输统制局滇缅公路运输局关于送一九四一年十一月八日至二十一日各机关美购物资订货合同与清单致东区代表办公处的代电（一九四二年三月五日）

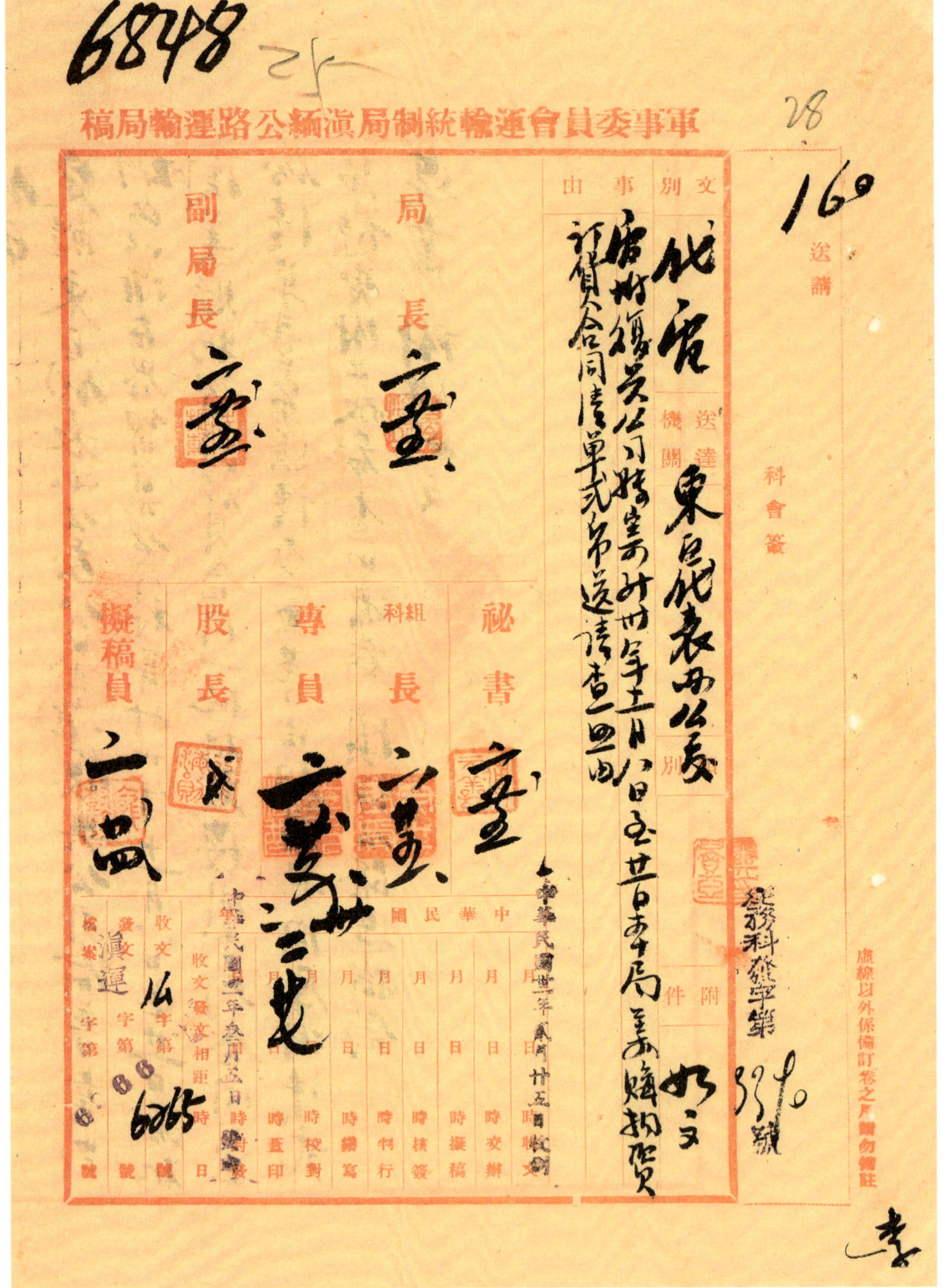

军事委员会运输统制局滇缅公路运输局稿

文别：代电

事由：准将复兴公司转来本年十一月八日至廿一日本局美购物资订货合同清单并第二号送请查照由

送达机关：东区代表办公处

代電

定疆東臣代表辦公處公鑒：淮復興公司渝營業(三)

四九號以淮安界貿易公司林寄於卅年十一月八日至廿五日各批

向美購物資訂貨合同一批，相應檢同該項合同重

份清單重份送請查照並希由相應抄向原辦件式

第隨案辦之敬希查照為荷　須函公路運輸局

運業　附件如文

交通部公路总局滇缅公路运输局关于饬将现存该段药瓶四十一箱提交中央防疫处致昆明第一运输段的代电（一九四二年六月十六日）

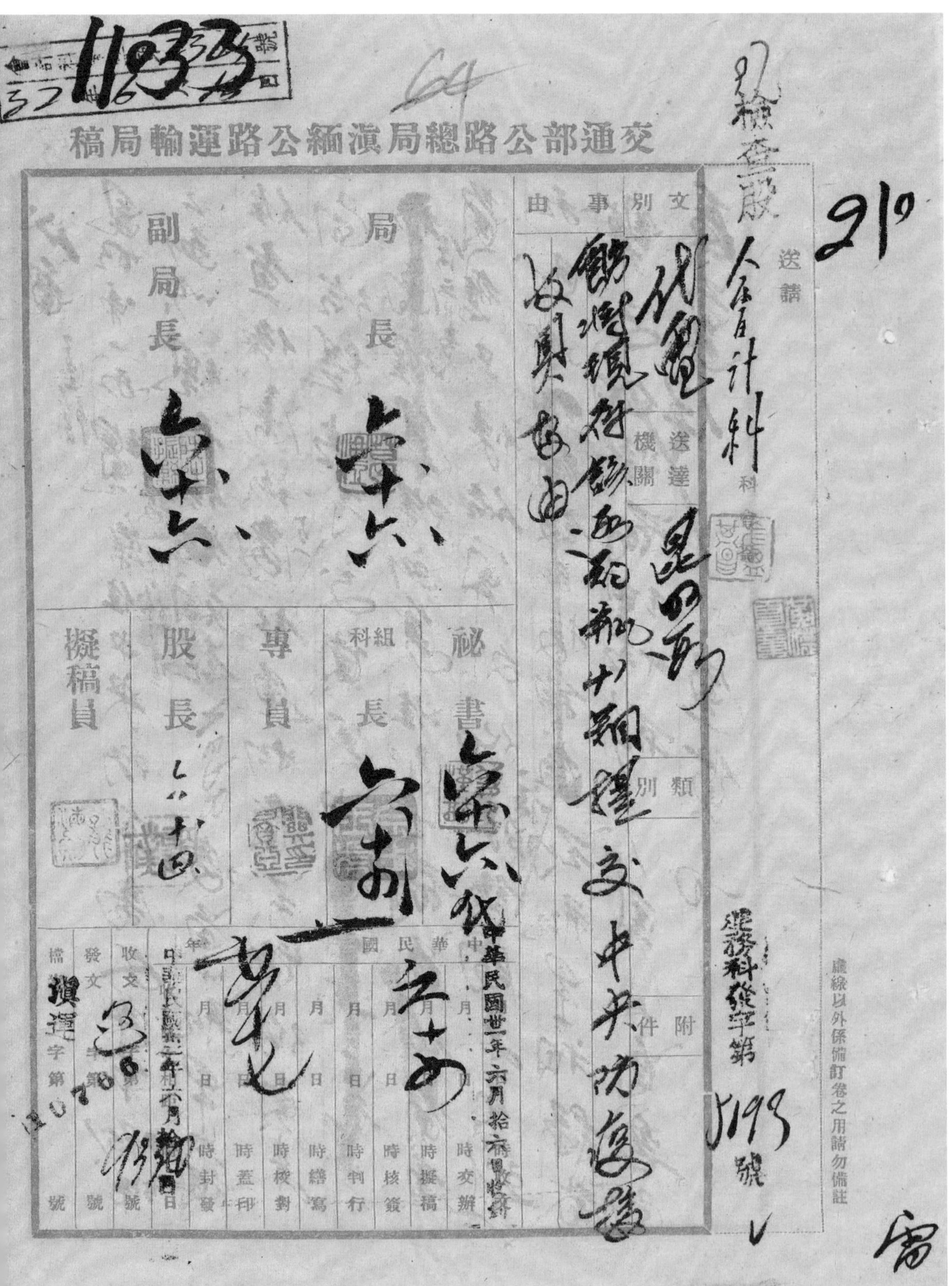
交通部公路總局滇緬公路運輸局稿

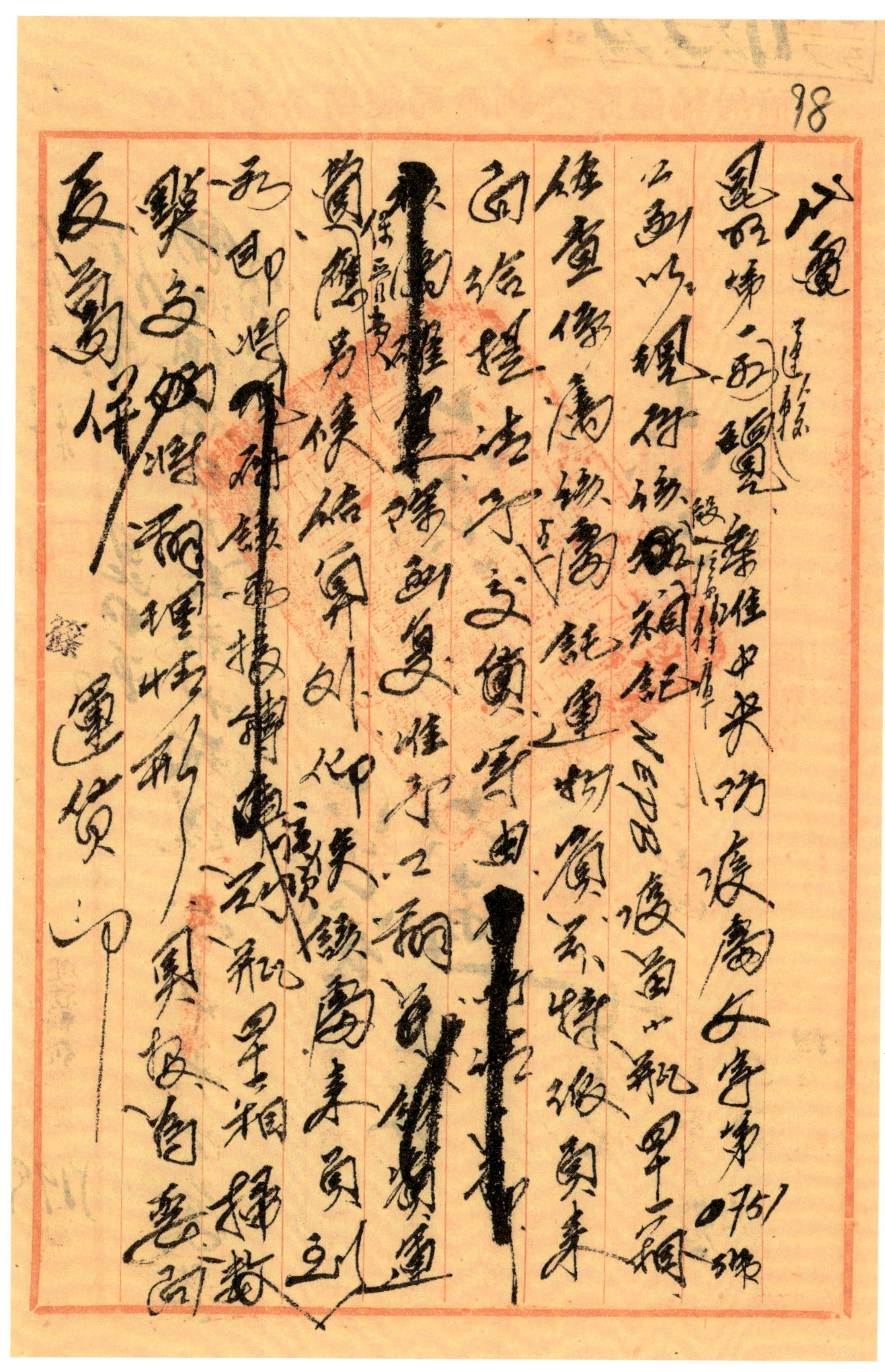

交通部滇缅公路运输局关于电复存段药瓶应准扫数给提致昆明中央防疫处的代电（一九四二年六月十七日）

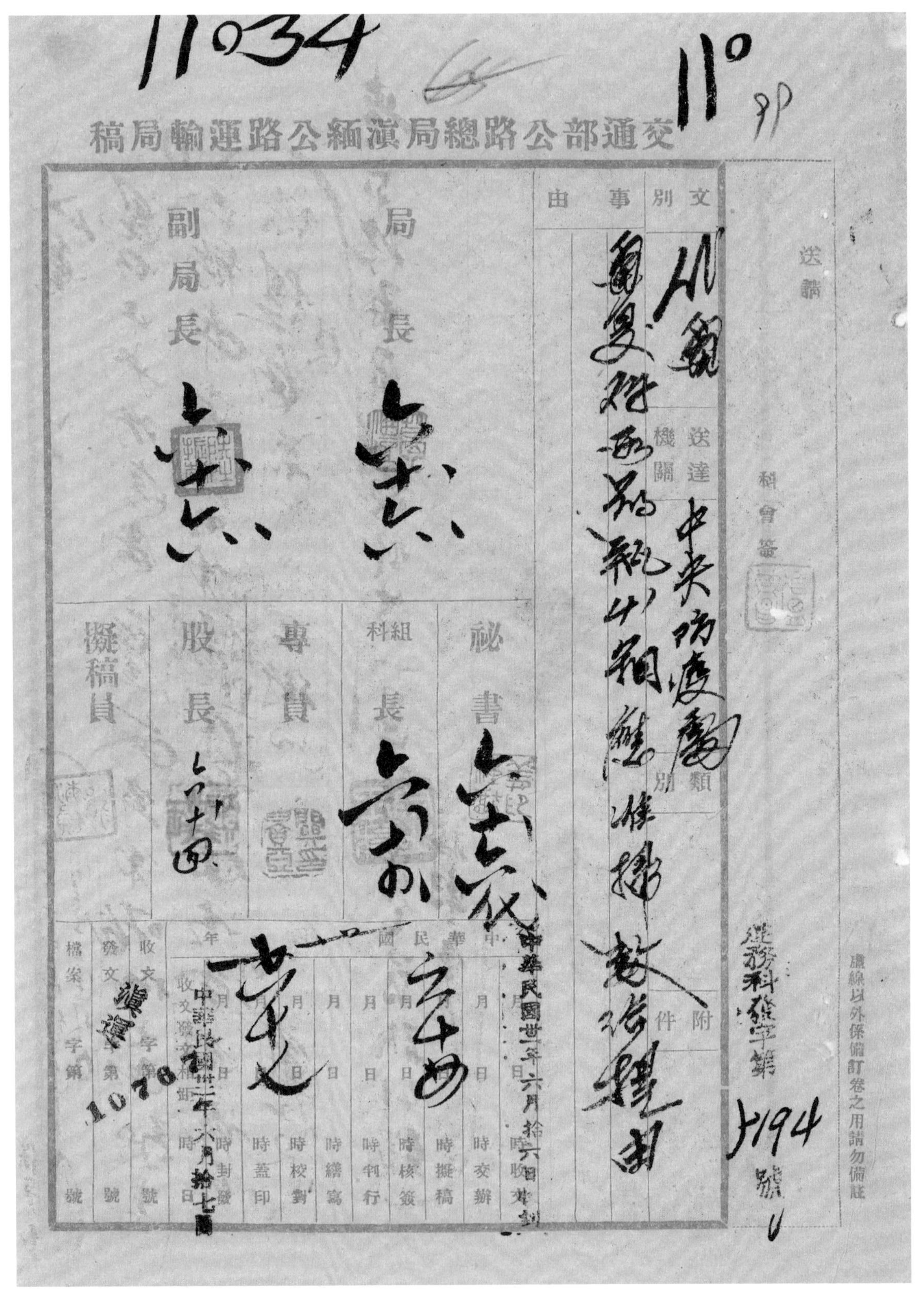

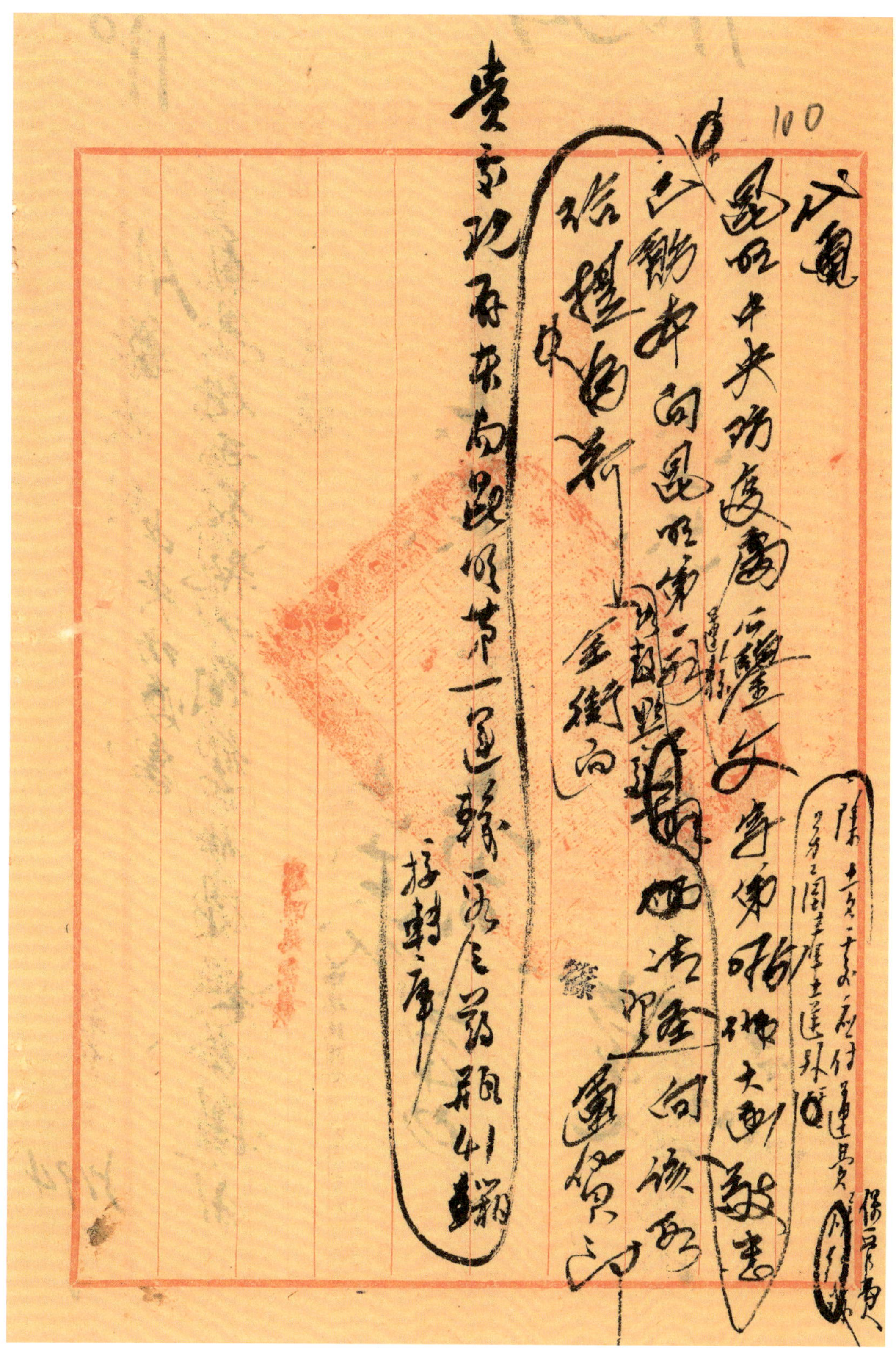

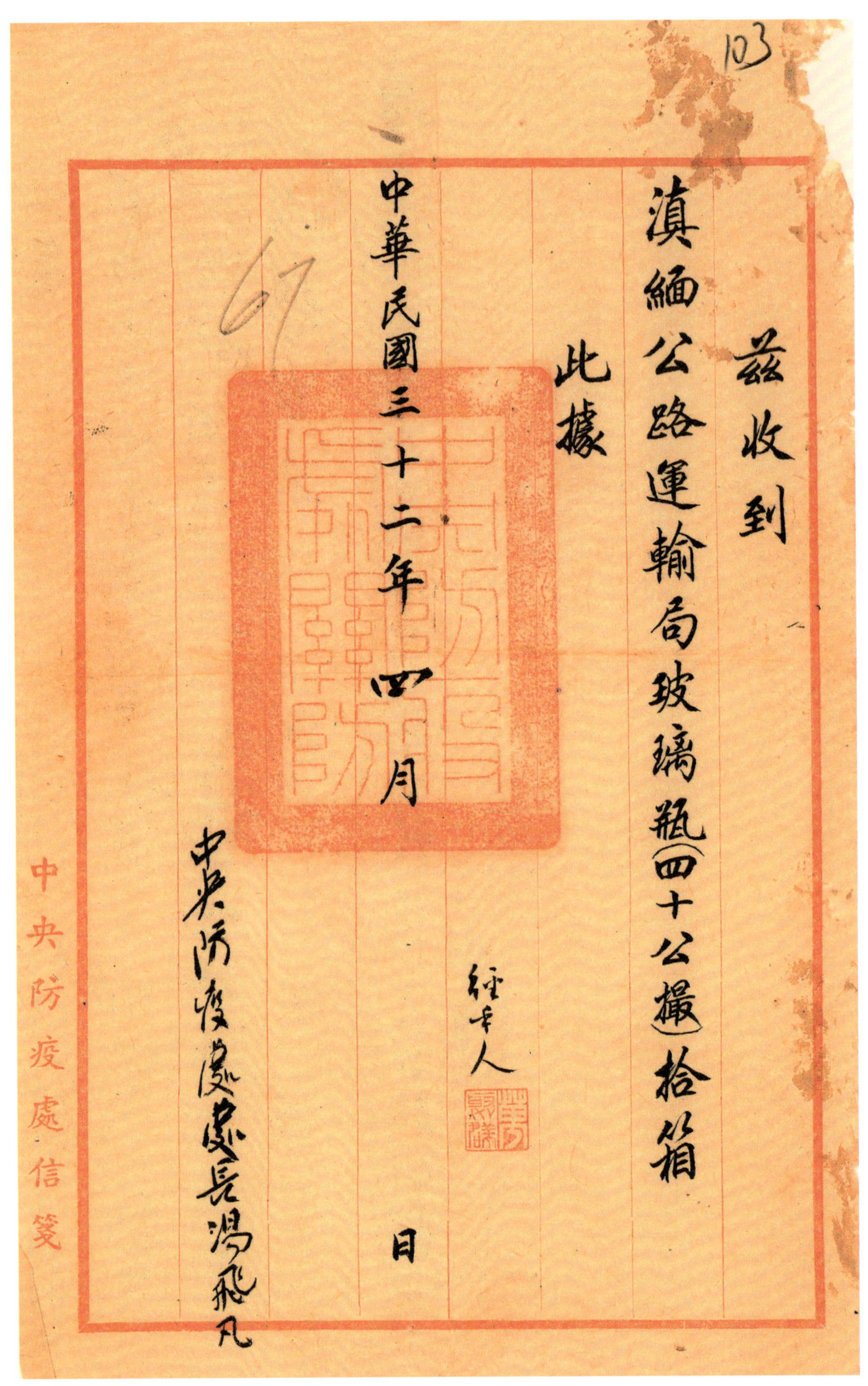

兹收到

滇缅公路运输局玻璃瓶（四十公撮）拾箱

此据

中華民國三十二年四月　日

經手人

中央防疫處處長湯飛凡

中央防疫處信箋

交通部公路总局滇缅公路运输局空运物资接转处造具由印空运物资到达接转数量表（一九四二年六月至一九四三年九月）

附表一

由印空運物資到達接轉數量表 27

由三十一年六月份至三十二年九月份止

年月份 / 重量公斤 / 機別	中航機	美軍機		總計
		美資	我国政府物資	
31----6	-------=	--------	10,546	10,546
31----7	3,220	--------	22,287	25,507
31----8	211,669	--------	170,796	382,465
31----9	249,725	--------	120,598	370,323
31---10	273,263	--------	111,631	384,894
31---11	215,109	--------	31,226	246,335
31---12	333,780	--------	56,504	390,284
32----1	306,291	--------	--------	306,291
32----2	578,163	--------	65,340	643,503
32----3	791,367	--------	227,241	1018,608
32----4	574,131	--------	248,263	822,394
32----5	615,823	--------	41,693	657,516
32----6	516,769	--------	--------	516,769
32----7	579,145	--------	12,936	592,081
32----8	1041,551	--------	--------	1041,551
32----9	939,520	--------	--------	939,520
TOTAL..	7229,526	--------	1119,061	8348,537

局長　處長　副處長　業務課長　物販員長　製表員

航空委员会第二转运所运入运出物资车数吨量月报表（一九四二年七月三十一日）

到艮　38　49

航空委員會第二轉運所運入物資車數噸量月報表

31年7月31日

出發站 / 噸數及車數 / 承運機關	芒市			保山			祥雲			楚雄			貴陽									總計			
	車數	油料噸數	器材噸數	車數	油料噸數	器材噸數	車數	油料噸數	器材噸數	車數	油料噸數	器材噸數	車數	油料噸數	器材噸數	車數	油料噸數	器材噸數	車數	油料噸數	器材噸數	車數	油料噸數	器材噸數	油器總噸數
本會							11	12.33	18.	1	3.		1		3.							13	15.33	21	36.33
西南運輸處																									
商車	6		18.	1		3.	7	17.														14	17.	21.	38.
酒精																						176桶			176桶
統計	6		18.	1		3.	18	29.33	18.	1	3.		1		3.							27.	32.33	42	74.33

附註：酒精係由業務酒精廠裝運作汽車油料用

所長

填表員

總輸字第　號

2016

航空委員會第二轉運所運出物資車數噸量月報表　31年7月31日

出發站／物資噸數及車數／承運機關	曲靖			華都			貴陽			瀘州			重慶			成都			金城江			祥雲			保山												總計			
	車數	油料噸數	器材噸數	車數	油料噸數	器材噸數	車數	油料噸數	器材噸數	車數	油料噸數	器材噸數	車數	油料噸數	器材噸數	車數	油料噸數	器材噸數	車數	油料噸數	器材噸數	車數	油料噸數	器材噸數	車數	油料噸數	器材噸數	車數	油料噸數	器材噸數	車數	油料噸數	器材噸數	車數	油料噸數	器材噸數	車數	油料噸數	器材噸數	油器總噸數
本會	7	13.5	6.				1		3.	1		3.							1		3.	9	10.	14.	1		3.										20	23.5	32.	55.5
西南運輸處																																								
川滇火車	1		11																																		1		11	11
轉運所板車																																								
商車	4		12	72		221.	32		97.	72		222.5	3		9	6		18.5				7	15.	3.													196	15.	583.	598.
統計	12	13.5	29.	72		221.	33		100.	73		225.5	3		9	6		18.5	1		3.	16	25	17.	1		3.										217	38.5	626	664.5

附註：

航空委員會第二轉運所（印）

所長　　　　　　　　　　填表員

交通部昆明材料厂运出材料吨位表（一九四二年七月）

卅一年七月份　交通部昆明材料廠運出材料噸位表

運往地点 / 承運机關	曲靖	貴陽	重慶	會澤	共計
本部材料轉運昆明接運所	1.518	2.996	-	-	4.514
商車	-	-	15.256	-	15.256
其他車	4.351	-	-	-	4.351
川滇鐵路公司	146.442	-	-	-	146.442
驛運	-	-	-	40.552	40.552
共計	152.311	2.996	15.256	40.552	211.115

何種車

實重

军事委员会运输统制局滇缅公路运输局关于报送一九四二年七月份到昆物资运量致运输统制局的电（一九四二年八月十九日）

最速件

16

1卅00682

发收 送运输科登记后送存内卷

发

密

渝即到重庆运输统制局钧鉴：未删运电奉悉○密。七月份到昆物资运量如下：（一）按物资机关分计：航委会46½吨，兵工署1762吨，交通司133吨，交通部3吨，资委会102吨，液委会12吨，中红会6吨，中国银行17吨，中缅局自运12½吨，军车自运42吨，公车自运53½吨，商车自运23吨，共计二二一三吨半。（二）按起运地点分：由保运昆1350.4吨，由国运昆862.1吨。（三）按承运车辆分：中缅局车469吨，军车352吨，公车209吨，商车1182.7吨。（四）七月份保向另抢运兵工物资九千余吨不在内，到昆物资运量

世八[illegible]

[illegible]局164

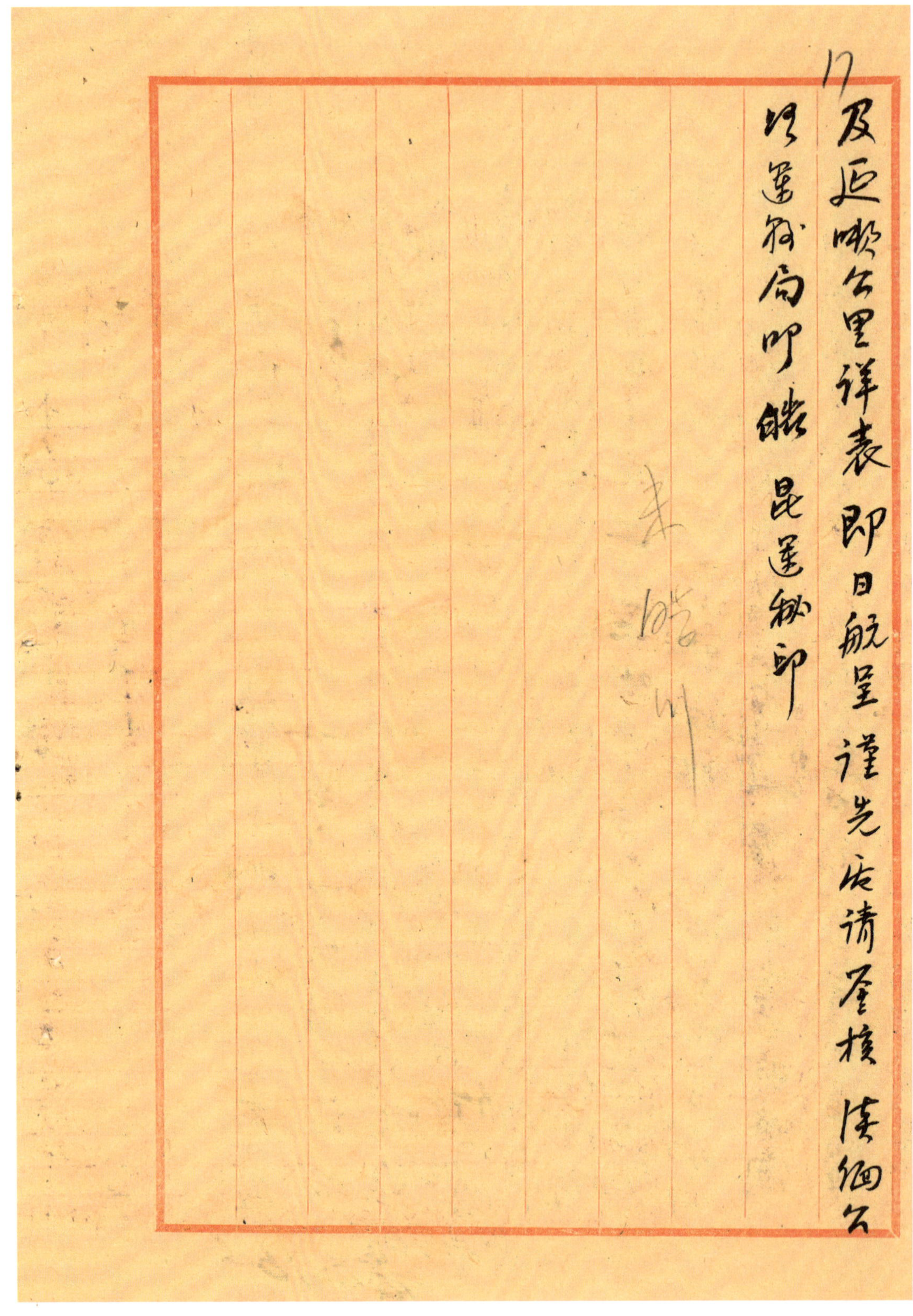

17

及距畹公里详表即日航呈。谨先电请鉴核。滇缅公路运输局叩鱼 昆运秘印

附：滇缅线运达昆明物资吨量统计表（一九四二年七月）

滇緬線運達昆明物資噸量統計表

18

31年7月份

車別	運地	機關名稱	航委會	兵工署	交通司	交通部	資委會	液委會	中航會	中國銀行	自運	共計
中緬運輸局車	保山	車數		94							4	98
		噸數		304.9							11	315.9
	下關	車數		54							1	55
		噸數		151.6							1.5	153.1
	合計	車數		148							5	153
		噸數		456.5							12.5	469
軍車	保山	車數	2	19	2						3	26
		噸數	7	65.5	4.5						6.5	83.5
	下關	車數	13	27	46						12	98
		噸數	36.5	83	113.5						35.5	268.5
	合計	車數	15	46	48						15	124
		噸數	43.5	148.5	118						42	352
公車	保山	車數		3							3	6
		噸數		9.5							7	16.5
	下關	車數		5			23	2	2	6	18	56
		噸數		15			102	6	6	17	46.5	192.5
	合計	車數		8			23	2	2	6	21	62
		噸數		24.5			102	6	6	17	53.5	209
商車	保山	車數		300	3						1	304
		噸數		922.5	9						3	934.5
	下關	車數	1	70	2	1		2			7	83
		噸數	3	210	6	3		6			20	248
	合計	車數	1	370	5	1		2			8	387
		噸數	3	1132.5	15	3		6			23	1182.5
	總計	車數	16	572	53	1	23	4	2	6	49	726
		噸數	46.5	1762	133	3	102	12	6	17	131	2212.5

保 1350.4
關 862.1
2212.5

航空委员会第二转运所物资运输统计日报表（一九四二年八月二十日）

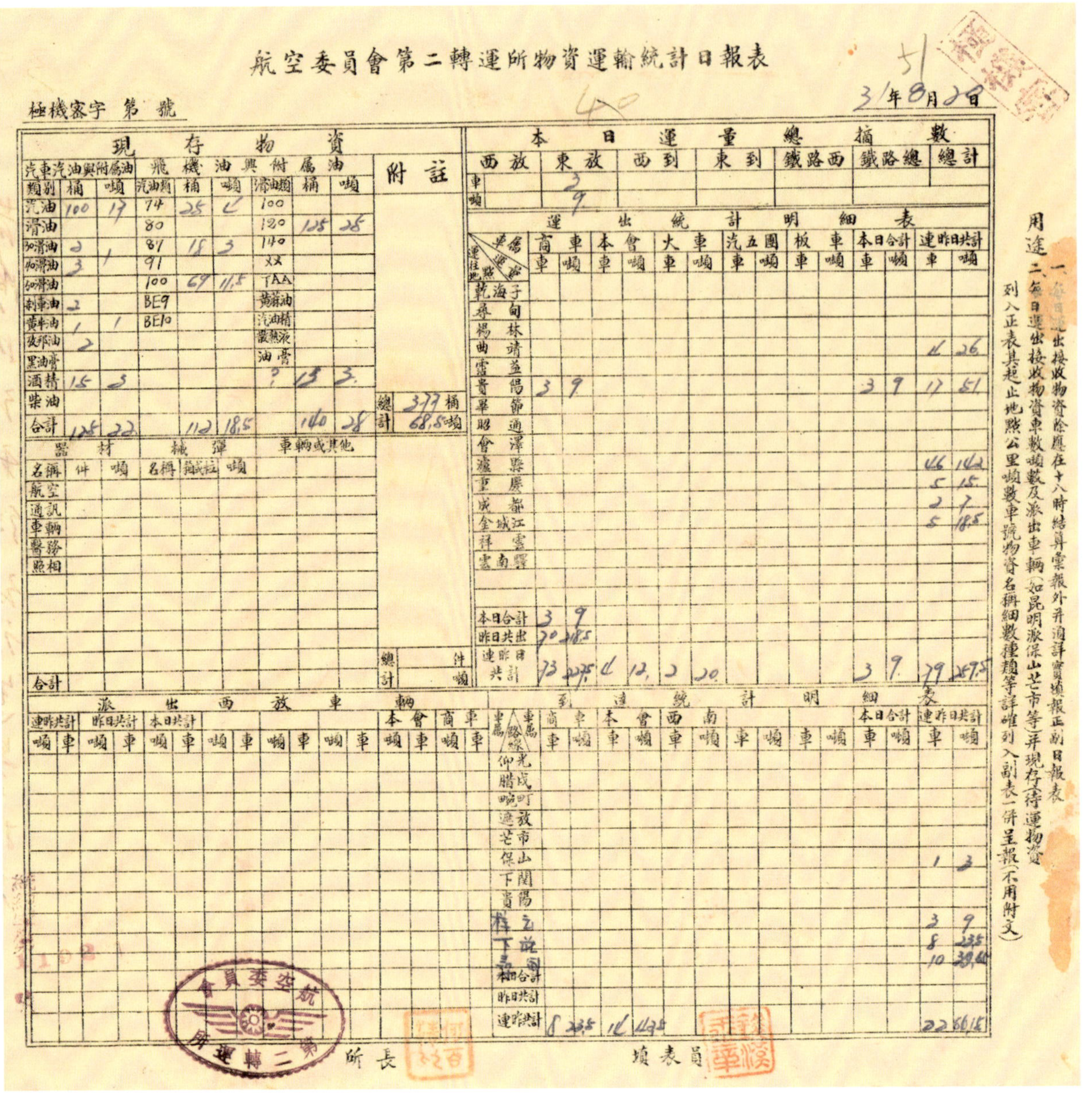

航空委員會第二轉運所物資運輸統計日報表

極機密字 第 號　　　　40　　51　　31年8月20日

現存物資

汽車汽油與附屬油 類別	桶	噸	飛機油與附屬油 汽油類	桶	噸	滑油類	桶	噸
汽油	100	17	74	25	6	100		
滑油			80			120	125	28
30滑油	2	1	87	18	3	140		
40滑油	3		91			XX		
50滑油			100	69	11.5	TAA		
刹車油	2		BE9			黄蔴油		
黄牛油	1	1	BE10			汽油精		
攷邦油	2					散熱液		
黑油膏						油膏		
酒精	15	3				?	15	3.
柴油								
合計	125	22		112	18.5		140	28

附註：總計 377桶 68.5噸

器材 名稱	件	噸	械彈 名稱	箱或粒	噸	車輛或其他		
航空								
通訊								
車輛								
醫務								
照相								
合計								

總計 件 噸

本日運量總摘數

	西放	東放	西到	東到	鐵路西	鐵路總	總計
車		3					
噸		9					

運出統計明細表

運往地點	商車 車	商車 噸	本會 車	本會 噸	大車 車	大車 噸	汽五團 車	汽五團 噸	板車 車	板車 噸	本日合計 車	本日合計 噸	連昨日共計 車	連昨日共計 噸
乾海子														
尋甸														
楊林														
曲靖													6	26
霑益														
貴陽	3	9									3	9	17	51
畢節														
昭通														
會澤														
瀘縣													46	142
重慶													5	15.
成都													2	7
金城江													5	18.5
祥雲														
雲南驛														
本日合計	3	9												
昨日共出	70	218.5												
連昨日共計	73	227.5	6	12.	2	20.					3	9.	79	259.5

派出西放車輛

連昨共計 噸	車	昨日共計 噸	車	本日共計 噸	車	噸	車	噸	車	噸	車	本會 噸	車	商車 噸	車

到達統計明細表

路線	商車 車	商車 噸	本會 車	本會 噸	西南 車	西南 噸	車	噸	車	噸	本日合計 車	本日合計 噸	連昨日共計 車	連昨日共計 噸
仰光														
臘戍														
畹町														
遮放														
芒市														
保山													1	3
下關														
貴陽														
楚雄													3	9
下說													8	23.5
嘉陽													10	39.60
本日合計														
昨日共計														
連昨共計	8	23.5	6	14.5									22	66.15

用途：一、每日運出接收物資除應在十八時結算彙報外并逐詳實填報正副日報表 二、每日運出接收物資車數噸數及派出車輛（如昆明漾保山芒市等）并現存待運物資列入正表其起止地點公里噸數車號物資名稱細數種類等詳確列入副表一併呈報（不用附文）

航空委員會第二轉運所（印）

所長 何百（印）　　填表員（印）

军事委员会运输统制局滇缅公路运输局关于报送一九四二年七月份运达昆明物资运量统计表致运输统制局的代电（一九四二年八月二十九日）

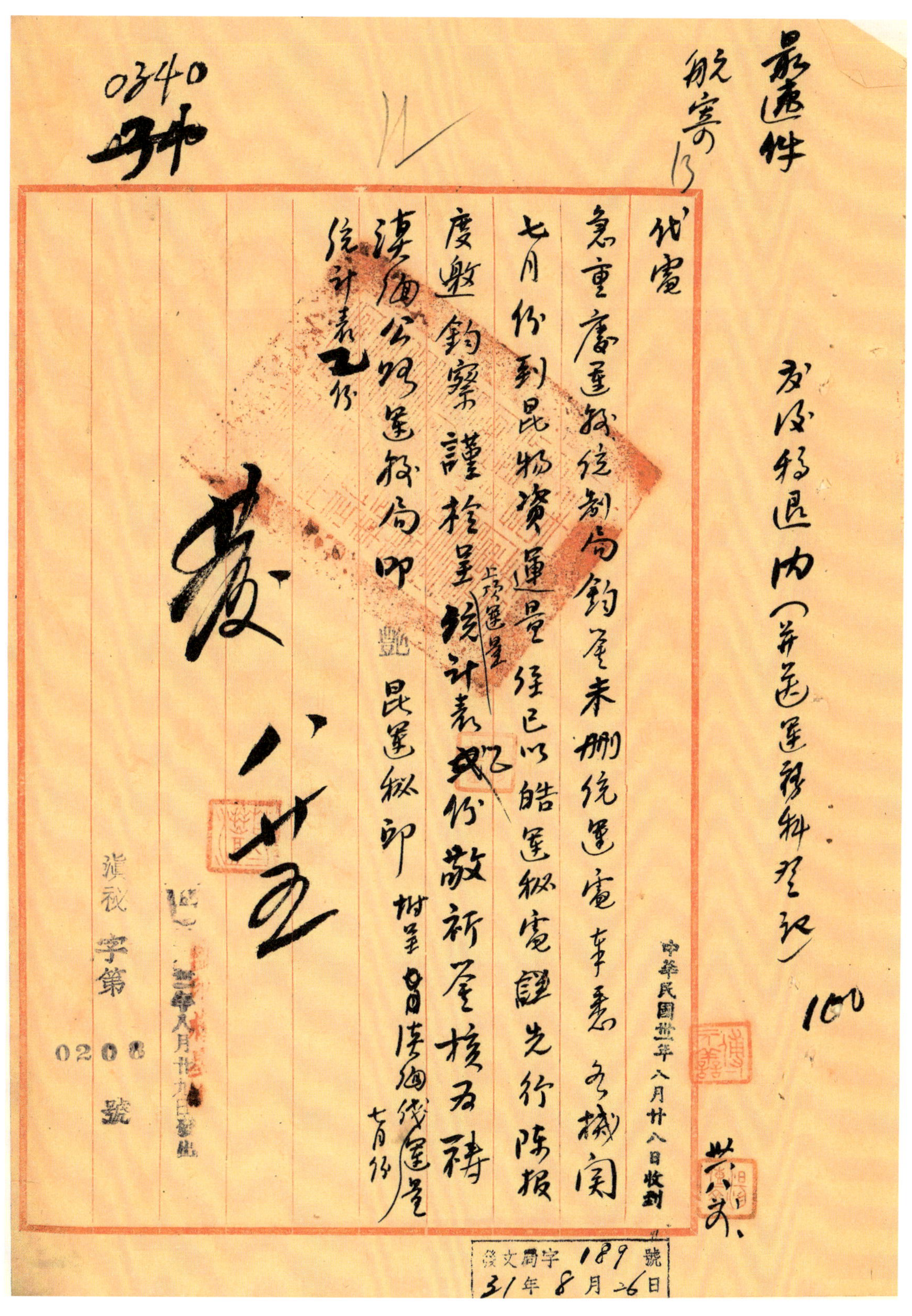

最速件

航寄

发收稿送内（并送运输科登记）

代电

急。重庆运输统制局钧鉴：案奉钧座未删统运电奉悉。各械闲七月份到昆物资运量经已以皓运秘电饬先行陈报度邀钧察，谨检呈上项运量统计表二份，敬祈鉴核为祷。滇缅公路运输局叩 艳 昆运秘印 附呈滇缅线运量统计表二份

中华民国卅一年八月廿八日收到

滇秘字第0208号

卅一年八月廿九日发出

发文局字189号

31年8月26日

附：滇缅线七月份运达昆明物资运量统计表（一九四二年七至八月）

14

滇缅線各機關七月份運達昆明物資運量統計表

（1）以物資机關及起運地點分　31年7月

機關名稱 \ 起訖地點 噸數及延噸公里	保山至昆明		下關至昆明		合計	
	噸數	延噸公里	噸數	延噸公里	噸數	延噸公里
航委會	7	4676	39.5	16274	46.5	20950
兵工署	1302.4	869963.2	459.6	115195.2	1762	985158.4
交通司	13.5	9018	119.5	49234	133	58252
交通部			3	1236	3	1236
資委會			102	42024	102	42024
液委會			12	4944	12	4944
中經會			6	2472	6	2472
中國銀行			17	7004	17	7004
中緬總局	11	7548	1.5	618	12.5	8166
其他	16.5	11022	102	42024	118.5	53046
共計	1350.4	902227.2	862.1	281025.2	2212.5	1183252.4

附註　單車自運　　42
軍〃〃　　53.5
商〃〃　　2.3

1. 保山至昆668公里 下關至昆明412公里
2. 七月份保關段搶運兵工物資九千餘噸未列入

滇緬綫七月份各機關運達昆明物資運量統計表

(2) 以承運車輛種類及起運地點分　　31年8月 日製

車別	機關	保山至昆明 噸數	保山至昆明 延噸公里數	下關至昆明 噸數	下關至昆明 延噸公里數	共計 噸數	共計 延噸公里數
中緬局車	兵工署	304.9	203633.2	151.6	62459.2	456.5	266092.4
	自運	11	7548	1.5	618	12.5	8166
	共計	315.9	211181.2	153.1	63077.2	469	274258.4
軍車	航委會	7	4676	36.5	15038	43.5	19714
	兵工署	65.5	43754	83	34196	148.5	77950
	交通司	4.5	3006	113.5	46762	118	49768
	自運	6.5	4342	35.5	14626	42	18968
	共計	83.5	55778	268.5	110622	352	166400
公車	兵工署	9.5	6346	15	6180	24.5	12526
	資委會			102	42024	102	42024
	液委會			6	2472	6	2472
	中紡會			6	2472	6	2472
	中國銀行			17	7004	17	7004
	自運	7	4676	46.5	19158	53.5	23834
	共計	16.5	11022	192.5	79310	209	90332
商車	航委會			3	1236	3	1236
	兵工署	922.5	616230	210	12360	1132.5	628590
	交通司	9	6012	6	2472	15	8484
	交通部			3	1236	3	1236
	液委會			6	2472	6	2472
	自運	3	2004	20	8240	23	10244
	共計	934.5	624246	248	28016	1182.5	652262
	總計	1350.4	902227.2	862.1	281025.2	2212.5	1183252.4

附註 1. 同上表
2. 〃〃〃

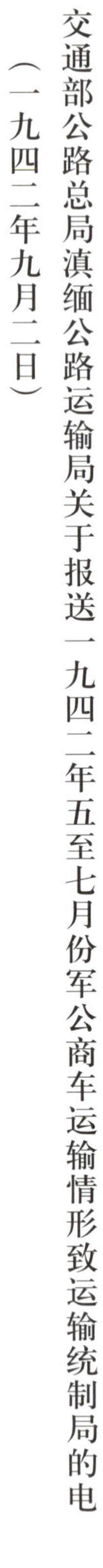

交通部公路总局滇缅公路运输局关于报送一九四二年五至七月份军公商车运输情形致运输统制局的电（一九四二年九月二日）

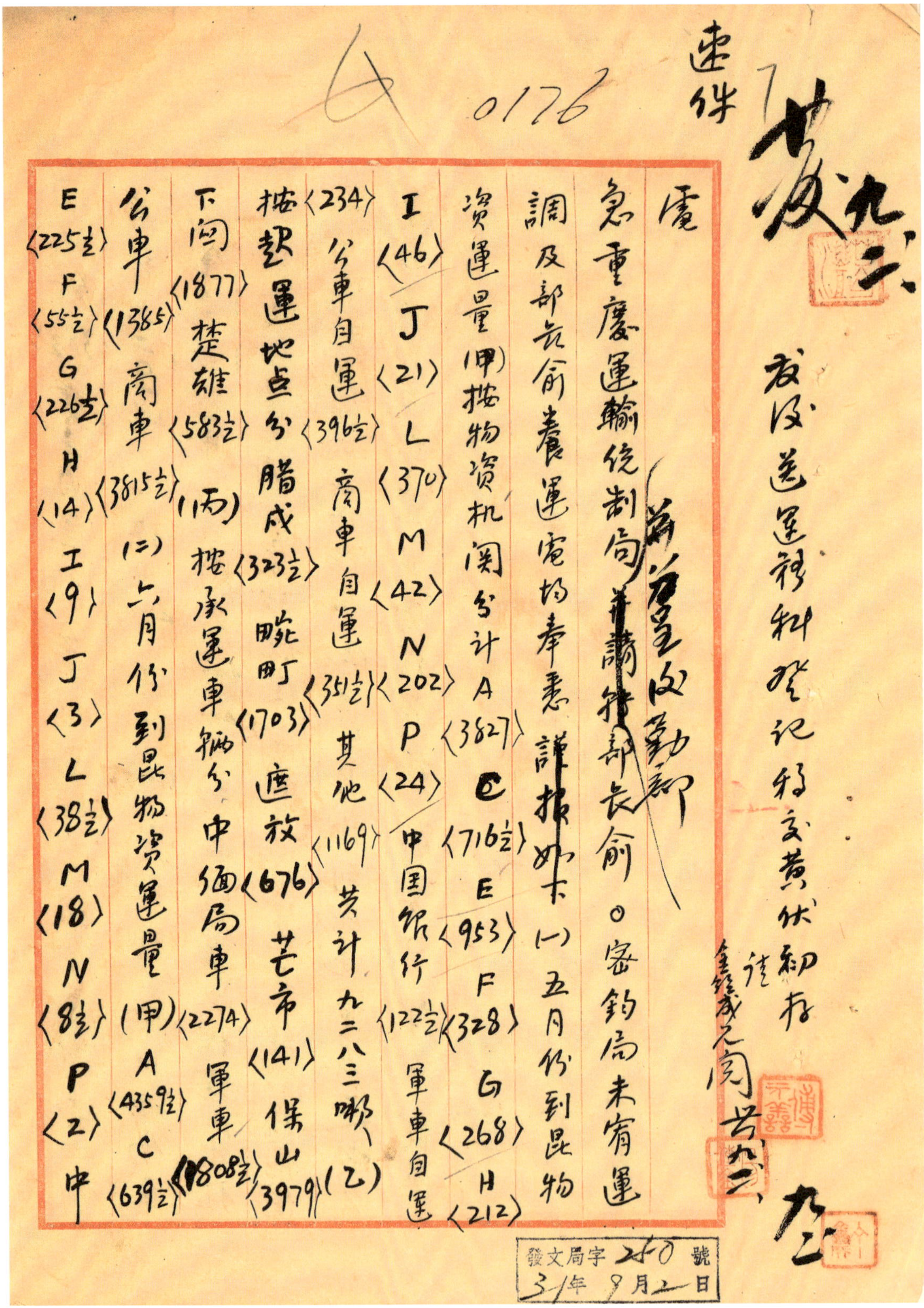

速件 0176

發 九二

電

急。重慶運輸統制局蔣主任勳鑒並請轉部長俞。密。鈞局未宥運調及部長俞養運電均奉悉。謹報如下：（一）五月份到昆物資運量（甲）按物資機關分計 A〈3827〉 C〈716吨〉 E〈953〉 F〈328〉 G〈268〉 H〈212〉 I〈46〉 J〈21〉 L〈370〉 M〈42〉 N〈202〉 P〈24〉 中國銀行〈122吨〉 軍車自運〈234〉 公車自運〈396吨〉 商車自運〈351吨〉 其他〈1169〉 共計九二八三噸（乙）按起運地點分 臘戍〈323吨〉 畹町〈1703〉 遮放〈676〉 芒市〈141〉 保山〈3979〉 下關〈1877〉 楚雄〈583吨〉（丙）按承運車輛分 中緬局車〈2274〉 軍車〈1808吨〉 公車〈1385〉 商車〈3815吨〉（二）六月份到昆物資運量（甲）A〈4359吨〉 C〈639吨〉 E〈225吨〉 F〈55吨〉 G〈226吨〉 H〈14〉 I〈9〉 J〈3〉 L〈38吨〉 M〈18〉 N〈8吨〉 P〈2〉 中

成渝送運輸統制局秘書處移交黃伏初存

發文局字240號
31年9月2日

国銀竹〈38〉 軍車自運〈120〉 公車自運〈78〉 商車自運〈78〉 其他〈287〉

共計六二〇一噸 (乙)保山〈4484〉 下関〈1426〉 楚雄〈290〉 (丙)中緬局車

〈2214〉 單車〈1208〉 公車〈361〉 商車〈620〉〈2426〉 (三)上兩項英文代電字係

四鈞局已有運調代電四規定 (四)七月份運量係以皖昆運

秘密及轄昆運秘代電陳報 (五)五六月份到昆運量及延噸公

里詳表即日飯呈 鑒先電往塗核 職葛〇 叩 冬 昆運

秘印

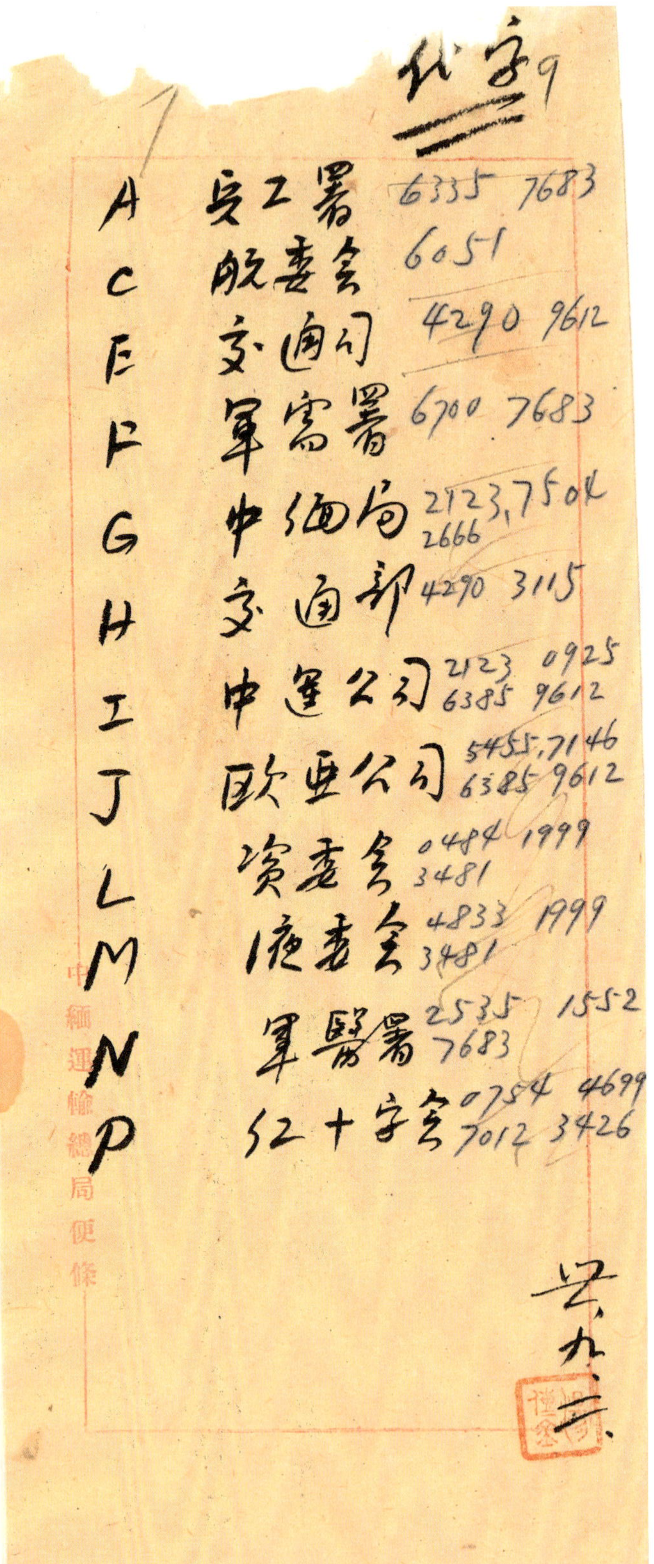

代字

A	兵工署	6335 7683
C	航委会	6051
E	交通司	4290 9612
F	军需署	6700 7683
G	中缅局	2123, 7504 2666
H	交通部	4290 3115
I	中运公司	2123 0925 6385 9612
J	欧亚公司	5455, 7146 6385 9612
L	资委会	0484 1999 3481
M	液委会	4833 1999 3481
N	军医署	2535 1552 7683
P	红十字会	0754 4699 7012 3426

吴 九、二

中緬運輸總局便條

交通部公路总局滇缅公路运输局关于报送滇缅线一九四二年五至七月份运达昆明物资数量统计表致后方勤务部的代电（一九四二年九月五日）

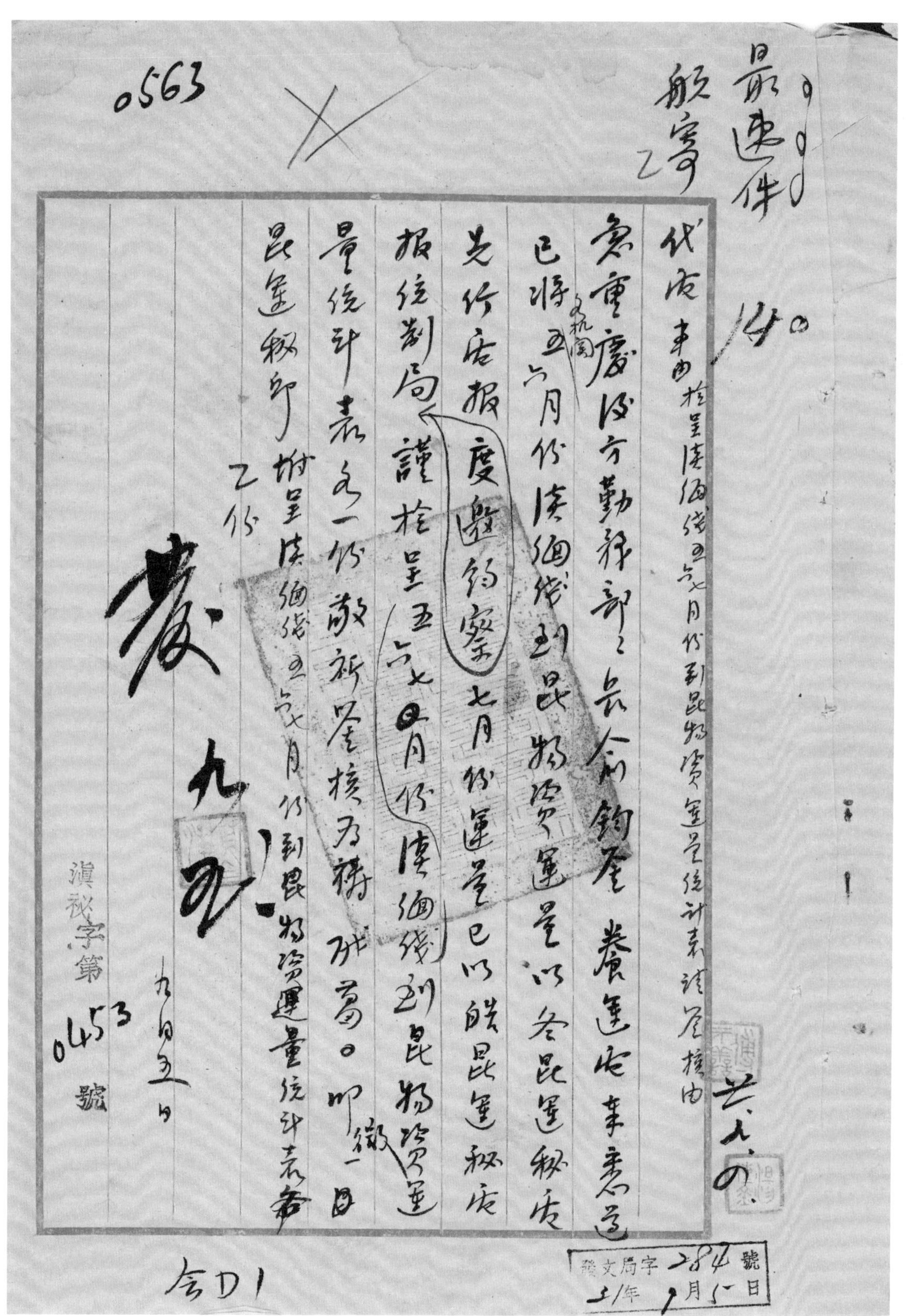

0563

最速件

代電 事由：檢呈滇緬線五六七月份到昆物資運量統計表請鑒核由

急。重慶後方勤務部部長俞鈞鑒：養運密。來電奉悉。查已將五六月份滇緬線到昆物資運量以各昆運秘代先行電報（度遵鈞密）七月份運量已以[illegible]昆運秘代報統制局。謹檢呈五六七月份滇緬線到昆物資運量統計表各一份，敬祈鑒核為禱。職[illegible]叩。[illegible]。昆運秘印。附呈滇緬線五六七月份到昆物資運量統計表各一份。

滇秘字第0453號

九月五日

發文局字 284 號 31年 9月 5日

附一：滇缅线一九四二年五月份运达昆明物资数量统计表

滇缅线五月份运达昆明物资数量统计表

（1）以车主及起运地点分

第一页

车别	物资机关	腊戍		畹町		遮放		芒市		保山		下关		楚雄		合计	
		吨数	延吨公里	吨数	延吨公里	吨数	延吨公里	吨数	延吨公里	吨数	延吨公里	吨数	延吨公里	吨数	延吨公里	吨数	延吨公里
中缅运输总局车辆	航委会							10.5	9166.5	2	1336					12.5	10502.5
	兵工署	200	229200	5	4795	81.5	75061.5	46.5	40584.5	684	456912	149	61388	115.5	22176	1281.5	890127
	军需署	3	3438													3	3438
	资委会													51	9792	51	9792
	中运公司					6.5	5986.5							3	576	9.5	6562.5
	自运	2.5	2865			7	6447			198.5	132598	17.5	7210	33	6336	258.5	155456
	其他							2	1746	75	50100	324.5	133694	255.5	49248	658	234788
	共计	205.5	235503	5	4795	95	87495	59	51497	959.5	640946	491	202292	459	88128	2274	1310666
商车	航委会			12	11508					83	55444	37.5	15450	3	576	135.5	82978
	兵工署			10	9590					164.5	109886					174.5	119476
	交通司					42	38682			297	198396	342	140904			681	377982
	军需署	67	76782	8	7672					188	125584					263	210038
	军医署			3	2877			2.5	2182.5	4	2672	69	28428	50	9600	128.5	45759.5
	自运	3	3438	36	34524	24.5	22564.5	11	9603	74	49432	73	30076	12.5	2400	234	152037.5
	其他			9	8631					168	112224	15	6180			192	127035
	共计	70	80220	78	74802	66.5	61246.5	13.5	11785.5	978.5	653638	536.5	221038	65.5	12576	1808.5	1115306
公车	航委会			3	2877											3	2877
	兵工署			3	2877	33	30393			235.5	157314	3	1236			274.5	191820
	交通部			7.5	7192.5			6	5238	21	14028	87.5	36050			122	62508.5
	军需署			6	5754					3	2004					9	7758
	军医署			10	9590					6	4008	22	9064			38	22662
	资委会	12	13752	154	147686					22.5	15030	99	40788	28.5	5472	316	222728
	液委会									3	2004					3	2004
	中缅会									21	14028	3	1236			24	15264
	中国银行			43.5	41716.5					66	44088	13	5356			122.5	91160.5
	中运公司			6	5754									24.5	4704	30.5	10458
	欧亚公司			6	5754											6	5754
	自运			290.5	278587.5					69	46092	31	12772	6	1152	396.5	338603.5
	其他	3	3438	3	2877	3	2763	4	3492	6	4008	21	8652			40	25230
	共计	15	17190	532.5	510667.5	36	33156	10	8730	453	302604	279.5	115154	59	11328	1385	998829.5

接下页

滇緬線五月份運達昆明物資數量統計表

(1) 以車主及起運地點分

第二頁

車別	貨主機關	臘戍 噸數	臘戍 延噸公里	畹町 噸數	畹町 延噸公里	遮放 噸數	遮放 延噸公里	芒市 噸數	芒市 延噸公里	保山 噸數	保山 延噸公里	下關 噸數	下關 延噸公里	楚雄 噸數	楚雄 延噸公里	合計 噸數	合計 延噸公里
商車	航委會			156.5	150083.5	33	30393	27	[illegible]	52	34736	297	122364			565.5	361147.5
	兵工署	27	30942	448.5	430111.5	274.5	252814.5	12	10476	1200	807600	134.5	55414			2096.5	1581358
	交通司			63	60417	132	121572			17	11356	60	24720			272	218065
	交通部			54	51786	3	2763			30	20040	3	1236			90	75825
	軍需署			24	23016			5	4365	24	16032					53	43413
	軍醫署			12	11508					15	10020	8.5	3502			35.5	25030
	資委會			3	2877											3	2877
	液委會			24	23016					6	4008	9	3708			39	30732
	歐亞公司			15	14385											15	14385
	中興公司					6	5526									6	5526
	中緬總局					9.5	8749.5									9.5	8749.5
	自運	3	3438	237.5	227762.5	3	2763			76.5	51102	31.5	12978			351.5	298043.5
	其他	3	3438	50	47950	17.5	16117.5	14.5	12658.5	167.5	111890	26.5	10918			279	202972
	共計	33	37818	1087.5	1042912.5	478.5	440698.5	58.5	51070.5	1588	1060784	570	234840			3815.5	2868123.5
總計		323.5	370731	1703	1633177	676	622496	141	123093	3979	2657972	1877	773324	583.5	112032	9283.0	6292925

滇緬綫五月份運達昆明物資數量統計表

（2）以物資交運機關分

31年8月製

交運機關 \ 運地	腊戍 噸數	腊戍 延噸公里	畹町 噸數	畹町 延噸公里	遮放 噸數	遮放 延噸公里	芒市 噸數	芒市 延噸公里	保山 噸數	保山 延噸公里	下關 噸數	下關 延噸公里	楚雄 噸數	楚雄 延噸公里	合計 噸數	合計 延噸公里
C 航委會			171.5	164468.5	33	30393	37.5	32737.5	137	91516	334.5	137814	3	576	716.5	457505
A 兵工署	227	260142	466.5	447373.5	389	358269	58.5	51070.5	2284	1525712	286.5	118038	115.5	22176	3827	2782781
E 交通司			63	60417	174	160254			314	209752	402	165624			853	596047
H 交通部			61.5	58978.5	3	2763	6	5238	51	34068	90.5	37286			212	138333.5
F 軍需署	70	80220	38	36442			5	4365	215	143620					328	264647
N 軍醫署			25	23975			2.5	2182.5	25	16700	99.5	40994	50	9600	202	93447.5
L 資委會	12	13752	157	150563					22.5	15030	99	40788	79.5	15264	370	235397
M 液委會			24	23016					9	6012	9	3708			42	32736
P 中銀行									21	14028	3	1236			24	15264
中國公司			43.5	41716.5					66	44088	13	5356			122.5	91160.5
I 中運公司			6	5754	12.5	11512.5							27.5	5280	46	22546.5
J 中資總局			21	20139											21	20139
G 中緬運	2.5	2865			16.5	15196.5			198.5	132598	17.5	7210	33	6336	268	164205.5
車自運	3	3438	36	34524	24.5	22564.5	11	9603	74	49432	73	30076	12.5	2400	234	152037.5
公車自運			290.5	278589.5					69	46092	31	12772	6	1152	396.5	338605.5
商車運	3	3438	237.5	227762.5	3	2763			76.5	51102	31.5	12978			351.5	298043.5
其他	6	6876	62	59458	20.5	18880.5	20.5	17896.5	416.5	278222	387	159444	256.5	49248	1169	590025
總計	323.5	370731	1703	1633177	676	622596	141	123093	3979	2657972	1877	773324	583.5	112032	9283.0	6292925

附註：腊戍至昆明1146公里．畹町至昆明959公里．遮放至昆明921公里．芒市至昆明873公里．
保山至昆明668公里．下關至昆明412公里．楚雄至昆明192公里．

照數OK.

滇緬線六月份運達昆明物資數量統計表

(1) 以車主及起運地点分.

31年8月製

車別	物資機關 \ 起運地 / 噸數及延噸公里	保山 噸數	保山 延噸公里	下關 噸數	下關 延噸公里	楚雄 噸數	楚雄 延噸公里	共計 噸數	共計 延噸公里
中國運輸總局車	兵工署	1184.5	791246	512.5	211150	131	25152	1828	1027548
	交通部	3	2004					3	2004
	資委會					18	3456	18	3456
	自運	188	125584	3	1236	35.5	6816	226.5	133636
	其他	41	27388	4.5	1854	84.5	16224	130	45466
	合計	1416.5	946222	520	214240	269	51648	2205.5	1212110
軍車	航委會	36.5	24382	125	51500			161.5	75882
	兵工署	604.5	403806	6	2472			610.5	406278
	交通司	93	62124	90.5	37286			183.5	99410
	軍需署	2	1336	53.5	22042			55.5	23378
	軍醫署	2.5	1670			6	1152	8.5	2822
	自運	89.5	59786	21.5	8858	9	1728	120	70372
	其他	69	46092					69	46092
	合計	897	599196	296.5	122158	15	2880	1208.5	724234
公車	航委會			15	6180			15	6180
	兵工署	154	102872	23	9476			177	112348
	資委會	10	6680	7.5	3090	3	576	20.5	10346
	液委會			18	7416			18	7416
	中[illegible]會			2	824			2	824
	中[illegible]銀行	30	20040	8.5	3502			38.5	23542
	中國運公司			9	3708			9	3708
	歐[illegible]公司	3	2004					3	2004
	自運	57	38076	21	8652			78	46728
	合計	254	169672	104	42848	3	576	361	213096
商車	航委會	3	2004	457	188284	3	576	463	190864
	兵工署	1727	1153636	17	7004			1744	1160640
	交通司	42	28056					42	28056
	交通部			11	4532			11	4532
	自運	57	38076	21	8652			78	46728
	其他	88	58784					88	58784
	合計	1917	1280556	506	208472	3	576	2426	1489604
總計		4484.5	2995646	1426.5	587718	290	55680	6201	3639044

附二：滇缅线一九四二年六月份运达昆明物资数量统计表（一九四二年八月）

滇緬線六月份運達昆明物資數量統計表 6

以物資及起運地點分　　31年8月

起運地點及延噸公里 物資機關	保山 噸數	保山 延噸公里	下關 噸數	下關 延噸公里	楚雄 噸數	楚雄 延噸公里	合計 噸數	合計 延噸公里
航委會	39.5	26386	597	245964	3	576	639.5	272926
兵工署	3670	2451560	558.5	230102	131	25152	4359.5	2706814
交通司	135	90180	90.5	37286			225.5	127466
交通部	3	2004	11	4532			14	6536
軍需署	2	1336	53.5	22042			55.5	23378
軍醫署	2.5	1670			6	1152	8.5	2822
華委會	10	6680	7.5	3090	21	4032	38.5	13802
資委會			18	7416			18	7416
液燃會			2	824			2	824
中國銀行	30	20040	8.5	3502			38.5	23542
中運公司			9	3708			9	3708
中緬總局	188	125584	3	1236	35.5	6816	226.5	133636
政弦公司	3	2004					3	2004
軍車自運	89.5	59786	21.5	8858	9	1728	120	70372
公車自運	57	38076	21	8652			78	46728
商車自運	57	38076	21	8652			78	46728
其他	198	132264	4.5	1854	84.5	16224	287	150342
總計	4484.5	2995446	1426.5	587718	290	55680	6201	3,639,044

附註：保山至昆明668公里
下關至昆明412公里
楚雄至昆明192公里

附三：滇缅线七月份运达昆明物资运量统计表（一九四二年七月）

14

七月份 滇缅線各機關運達昆明物資運量統計表

(1)以物資机關及起運地点分　　31年7月

起訖地 / 噸及延噸公里 / 機關名稱	保山至昆明		下關至昆明		合計	
	噸數	延噸公里	噸數	延噸公里	噸數	延噸公里
航委會	7	4676	39.5	16274	46.5	20950
兵工署	1302.4	869963.2	459.6	115195.2	1762	985158.4
交通司	13.5	9018	119.5	49234	133	58252
交通部			3	1236	3	1236
資委會			102	42024	102	42024
液委會			12	4944	12	4944
中经會			6	2472	6	2472
中國銀行			17	7004	17	7004
中缅總局	11	7548	1.5	618	12.5	8166
其他	16.5	11.022	102	42024	118.5	53046
共計	1350.4	902227.2	862.1	281025.2	2212.5	1183252.4

單車自運　42　53.5　2.3

附註

1. 保山至昆明668公里 下關至昆明412公里
2. 七月份保關段搶運兵工物资九千餘噸未列入

滇緬綫七月份各機關運達昆明物資運量統計表

(2)以承運車輛種類及起運地點分　　31年8月　日製　15

車別	機關	保山至昆明 噸數	保山至昆明 延噸公里數	下關至昆明 噸數	下關至昆明 延噸公里數	共計 噸數	共計 延噸公里數
中緬局車	兵工署	304.9	203633.2	151.6	62459.2	456.5	266092.4
	自運	11	7548	1.5	618	12.5	8166
	共計	315.9	211181.2	153.1	63077.2	469	274258.4
軍車	航委會	7	4676	36.5	15038	43.5	19714
	兵工署	65.5	43754	83	34196	148.5	77950
	交通司	4.5	3006	113.5	46762	118	49768
	自運	6.5	4342	35.5	14626	42	18968
	共計	83.5	55778	268.5	110622	352	166400
公車	兵工署	9.5	6346	15	6180	24.5	12526
	資委會			102	42024	102	42024
	液委會			6	2472	6	2472
	中紡會			6	2472	6	2472
	中國銀行			17	7004	17	7004
	自運	7	4676	46.5	19158	53.5	23834
	共計	16.5	11022	192.5	79310	209	90332
商車	航委會			3	1236	3	1236
	兵工署	922.5	616230	210	12360	1132.5	628590
	交通司	9	6012	6	2472	15	8484
	交通部			3	1236	3	1236
	液委會			6	2472	6	2472
	自運	3	2004	20	8240	23	10244
	共計	934.5	624246	248	28016	1182.5	652262
	總計	1350.4	902227.2	862.1	281025.2	2212.5	1183252.4

附註　1. 同上表
　　　2. 〃〃〃

军事委员会运输统制局滇缅公路运输局、云南省驿运管理处运输兵工器材合约（一九四二年十月三日）

滇緬公路運輸局
雲南省驛運管理處（以下簡稱甲方 乙方）運輸兵工器材合約

第一條　甲方每月將軍政部兵工器材壹佰伍拾噸委託乙方由大板橋運至會澤分別用板車馱馬運送

第二條　前項兵工器材由乙方於訂約十日後開始運輸於一個月內運完如因工具中途損壞或人馬死亡發生故障不能運足之時其不足之數得順由乙方於第二個月補足之但乙方於一百五十噸以外能增加運量時甲方亦可接收

第三條　大會段全長爲貳百叁拾叁公里規定運價每噸公里按壹拾陸元核收如乙方由昆明放空板車馱馬前往兵工署大板橋倉庫裝貨時每公噸加收放空費叁百貳拾元（返空小計）放空費得由乙方自行攬貨

第四條　全部運費於立約後在昆明先付一半俟乙方每趟運完噸數後再付其餘一半

162

第五條 乙方車輛到達甲方起運地點裝卸貨物，裝卸地點應以車輛能到達之處為限，應由甲方負責於一日内裝卸完畢，不得無故延宕時間，否則甲方應按每日運費發給乙方延期損失費，延期逾半日時即按全日計算。如甲方臨時乏人裝卸，可委託乙方代办，每噸收取裝費式拾元，卸費式拾元，即由額收運費内彙結。

第六條 凡性質不同易於互損之貨物，不得同裝一起，否則發生損壞，乙方不負賠償責任。

第七條 凡易於燃燒及爆炸危險品等，乙方拒絕裝運，倘有危險品混入中途發生損失時，乙方不負責任，並須由甲方[illegible]

第八條 甲方所交器材必須適合緬運規定，每[illegible]寸

高度不得超過一尺五寸重量不得超過四十公斤含碎物品及液体

器材包裝方面務須堅固否則在途損耗乙方不負責任

第九條 本合約賠償範圍除依第六七條規定办理外若發生盜窃遺棄情事乙方應負責賠償如因天災人禍非人力所能抵抗者乙方不負賠償責任但須取得証明

第十條 貨物在途須由乙方派員押運但運重要物品為慎重安全計得由甲方會同乙方所派押運人沿途照料若途中不靖需武装兵護送時其護送費應由双方負担之

第十一條 本合約以一個月為試办期限如在一個月以後甲方願繼續交運時双方得協意另立合約

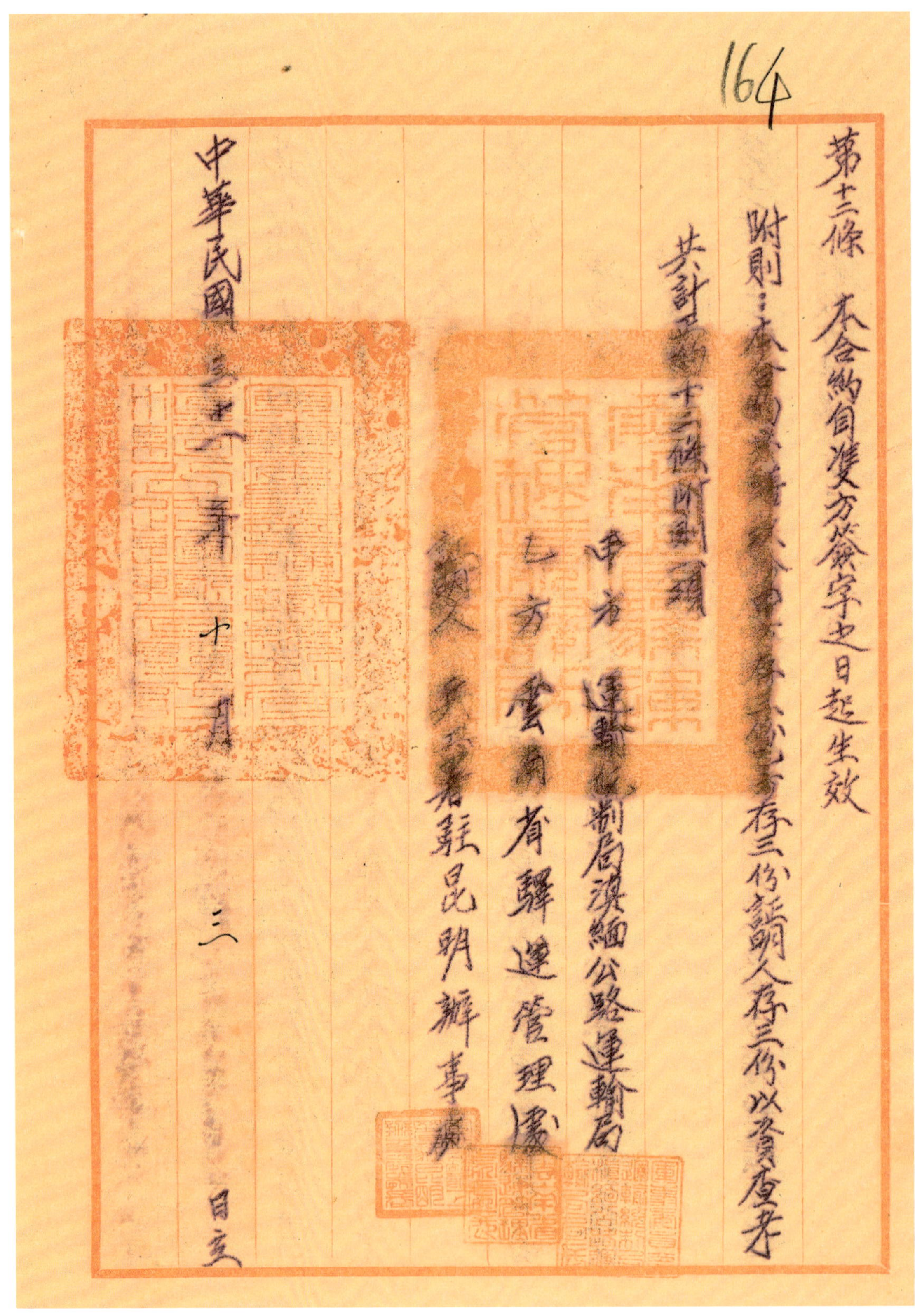
164

第十三條　本合約自雙方簽字之日起生效

附則：本合約共繕正本六份，甲乙方各存三份，證明人存三份，以資信守

共計正文十三條，附則一項

甲方　運輸統制局滇緬公路運輸局

乙方　雲南省驛運管理處

證明人　交通部駐昆明辦事處

中華民國三十一年十二月二十八日立

军事委员会运输统制局滇缅公路运输局关于印政府捐赠蒋夫人药品业经交由战地服务团提领等事致运输统制局的代电（一九四二年十一月二十三日）

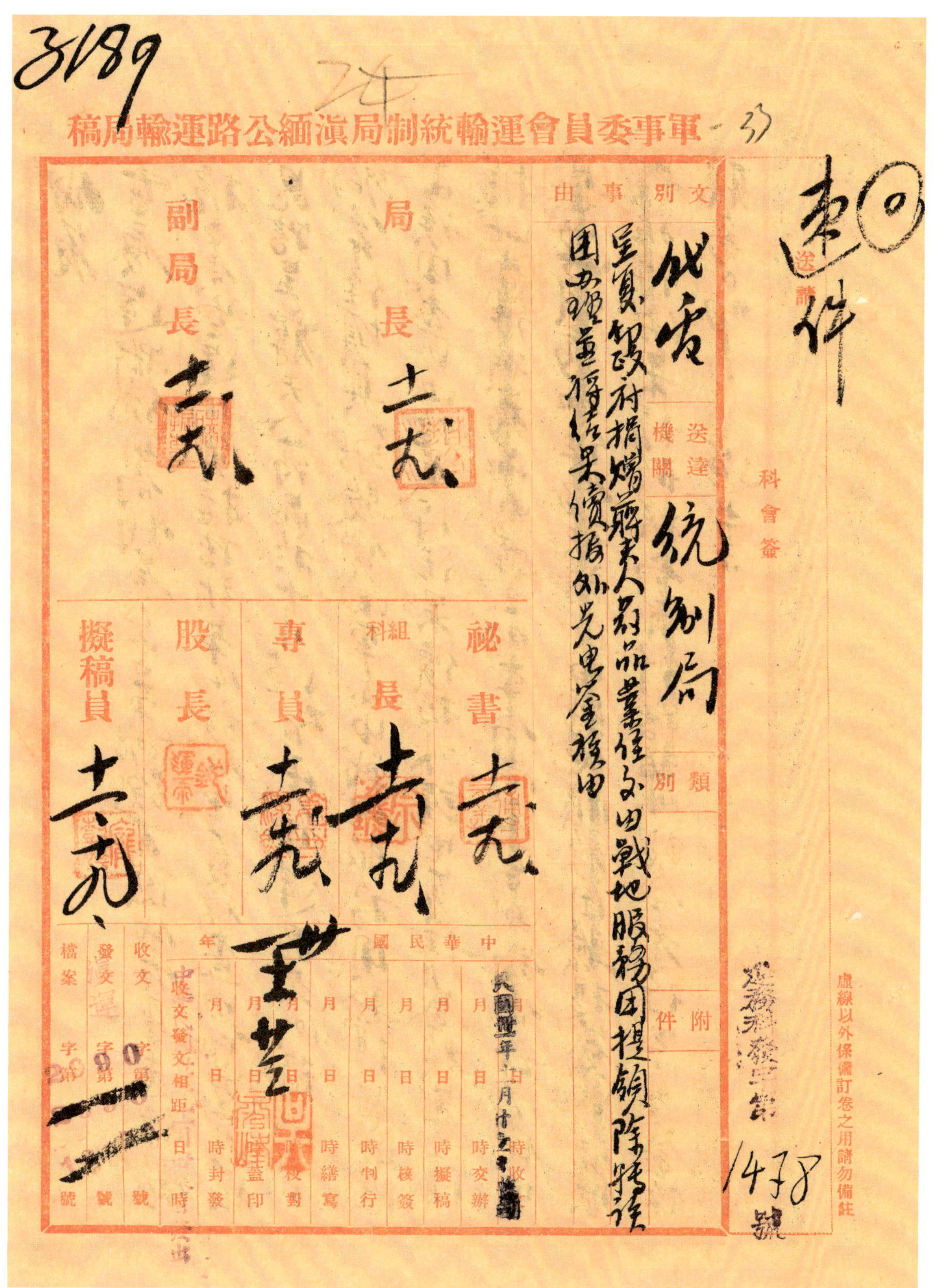

3189

軍事委員會運輸統制局滇緬公路運輸局稿

文別	代電
送達機關	統制局
事由	呈復印政府捐贈蔣夫人藥品業經交由戰地服務團提領，除俟該團出據並將結果續報外，先電呈核由

局長 十一、廿九

副局長 十一、廿九

秘書 十一、廿九

科長 十一、廿九

專員 十一、廿九

擬稿員 十一、廿九

中華民國卅一年十一月廿三日

送　件

1438號

34

代電

重慶運輸統制局鈞鑒：乙字第5808號酉陷代電奉悉。經飭

據本局空運物資接轉站第142號代電覆稱：查由印空運抵

昆贈呈蔣夫人藥品於十月十五日先後運昆共109箱，計重

3964公斤，經填具報驗貨四單交由戰地服務團驗提簽收，除

函該團查照並將結果續報外，謹電覆請鑒核等情。

~~據此，查該項物品到達時本局尚未奉到鈞局前項代電，~~

~~是以此項物品仍係該站交由戰地服務團驗提簽收，除~~

~~飭該站將結果報局再行轉請核辦外，~~理合先行電覆鑒核。

職局叩。運業

复兴商业公司关于送一九四一年十一月八日至二十一日各机关美购物资订货合同与清单致军事委员会运输统制局滇缅公路运输局的函（一九四三年二月十三日）

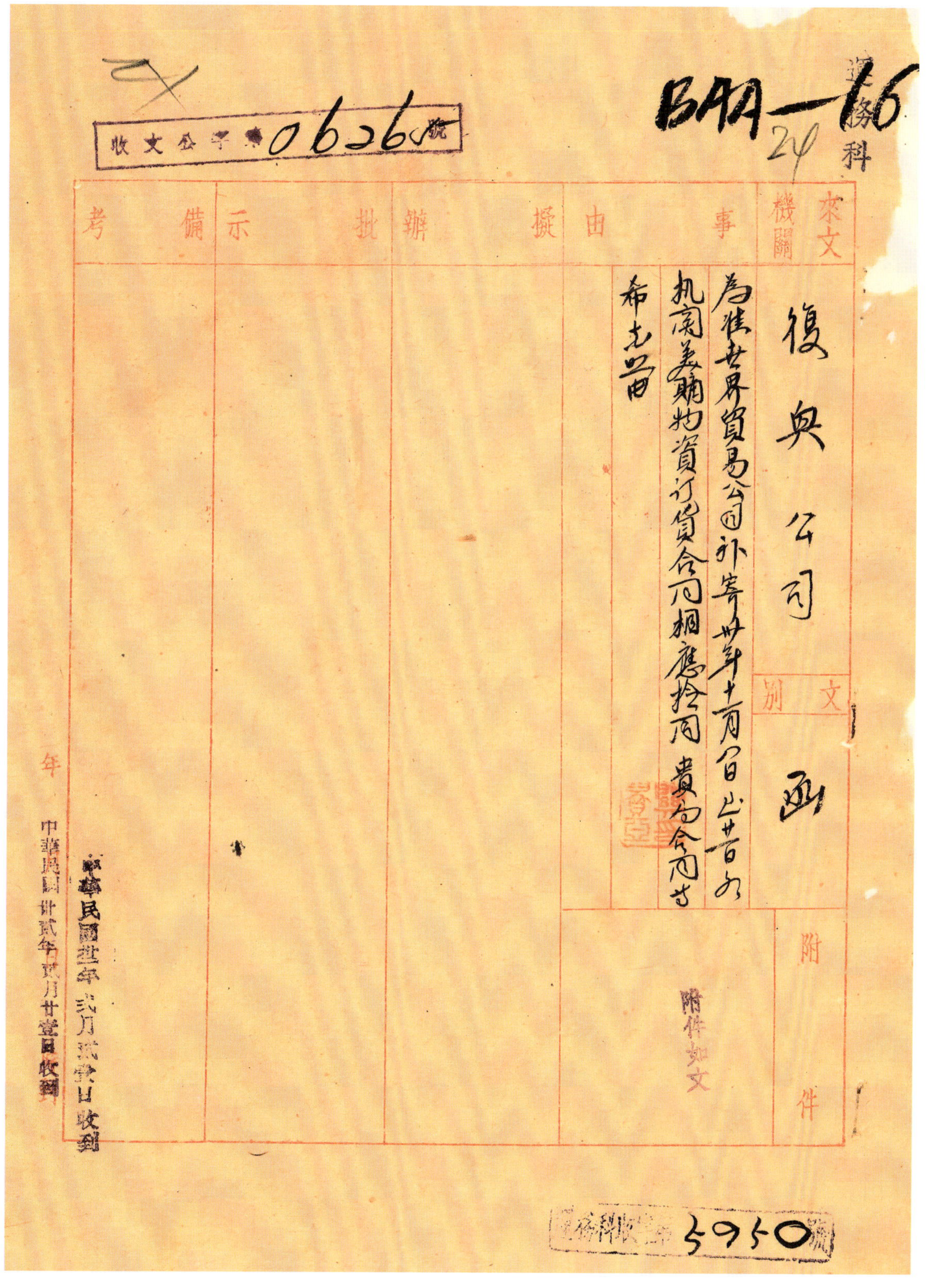
BAA—16

收文公字第0626號

運務科

來文機關：復興公司

文別：函

事由：為准世界貿易公司補寄卅年十一月八日至廿一日各機關美購物資訂貨合同檢應抄同貴局合同等希查照由

附件：附件如文

中華民國卅貳年貳月廿叁日收到

中華民國卅貳年貳月廿壹日收到

運務科收文第5950號

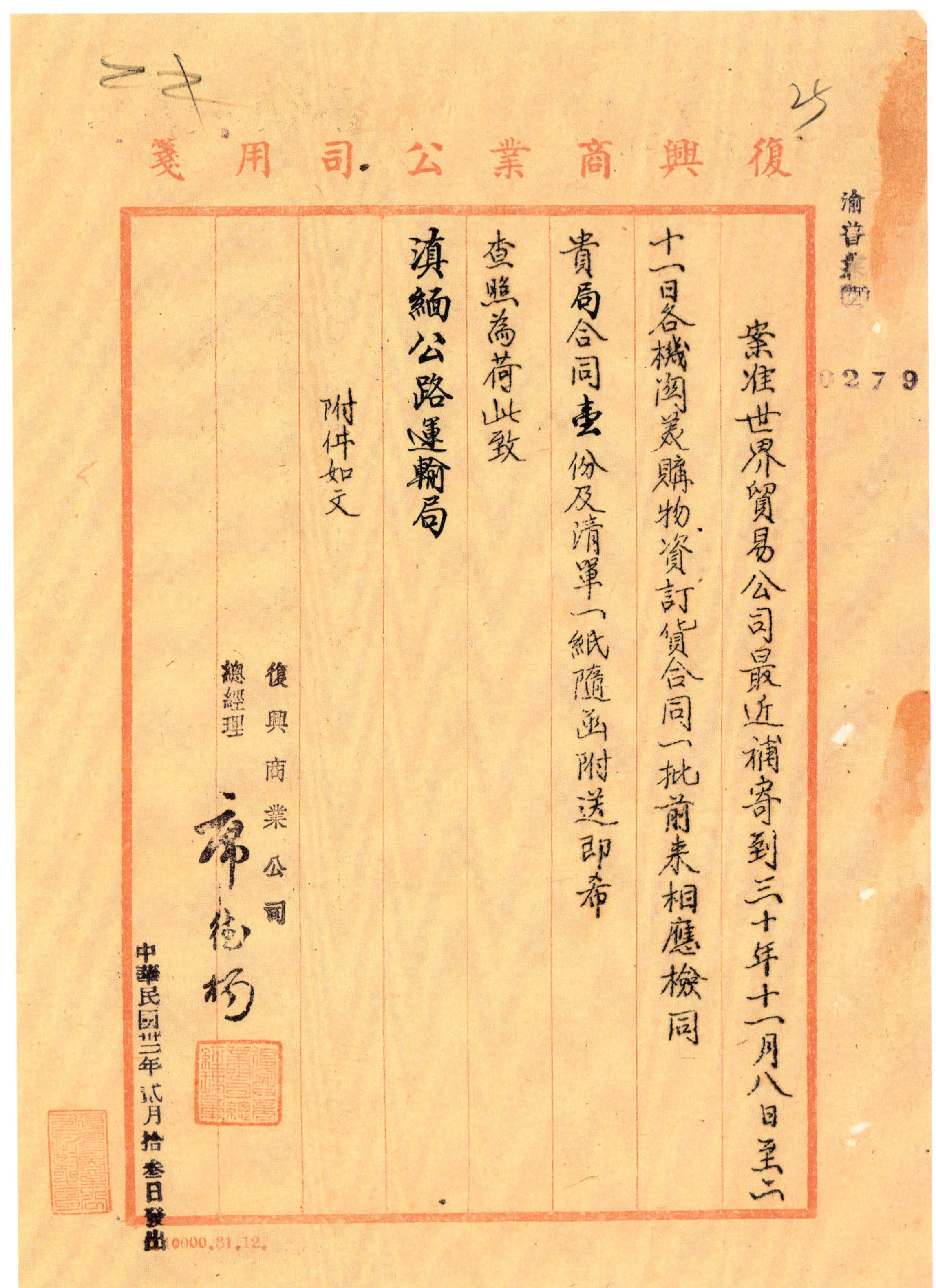
復興商業公司用箋

案准世界貿易公司最近補寄到三十年十一月八日至二十一日各機淘蒐購物資訂貨合同一批前来相應檢同
貴局合同壹份及清單一紙隨函附送即希
查照爲荷此致
滇緬公路運輸局

附件如文

復興商業公司
總經理 席德柄

中華民國卅一年貳月拾叁日發出

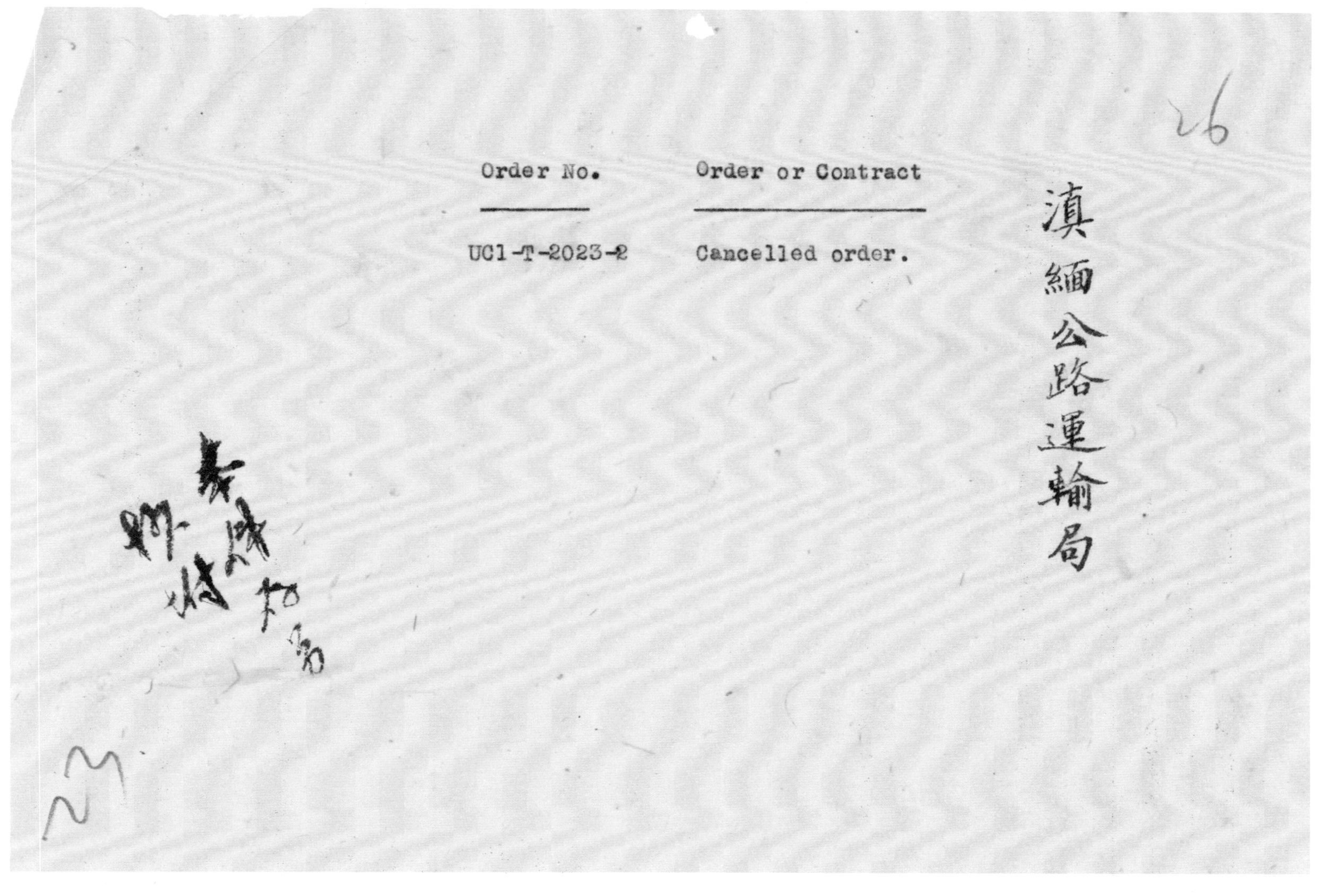

Order No.	Order or Contract
UC1-T-2023-2	Cancelled order.

滇緬公路運輸局

FORM 207

TO: S. D. REN

FROM: T. S. WANG

DATE: November 13, 1941

27

RECOMMENDATION

滇緬公路運輸局

The following order is to be ~~revised or~~ cancelled:

Order No. UC1-T-2023-2

Manufacturer Montgomery Ward & Co.

REVISIONS:

Cancelled

REASONS:

Cancelled by the manufacturer because of inability to furnish the product covered by this order.

Please approve this revision or cancellation by signing the attached revised copy of the order, letter of revision, or letter of cancellation.

Approved by________

Signed________

Original Value of Order $ 3,382.90

Value of Revised Order $ 0

~~Increase~~ or Decrease $ 3,382.90

交通部公路总局滇缅公路运输局空运进口物资收运存月报表（一九四三年七月）

空運進口物資收運存月報表

民國三十二年七月份

項別 重量（公斤） 機關名稱	上月庫存	本月收進				本月運出	本月庫存	附註
		昆明		羊街				
		中航機	美軍機	美軍機	共計			
兵工署	200	155,893	----	----	155,893	155,793	300	
中央銀行	----	172,895	----	----	172,895	172,895	----	
交通部	----	11,140	366	----	11,506	11,506	----	
交通司	----	12,279	----	12,936	25,215	24,206	1,009	
航委會	----	121,219	----	----	121,219	121,219	----	
資委會	----	8,356	----	----	8,356	8,356	----	
軍需署	----	17,009	----	----	17,009	16,999	10	
衛生署	----	5,096	----	----	5,096	5,096	----	
軍醫署	----	3,151	----	----	3,151	3,151	----	
貿委會	50	6,580	749	----	7,329	7,379	----	
財政部	----	7,108	----	----	7,108	7,108	----	
中國航空公司	----	39,453	----	----	39,453	39,453	----	
中央航空公司	----	10,037	----	----	10,037	10,037	----	
軍令部	----	3,688	----	----	3,688	3,688	----	
甘肅油礦局	----	2,045	----	----	2,045	2,045	----	資委會收轉
英大使館	----	1,010	----	----	1,010	1,010	----	
中央廣播台	----	866	----	----	866	866	----	
新聞檢查局	----	205	----	----	205	205	----	
總計	250	578,030	1,115	12,936	592,081	591,012	1,319	

局長　　副局長　　運務科長　　貨運股長　　製表員

交通部公路总局滇缅公路运输局造具中航机内运到达物资分户分类统计表（一九四三年七月）

中航機內運到達物資分户分類統計表

民國三十二年七月份

物資名稱 / 重量（公斤）/ 機關名稱	兵工成品	兵工材料	鈔票	通訊器材	醫藥用品及醫療器	汽車另件及輪胎等	機器及另件	航空器材	航空汽油	機油	汽油精	棉織品	金屬綫	皮精	其他	共計
兵工署	1,862	149,430	---	---	---	---	---	---	---	---	---	---	133	2,817	1,651	155,893
中央銀行	---	---	172,895	---	---	---	---	---	---	---	---	---	---	---	---	172,895
交通部	---	---	---	11,140	---	---	---	---	---	---	---	---	---	---	---	11,140
交通司	---	---	---	8,567	---	1,445	2,267	---	---	---	---	---	---	---	---	12,279
航委會	21,507	---	---	36,858	---	---	398	18,402	---	9,430	---	---	---	---	34,624	121,219
資委會	---	---	---	---	---	---	3,181	---	---	---	---	---	5,083	---	92	8,356
軍需署	---	---	---	---	---	---	---	---	---	---	---	17,009	---	---	---	17,009
衛生署	---	---	---	---	5,096	---	---	---	---	---	---	---	---	---	---	5,096
軍醫署	---	---	---	---	3,151	---	---	---	---	---	---	---	---	---	---	3,151
貿委會	---	---	---	---	---	6,580	---	---	---	---	---	---	---	---	---	6,580
財政部	---	---	---	---	---	---	---	---	---	---	---	---	7,108	---	---	7,108
中國航空公司	---	---	---	---	---	---	---	---	39,453	---	---	---	---	---	---	39,453
中央航空公司	---	---	---	---	---	---	---	---	8,000	2,037	---	---	---	---	---	10,037
軍令部	---	---	---	3,688	---	---	---	---	---	---	---	---	---	---	---	3,688
甘肅油礦局	---	---	---	---	---	---	---	---	---	---	2,045	---	---	---	---	2,045
英大使館	---	---	---	---	---	---	---	---	---	---	---	---	---	---	1,010	1,010
中央廣播台	---	---	---	---	---	---	866	---	---	---	---	---	---	---	---	866
新聞檢查局	---	---	---	205	---	---	---	---	---	---	---	---	---	---	---	205
總計	23,369	149,430	172,895	60,458	8,247	8,025	6,712	18,402	47,453	11,467	2,045	17,009	12,324	2,817	37,377	578,030

局長　副局長　運務科長　貨運股長　製表員

交通部公路总局滇缅公路运输局空运进口物资到达旬报表（一九四三年七月）

空運進口物資到達旬報表

（中）第 37 號

填製機關滇緬公路運輸局　　自民國 32 年 7 月 1 日至 10 日　　第 1 頁

到達日期	承運機關	飛機號數	起迄地點	物資機關	本局編號	物資名稱 原名	物資名稱 譯名	箱記	件數	重量（公斤）	附註
7—1	中航機	62	定疆—昆明	兵工署	—	—	鋅塊	FLOWER	24Pcs	602	
»	»	51	»	»	—	—	紫銅	N.E.C.	16Pcs	400	
7—2	»	#50號機配撥	»	»	—	—	»	»	40Pcs	1000	
7—3	»	#40 » »	»	»	—	—	»	»	40Pcs	1000	
»	»	60	»	中央銀行	—	—	鈔票	C.B.C.	20 c/s	2000	
7—4	»	57.72.73	»	»	—	—	»	»	60 c/s	12000	
»	»	#63 66號機配撥	»	兵工署	—	—	紫銅	N.E.C.	102Pcs	2550	
7—5	»	51.55.68	»	»	—	—	»	»	288Pcs	7200	
»	»	68.74	»	資委會	—	—	汽車另件	C.A.P.M.W.	5 c/s 10Pkgs	1496	
»	»	75	»	交通部	—	—	橡皮管	—	12 bags	340	
»	»	63	»	交通司	—	—	電話材料	XC2 F-33	8 c/s	755	
»	»	75	»	軍需署	—	—	黃卡機布	—	7 b/s	795	
»	»	61.64 67.70.72	»	中央銀行	—	—	鈔票	C.B.C.	92 c/s	9704	
7—6	»	57.62 67.72.76	»	»	—	—	»	»	103 c/s	9891	
»	»	#55號機配撥	»	兵工署	—	—	紫銅	N.E.C.	44Pcs	1100	
7—7	»	68	»	資委會	—	—	皮革	Case No.291	1 Pkg	16	
»	»	»	»	資委會	—	—	機器及機器材料	—	24 Pkgs	1173	
»	»	»	»	»	—	—	化學用品	UNI2 T-2061-1	1 c/s	92	

局長　　副局長　　運務科長　　貨運股長　　製表員

空運進口物資到達旬報表

（中）第 37 號
第 2 頁

填製機關滇緬公路運輸局　　自民國 32 年 7 月 1 日至 10 日

到達日期	承運機關	飛機號數	起迄地點	物資機關	本局編號	物資名稱 原名	物資名稱 譯名	箱記	件數	重量（公斤）	附註
7—7	中航機	55	定疆—昆明	資委會	—	—	鋼繩	XC6 5-92	12 coils	1772	
»	»	61	»	衛生署	—	—	醫藥用品	XC13 E-470	30 c/s	1759	
»	»	74	»	交通部	—	—	通訊器材	—	5 c/s	100	
»	»	68	»	交通司	—	—	機器另件	Job 1220 ord 8908	1 c/s	562	
»	»	48.56. 76.70	»	中央銀行	—	—	鈔票	C.B.C.	94 c/s	7812	
»	»	74	»	兵工署	—	—	紫銅	N.E.C.	71 pcs	1075	
7—8	»	#72 [illegible]	»	»	—	»	»	»	88 pcs	2200	
»	»	#74 » »	»	»	—	—	鉛塊	ELOWER	145 pcs	3690	
»	»	61.56.64.66 68.70.74	»	航委會	—	—	通訊器材	UTC UG6-6012-1	140 c/s	9756	
»	»	68	»	交通司	—	—	內外輪胎	600-16 9740	50 sets	663	
»	»	64 68	»	»	—	—	機器另件	Job 1220 ord 8908	3 c/s	1705	
»	»	63 64	»	資委會	—	—	鋼繩	XC6 5-92	10 coils	2746	
»	»	55 67 70 76	»	中央銀行	—	—	鈔票	C.B.C.	132 c/s	7878	
7—9	»	68 70	»	航委會	—	—	無線電器材	UTC UG6-6012-1-4-1-9 UG16-6016-1A	12 c/s 2 c/s	937	
»	»	56	»	交通司	—	—	電池	C.T.C. MF 27	26 c/s	1994	
»	»	70 74	»	交通部	—	—	電纜	XC3 E-225	12 coils	3045	
»	»	68	»	軍醫署	—	—	醫藥用品	—	50 c/s	1715	
»	»	48.57. 61.70.75.	»	中央銀行	—	—	鈔票	C.B.C.	200 c/s	9902	

局長　　副局長　　運務科長　　貨運股長　　製表員

083

空運進口物資到達旬報表

填製機關滇緬公路運輸局　　自民國 32 年 7 月 1 日至 10 日　　（中）第 37 號　第 3 頁

到達日期	承運機關	飛機號數	起迄地點	物資機關	本局編號	物資名稱 原名	物資名稱 譯名	箱記	件數	重量（公斤）	附註
7—9	中航機	74	定疆—昆明	兵工署	一	—	錫塊	FLOWER	41PCS	1042	
〃	〃	66	〃	〃	—	—	紫銅	N.E.C.	8PCS	200	
7—10	〃	#62等機配裝	〃	〃	—	—	錫塊	FLOWER	110PCS	2799	
〃	〃	62	〃	〃	—	—	紫銅	N.E.C	13PCS	325	
〃	〃	70	〃	〃	—	—	子弾帽	CD3 B	3DRS	341	
〃	〃	48	〃	軍醫署	—	—	醫藥品	UMD-T-1954-2	5C/S	170	
〃	〃	〃	〃	〃	—	—	外科儀器	UMD-T-1955-4	1C/S	55	
〃	〃	48.70.72	〃	交通司	—	—	電油	C.T.C. MF27	30C/S	2159	
〃	〃	〃 〃	〃	〃	—	—	通訊器材	UA12-F-7012 6294	8C/S	1255	
〃	〃	〃 〃	〃	〃	—	—	汽車另件	UA1-070-H1	4C/S	112	
〃	〃	70 72	〃	中央廣播台	—	—	機器另件	URH-W-7014	2C/S	866	
〃	〃	62	〃	航委會	—	—	飛機另件	CD3 A Reg.No.C-207	1C/S	631	
〃	〃	72	〃	〃	—	—	子弾	50 cal. Reg.No.243	10C/S	500	
〃	〃	62	〃	衛生署	—	—	醫藥用品	XC13 F-557	13C/S	1134	
〃	〃	68.74.76	〃	中央銀行	—	—	鈔票	C.B.C.	97C/S	5932	
共計									2406件	129,646公斤	

局長（印）　　副局長　　運務科長（印）　　貨運股長（印）　　製表員（印）

2406　129,646

空運進口物資到達旬報表

（美）第 37 號
第 全 頁

填製機關滇緬公路運輸局　　自民國 32 年 7 月 1 日至 10 日

到達日期	承運機關	飛機號數	起迄地點	物資機關	本局編號	物資名稱 原名	物資名稱 譯名	箱記	件數	重量（公斤）	附註
—	美軍機	—	定疆 羊街	交通司	—	—	電瓶	UTC	80箱	12936	本月五日美軍交還
共計									80箱	12936公斤	

局長　　副局長　　運務科長　　貨運股長　　製表員

21

空運進口物資到達旬報表

(羊) 第 13 號
第 全 頁

填製機關滇緬公路運輸局

自民國 32 年 7 月 1 日至 10 日

到達日期	承運機關	飛機號數	起迄地點	物資機關	本局編號	物資名稱		箱記	件數	重量（公斤）	附註
						原名	譯名				
											本旬羊街無機到達

局長　　副局長　　運務科長　　貨運股長　　製表員

空運進口物資到達旬報表

(中)第 30 號
第 1 頁

填製機關滇緬公路運輸局　　自民國32年7月11日至20日

到達日期	承運機關	飛機號數	起迄地點	物資機關	本局編號	物資名稱 原名	物資名稱 譯名	箱記	件數	重量（公斤）	附註
7—11	中航機	#63、66等機配裝	定疆—昆明	兵工署	—	—	鋅塊	FLOWER	96 PCS	2441	
»	»	63 66 67 75	»	航委會	—	—	飛機另件	—	26 C/S	6152	
»	»	»	»	»	—	—	油漆	CDS A	2 DRS	232	
»	»	63	»	衛生署	—	—	醫藥用品	XC13	2 C/S	193	
»	»	59 62 74 76	»	中央銀行	—	—	鈔票	C.B.C.	142 C/S	7916	
7—12	»	#75等機配裝	»	兵工署	—	—	鋅塊	FLOWER	119 PCS	3030	
»	»	67 74	»	航委會	—	—	飛機另件	—	21 PKGS	2765	
»	»	»	»	»	—	—	防空器材	CDS A	1 CTN	40	
»	»	63	»	軍醫署	—	—	外科用品	UMD-T-19364	1 C/S	41	
»	»	»	»	»	—	—	外科器具	UMD-T-72956A	1 C/S	10	
»	»	»	»	»	—	—	藥材	UMD-T-72944	23 C/S	1160	
»	»	67	»	軍令部	—	—	通訊器材	Ref No.390	3 C/S	102	
»	»	40 64 56 59	»	中央銀行	—	—	鈔票	C.B.C.	126 C/S	7080	
7—13	»	#75等機配裝	»	兵工署	—	—	鋅塊	FLOWER	97 PCS	2443	
»	»	64.68.75	»	航委會	—	—	飛機另件	CDS A	7 PKGS	366	
»	»	»	»	»	—	—	»	UGIE-SP-6025	13 C/S	2020	
»	»	»	»	»	—	—	螺絲釘等	CDS A Ref No.C-23	11 C/S	427	
»	»	62 70	»	»	—	—	噴漆	CDS A Ref No.C-680	75 DRS	8146	

局長　　副局長　　運務科長　　貨運股長　　製表員

空運進口物資到達旬報表

中 第 38 號

填製機關滇緬公路運輸局　　自民國 32 年 7 月 11 日至 20 日　　第 2 頁

到達日期	承運機關	飛機號數	起迄地點	物資機關	本局編號	物資名稱 原名	物資名稱 譯名	箱記	件數	重量（公斤）	附註
7-13	中航機	62 70	定疆—昆明	航委會	—	—	噴漆	CDS A Ref. No. C-670	22 DRS	4000	
〃	〃	54 56 57 59	〃	中央銀行	—	—	鈔票	C.B.C.	104 c/s	7904	
—	〃	—	〃	軍令部	—	—	通訊器材	Req 390	25 c/s	840	本月十三日美軍交還（由
—	〃	—	〃	〃	—	—	無綫電材料	〃	30 c/s	1922	交三分處第十四庫收轉）
—	〃	—	〃	交通司	—	—	無綫電灯泡	—	1 Box	5	本月十三日美軍交還
—	〃	—	〃	交通部	—	—	〃	Req. 456	2 c/s	40	〃 〃 〃
—	〃	—	〃	〃	—	—	遥[illegible]表	〃	1 c/s	30	〃 〃 〃
—	〃	—	〃	〃	—	—	電話機	〃	16 c/s	1178	〃 〃 〃
—	〃	—	〃	〃	—	—	長途電話機	〃	63 c/s	5096	〃 〃 〃
—	〃	—	〃	〃	—	—	電報紙	〃	14 c/s	1206	〃 〃 〃
—	〃	—	〃	〃	—	—	直[illegible]電機	—	3 Boxs	25	〃 〃 〃
7-14	〃	64	〃	兵工署	—	—	子彈夾	CDS B Ref. ROC-525	7 c/s	367	原名File可譯作銼刀
〃	〃	〃	〃	〃	—	—	[illegible]	FLOWER	54 PCS	1373	
〃	〃	55	〃	〃	—	—	紫銅	N.E.C.	17 PCS	425	
〃	〃	55 76	〃	航委會	—	—	噴漆	CDS A Ref. C-650	21 DRS	2281	
〃	〃	55	〃	〃	—	—	〃	CDS A Ref. C-670	6 DRS	1091	
〃	〃	62	〃	〃	—	—	通訊器材	CTC US76-6012-1	10 c/s	689	
〃	〃	〃	〃	〃	—	—	灯泡	—	8 bxs	36	

局長　　副局長　　運務科長　　貨運股長　　製表員

X O

12

空運進口物資到達旬報表

中第 38 號
第 3 頁

塡製機關滇緬公路運輸局　　自民國 32 年 7 月 11 日至 20 日

到達日期	承運機關	飛機號數	起迄地點	物資機關	本局編號	物資名稱 原名	物資名稱 譯名	箱記	件數	重量（公斤）	附註
7-14	中航機	54 64	定疆—昆明	航委會	—	—	鋼絲	CDS A Ref No. C-23	10 Reels	3614	
〃	〃	〃	〃	〃	—	—	機器另件	UG1-F-6161-1	2 c/s	398	
〃	〃	56	〃	〃	—	—	飛機輪胎等	C.A.F.	19 Pkgs	673	
〃	〃	〃	〃	資委會	—	—	鎢及炭化鎢	—	1 ctn	5	
〃	〃	〃	〃	〃	—	—	琺瑯絲	XC20 NRC RMW	11 c/s	560	
〃	〃	57 59 67 75	〃	中央銀行	—	—	鈔票	C.B.C.	104 c/s	7904	
7-15	〃	70	〃	兵工署	—	—	鋅塊	FLOWER	16 Pcs	400	
〃	〃	72	〃	〃	—	—	紫銅	N.E.C	90 Pcs	2250	
〃	〃	48.56.59. 64.68.75.	〃	航委會	—	—	子彈	50 cal Reg. No. 242	252 c/s	12600	
〃	〃	50.55.57.62. 67.72.74.76.	〃	中央銀行	—	—	鈔票	C.B.C.	263 c/s	14400	
7-16	〃	64	〃	兵工署	—	—	鋅塊	FLOWER	10 Pcs	255	
〃	〃	54.72.76.	〃	〃	—	—	紫銅	N.E.C.	292 Pcs	7300	
〃	〃	62	〃	航委會	—	—	飛機另件	CDS A52.	6 c/s	1664	
〃	〃	48	〃	〃	—	—	〃	—	3 Pkgs	82	
〃	〃	#55 64 號機[illegible]	〃	中央銀行	—	—	鈔票	C.B.C	222 c/s	11766	
7-17	〃	74 76	〃	航委會	—	—	無線電器材	UG6-6012 6059	25 c/s	2200.	
〃	〃	74	〃	〃	—	—	飛機另件	UG30-SP-7529	4 c/s	63	
〃	〃	72	〃	軍令部	—	—	通訊器材	Reg. No 390	24 c/s	816	

局長　　副局長　　運務科長　　貨運股長 355　　製表員

空運進口物資到達旬報表

填製機關滇緬公路運輸局　　自民國32年7月11日至20日　　(中)第38號　第4頁

到達日期	承運機關	飛機號數	起迄地點	物資機關	本局編號	物資名稱 原名	物資名稱 譯名	箱記	件數	重量（公斤）	附註
7—17	中航機	73	定疆—昆明	軍委會運輸局 航空委員會	—	—	無線電機	—	15 c/s	205	
»	»	66. 74	»	兵工署	—	—	鋅塊	FLOWER	125 pcs	3168	
»	»	64. 70	»	»	—	—	紫銅	N.E.C.	222 pcs	5550	
»	»	72	»	»	—	—	V字形膠帶	CDS B	5 c/s	553	
»	»	»	»	»	—	—	鎢及炭化鈣	»	2 c/s	266	
»	»	74	»	»	—	—	鈉酸	Ref No. C478	16 ctns	800	
»	»	»	»	»	—	—	鋼絲繩	UA2-F-62001	3 coils	133	
»	»	63 75	»	軍需署	—	—	黃卡機布	—	25 b/s	3000	
»	»	48 56 61 6	»	中央銀行	—	—	鈔票	C.B.C.	109 c/s	7963	
7—18	»	59	»	兵工署	—	—	鋅塊	FLOWER	67 pcs	1708	
»	»	55 56 73	»	航委會	—	—	子彈	CDS A Ref. No C-242	100 c/s	5000	
»	»	57 62	»	»	—	—	»	50 cal Reg. 242	48 c/s	2400	
»	»	62	»	»	—	—	飛機另件	CDS A Ref-No C-52	5 c/s	1086	
»	»	72	»	»	—	—	絕緣玻璃布	CDS A Ref No C-23	72 ctns	1996	
»	»	59 70	»	軍需署	—	—	黃卡機布	—	25 b/s	3216	
»	»	#56等機配裝	»	中國航空公司	—	—	航空汽油	90 & 100 oct.	104 DRS	16545	
»	»	78	»	中央銀行	—	—	鈔票	C.B.C.	34 c/s	1598	
7—19	»	#59等機配裝	»	兵工署	—	—	鋅塊	FLOWER	56 pcs	1427	

局長　　副局長　　運務科長　　貨運股長　　製表員

14

空運進口物資到達旬報表

中第38號

填製機關滇緬公路運輸局　　自民國32年7月11日至20日　　第3頁

到達日期	承運機關	飛機號數	起迄地點	物資機關	本局編號	物資名稱		箱記	件數	重量(公斤)	附註
						原名	譯名				
7-19	中航機	76	定疆—昆明	兵工署	—	—	槍藥	CDS B Reg 155	22 c/s	1971	
〃	〃	#72等機酌裝	〃	航委會	—	—	絕緣玻璃	CDS A Reg C-13	280 ctns	7984	
〃	〃	#74〃〃〃	〃	中國航空公司	—	—	航空汽油	90 & 100 oct	72 DRS	11454	
〃	〃	59	〃	中央航空公司	—	—	機油	IAA 743	9 DRS	1833	
〃	〃	77	〃	中央銀行	—	—	鈔票	C.B.C.	43 c/s	2021	
7-20	〃	#55等機酌裝	〃	兵工署	—	—	鋅塊	FLOWER	52 PCS	1325	
〃	〃	57	〃	〃	—	—	紫銅	N.E.C.	8 PCS	200	
〃	〃	74	〃	〃	—	—	光學玻璃	CDS B	1 c/s	32	
〃	〃	51	〃	航委會	—	—	飛機另件	—	55 PKGS	1590	
〃	〃	74	〃	〃	—	—	子彈夾	CDS A	12 c/s	709	
〃	〃	74 76	〃	〃	—	—	鋼線	〃	6 Reels	2052	
〃	〃	74	〃	〃	—	—	信號彈	〃	8 c/s	298	
〃	〃	50.54.55 59.70.70	〃	中國航空公司	—	—	航空汽油	90 & 100 oct	72 DRS	11454	
共計									4206件	241,335公斤	

局長　　副局長　　運務科長　　貨運股長　　製表員

空運進口物資到達旬報表

(美)第 30 號
第 全 頁

填製機關滇緬公路運輸局　　自民國 32 年 7 月 11 日至 20 日

到達日期	承運機關	飛機號數	起迄地點	物資機關	本局編號	物資名稱 原名	物資名稱 譯名	箱記	件數	重量(公斤)	附註
7—17	美軍機	—	汀疆—昆明	軍委會	—	—	汽車另件	—	5 c/s	452	
7—20	〃	—	〃	〃	—	—	〃	—	2 c/s	188	
〃	〃	—	〃	交通部	—	—	鉗子	Req 613	1 c/s	35	
〃	〃	—	〃	〃	—	—	器材	Req 699	1 c/s	331	
共計									9箱	1,006公斤	

局長　　副局長　　運務科長　　貨運股長　　製表員

20

22

空運進口物資到達旬報表

（半美）第 14 號

第 全 頁

填製機關滇緬公路運輸局

自民國 32 年 7 月 11 日至 20 日

到達日期	承運機關	飛機號數	起迄地點	物資機關	本局編號	物資名稱 原名	物資名稱 譯名	箱記	件數	重量（公斤）	附註
7-11	美軍機	2107259 124161	汀疆—羊街	兵工署	—	—	榴炮彈	—	134扎	4384	每扎三個
〃	〃	2107262 2107269 124161	〃	美空軍	—	—	炸彈	—	45 PCS	16250	
7-12	〃	2107254 2107254 123062	〃	〃	—	—	〃	—	17 PCS	7500	
〃	〃	2107264 123062	〃	兵工署	—	—	榴炮彈	—	129扎	4128	每扎三個
7-18	〃	2107263 123062 124161	〃	U.S.A.F.	—	—	炸彈	—	24 PCS	10750	
〃	〃	123062 124161	〃	〃	—	—	機槍子彈	—	22 C/S	1020	
共計									371件	44,032公斤	

局長　　副局長　　運務科長　　貨運股長　　製表員

空運進口物資到達旬報表

填製機關滇緬公路運輸局　　自民國32年7月21日至31日　　（中）第39號　第1頁

到達日期	承運機關	飛機號數	起迄地點	物資機關	本局編號	物資名稱 原名	物資名稱 譯名	箱記	件數	重量（公斤）	附註
7-21	中航機	78	定疆—昆明	兵工署	—	—	鋅塊	FLOWER	60 Pcs	1530	
〃	〃	67	〃	〃	—	—	紫銅	N.E.C.	10 Pcs	250	
〃	〃	67 70	〃	航委會	—	—	絕緣玻璃	CDS A Ref No. C-23	108 ctns	3044	
7-22	〃	50	〃	兵工署	—	—	鋅塊	FLOWER	20 Pcs	510	
〃	〃	#75號機迫降	〃	〃	—	—	紫銅	N.E.C.	115 Pcs	2875	
〃	〃	56	〃	〃	—	—	8"炭精	UAB3-7045-B	27 Pcs	1951	
〃	〃	70	〃	交通司	—	—	鍋爐管	—	9 b/s	307	
〃	〃	76	〃	衛生署	—	—	醫藥用品	X C 13 M of H	26 c/s	2010	
〃	〃	70	〃	軍需署	—	—	黃卡機布	—	14 b/s	1597	
〃	〃	74	〃	〃	—	—	制服	—	18 b/s	614	
〃	〃	70 74	〃	航委會	—	—	汽車另件	—	20 c/s	1455	
7-23	〃	70 76 77	〃	兵工署	—	—	紫銅	N.E.C.	275 Pcs	6075	
〃	〃	18 64	〃	〃	—	—	子彈帽	CDS B	48 DRS	3018	
〃	〃	55	〃	〃	—	—	子彈夾	CDS B	20 c/s	1495	原名File可譯作銼刀
〃	〃	55 61 78	〃	〃	—	—	8"炭精	UAB3-7045-B	12 Pcs	866	
〃	〃	55	〃	航委會	—	—	飛機另件	UG9-SP-600846	4 c/s	220	
〃	〃	61	〃	〃	—	—	〃	UG9-6009-24A	6 c/s	250	
〃	〃	〃	〃	〃	—	—	通訊器材	UG6-6012	7 c/s	457	

局長　　副局長　　運務科長　　貨運股長　　製表員

17

空運進口物資到達旬報表

（中）第39號
第2頁

填製機關滇緬公路運輸局　　自民國34年7月21日至31日

到達日期	承運機關	飛機號數	起迄地點	物資機關	本局編號	物資名稱 原名	物資名稱 譯名	箱記	件數	重量（公斤）	附註
7—23	中航機	75	定疆—昆明	航委會	—	—	鋼線	CDS A Ref. No. C-23	5 Reels	1807	
»	»	76	»	資委會	—	—	油井器材	N.R.C.	11 Pkgs	2008	
»	»	78	»	甘肅油礦局	—	—	汽油精	—	5 DRS	2045	資委會收轉
»	»	62. 69. 72. 73. 74.	»	中央銀行	—	—	鈔票	C.B.C.	123 C/S	10021	
7—24	»	48. 50. 54. 56. 59. 64. 66. 74. 75. 77. 78.	»	兵工署	—	—	紫銅	N.E.C.	64 PCS	1600	
»	»	50	»	»	—	—	子彈帽	CDS B	24 DRS	1909	
»	»	48. 54. 59. 66. 78	»	航委會	—	—	滑機油	CDS A Ref. No. C-159	45 DRS	9430	
»	»	74	»	»	—	—	鋼線	CDS A C-23	5 Reels	1807	
»	»	64	»	»	—	—	軟片	CDS A	11 C/S	1984	
»	»	77	»	軍需署	—	—	黃卡機布	—	17 C/S	1967	
»	»	75	»	交通司	—	—	通訊器材	—	21 C/S	1390	
»	»	»	»	»	—	—	汽車另件	—	1 C/S	177	
»	»	56	»	航委會	—	—	內外車胎	(32×6)(34×7)	7 C/S	391	計58件
»	»	»	»	»	—	—	輪胎	(34×7)	48 PCS	1418	
»	»	61. 62. 73. 76.	»	中央銀行	—	—	鈔票	C.B.C.	80 C/S	8000	
7—25	»	48. 50. 61. 64. 60. 72. 73. 76. 77.	»	兵工署	—	—	紫銅	N.E.C.	109 PCS	2725	
»	»	50.	»	軍需署	—	—	黃卡機布	—	17 C/S	1940	
»	»	56. 59. 66. 70	»	中央航空公司	—	—	航空汽油	07 Oct	48 DRS	8000	

局長　　副局長　　運務科長　　貨運股長　　製表員

/6

空運進口物資到達旬報表

(中)第 39 號

第 3 頁

填製機關滇緬公路運輸局　　　　自民國 32 年 7 月 21 日至 31 日

到達日期	承運機關	飛機號數	起迄地點	物資機關	本局編號	物資名稱 原名	物資名稱 譯名	箱記	件數	重量（公斤）	附註
7-25	中航機	56.64 60.74.75	定疆—昆明	中央銀行	—	—	鈔票	C.B.C	89 C/S	8939	
7-26	〃	50.59.61.66 68.75.77.78	〃	兵工署	—	—	紫銅	N.E.C.	100 PCS	2700	
〃	〃	73	〃	〃	—	—	子彈帽	CDS B	2 DRS	227	
〃	〃	〃	〃	航委會	—	—	絕緣玻璃	CDS A C-23	17 CTNS	479	
〃	〃	56.73.74 76	〃	〃	—	—	噴漆	CDS A C-679	25 DRS	4560	
〃	〃	〃	〃	〃	—	—	〃	CDS A C-670	14 DRS	2546	
〃	〃	73	〃	中央航空公司	—	—	機油	—	1 DRS	204	
〃	〃	48.54.62	〃	中央銀行	—	—	鈔票	C.B.C.	60 C/S	6000	
7-27	〃	48.51.54.59.61.62.76. 64.66.68.69.74.75	〃	兵工署	—	—	紫銅	N.E.C.	204 PCS	5100	
〃	〃	54 62 64 75	〃	〃	—	—	子彈帽	CDS B	68 DRS	7728	
〃	〃	76	〃	航委會	—	—	鋁片	CDS A	6 PKGS	1916	
〃	〃	59 66 73	〃	〃	—	—	噴漆	CDS A C-680	50 DRS	5433	
〃	〃	78	〃	〃	—	—	〃	CDS A C-670	11 DRS	2100	
〃	〃	50 51	〃	中央銀行	—	—	鈔票	C.B.C	50 C/S	3786	
7-28	〃	48.50.51.54.57.61 63.64.66.67.68.76.78.	〃	兵工署	—	—	紫銅	N.E.C	46 PCS	1150	
〃	〃	48.50.59.63.64 66.68.69.73.76.78.	〃	〃	—	—	子彈帽	CDS B	169 DRS	19206	
〃	〃	51.54.61.	〃	〃	—	—	炮[illegible]	〃	66 C/S	5910	
〃	〃	68	〃	英大使館	—	—	用品	—	29 PKGS	1010	

局長　　　　副局長　　　　運務科長　　　　貨運股長　　　　製表員

空運進口物資到達旬報表

中第 39 號
第 4 頁

填製機關滇緬公路運輸局　　自民國 34 年 7 月 21 日至 31 日

到達日期	承運機關	飛機號數	起迄地點	物資機關	本局編號	物資名稱 原名	物資名稱 譯名	箱記	件數	重量（公斤）	附註
7-28	中航機	57	定疆—昆明	中央銀行	—	—	鈔票	C.B.C.	34 c/s	1590	
7-29	»	50.57.59.61.64.65.66.67.70	»	兵工署	—	—	紫銅	N.E.C.	21 pcs	525	
»	»	50.51.54.59.66.68.73	»	»	—	—	子彈帽	CDS B	59 drs	6704	
»	»	61.63.70	»	»	—	—	炮藥	»	66 c/s	5910	
»	»	51.54.60.73	»	財政部	—	—	鋼繩	CDS Req. No. C-715	20 coils	7108	
»	»	69	»	配委會	—	—	輪胎	(32×6)	62 pcs	1804	
»	»	57	»	軍需署	—	—	黃卡機布	—	17 c/s	1940	
»	»	69	»	交通司	—	—	內外車胎	—	8 pcs	186	
7-30	»	50.51.55.54.57.59.61.63.64.66.67.68.69.73.76	»	兵工署	—	—	紫銅	N.E.C.	46 pcs	1150	
»	»	50.59.63.76.	»	»	—	—	炮藥	CDS B	88 c/s	7880	
»	»	66	»	軍需署	—	—	黃卡機布	—	17 c/s	1940	
7-31	»	50.51.54.57.59.55.61.63.64.67.68.69.73.70.	»	兵工署	—	—	紫銅	N.E.C.	66 pcs	1650	本日57.59.70機到達二次
»	»	60		交通司	—	—	銅綫	—	10 coils	1009	
共計									2985件	207,049斤	

局長　　副局長　　運務科長　　貨運股長　　製表員

18

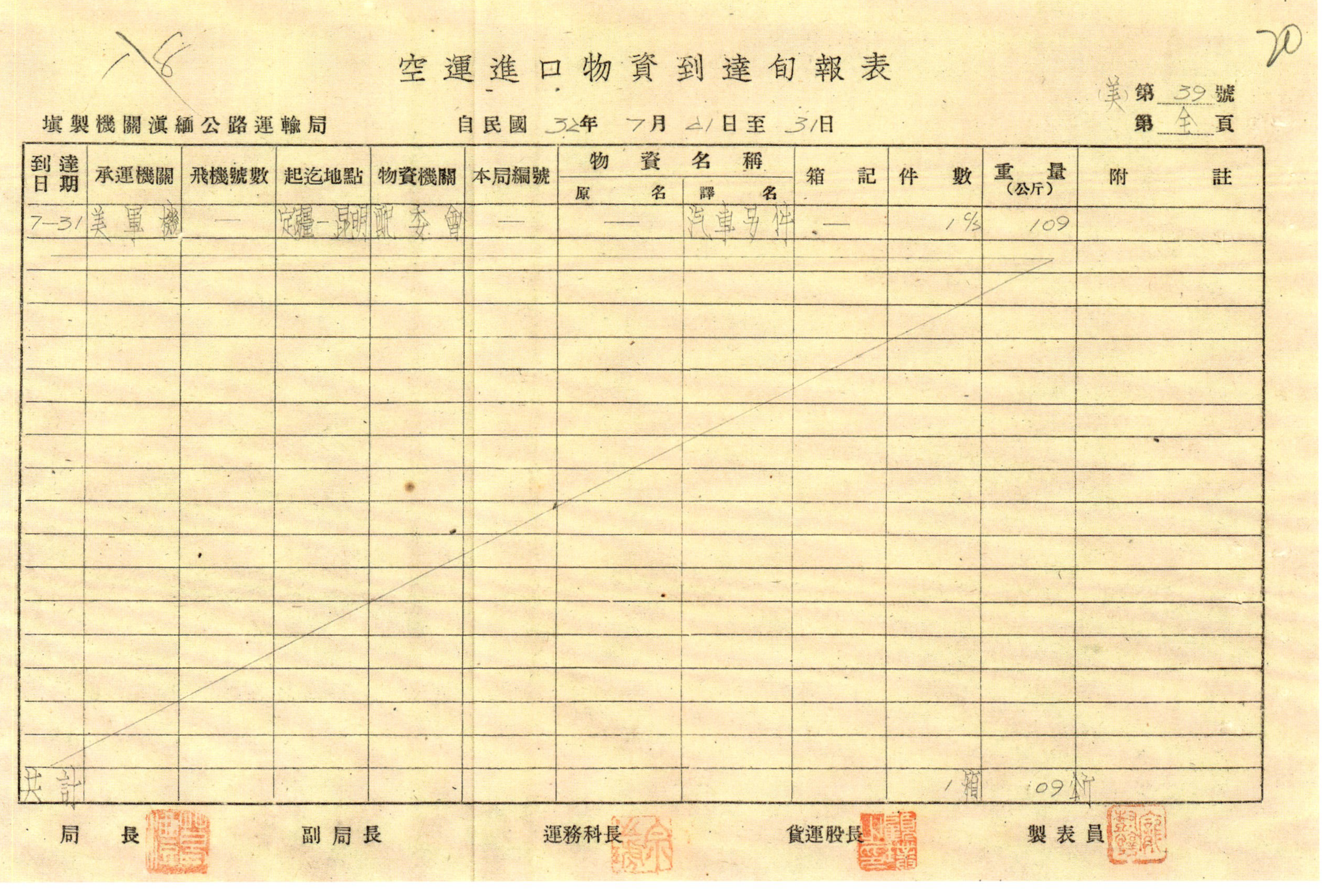

空運進口物資到達旬報表

（美）第 39 號
第 全 頁

塡製機關滇緬公路運輸局　　自民國 32年 7月 21日至 31日

到達日期	承運機關	飛機號數	起迄地點	物資機關	本局編號	物資名稱 原名	物資名稱 譯名	箱記	件數	重量（公斤）	附註
7—31	美軍機	—	定疆—昆明	[illegible]委會	—	—	汽車另件	—	1箱	109	
共計									1箱	109公斤	

局長　　副局長　　運務科長　　貨運股長　　製表員

空運進口物資到達旬報表

(羊美)第 10 號
第 全 頁

填製機關滇緬公路運輸局　　自民國 32 年 7 月 21 日至 31 日

到達日期	承運機關	飛機號數	起迄地點	物資機關	本局編號	物資名稱 原名	物資名稱 譯名	箱記	件數	重量（公斤）	附註
											本旬羊街無機到達

局長　　副局長　　運務科長　　貨運股長　　製表員

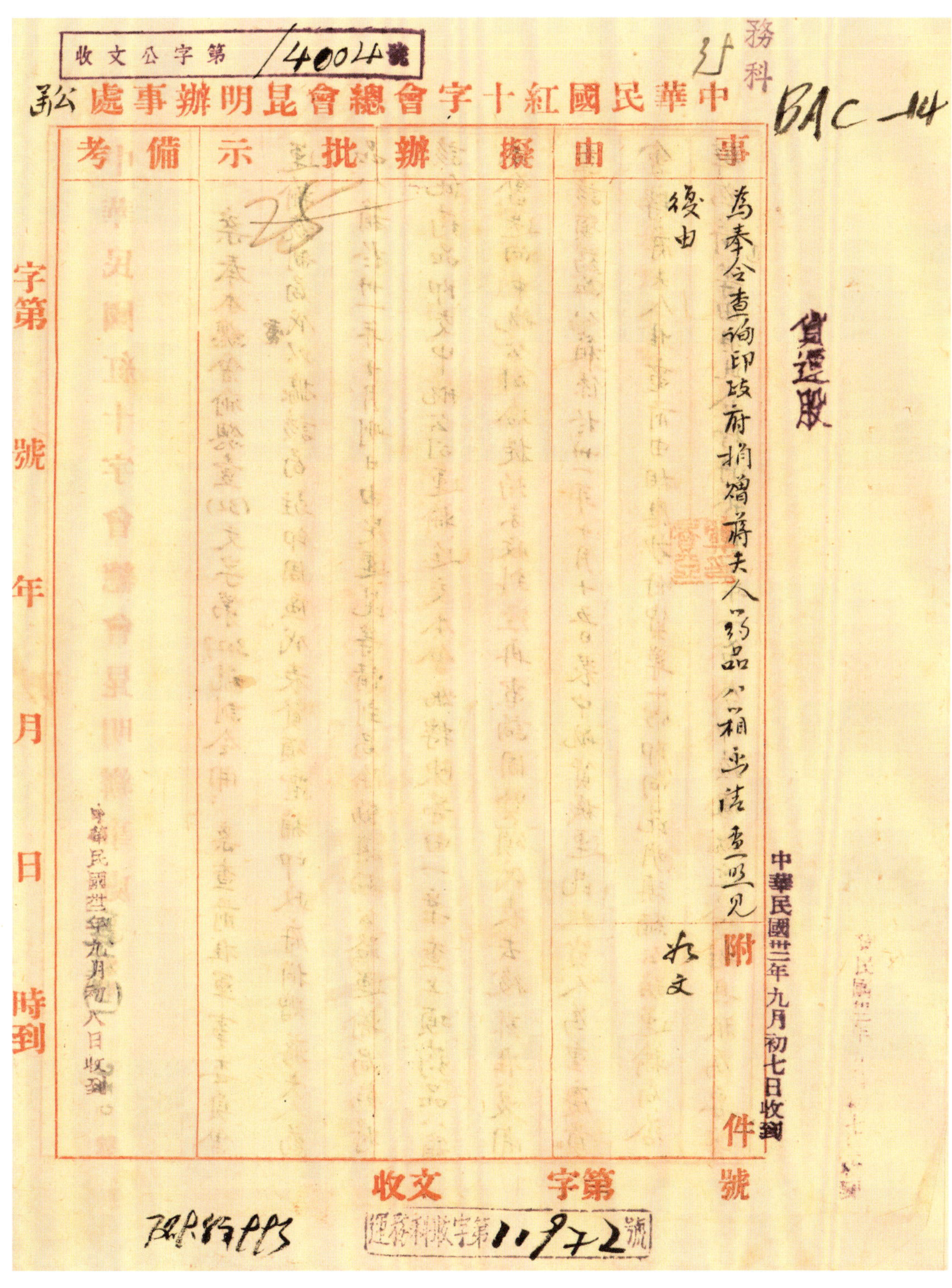
收文公字第 40044 號

中華民國紅十字會總會昆明辦事處公函

事由	為奉令查詢印政府捐贈蔣夫人藥品六箱函請查照見復由
擬辦	
批示	
備考	
附件	收文

中華民國卅二年九月初七日收到

收文 字第 號

運務科收字第 11972 號

中华民国红十字总会昆明办事处关于查询印政府捐赠蒋夫人药品事致交通部公路总局滇缅公路运输局的公函（一九四三年八月三十日）

中華民國紅十字會總會昆明辦事處 345號

案奉本總會渝總壹(32)文字第3027號訓令開：「案查前准軍事委員會運輸統制局代電以據該局駐印周區代表賢頌電稱印政府捐贈蔣夫人藥品八箱於卅一年十月卅日由定運昆等情到局除飭滇緬公路運輸局飭將該批藥品即交中航公司運輸送交本會嫡轉陳等由一案查上項藥品八箱本會迭向中航公司洽提均未收到經再電詢周賢頌代表去後茲准覆開「查該項藥品八箱係於卅一年十月十五日裝中航貨機運昆收貨人為重慶貴會轉蔣夫人准電前由相應抄附貨單一份即向昆明滇緬公路運輸局洽辦為荷」等由准此合行附發貨單一紙令仰該處就近洽辦具報為要」等

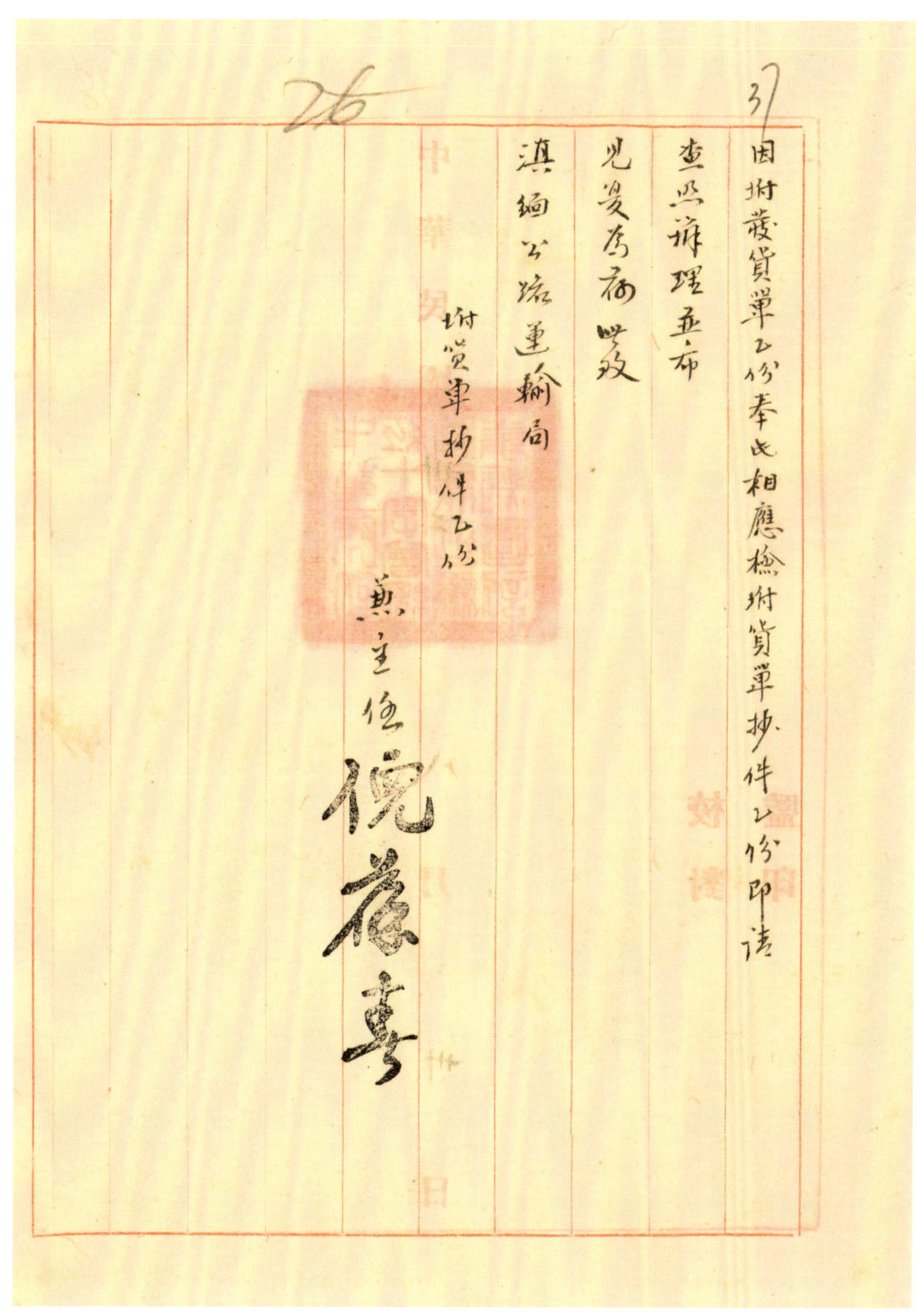

37

26

因附發貨單乙份奉此相應檢附貨單抄件乙份即請
查照辦理並希
見復爲荷此致
滇緬公路運輸局

附貨單抄件乙份

兼主任 倪蔭壽

38

中華民國卅二　八月　卅日

校對

監印

附：货运报告

REPORT OF CARGO MOVEMENT
AREA FOR

CONSIGNEE：蔣夫人（重慶紅十字會轉）

PAGE NO.

REF.#	DESCRIPTION	MARKS & NOS	PKGS.	LBS.	DATE	DSTN.	BY	REMARKS
C-81	BI-SULPHONAMIDE POWDER PHENAZONE, ERGOTA, PRAEPARATA AND ENTERO-VIDFORM	C / B 7 T / DIBRUGARH / NO. 1-7	7 c/s	395	15/10/42	KUNMING	CNAC PLANE #55	
C-82	20 LBS. DIGITALIS PU	-1- / DIBRUGARH	1 c/.	46	15/10/42	KUNMING	CNAC PLANE #55	

交通部公路总局滇缅公路运输局空运站物资接转站接转物资旬报表（一九四三年八月）

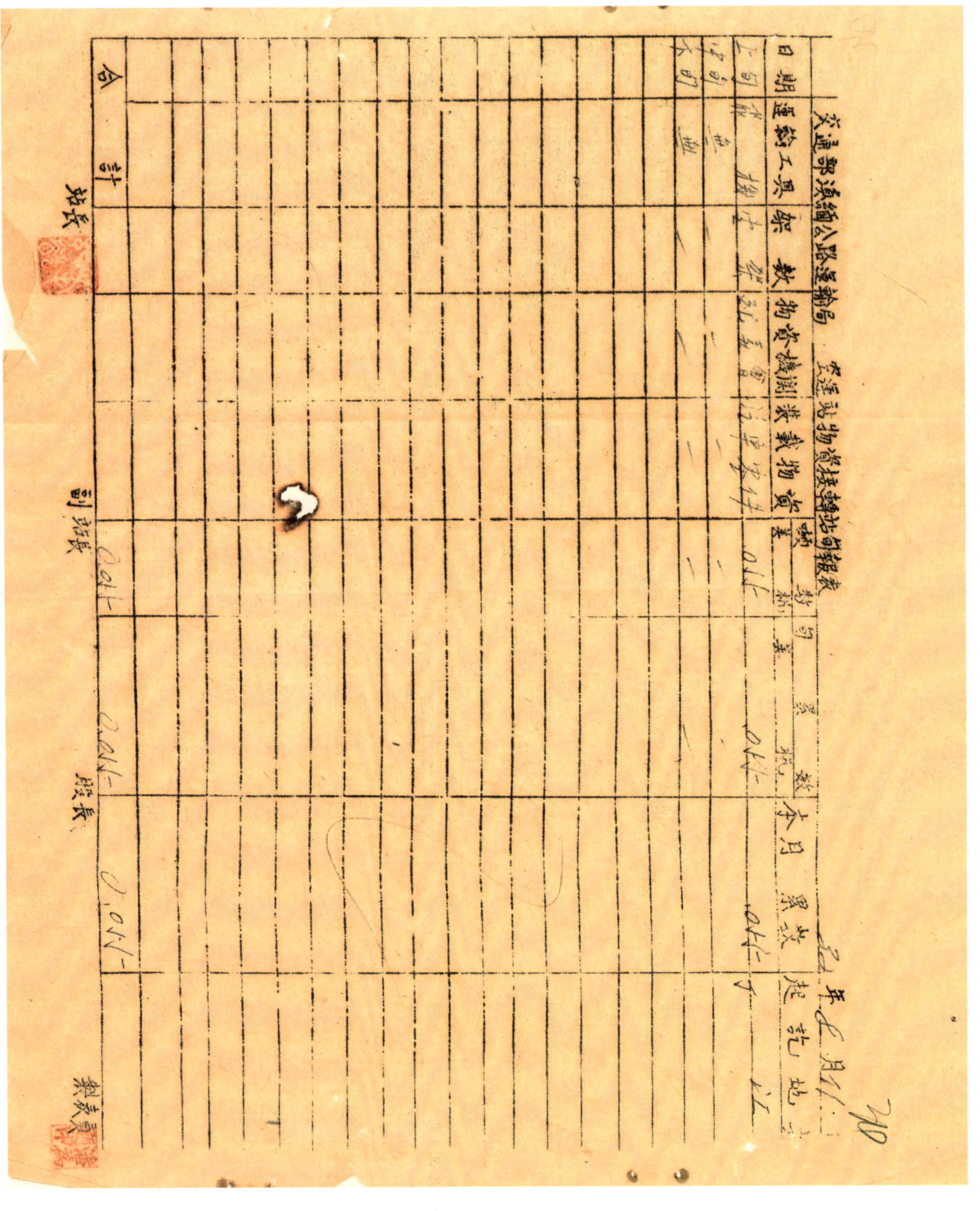
交通部滇缅公路运输局　空运站物资接转站旬报表

年　月　日

日期	运输工具	架数	物资种类	装载物资吨数	起讫地点
上旬					
中旬					
下旬					
合计					

站长　　副站长　　股长　　制表员

交通部公路总局滇缅公路运输局造具中航机内运到达物资分户分类统计表（一九四三年八月）

中航机内运到达物资分户分类统计表

民国三十二年八月份

类别/数量/机关名称	兵工成品	兵工材料	钞票	通讯器材	医药用品及医疗器材	汽车另件及汽车用具	机器及另件	航空器材	电器配件	机油	汽油桶	棉织品	金属类	钞票纸	颜料	其他	共
兵工署	300	346,776	---	---	---	---	---	---	17,926	---	---	---	---	---	---	17,041	38
中央银行	---	---	156,771	---	---	---	---	---	---	---	---	---	---	---	---	---	156
交通部	---	---	---	36,020	---	487	---	---	---	---	---	---	---	---	---	256	36,
交通司	---	---	---	111,947	---	5,583	---	---	---	---	---	---	---	---	---	1,393	118,9
航委会	5,089	---	---	11,377	---	---	---	11,349	---	1,048	---	---	711	---	---	7,181	36,
资委会	---	---	---	---	---	9,634	19,425	---	1,147	---	---	---	6,777	---	---	5,691	42
军需署	---	---	---	---	---	---	---	---	---	---	---	97,769	---	---	3,137	---	100
卫生署	---	---	---	---	24,913	---	---	---	---	---	---	---	---	---	---	---	24
军医署	---	---	---	---	29,234	---	---	---	---	---	---	---	---	---	---	---	29
军委会	---	---	---	---	---	52,273	---	---	---	---	---	---	---	---	---	---	5
[illegible]务局	---	---	---	---	---	---	---	---	---	---	---	---	16,314	---	---	---	16
中信局	---	---	---	---	---	---	---	---	---	---	---	---	---	14,358	---	---	14
液委会	---	---	---	---	---	---	---	---	---	29,511	---	---	---	---	---	---	2
甘肃油矿局	---	---	---	---	---	---	---	---	---	---	2,267	---	---	---	---	---	[illegible]
教育部	---	---	---	---	---	---	---	---	---	---	---	---	---	---	---	535	
中央广播台	---	---	---	1,698	---	---	---	---	---	---	---	---	---	---	---	---	[illegible]
统计局	---	---	---	---	---	---	---	---	---	---	---	---	---	---	---	524	
军令部	---	---	---	---	---	---	---	---	---	---	---	---	---	---	---	18	
英大使馆	---	---	---	---	---	---	---	---	---	---	---	---	---	---	---	1,016	
总计	5,389	346,776	156,771	161,042	54,147	67,977	19,425	11,349	19,073	30,559	2,267	97,769	23,802	14,358	3,137	33,655	1,0

局长　　副局长　　运务科长　　货运股长　　制表员

交通部公路总局滇缅公路运输局空运进口物资收运存月报表（一九四三年八月）

30.

空運進口物資收運存月報表

民國三十二年八月份

單位名稱 / 項別	上月庫存	本月見明收進 中航機	美軍機	共計	本月運出	本月庫存	附註	計
兵工署	300	382,043	----	382,043	382,343	----	1. 本月羊街機場無我國政府機關物資收轉	2,043
中央銀行	----	156,771	----	156,771	156,771	----		,771
交通部	----	36,763	----	36,763	36,763	----	2. 上月本月報內軍醫署庫存數誤列入軍需署項內（上月軍需署運出應為17,009公斤 軍醫署運出應為3,141公斤）請予更正	3
交通司	1,009	118,923	----	118,923	119,932	----		23
航委會	----	36,755	----	36,755	36,755	----		755
資委會	----	42,674	----	42,674	42,674	----		,674
軍需署	----	100,906	----	100,906	100,906	----		,906
衛生署	----	24,913	----	24,913	24,913	----		,913
軍醫署	10	29,234	----	29,234	29,244	----		,234
貿委會	----	52,273	55	52,328	52,328	----		,273
鹽務局	----	16,314	----	16,314	16,314	----		,314
中信局	----	14,358	----	14,358	14,261	97		,358
液委會	----	29,511	----	29,511	29,511	----		,511
甘肅油礦局	----	2,267	----	2,267	2,267	----	資委會收轉	,267
教育部	----	535	----	535	535	----		535
中央廣播台	----	1,698	----	1,698	1,698	----		1,698
統計局	----	524	----	524	524	----		524
軍令部	----	18	----	18	18	----		18
英大使館	----	1,016	----	1,016	1,016	----		1,016
總計	1,319	1,047,496	55	1,047,551	1,048,773	97		7,496

局長　副局長　運務科長　貨運股長　製表員

交通部公路总局滇缅公路运输局造具美军机内运到达物资分户分类统计表（一九四三年八月）

八 37

美軍機內運到達物資分户分類統計表

民國三十二年八月份

物資名稱 / 重量（公斤） / 機關名稱	汽車另件
記委會	55

局長　副局長　運務科長　貨運股長　製表員

交通部公路总局滇缅公路运输局空运进口物资到达旬报表（一九四三年八月）

空運進口物資到達旬報表

（中）第 40 號
第 1 頁

填製機關滇緬公路運輸局　　自民國 32 年 8 月 1 日至 10 日

到達日期	承運機關	飛機號數	起迄地點	物資機關	本局編號	物資名稱 原名	物資名稱 譯名	箱記	件數	重量（公斤）	附註
8—1	中航機	50.51.54.55.61.63.67.69.70.	定疆—昆明	兵工署			紫銅	N.E.C.	191 Pcs	4775	
〃	〃	50.63.67	〃	交通部			銅綫	X C 3 F-45	93 coils	5919	
〃	〃	74	〃	〃			〃	X C 3 F-397	40 coils	1451	
〃	〃	54.55.70	〃	航委會			〃	CDS A Ref. No. C-23	15 coils	5319	
〃	〃	69	〃	交通司			〃	Reg. 455	5 coils	505	
〃	〃	74	〃	資委會			鋁削機	X C 6 S-107	1 c/s	299	
〃	〃	74	〃	〃			琺瑯銅綫	X C 20 F-459	5 c/s	265	
〃	〃	69	〃	資委會			汽車輪胎	Ref-C-23A 32x6 34x7	24 Pcs 26 Pcs	1466	
〃	〃	57.59.64.73	〃	中央銀行			鈔票	C.B.C.	80 c/s	8000	
8—2	〃	50.51.54.55.57.59.63.64.56.67.69.72.73.74.77.78.	〃	兵工署			紫銅	N.E.C.	176 Pcs	4400	
〃	〃	50.51.54.55.57.59.63.67.69.64.70.72.74.77	〃	交通部			銅綫	X C 3 F-45	339 coils	21576	
〃	〃	63	〃	〃			琺瑯銅綫	Desp. No 5 Case Nos. 1/3	1 c/s	97	
〃	〃	63	〃	〃			電話綫	—	1 c/s	6	
〃	〃	74	〃	兵工署			炸藥	CDS Reg C-155 B Ref C-2501	19 c/s	1702	
〃	〃	70	〃	航委會			無綫電器材	UG6SP-6122-1	5 c/s	348	
〃	〃	70	〃	〃			通訊器材	UG6-6059-1 No. 5	1 c/s	132	
〃	〃	69	〃	〃			飛機另件	UG1E-SF-60251 CDS A Reg C-246	10 c/s 1 c/s	1364	
〃	〃	70	〃	交通司			通訊器材	UG9-F-6093-2	3 c/s	732	

局長［印］　副局長　運務科長［印］　貨運股長［印］ 1036　製表員［印］ 58356

空運進口物資到達旬報表

中第 40 號
第 2 頁

填製機關滇緬公路運輸局　　自民國 32 年 8 月 1 日至 10 日

到達日期	承運機關	飛機號數	起迄地點	物資機關	本局編號	物資名稱 原名	物資名稱 譯名	箱記	件數	重量（公斤）	附註
8—2	中航機	70	定疆—昆明	資委會	—	—	電器器材	UN22-T-1996-1	2 c/s	132	
8—3	»	50.51.55.56.57.59.61.63.64.69.70.72.73.75.77.78	»	兵工署	—	—	紫銅	N.E.C.	610 PCS	15250	
»	»	70. 74.	»	»	—	—	子彈帽	CDS B Ref.NO C-0600	4 c/s	454	
»	»	70	»	»	—	—	化學品	UA9-T-490-30A	23 Pkgs	909	
»	»	70	»	航委會	—	—	飛機另件	UG8-7220, 7222, 7224, 7226	13 c/s	748	
»	»	74	»	»	—	—	無線電器材	UG6-SP-6125-1	9 Pkgs	962	
»	»	74	»	»	—	—	通訊器材	UG6-6059-1	1 c/s	132	
»	»	77	»	»	—	—	鋁片	CDS A Ref-NoC-205-4AA	5 c/s	600	
»	»	77	»	»	—	—	綠膠油箱	CDS A KAD-DS	15 Pkgs	505	
»	»	51. 54. 56. 74.	»	交通部	—	—	銅線	XCS F-45	100 coils	6365	
»	»	74	»	交通部	—	—	通訊器材	UA11-7217-001/1	2 c/s	203	
»	»	59	»	軍需署	—	—	黃卡基布	—	17 b/s	1935	
»	»	60. 67. 68. 69. 78.	»	中央銀行	—	—	鈔票	C.B.C.	151 c/s	9913	
8—4	»	51.54.61.66.69.70.73.75.77	»	兵工署	—	—	紫銅	N.E.C.	72 PCS	1800	
»	»	55.56.57.59.63.64.67.72.74.76.	»	»	—	—	»	»	643 PCS	16,075	
»	»	61	»	航委會	—	—	銅線	CDS A Reg.NO.G-23	5 coils	1773	
»	»	61	»	資委會	—	—	鋁綑	XC6 S-92	6 coils	1899	
»	»	70	»	»	—	—	利卑來令	UTC UN14-6006-T-1	15 c/s	1078	

局長　　副局長　　運務科長　　貨運股長 1693 號　　製表員 60753 號

空運進口物資到達旬報表

（中）第 40 號
第 3 頁

塡製機關滇緬公路運輸局　　自民國 32 年 8 月 1 日至 10 日

到達日期	承運機關	飛機號數	起迄地點	物資機關	本局編號	物資名稱 原名	物資名稱 譯名	箱記	件數	重量（公斤）	附註
8—4	中航機	70. 73.	定疆—昆明	交通司	—	—	汽車另件	UA1-078-G-1	32 C/S	2033	
〃	〃	[illegible]	〃	〃	—	—	電線	UA12-6286-5	13 C/S	940	
〃	〃	77	〃	軍醫署	—	—	醫藥用品	CDS C Ref. C-160	10 C/S	991	〔X光〕
〃	〃	50. 66. 67. 69. 78.	〃	中央銀行	—	—	鈔票	C.B.C.	125 C/S	9522	
8—5	〃	50.51.54.55.56.57.59.61.63. 64.67.69.68.70.73.74.77.	〃	兵工署	—	—	紫銅	N.E.C.	106 PCS	2650	
〃	〃	54	〃	〃	—	—	炮藥	CDS Reg. C-155 B Ref. 2501	22 C/S	1970	
〃	〃	68	〃	航委會	—	—	軟片	CDS A REDA C-640	6 C/S	1087	
〃	〃	51. 68. 74.	〃	資委會	—	—	彈簧機	X C18. S-127	51 C/S	5779	
〃	〃	68. 75.	〃	〃	—	—	油井設備	N.R.C.	2 Pkgs	461	
〃	〃	75	〃	〃	—	—	阻礙板	H-T-0320-60	2 C/S	822	
〃	〃	66	〃	〃	—	Graphite & Grease Howells	—	21 N G	12 C/S	763	
〃	〃	55.56.59.61.64. 66.69.73.75.77.	〃	資委會	—	—	汽車輪胎	Ref. C-234 34×7	494 PCS	17066	大部昆明材料廠收轉
〃	〃	68	〃	軍醫署	—	—	醫藥用品	CDS C Ref. C-160	2 C/S	196	〔X光〕
〃	〃	66	〃	交通司	—	—	鋼管	B.O.C.	16 C/S	582	
〃	〃	68	〃	教育部	—	—	教育用品	UBK2	7 C/S	535	
〃	〃	50. 63. 67. 68.	〃	中央銀行	—	—	鈔票	C.B.C.	129 C/S	7921	
8—6	〃	48.50.54.55.56.61. 63.57.66.68.74.75.78.	〃	兵工署	—	—	紫銅	N.E.C.	256 PCS	6400	
〃	〃	72	〃	〃	—	—	炮藥	CDS Reg. C-155 B Ref. C-2501	21 C/S	1880	

局長　　副局長　　運務科長　　貨運股長　1306件　　製表員　61600公斤

空運進口物資到達旬報表

（中）第 40 號　41

第 4 頁

填製機關滇緬公路運輸局　　自民國 32 年 8 月 1 日至 10 日

到達日期	承運機關	飛機號數	起迄地點	物資機關	本局編號	物資名稱 原名	物資名稱 譯名	箱記	件數	重量（公斤）	附註
8—6	中航機	73	定疆—昆明	航委會	—	—	鋁片	CDS A Reg. C-653-3	5 c/s	1815	
»	»	54.55,56,57,59 69.70,74.75.77.	»	配委會	—	—	汽車輪胎	Ref. C-234 32x6 32x7	462 Pcs 171 Pcs	19945	370条由大部昆明材料廠收轉
»	»	48.50. 67.68.70.	»	中央銀行	—	—	鈔票	C.B.C.	156 c/s	9868	
8—7	»	48,50,55,56,57, 61,62,63,64,66	»	兵工署	—	—	紫銅	N.E.C.	522 Pcs	13050	
»	»	67,68,69,70, 73.74,75,77,78	»	»	—	—	»	»			
»	»	40	»	»	—	—	槍藥	CDS Reg. C-135 B Ref. C-2400	22 c/s	1970	
»	»	40	»	交通部	—	—	橡膠管	—	1 bag	34	
»	»	61, 63, 66, 74. 75.	»	交通司	—	—	汽車輪胎	Ref. C-123 6.00x16	300 Pcs	3550	
»	»	48.50.51.	»	配委會	—	—	»	Ref. C-234 32x6 32x7	129 Pcs 6 Pcs	4084	
»	»	55.56,57. 69.70.73.77.	»	中信局	—	—	鈔票紙	UKI-F-6119	107 c/s	13769	
»	»	67.68.78.	»	中央銀行	—	—	鈔票	C.B.C.	102 c/s	5916	
8—8	»	48,50,51,55,56,57,62,66, 68,69,70,61,73,74,75,78	»	兵工署	—	—	紫銅	N.E.C.	75 Pcs	1025	
»	»	67	»	»	—	—	槍藥	CDS Reg. C-135 B Ref. C-2406	24 c/s	2150	
»	»	48	»	配委會	—	—	汽車輪胎	Ref. C-234 6.00-16	44 Pcs	560	
»	»	48	»	»	—	—	»	Ref. C-234 32x6 32x7	36 b/s 2 b/s	1056	
»	»	57	»	衛生署	—	—	醫藥用品	ZC13 M. of H	23 c/s	1948	
»	»	50,51,68,70,	»	中央銀行	—	—	鈔票	C.B.C.	136 c/s	7888	
8—9	»	48,50,51,55,56,57, 62,63,67,68,75,77,78	»	兵工署	—	—	紫銅	N.E.C.	75 Pcs	1875	

局長　　副局長　　運務科長　　貨運股長 2396 件　　製表員 91303 kg

空運進口物資到達旬報表

（中）第40號

第5頁

填製機關滇緬公路運輸局　　自民國32年8月1日至10日

到達日期	承運機關	飛機號數	起迄地點	物資機關	本局編號	物資名稱 原名	物資名稱 譯名	箱記	件數	重量（公斤）	附註
8—9	中航機	61.74.	定疆—昆明	兵工署			槍[illegible]藥	CDS Ref.C-155 B Ref.C-2100	48 c/s	4300	
〃	〃	62	〃	航委會			航空器材	CDS A Ref C-207	1 c/s	314	
〃	〃	75	〃	中信局			鈔票紙	UKI-F-619	1 c/s	106	
〃	〃	66	〃	軍醫署			魚肝油	ARMY / PS	28 c/s	1151	
〃	〃	75	〃	資委會			汽車另件	UNA-6006-K-1	1 c/s	24	
〃	〃	75	〃	〃			油井設備	N.R.C.	1 c/s	300	
〃	〃	75	〃	〃			機器	UNAA-27-0-7100	1 c/s	60	
〃	〃	75	〃	〃			鎔接器	UN20-T-7215-6	6 c/s	1465	
〃	〃	66.73	〃	〃			鋁片	R 216 N C	30 c/s	2804	
〃	〃	70	〃	〃			紅[illegible]	IMAA	80 tins	2145	
〃	〃	63.66,	〃	〃			雲母片	NRC 2110	30 c/s	1580	
〃	〃	63	〃	〃			[illegible]	XC 20 F-459	15 c/s	867	
〃	〃	48.50.51 55.67.68.70	〃	中央銀行			鈔票	C.B.C.	252 c/s	14144	
8—10	〃	48.50.51.54 55.61.62.63.	〃	兵工署			紫銅	N.E.C.	93 pcs	2325	
〃	〃	66.67.68.69. 70.73.75.77.78.	〃	〃				〃			
〃	〃	75	〃	〃			炭精刷	UAZ-WTS-7576	1 c/s	50	
〃	〃	75	〃	中信局			鈔票紙	UKI-F-6119	3 c/s	386	
〃	〃	48.55.61,62, 63.66.69.70.73	〃	軍醫署			黃卡基布	—	164 b/s	18714	

局長　　副局長　　運務科長　　貨運股長　　製表員

空運進口物資到達旬報表

中 第 40 號
第 6 頁

填製機關 滇緬公路運輸局　　自民國 32 年 8 月 1 日至 10 日

到達日期	承運機關	飛機號數	起迄地點	物資機關	本局編號	物資名稱 原名	物資名稱 譯名	箱記	件數	重量（公斤）	附註
8—10	中航機	75	定疆—昆明	交通部	—	—	絕緣線	XC3 F-350	14	89	
»	»	75	»	資委會	—	—	機器	—	13½	1493	
»	»	75	»	»	—	—	化驗機	XC21 F-435	14	115	
»	»	50.51.67.68.77.78.	»	中央銀行	—	—	鈔票	C.B.C.	269½	12703	
共計									7470件	337,147公斤	

局長　　副局長　　運務科長　　貨運股長　　製表員

空運進口物資到達旬報表

（美）第40號
第全頁

填製機關滇緬公路運輸局　　自民國32年8月1日至10日

到達日期	承運機關	飛機號數	起迄地點	物資機關	本局編號	物資名稱		箱記	件數	重量（公斤）	附註
						原名	譯名				
8-7	美軍機	—	定疆 昆明	[illegible]本會	—	—	汽車另件	—	1箱	55	
共計									1箱	55公斤	

局長　　副局長　　運務科長　　貨運股長　　製表員

空運進口物資到達旬報表

中 第 41 號

填製機關滇緬公路運輸局　　自民國 32 年 8 月 11 日至 20 日　　第 1 頁

到達日期	承運機關	飛機號數	起迄地點	物資機關	本局編號	物資名稱 原名	物資名稱 譯名	箱記	件數	重量（公斤）	附註
8—11	中航機	50,64,55,57,61,62,63,69,70	霑益—昆明	兵工署	—	—	鋅塊	Horse Head	1074 pcs	19525	
〃	〃	51,66,67,68,74,75,77,78	〃	〃	—	—	紫銅	N.E.C.	26 pcs	650	
〃	〃	66,67,78	〃	軍醫署	—	—	黄卡其布	—	54 b/s	6162	
〃	〃	75	〃	交通部	—	—	電話器材	UB9-F-6227-1	6 pkgs	350	
〃	〃	75	〃	〃	—	—	〃	UB9-F-6070-a4	1 pkg	110	
〃	〃	75	〃	〃	—	—	[illegible]鉛	M.O.C.	1 c/s	44	
〃	〃	75	〃	交通司	—	—	乾電池	U12-F-7006	2 c/s	284	
〃	〃	51,68,74,77	〃	中央銀行	—	—	鈔票	C.B.C.	176 c/s	8440	
8—12	〃	50,51,54,55,57,59,61,62,66,67,68,70,74,75,77,78	〃	兵工署	—	—	紫銅	N.E.C.	219 pcs	5475	
〃	〃	55	〃	〃	—	—	鋅塊	Horse Head	1 pcs	18	
〃	〃	62,69,70,75	〃	〃	—	—	炭精	UTC U42-F-6292-C-1	43 c/s 2 pcs	8093	
〃	〃	61,60	〃	交通司	—	—	鍍鋅鐵線	Reg. 244	47 coils	2137	
〃	〃	66	〃	〃	—	—	〃	Reg No. 455	40 coils	2073	
〃	〃	59	〃	衛生署	—	—	醫藥用品	ZC13 M of H	2 c/s	192	
〃	〃	59	〃	中央廣播台	—	—	無綫電器材	—	1 box	14	
〃	〃	50,51,54,55,57,59,67,60,74	〃	中央銀行	—	—	鈔票	C.B.C.	257 c/s	18792	
8—13	〃	51,50,54,56,57,59,61,62,68,69,75,77	〃	兵工署	—	—	紫銅	N.E.C.	119 pcs	2975	
〃	〃	50,51,54,57,74	〃	〃	—	—	槍彈	CDS Reg. C-155 B Ref. C-2400	120 c/s	10750	

局長　　副局長　　運務科長　　貨運股長 5,99 件　　製表員 86100 kg

空運進口物資到達旬報表

中 第 41 號
第 2 頁

填製機關滇緬公路運輸局　　自民國 32年 8月 11日至 20日

到達日期	承運機關	飛機號數	起迄地點	物資機關	本局編號	物資名稱 原名	物資名稱 譯名	箱記	件數	重量（公斤）	附註
8-13	中航機	70	定疆—昆明	兵工署	—	—	炭精	UTC UA2-F-6422-C-1	10 c/s	723	
»	»	61 62 69 75	»	鹽務局	—	—	鋼繩	Reg. 20715 Z	24 coils	8512	
»	»	66	»	中央廣播台	—	—	無線電器材	—	25 c/s	1067	
»	»	51	»	軍需署	—	—	黃卡基布	—	19 b/s	2054	
»	»	66 78	»	交通司	—	—	鍍鋅鐵絲	Reg. No. 455 Reg. No. 244	42 coils 3 coils	1950	
»	»	70	»	»	—	—	乾電池	UA12-F-7006	4 c/s	567	
»	»	70	»	資委會	—	—	紙簿	IMAA IMD-3	14 tins	375	
»	»	70	»	»	—	—	工程用品	UNAD-3B-708A-1	3 c/s	631	
»	»	70	»	»	—	—	化學品	NRC-T-C-3-4	2 c/s	72	
»	»	70	»	»	—	—	真空管	BIF NRC-K S-716	2 c/s	416	
»	»	70	»	»	—	—	雲母石	NRC 2/10	2 c/s	106	
»	»	70	»	»	—	—	濾機器	ZC18 S-127	2 c/s	347	
»	»	70	»	»	—	—	變壓器油	ZC5 F-265	1 c/s	64	
»	»	77	»	甘肅油礦局	—	—	汽油精	—	4 b/s	1013	資委會收購
8-14	»	51.54.56.57.61 62.69.70.72.75.77	»	兵工署	—	—	紫銅	N.E.C.	172 pcs	4300	
»	»	55.64.66 67.74.79	»	»	—	—	槍藥	CDS Reg C-155 B Ref. C-2100	135 c/s	12093	
»	»	62 69	»	軍需署	—	—	顏料	CDS C Ref No C-101	25 c/s	3137	
»	»	62	»	航委會	—	—	飛機另件	CDS A Ref C-513-10	3 c/s	687	

局長　　副局長　　運務科長　　貨運股長 491 14　　製表員 38914 4

空運進口物資到達旬報表

（中）第 21 號

填製機關滇緬公路運輸局　　自民國 32 年 8 月 11 日至 20 日　　第 3 頁

到達日期	承運機關	飛機號數	起迄地點	物資機關	本局編號	物資名稱 原名	物資名稱 譯名	箱記	件數	重量（公斤）	附註
8-14	中航公司	75	定遠—昆明	中央廣播台	—	—	無綫電器材	URI-W-724A	1c/s	26	
〃	〃	75	〃	〃	—	—	鋸刀片	URI-W-1527-B	2c/s	72	
〃	〃	75		〃	—	—	雲母片	URI-W-2001-1	3c/s	310	
〃	〃	75		〃	—	—	工具	URI-W-2009	5c/s	209	
〃	〃	75	〃	資委會	—	—	汽車另件	U.N14-6006	5c/s	594	
〃	〃	75	〃	資委會	—	—	修理廠設備	Ref. No. C-46	4c/s	396	
〃	〃	51,54,56,57, 68,72,77,78	〃	中央銀行	—	—	鈔票	C.B.C	188c/s	16784	
〃	〃	55, 61	〃	衛生署	—	—	醫藥用品	X C 13 M of H	31c/s	2222	
8-15	〃	51,54,55,56,57,59, 62,64,66,67,75,77,80		兵工署	—	—	紫銅	N.E.C.	304 Pcs	7600	
〃	〃	54,55,59, 61,68,72,74	〃	〃	—	—	槍藥	CDS R-2 C-155 B Ref. C-2400	168c/s	15050	
〃	〃	69	〃	〃	—	—	鋅塊	Horse Head	5 Pcs	91	
〃	〃	64		〃	—	—	安精	UTC U42-F-682-C-1	14c/s	1012	
〃	〃	69	〃	衛生署	—	—	醫藥用品	X C 13 M of H	1c/s	50	
〃	〃	64	〃	資委會	—	—	鋁絲	X C 6 S-92 MEA	2 coils	539	
〃	〃	69		航委會	—	—	混合鋁	CDS A No. C-653-3	54c/s	1765	
〃	〃	69	〃	〃	—	—	無綫電器材	U96-6012-A-1	1c/s	13	實計16件
〃	〃	69	〃	〃	—	—	子彈鏈	CDS A Reg. C-207A	2c/s	89	
〃	〃	69			—	—	橡膠汽油桶	—	1c/s	150	

局長　　副局長　　運務科長　　貨運股長 7424　　製表員 46972

208

中第 41 號
第 4 頁

空運進口物資到達旬報表

填製機關滇緬公路運輸局、　自民國 32 年 8 月 11 日至 20 日

到達日期	承運機關	飛機號數	起迄地點	物資機關	本局編號	物資名稱 原名	物資名稱 譯名	箱記	件數	重量（公斤）	附註
8—15	中航機	56.57.62.66.77.78.80	汀疆—昆明	中央銀行			鈔票	C.B.C	187c/s	14817	
8—16	〃	51.54.55.56.57.59.61.69.77.	〃	兵工署			紫銅	N.E.C.	25Pcs	625	
〃	〃	62	〃	〃			鋅塊	Horse Head	2Pcs	36	
〃	〃	54.55.66.74.	〃	〃			槍藥	CDS Reg. C-155 B Ref. C-2400	96c/s	8600	
〃	〃	51.62.64.67.79.80.	〃	衛生署			醫藥用品	Z C 13 M of H	144Pkgs	12861	
〃	〃	56.57.	〃	中央銀行			鈔票	C.B.C.	56c/s	4256	
8—17	〃	54.55.56.57.59.62.63.70.72.74.75.79	〃	兵工署			紫銅	N.E.C.	415Pcs	10375	
〃	〃	69.77.	〃	〃			鋅塊	Horse Head	236Pcs	4290	
〃	〃	56.64.66.80.	〃	〃			槍藥	CDS Reg. C-155 B Ref. C-2400	96c/s	8600	
〃	〃	59.72.79.	〃	衛生署			醫藥用品	Z C 13 M of H	71Pkgs	5475	
〃	〃	72.74.	〃	軍醫署			〃	UMD-T-1954 1955 7291.7294 7295.-7905 1855	50c/s	2230	
〃	〃	〃	〃	〃			〃				
〃	〃	63.75.	〃	中央銀行			鈔票	C.B.C.	43c/s	3733	
8—18	〃	50.55.56.57.59.64.67.69.70.72.80	〃	兵工署			紫銅	N.E.C.	142Pcs	3550	
〃	〃	50.55.62.60.74.75.	〃	〃			槍藥	CDS Reg. C-155 B Ref. C-2400	144c/s	12900	
〃	〃	67.	〃	軍醫署			醫藥用品	CDS Ref. C-160 No3	3c/s	243	
〃	〃	67	〃	衛生署			〃	Z C 13 M of H	18Pkgs	1355	
〃	〃	67	〃	資委會			機器	NRC 1/8	1Bag	27	

局長　　副局長　　運務科長　　貨運股長 1729[14]　　製表員 93973[kg]

空運進口物資到達旬報表

(中)第 41 號
第 5 頁

填製機關滇緬公路運輸局　　自民國 32 年 8 月 11 日至 20 日

到達日期	承運機關	飛機號數	起迄地點	物資機關	本局編號	物資名稱 原名	物資名稱 譯名	箱記	件數	重量(公斤)	附註
8-18	中航機	67	定疆—昆明	資委會	—	—	機器用品	IMAA 1/14 F. S. Ltd.	4 b/s	709	
»	»	54. 70.	»	資委會	—	—	內車胎	(32×6)(7.00-20) (34×7)(7.50-20)	63 b/s 90 b/s	4194	
8-19	»	50.51.54.55.56.59.63. 66.69.70.72.77.78.79.80	»	兵工署	—	—	電銅	N.E.C.	152 Pcs	3800	
»	»	60. 75(二次)	»	»	—	—	鋅塊	Horse Head	141 Pcs	2552	
»	»	59.64.63. 67.74.77(二次)	»	»	—	—	槍藥	CDS Reg. C-155 B Ref. C-2400	167 c/s	14980	
»	»	66. 68. 69. 72.	»	»	—	—	黃銅條	UA2-T-1531-B-1	40 c/s	8174	
»	»	54. 70.	»	軍醫署	—	—	醫藥用品	UMD-T-294-216	80 c/s	4292	
»	»	50.56. 70.80.	»	鹽務局	—	—	鋼絲繩	Reg. No. 7151(2)	22 coils	7802	
»	»	51.	»	液委會	—	—	機油	CDS D Reg. C-308	10 d/s	2050	
»	»	55	»	»	—	—	»	CDS D Reg. C-307	10 d/s	2050	
»	»	63	»	軍需署	—	—	黃卡基布	—	18 b/s	2054	
»	»	78	»	中央銀行	—	—	黃鈔票	C.B.C.	19 c/s	2033	
8-20	»	50.51.55.56.59. 64.67.68.72.79.80	»	兵工署	—	—	電銅	N.E.C.	524 Pcs	13100	
»	»	54.57.69. 70.73.74.75	»	»	—	—	鋅塊	Horse Head	529 Pcs	13078	
»	»	64	»	»	—	—	槍藥	CDS Reg. C-155 B Ref. C-2400	1 c/s	90	
»	»	66. 79.	»	»	—	—	黃銅條	UA2-T-1531-B-1	20 c/s	4263	
»	»	78	»	航委會	—	—	黃[illegible]玻璃	CDS A Ref. No. C-28	76 c/s	2142	
»	»	64. 68. 72. 73.	»	»	—	—	飛機另件	—	21 Pkgs	2652	

局長　　副局長　　運務科長　　貨運股長　1995 14　　製表員　89215 9

空運進口物資到達旬報表

（中）第 41 號

第 6 頁

填製機關滇緬公路運輸局　　自民國 32 年 8 月 11 日至 20 日

到達日期	承運機關	飛機號數	起迄地點	物資機關	本局編號	物資名稱 原名	物資名稱 譯名	箱記	件數	重量（公斤）	附註
8-20	中航機	50, 74,	定疆—昆明	軍醫署	—	—	醫藥用品	UMD-T-7424	73 c/s	3897	
〃	〃	55. 59	〃	液委會	—	—	燃油	CDS D Ref. No. C-352	20 c/s	4100	
〃	〃	61	〃	配委會	—	—	汽車輪胎	Ref. C-234 (6.00-16)	1 Pcs	14	
共計									7250件	363,185公斤	

局長　　副局長　　運務科長　　貨運股長　　製表員

空運進口物資到達旬報表

（美）第 41 號

第 全 頁

填製機關滇緬公路運輸局　　自民國 34 年 8 月 11 日至 20 日

到達日期	承運機關	飛機號數	起迄地點	物資機關	本局編號	物資名稱		箱記	件數	重量（公斤）	附註
						原名	譯名				
											無

局長　　副局長　　運務科長　　貨運股長　　製表員

26

空運進口物資到達旬報表

中第 42 號
第 1 頁

填製機關滇緬公路運輸局　　自民國 34 年 8 月 21 日至 31 日

6

到達日期	承運機關	飛機號數	起迄地點	物資機關	本局編號	物資名稱 原名	物資名稱 譯名	箱記	件數	重量（公斤）	附註
8-21	中航機	50,54,56,57,64,66, 67,70,72,73,74,75,80	定疆—昆明	兵工署	—	—	紫銅	N.E.C.	21 pcs	525	
»	»	55,59,63, 67,77,79	»	»	—	—	鋅块	ANACONDA	180 pcs	4500	
»	»	50,54,55,56, 57,63,64,66,	»	交通司	—	—	鉄綫	Ref. 244	833 reels	35963	
»	»	67,69,70,72, 73,74,75,79,80			—	—	»	»			
8-22	»	55,56,66, 67,75,80	»	兵工署	—	—	紫銅	N.E.C.	16 pcs	400	
»	»	50,64,65,62, 70,72,76,77,79	»	»	—	—	鋅块	ANACONDA	60 pcs	1374	
»	»	64,68, 72,76	»	»	—	—	黄銅條	CBS Ref. C-127-1-1	64 c/s	8204	
»	»	70,79,80	»		—	—		UA2-T-1531-B-1	30 c/s	6391	
»	»	62	»	»	—	—	氣壓表	UBA-13-7600	1 bl	17	
»	»	56,66,75	»	交通司	—	—	鉄綫	Ref 244	147 reels	6348	
»	»	62	»	資委會	—	—	汽車另件	N.R.C. TC-1	8 c/s	725	
»	»	62	»		—	—	鍋炉油水管	X C6 S-66	1 c/s	252	
»	»	55	»	甘肅油礦局	—	—	汽油箱	—	1 drm	454	資委會收轉
»	»	62	»	衛生署	—	—	X光設備	N.H.A	3 c/s	188	
»	»	62	»	»	—	—	醫院用品	»	4 c/s	303	
»	»	50,57,74,	»	軍醫署	—	—	醫藥用品	UMD-T-7[illegible]	122 c/s	6431	
»	»	77	»	航委會	—	—	機用汽油箱	—	18 pkgs	246	
»	»	77	»	»	—	—	飛機另件	UG26-7222	4 ctns	137	

1513 14　　72458 kg

局長［印］　副局長　運務科長［印］　貨運股長［印］　製表員［印］

空運進口物資到達旬報表

中第22號

第2頁

塡製機關滇緬公路運輸局　　自民國32年8月21日至31日

到達日期	承運機關	飛機號數	起迄地點	物資機關	本局編號	物資名稱 原名	物資名稱 譯名	箱記	件數	重量（公斤）	附註
8-22	中航	67	定疆-昆明	航委會			飛機另件	CDS A	2 c/s	340	
»	»	55.67.	»	»			滑機油	CDS A Ref. C-159	5 c/s	1048	
»	»	67.77.78.	»	郵委會			修理廠設備	Ref C-46	19 c/s	3492	
»	»	55	»	液委會			齒輪油	CBS D Ref. C-159	5 d/s	1025	
»	»	56.59.64. 69.74.80	»	»			機油	CBS B Reg. C-306307328	60 d/s	12300	該油%到達被美軍扣留本日交還
8-23	»	57.64.70. 74.76.79.80	»	兵工署			鋅塊	ANACONDA	15 Pcs	375	
»	»	70	»	»			黃銅條	CBS B Ref. C-127-1-1	16 c/s	2051	
»	»	76	»	»			保險絲	CBS B Ref. No. DAW-479	20 c/s	2100	
»	»	61	»	»			藍圖	C.DS A 1/2	2 c/s	75	由俞署長接收
»	»	55.57.62.66. 67.68.74.78.	»	軍需署			制服	Gen. S. Y. Lee	218 b/s	17245	
»	»	67.79.	»	交通司			電話機	SR-3161-5	8 c/s	899	
»	»	78.79.	»	»			無線電機	UA9-F-6072	58 c/s	4033	
»	»	61.64. 72.80.	»	»			無線電另件	SR-3161-31	69 c/s	6271	
»	»	61	»	»			»	»	14 c/s	261	
»	»	61	»	»			雲母片	C.T.-1201	1 c/s	54	
»	»	61	»	»			錫箔	»	1 c/s	12	
»	»	56	»	航委會			子彈 cal. 50	Reg. 222	44 c/s	2200	
»	»	59	»	軍醫署			醫藥用品	UMD-T-7292	43 c/s	2190	

800 c/s　55971 kg

局長　　副局長　　運務科長　　貨運股長　　製表員

空運進口物資到達旬報表

(中)第 42 號
第 3 頁

塡製機關滇緬公路運輸局　　自民國 32 年 8 月 21 日至 31 日

到達日期	承運機關	飛機號數	起迄地點	物資機關	本局編號	物資名稱 原名	物資名稱 譯名	箱記	件數	重量（公斤）	附註
8—23	中航機	67	定彊—昆明	資委會			鋼絲	Old S.P.991	6 coils	1233	
〃	〃	67	〃	〃			礦用器材	N.R.C.	3 c/s	509	
8—24	〃	51.54.55.56.57.59.61.75.76.80	〃	兵工署			鋅塊	ANACONDA	24 Pcs	600	
〃	〃	61.76.	〃	〃			黃銅條	CDS B Ref.C121-1-1	32 c/s	2102	
〃	〃	59	〃	〃			鋁片	CDS B Ref.No.C-152	17 c/s	1222	
〃	〃	78	〃	航委會			子彈 cal.50	Reg.No.242	43 c/s	2150	
〃	〃	59	〃	〃			絕緣玻璃	CDS A Ref.No.C-23	10 ctns	500	
〃	〃	70	〃	交通司			無線電機	UA9-F-6072-1	32 c/s	2152	
〃	〃	80	〃	〃			電話機	Reg.455	19 c/s	2095	
〃	〃	62	〃	〃			無線電真空管	SR-3161-9-10-11-13-14	26 c/s	1667	
〃	〃	62	〃	〃			無線電另件	Reg.613			
〃	〃	54	〃	〃			鉄線	Reg.244	49 reels	2116	
〃	〃	72	〃	軍醫署			醫藥用品	UMDT-7234-2-3	42 c/s	2151	
〃	〃	51.55.56.57.62.64.66.68.75.79.	〃	軍需署			制服	Gen.S.Y.Lee	498 c/s	19771	
8—25	〃	51.56.59.61.62.64.66.72.75.76.74	〃	兵工署			鋅塊	ANACONDA	71 Pcs	1775	
〃	〃	62.66.	〃	〃			黃銅條	UA2-T-531-B-4	20 c/s	4214	
〃	〃	72.79.	〃	〃			工具	CDS B Ref.No.C-147-477	36 c/s	2983	
〃	〃	51.56.59.64.68.70.	〃	軍需署			制服	Gen.S.Y.Lee	332 c/s	12968	

局長　　副局長　　運務科長　　貨運股長 1268 14　　製表員 62216 8

09

空運進口物資到達旬報表

15

中 第 42 號

填製機關滇緬公路運輸局　　自民國 32年 8月 21日至 31日　　第 4 頁

到達日期	承運機關	飛機號數	起迄地點	物資機關	本局編號	物資名稱 原名	物資名稱 譯名	箱記	件數	重量（公斤）	附註
8-25	中航機	61.72.76.	定疆—昆明	航委會			飛機另件	CDS A	22 c/s	3870	
〃	〃	72	〃	〃			軟片	CDS. A No. C-316	9 c/s	1002	
〃	〃	71	〃	交通司			鉄線	Reg. No. 244	19 reels	2.16.	
〃	〃	75	〃	資委會			鋁片	N.R.C.	17 c/s	1570	
8-26	〃	51.64.68, 70, 72. 77.	〃	兵工署			紫銅	N.E.C.	252 PCS	6300	
〃	〃	50.54.56.59.62, 70.74.75.79.80	〃	〃			鋅塊	ANACONDA	56 PCS	1400	
〃	〃	74.76.79.	〃	〃			黃銅條	UA2-T-1531-B-1	28 c/s	6034	
〃	〃	61. 62, 68.70.75.	〃	〃			炭精	UA2-F-6292-C-1	44 c/s	7801	
〃	〃	50. 56.	〃	〃			化學品	UA2-T-1443-C-3	16 c/s	3942	
〃	〃	61. 78.	〃	〃			鋁片	CDS B Ref. NO. C-152	5 c/s	373	
〃	〃	78	〃	〃			防坦克砲另件	CDS B. Reg. No. C-269A	1 c/s	98	（螺絲）
〃	〃	78	〃	〃			榴彈砲另件	CDS B Reg. No. C-260	1 c/s	113	
〃	〃	64	〃	〃			工具等	CDS B Ref. No. C-477	18 c/s	1940	
〃	〃	80	〃	〃			〃	CDS Ref. No. GA77, 471A, 477	32 c/s	1990	
〃	〃	61	〃	航委會			飛機另件	UG26-7220	2 c/s	128	
〃	〃	61	〃	〃			鋼線	UG26-SP-7276A	2 coils	166	
〃	〃	61	〃	交通司			乾電池	O.T.C. MF-27	1 c/s	57	
〃	〃	50. 51, 61. 77.	〃	軍需署			制服	Gen. S. Y. Lee	142 c/s	5495	

局長 [印]　　副局長　　運務科長 [印]　　貨運股長 [印] 69714　　製表員 [印] 44395

空運進口物資到達旬報表

(中)第 42 號

第 5 頁

填製機關滇緬公路運輸局　　自民國 32 年 8 月 21 日至 31 日

到達日期	承運機關	飛機號數	起迄地點	物資機關	本局編號	物資名稱 原名	物資名稱 譯名	箱記	件數	重量（公斤）	附註
8-26	中航公司	61	定疆—昆明	軍醫署	—	—	醫藥用品	UMD-T-1936-1, 7294-2, 7294-1	17%, 15 ctns	795	
〃	〃	61	〃	資委會	—	—	汽車另件	UN14-6202-3	1%	93	
〃	〃	61	〃	〃	—	—	工程用品	UNAD-2811-6327	1%	47	
〃	〃	61	〃	〃	—	—	鋁片	UNAD-3370841	2%	429	
〃	〃	78	〃	〃	—	—	〃	N.R.C.	18 pigs	1773	
8-27	〃	50,51,54,62,64,66,69,70, 60,71,75,76,77,78,79,80	〃	兵工署	—	—	紫銅	N.E.C.	559 pcs	13975	
〃	〃	70	〃	〃	—	—	黄銅條	UA2-T-1531-B-1	3%	654	
〃	〃	70	〃	〃	—	—	化學品	UA2-T-1443-G-3	4%	985	
〃	〃	56	〃	〃	—	—	鋼條	UA2-T-490-30	2%	302	
〃	〃	56	〃	〃	—	—	鉗工具	CDS B Ref-C-147	16%	1470	
〃	〃	56	〃	〃	—	—	連接管	UA2-T-490-39			
〃	〃	61	〃	〃	—	—	防坦克砲另件	CDS B C-269A	1%	89	（爆炸）
〃	〃	61	〃	〃	—	—	炭精	UA2-F-6926-1	1%	182	
〃	〃	50,51,64, 72,77,80	〃	交通司	—	—	大綫	Ro9.244	264 reels	11460	
〃	〃	61	〃	〃	—	—	無綫電真空管	SP-3161-9-10	4%	266	
〃	〃	61	〃	〃	—	—	乾電池	UA12-F-7086	1%	47	
〃	〃	70	〃	航委會	—	—	飛機另件	CDS A C-52	2%	679	
〃	〃	61	〃	〃	—	—	〃	UG26-7288	1%	9	

局長［印］　副局長　運務科長［印］　貨運股長［印］ 9.12 [illegible]　製表員［印］ 33243 kg

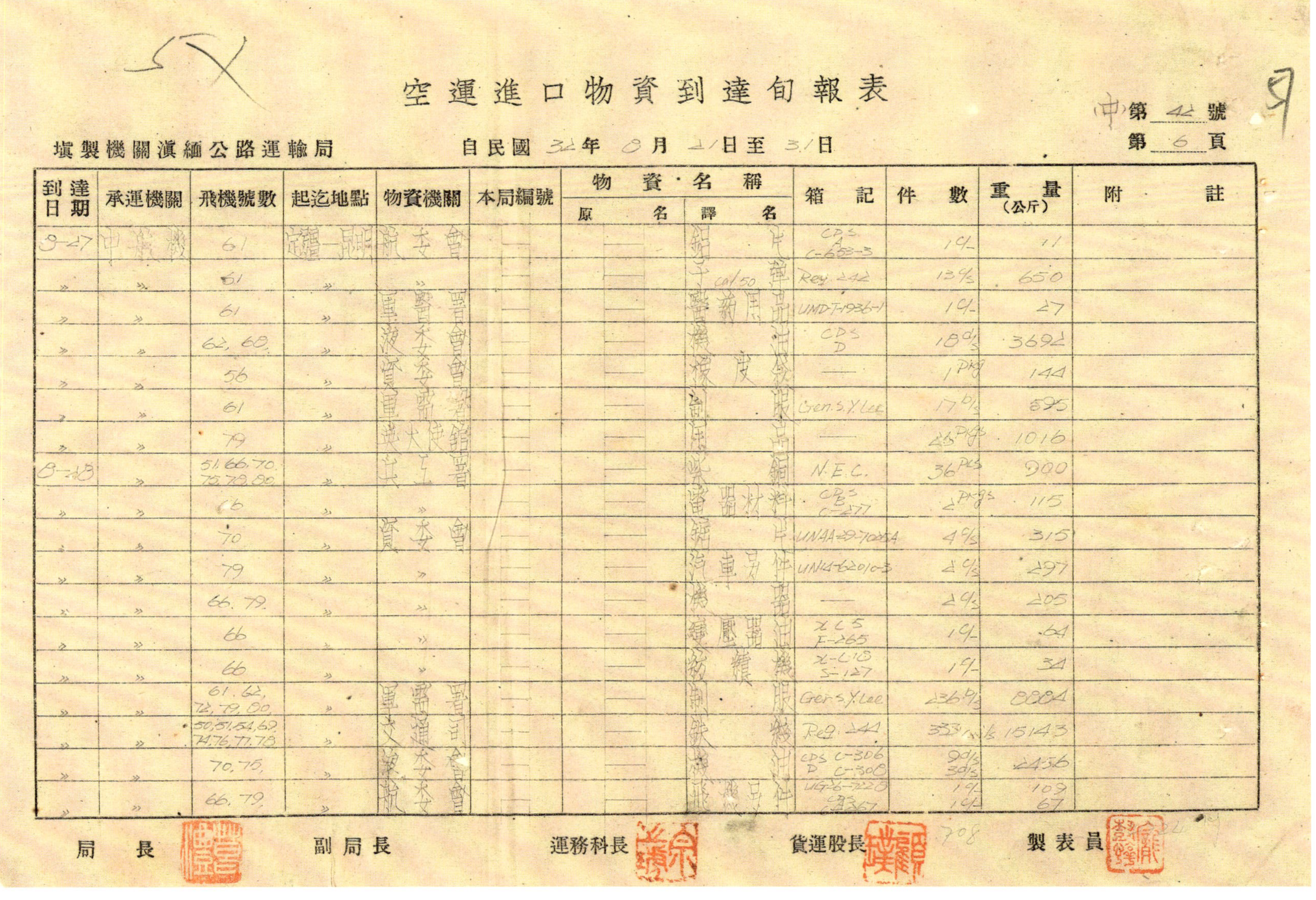

5X

空運進口物資到達旬報表

(中)第 42 號
第 6 頁

填製機關滇緬公路運輸局　　自民國 34 年 8 月 21 日至 31 日

到達日期	承運機關	飛機號數	起迄地點	物資機關	本局編號	物資·名稱 原名	物資·名稱 譯名	箱記	件數	重量（公斤）	附註
8-27	中航機	61	汀疆—昆明	航委會			鋁片	CDS A C-653-3	1c/s	11	
〃	〃	61	〃	〃			子彈 cal/50	Reg. 242	13c/s	650	
〃	〃	61	〃	軍醫署			醫藥用品	UMD-T-1936-1	1c/s	27	
〃	〃	62, 68	〃	液委會			機油	CDS D	18c/s	3692	
〃	〃	56	〃	資委會			橡皮袋	——	1Pkg	144	
〃	〃	61	〃	軍需署			制服	Gen. S. Y. Lee	17b/s	595	
〃	〃	79	〃	英大使館			印刷品	——	25Pkgs	1016	
8-28	〃	51.66.70. 75.78.80	〃	兵工署			紫銅	N.E.C.	36Pcs	900	
〃	〃	66	〃	〃			電器材料	CDS B C-277	2Pkgs	115	
〃	〃	70	〃	資委會			錫片	UNAA-29-7085A	4c/s	315	
〃	〃	79	〃	〃			汽車另件	UNK-62010-3	2c/s	297	
〃	〃	66. 79.	〃	〃			機器	——	2c/s	205	
〃	〃	66	〃	〃			變壓器	X C 5 F-265	1c/s	64	
〃	〃	66	〃	〃			紡績機	X-C10 S-127	1c/s	34	
〃	〃	61. 62, 72, 79, 80	〃	軍需署			制服	Gen. S. Y. Lee	236b/s	8884	
〃	〃	50,51.54,69 74,76,77,78	〃	交通司			鐵線	Reg. 241	353rolls	15143	
〃	〃	70, 75,	〃	液委會			機油	CDS C-306 D C-308	9c/s 3c/s	2436	
〃	〃	66. 79,	〃	航委會			飛機另件	UG-26-7228 CDS 367	1c/s 1c/s	109 67	

局長　　副局長　　運務科長　　貨運股長　708　　製表員

空運進口物資到達旬報表

中第 42 號
第 7 頁

填製機關滇緬公路運輸局　　自民國 32 年 8 月 21 日至 31 日

到達日期	承運機關	飛機號數	起迄地點	物資機關	本局編號	物資名稱 原名	物資名稱 譯名	箱記	件數	重量（公斤）	附註
8-20	中航機	66	定疆—昆明	航委會			絕緣玻璃	CDS A Reg C-23	1 ct.	28	
»	»	66	»	交通部			琺瑯銅線	M.O.C.	2 pkgs	49	
»	»	66	»	»			汽車零件	P. O. kweiyang	3 c/s	487	
»	»	66	»	»			發動機配件	X.C.3. T-44	4 c/s	178	
»	»	66	»	軍醫署			醫藥用品	UMD-T-7224-4	2 c/s	100	
»	»	70	»	»			»	CDS C Ref. C-160	11 c/s	946	
»	»	~~73~~ 66	»	衛生署			»	X.C.13 M of H	2 c/s	319	
»	»	66, 79,	»	»			»	NHA PS	4 c/s		
»	»	[illegible]	»	軍令部			橡皮帶	M.O.W. Go Keh Foong	1 reel	18	交二分處收轉
8-29	»	59,64,59,61,64,66, 69,65,[illegible],73,76,77,79	»	兵工署			紫銅	N.E.C.	84 pcs	2100	
»	»	64	»	»			黃銅條	UA2-T-1531-B-1	4 c/s	1233	
»	»	64	»	»			紫銅條	UA2-T-1132-2	5 c/s		
»	»	50, 66, 67, 69, 73, 78,	»	交通司			鉄線	Reg 244	237 coils	10430	
»	»	76	»	»			無線電機	UA9-F-6672-1	18 c/s	1252	
»	»	76	»	»			鉄鉗	Reg. 613	8 c/s	745	
»	»	64	»	航委會			銅線	Reg C-455	5 coils	545	
»	»	64	»	»			飛機另件	CDS Ref C-513-10	1 c/s	85	
»	»	59	»	軍需署			制服	Gen. S.Y. Lee	52 b/s	1892	

局長　　副局長　　運務科長　　貨運股長　　製表員

446 14

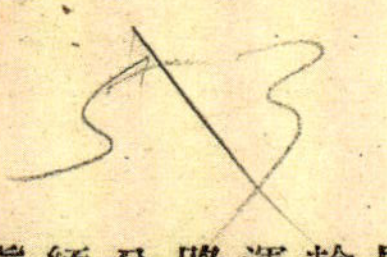

空運進口物資到達旬報表

中第 42 號

第 8 頁

填製機關滇緬公路運輸局　　自民國 32 年 8 月 21 日至 31 日

到達日期	承運機關	飛機號數	起迄地點	物資機關	本局編號	物資名稱 原名	物資名稱 譯名	箱記	件數	重量（公斤）	附註
8—29	中航機	61，70，	定疆—昆明	軍醫署	—	—	外科醫器	CDS C Ref C-649	50 c/s	3794	
»	»	60	»	統計局	—	—	錫片	UMC-0-1951-78	3 c/s	524	
8—30	»	51.59.61.62.66，64.65.69.76.78.	»	兵工署	—	—	紫銅	N.E.C.	54 Pcs	1350	
»	»	76	»	航委會	—	—	飛機另件	—	6 Pkgs	160	
»	»	50，76.	»	資委會	—	—	內外輪胎	R T N.D.S C	100 sets	3320	
»	»	63	»	中央銀行	—	—	鈔票	C.B.C.	19 c/s	2033	
8—31	»	62.63. 68.72.73.	»	兵工署	—	—	紫銅	N.E.C.	7 Pcs	175	
»	»	55，64，67，73.	»	»	—	—	鋅塊	ANACONDA	171 Pcs	4275	
»	»	50	»	»	—	—	鋁片	CBS B Ref C-452	1 c/s	83	
»	»	50	»	»	—	—	光學玻璃	Z.C.I F-500	1 c/s	70	
»	»	66	»	資委會	—	—	鋼絲	Z.C.6. FS-92	5 coils	1974	
»	»	76	»	»	—	—	汽車另件	UNKA-6202-3	2 c/s	183	
»	»	76	»	»	—	—	紅藥	IMAA TMA-3	2 tins	42	
»	»	76，79.	»	»	—	—	內外輪胎	R T N.D.S C	100 sets	3320	
»	»	67	»	»	—	—	連接管	UNS-T-1734-2	2 crts	512	
»	»	61	»	中信局	—	—	鈔票紙	UKI-F-6119	1 c/s	97	
»	»	69	»	液委會	—	—	機油	CDS C-308 D C-306	8 d/s 3 d/s	1838	
共計									6877 件	347,164 公斤	

局長［印］　　副局長　　運務科長［印］　　貨運股長［印］　　製表員［印］

54

60

空運進口物資到達旬報表

(美)第 42 號

第 全 頁

填製機關滇緬公路運輸局　　自民國 32年 8月 21日至 31日

到達日期	承運機關	飛機號數	起迄地點	物資機關	本局編號	物資名稱		箱記	件數	重量(公斤)	附註
						原名	譯名				
											無

局長　　　副局長　　　運務科長　　　貨運股長　　　製表員

交通部公路总局滇缅公路运输局造具中航机内运到达物资分户分类统计表（一九四三年九月）

58　　　　　　　　　　　　　　　　　　　　　　　　　67

中航機內運到達物資分戶分類統計表
民國三十二年九月份

物資名稱／重量（公斤）／機關名稱	兵工材料	兵工成品	鈔券	通訊器材	醫藥用品及醫療器	汽車另件及輪胎	機器及另件	航空器材	航空汽油	機油	汽油精	棉織品	顏料	金屬線	鈔券紙	其他	共計
兵工署	274,262	---	---	---	---	---	215	---	---	---	---	---	---	---	---	24,469	298,946
中央銀行	---	---	165,428	---	---	---	---	---	---	---	---	---	---	---	---	---	165,428
交通部	---	---	---	59,703	---	---	---	---	---	---	---	---	---	---	---	282	59,985
交通司	---	---	---	57,083	---	8,303	749	---	---	---	---	---	---	---	---	2,252	68,387
航委會	---	5,553	---	854	1,044	---	2,021	11,127	162,170	---	---	---	---	3,360	---	10,823	196,952
資委會	---	---	---	---	---	5,157	15,314	---	---	124	---	---	4,181	8,349	---	12,354	45,479
軍需署	---	---	---	---	---	---	---	---	---	---	---	22,646	---	---	---	---	22,646
衛生署	---	---	---	---	24,562	---	---	---	---	---	---	---	---	---	---	---	24,562
軍醫署	---	---	---	---	7,987	---	---	---	---	---	---	---	---	---	---	---	7,987
運輸處	---	---	---	---	---	3,072	---	---	---	---	---	---	---	---	---	---	3,072
鹽務局	---	---	---	---	---	---	---	---	---	---	---	---	---	8,336	---	---	8,336
中信局	---	---	---	---	---	---	---	---	---	---	---	---	---	---	9,750	1,986	11,736
液委會	---	---	---	---	---	---	---	---	---	1,332	---	---	---	---	---	---	1,332
甘肅油礦局	---	---	---	---	---	---	---	---	---	---	2,284	---	---	---	---	---	2,284
中央廣播台	---	---	---	3,080	---	---	---	---	---	---	---	---	---	---	---	---	3,080
花紗布管制局	---	---	---	---	---	---	---	---	---	---	---	5,841	---	---	---	---	5,841
滇區電訊處	---	---	---	10,307	---	---	---	---	---	---	---	---	---	---	---	---	10,307
政治部	---	---	---	2,014	---	---	---	---	---	---	---	---	---	---	---	---	2,014
英大使館	---	---	---	---	---	---	---	---	---	---	---	---	---	---	---	1,021	1,021
滇緬局	---	---	---	---	---	---	---	---	---	---	---	---	---	---	---	122	122
中國紅十字會	---	---	---	---	3	---	---	---	---	---	---	---	---	---	---	---	3
總計	274,262	5,553	165,428	133,041	33,596	16,532	18,299	11,127	162,170	1,456	2,284	28,487	4,181	20,045	9,750	53,309	939,520

局長　　副局長　　運務科長　　貨運股長　　製表員

存卷

交通部公路总局滇缅公路运输局造具中航机内运到达物资收运存月报表（一九四三年九月）

中航機內運物資收運存月報表

民國三十二年九月份

類別 數量 機關名稱	上月庫存	本月收進	本月運出	本月庫存	附註
兵工署	----	298,946	297,046	1,900	
中央銀行	----	165,428	165,428	----	
交通部	----	59,985	59,985	----	
交通部	----	68,387	68,387	----	
航委會	----	196,952	196,952	----	
資委會	----	45,479	45,479	----	
軍需署	----	22,646	22,646	----	
衛生署	----	24,562	24,562	----	
軍醫署	----	7,987	7,987	----	
兵[illegible]庫	----	3,072	3,055	17	
運務局	----	8,336	8,336	----	
中信局	97	11,736	11,833	----	
液委會	----	1,332	1,332	----	
甘肅油礦局	----	2,284	2,284	----	
中央廣播台	----	3,080	3,080	----	
花紗布管制局	----	5,841	5,841	----	
滇區電訊處	----	10,307	10,307	----	
政治部	----	2,014	2,014	----	
英大使館	----	1,021	----	1,021	
滇緬局	----	122	122	----	
中國紅十字會	----	3	3	----	
總計	97	939,520	936,679	2,938	

局長 副局長 運務科長 貨運股長 製表員

交通部公路总局滇缅公路运输局空运进口物资到达旬报表（一九四三年九月）

68

空運進口物資到達旬報表

(中) 第 43 號

填製機關 滇緬公路運輸局　　自民國 32 年 9 月 1 日至 10 日　　第 1 頁

到達日期	承運機關	飛機號數	起迄地點	物資機關	本局編號	物資名稱		箱記	件數	重量（公斤）	附註
						原名	譯名				
9-1	中航機	51,57,62,63,64,67,72,73,77,79	定疆－昆明	兵工署	——	——	鋅块	ANACONDA	287 PCS	7,075	
〃	〃	61	〃	〃	——	——	機槍鋼条	UTC UA2-T-491-D	52 PCS	2,000	
〃	〃	69,72	〃	〃	——	——	〃	UDA UA2-T-490-D	30 PCS	3,000	
〃	〃	79	〃	航委會	——	——	機槍及另件	SR-105112 AB1.005-00	19 c/s	553	
〃	〃	63	〃	資委會	——	——	鋼絲	XC6 3-92	3 coils	899	
〃	〃	76,78	〃	〃	——	——	氣管	NRC OM	42 PCS	4,002	
〃	〃	51	〃	液委會	——	——	齒輪油	CDS Ro8No(-35)	3 c/s	682	
〃	〃	51	〃	〃	——	——	機油	CDS Ro5(-308/306	2 d/s	613	
〃	〃	55,73,77	〃	中央銀行	——	——	鈔券	C.B.C	77 c/s	5,927	
〃	〃		〃	滇區電訊專員處	——	——	鋼綫	Re9.C-455	57 coils	6,270	九月一日美軍交还
9-2	〃	50,51,61,63,64,69,70,72,73,75,76,78,79	〃	兵工署	——	——	鋅块	ANACONDA	42 PCS	1,050	
〃	〃	72,73	〃	〃	——	——	鋼盂	CDS Re9.C-596	34 d/s	3,864	
〃	〃	56	〃	航委會	——	——	飛機另件	CDS A	66 ctns	1,634	
〃	〃	51	〃	〃	——	——	飛機滑油	100 oct	24 d/s	3,820	
〃	〃	61	〃	資委會	——	——	鉛片	NRC 3/6	22 c/s	1,868	
〃	〃	56	〃	交通部	——	——	金鋼砂布紙	M.O.C.	11 pkgs	262	
〃	〃	77	〃	〃	——	——	無綫電另件	UB9-T-6227-1/	14 c/s	930	
〃	〃	69,77,79	〃	〃	——	——	電碼紙	C-636	68 c/s	6,880	

局長　　副局長　　運務科長　　貨運股長　　製表員

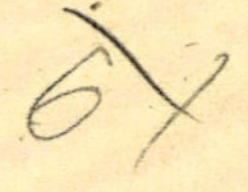

64　　　　　　　　　　　　　　　　　　　　　　　　　　　70

空運進口物資到達旬報表

（中）第43號
第2頁

塡製機關滇緬公路運輸局　　　　自民國32年9月1日至10日

到達日期	承運機關	飛機號數	起迄地點	物資機關	本局編號	物資名稱 原名	物資名稱 譯名	箱記	件數	重量（公斤）	附註
9-2	中航機	50,55,63,70,76	定疆－昆明	中央銀行	——	——	鈔券	C.B.C	118 c/s	9,784	
9-3	〃	50,61,63,64,69,73,76,77,78,79,80	〃	兵工署	——	——	鋅块	ANACONDA	35 Pcs	875	
〃	〃	50,70,74.	〃	〃	——	——	紫銅	N.E.C	204 pcs	5,700	
〃	〃	73,76	〃	〃	——	——	鋼丟	CDS(B) Reg.NAC-598	34 d/s	3,864	
〃	〃	63	〃	航委會	——	——	噴漆	CDS(A) Reg.C-678V 679V	5 d/s 5 d/s	1,846	
〃	〃	69	〃	〃	——	——	汽油發電機	CDS A Reg.NOC-310	7 c/s	1,960	
〃	〃	79	〃	〃	——	——	銅线	CDS Reg.NOS-23	19 coils	1,944	
〃	〃	62,67,80,	〃	〃	——	——	航空汽油	100 oct	36 d/s	5,720	
〃	〃	74	〃	〃	——	——	飛機另件	CDS A	11 PKGS	905	
〃	〃	75	〃	交通部	——	——	電器擴大機	C-636	8 c/s	396	
〃	〃	75	〃	〃	——	——	真空管	C-244	1 c/-	43	
〃	〃	75	〃	〃	——	——	電碼紙	C-636	9 c/s	1,563	
〃	〃	72	〃	資委會	——	——	氣管	NRC	21 Pcs	2,005	
〃	〃	54,61,73,78.	〃	軍医署	——	——	医药用品	OMCOS Res C-160	22 c/s	1,300	九月三日美軍交還
〃	〃	50,61,77,78	〃	中央銀行	——	——	鈔券	C.B.C	100 c/s	7,800	
〃	〃	——	〃	交通司	——	——	鉄线	Reg 244	175 coils	7,525	九月三日美軍交還
〃	〃	——	〃	〃	——	——	電話线	1009 24C	10 c/s	2,739	〃
〃	〃	——	〃	〃	——	——	電鈴线	Reg 244	12 c/s	1,493	〃

局長　　　　副局長　　　　運務科長　　　　貨運股長　　　　製表員

71

空運進口物資到達旬報表

(中) 第43號

填製機關滇緬公路運輸局　　自民國32年9月1日至10日　　第3頁

到達日期	承運機關	飛機號數	起迄地點	物資機關	本局編號	物資名稱 原名	物資名稱 譯名	箱記	件數	重量(公斤)	附註
—	中航機	—	定疆一昆明	交通司	—	—	變壓器	SR-3161-3	42 c/s	4,440	九月三日美軍交還
—	〃	—	〃	〃	—	—	無线另件及工具	Reg 244	11 PKGS	860	〃
9-4	〃	62,75	〃	兵工署	—	—	鋅塊	ANACONDA	9 PCS	225	
〃	〃	59,70,68,73,76 61,64,69,74,78 63,72	〃	〃	—	—	紫銅	N.E.C	78 PCS	1,950	
〃	〃	62	〃	〃	—	—	鋼盂	CDS B Reg Noc-596	17 d/s	1,932	
〃	〃	75	〃	〃	—	—	機槍鋼条	UTC UA2-T-491-D	47 c/s	1,900	
〃	〃	68	〃	航委會	—	—	飛機另件	CDS A	17 d/s	642	
〃	〃	77	〃	〃	—	—	航空汽油	100 oct	12 coils	1,910	
〃	〃	61,64,69,70, 72,73,74,76	〃	交通部	—	—	鋼线	XOS F391	100 d/s	15,632	
〃	〃	55,63	〃	資委會	—	—	顏料	IMAA	47 c/s	2,504	
〃	〃	57,79	〃	〃	—	—	汽車另件	UN4606-J-1	45 tires	3,162	
〃	〃	55	〃	〃	—	—	汽車輪胎	NRC OM	38 coils	1,503	
〃	〃	—	〃	交通司	—	—	鋼线	Reg 455	21 coils	2,024	九月四日美軍交還
〃	〃	—	〃	〃	—	—	鉄线	Reg 244	79 c/s	6,579	〃
〃	〃	—	〃	航委會	—	—	航空汽油	100 oct	12 PCS	1,910	〃
9-5	〃	61,62, 63,69,	〃	兵工署	—	—	鋅块	ANACONDA	9 PCS	225	
〃	〃	50,55,57,64,66 68,70,72,74,79	〃	〃	—	—	紫銅	N.E.C	44 PCS	1,100	
〃	〃	51,55,68	〃	〃	—	—	鋼盂	CDS B Reg Noc-596	51 d/s	5,796	

局長　　副局長　　運務科長　　貨運股長　　製表員

65

72

空運進口物資到達旬報表

(中) 第43號

第4頁

填製機關滇緬公路運輸局

自民國30年9月1日至10日

到達日期	承運機關	飛機號數	起迄地點	物資機關	本局編號	物資名稱 原名	物資名稱 譯名	箱記	件數	重量（公斤）	附註
9-5	中航機	73	定疆－昆明	航委會	——	——	銅線	CDS Reg No c23	11 Reels	1,125	
〃	〃	50, 57, 64, 70, 72	〃	交通部	——	——	〃	XCS F-391	250 coils	9,770	
〃	〃	79	〃	軍医署	——	——	医药用品	CDS Ref No, C-160	29 c/s	2,864	
〃	〃	73	〃	資委會	——	——	顏料	IMAA	9 c/s	1,512	
〃	〃	73	〃	〃	——	——	蠟	RNC1-3	8 bags	489	
〃	〃	62, 63, 69	〃	中央銀行	——	——	鈔券	C, B, C	81 c/s	5,913	
——	〃	——	〃	交通司	——	——	鉄線	Reg 244	40 coils	1,650	九月五日美軍交還
——	〃	——	〃	〃	——	——	銅線	Reg 455	26 coils	2,730	〃
9-6	〃	59 62 69 75	〃	兵工署	——	——	鋅塊	ANACOMDA	8 Pcs	200	
〃	〃	50, 64, 108, 74, 79, 51, 66, 70, 76, 80, 55, 67, 73, 78	〃	〃	——	——	紫銅	N, E, C.	551 Pcs	13,775	
〃	〃	59	〃	航委會	——	——	航空汽油	100 oct	12 c/s	1,910	
〃	〃	51, 66, 76	〃	交通部	——	——	銅線	XCS F-391	150 coils	1,044	
〃	〃	50	〃	航委會	——	——	医院用品	CDS A Ref No c-88	21 c/s	1,754	
〃	〃	72	〃	〃	——	——	軟片	CDS C-648	10 c/s	5,862	
〃	〃	50	〃	軍医署	——	——	医药品	UMD-T-3294 3295	17 c/s	5,949	
〃	〃	72	〃	〃	——	——	〃	CDS C-160	4 c/s	274	
〃	〃	72	〃	〃	——	——	外科医具	CDS C-649			
〃	〃	55, 68	〃	資委會	——	——	假艇板	H-T-8330-00	6 c/s	3,146	

局長　　副局長　　運務科長　　貨運股長　　製表員

73

空運進口物資到達旬報表

(中)第43號

塡製機關滇緬公路運輸局　　自民國32年9月1日至10日　　第5頁

到達日期	承運機關	飛機號數	起迄地點	物資機關	本局編號	物資名稱 原名	物資名稱 譯名	箱記	件數	重量（公斤）	附註
9-6	中航機	56.63.62.69.75	定疆—昆明	中央銀行	—	—	鈔券	C.B.C	135 c/s	9,927	
9-7	〃	59,63,75,80	〃	兵工署	—	—	錊块	ANACONDA	12 pcs	300	
〃	〃	55,64,68.73.57,66,69.74,79.62.67.78.76	〃	〃	—	—	紫銅	N.E.C	349 pcs	8,725	
〃	〃	62,73	〃	〃	—	—	鋼盂	CDS B Reg C-596	34 c/s	3,864	
〃	〃	78	〃	航委會	—	—	乾電池	UG1-F-6050	19 —	504	
〃	〃	55,57,67,68	〃	交通部	—	—	鋼线	90CS F-391	200 coils	7,816	
〃	〃	78	〃	〃	—	—	電話機座	C-455	8 c/s	923	
〃	〃	78	〃	〃	—	—	電話線	C-455	7 c/s	593	
〃	〃	50,64,74	〃	交通司	—	—	鉄线	Reg-244	100 coils	4,319	
〃	〃	50	〃	中央廣播台	—	—	變壓器	UR1-W-1955	1 c/s	375	
〃	〃	59,63,75,80	〃	中央銀行	—	—	鈔券	C.B.C	72 c/s	7,704	
9-8	〃	62,63,75,76	〃	兵工署	—	—	錊块	ANACONDA	12 pcs	300	
〃	〃	51,61,67,74,80.57,64,70,78.59,66,72,79,81	〃	〃	—	—	紫銅	N.E.C	158 pcs	3,950	
〃	〃	59,70,80.67,74	〃	交通司	—	—	鉄线	Reg 244	218 coils	9,443	
〃	〃	57,72,79	〃	〃	—	—	變壓器	SR-3161-3	48 c/s	5,132	
〃	〃	62,63,75,76	〃	中央銀行	—	—	鈔券	C.B.C	72 c/s	7,704	
9-9	〃	55,59,76,80	〃	兵工署	—	—	錊块	ANACONDA	12 pcs	300	
〃	〃	50.61,70,74.51,62.57,66,72,81.	〃	〃	—	—	紫銅	N.E.C	95 pcs	2,375	

局長　　副局長　　運務科長　　貨運股長　　製表員

74

空運進口物資到達旬報表

（中）第 43 號
第 6 頁

填製機關滇緬公路運輸局　　自民國 32 年 9 月 1 日至 10 日

到達日期	承運機關	飛機號數	起迄地點	物資機關	本局編號	物資名稱 原名	物資名稱 譯名	箱記	件數	重量（公斤）	附註
9-9	中航機	68	定疆一昆明	交通司	——	——	鉄线	Reg.244	44 c/s	2,000	
〃	〃	67, 79	〃	交通部	——	——	電話器材	XCS F-315	20 c/s	2,657	
〃	〃	57	〃	〃	——	——	〃 〃	XCS F-44	4 c/s	512	
〃	〃	57	〃	資委會	——	——	琺瑯銅线	XC20 F-459	12 c/s	758	
〃	〃	81	〃	〃	——	——	鉛片	NRC 216	15 c/s	1,415	
〃	〃	57, 78	〃	〃	——	Graphite 8 Greasey Hercule	——	NRC 219 NO. 13143	31 c/s	2,419	
〃	〃	55,59,76,20	〃	中央銀行	——	——	鈔票	C.B.C	72 c/s	7,704	
9-10	〃	55,59,68,76	〃	兵工署	——	——	錊块	ANACONDA	12 Pcs	300	
〃	〃	50,61,67,74,78 51,65,70,75,79,81 57,66,72,77,80	〃	〃	——	——	紫銅	N.E.C	125 Pcs	3,125	
〃	〃	81	〃	資委會	——	——	琺瑯銅线	XC20 F-459	28 c/s	1,797	
〃	〃	66	〃	〃	——	——	鉛片	N R C	18 c/s	1,910	
〃	〃	55,59,68,76	〃	中央銀行	——	——	鈔券	C.B.C	72 c/s	7,704	
共計									5,875	323,137	

局長　　副局長　　運務科長　　貨運股長　　製表員

空運進口物資到達旬報表

(中) 第44號

第1頁

塡製機關滇緬公路運輸局　　自民國32年9月11日至20日

到達日期	承運機關	飛機號數	起迄地點	物資機關	本局編號	物資名稱 原名	物資名稱 譯名	箱記	件數	重量(公斤)	附註
9-11	中航機	55,59,75	定疆—昆明	兵工署	——	——	鋅块	ANACONDA	3 pcs	75	
〃	〃	51.62.67.76 57.66.73.77.80 61.66.74.77	〃	〃	——	——	紫銅	N.E.C	54 pcs	1,350	
〃	〃	51.66.73.80 57.67.77	〃	〃	——	——	鋼盃	CDS Reg C-596	119 c/s	13,584	
〃	〃	61,62,74	〃	鹽務局	——	——	鋼纯	Reg C-716	12 Reils	5,265	
〃	〃	76	〃	資委會	——	——	鋁片	N R 216 C	17 pcs	1,971	
〃	〃	55,59,75	〃	中央銀行	——	——	鈔券	C.B.C	72 c/s	5,937	
——	——	——	〃	交通司	——	——	通訊器材	——	11 c/s	1,100	九月十一日美軍交还
——	——	——	〃	資委會	——	——	器車另件	UNIU-6006KY	12 c/s	492	〃
——	——	——	〃	配件庫	——	——	修理廠設備	CDS GT-D-S Reg C-46	29 c/s	2,000	〃
9-12	〃	59,75	〃	兵工署	——	——	鋅块	ANACONDA	2 pcs	50	
〃	〃	50.62.72.76.80 51.67.73 57.69.74.78.81	〃	〃	——	——	紫銅	N.E.C	140 pcs	3,500	
〃	〃	56,57,72,81	〃	〃	——	——	鋼盃	CDS B Reg C-596	68 c/s	7,728	
〃	〃	69	〃	航委會	——	——	飛機另件	Reg C-H-2	32 c/s	1,129	
〃	〃	69	〃	〃	——	——	〃	ESPR0131-22	2 c/s	21	
〃	〃	69	〃	〃	——	——	〃	Reg C 507 509 512	4 c/s 2 c/s	170	
〃	〃	77	〃	〃	——	——	齒輪油	CAA DJN No1-79	79 ctns	1,306	
〃	〃	69	〃	交通部	——	——	電碼紙	MOCCAL-10 care 1/7	7 Pkgs	541	
〃	〃	74	〃	〃	——	——	銅线	MCCIS F-391	7 coils	303	

局長　　副局長　　運務科長　　貨運股長　　製表員

76

空運進口物資到達旬報表

（中）第44號

第2頁

填製機關滇緬公路運輸局　　自民國32年9月11日至20日

到達日期	承運機關	飛機號數	起迄地點	物資機關	本局編號	物資名稱 原名	物資名稱 譯名	箱記	件數	重量（公斤）	附註
9-12	中航機	74,78	定疆－昆明	鹽務局	——	——	鋼絲	Pe9-C-716	7 Reels	3,071	
〃	〃	76	〃	中央廣播台	——	——	通訊器材	UR1-WC19551	5 c/s	1,925	
〃	〃	76	〃	液委會	——	——	脂肪	42-18503 312/SSPS	1 c/s	37	
〃	〃	74	〃	資委會	——	——	顏料	IMAA	1 drum	165	
〃	〃	55,59,75	〃	中央銀行	——	——	鈔券	C.B.C	83 c/s	5,960	
——	〃	——	〃	航委會	——	——	電話另件	UG1-F-6082-1	1 c/-	50	九月十二日美軍交還
9-13	〃	50,66,69 59,68,78	〃	兵工署	——	——	鋅塊	ANACONDA	6 pcs	150	
〃	〃	50,61,70,76,80 51,63,73,78,81 55,67,74	〃	〃	——	——	紫銅	N.E.C	278 pcs	6,950	
〃	〃	51,74,81 55,76	〃	〃	——	——	鋼盂	CDS B Re9 C-596	20 c/s	8,005	
〃	〃	74	〃	交通部	——	——	電碼紙	C-636 SR-3297	7 c/s	744	
〃	〃	74	〃	交通司	——	——	配電機	Re9 454	9 c/s	749	
〃	〃	74,75	〃	資委會	——	——	鉛片	N R DIC C	19 pcs	2,245	
〃	〃	55	〃	中紡會	——	——	醫藥用品	——	1 c/s	3	
〃	〃	50,59,68,78 56,66,69	〃	中央銀行	——	——	鈔券	C.B.C	276 c/s	13,670	
——	〃	——	〃	交通司	——	——	通訊器材	Re9 244	1 c/s	90	九月十三日美軍交還
9-14	〃	73,75,76,81	〃	兵工署	——	——	鋅塊	ANACONDA	4 pcs	100	
〃	〃	50,55,61,63 51,56,62,67	〃	〃	——	——	紫銅	N.E.C	50 pcs	1,250	
〃	〃	61,69,73,77,80 68,70,74,78,82	〃	〃	——	——	〃	〃			

局長　　副局長　　運務科長　　貨運股長　　製表員

77

空運進口物資到達旬報表

(中) 第44號

填製機關滇緬公路運輸局　　自民國38年9月11日至20日　　第3頁

到達日期	承運機關	飛機號數	起迄地點	物資機關	本局編號	物資名稱 原名	物資名稱 譯名	箱記	件數	重量(公斤)	附註
9-14	中航機	50,63,73 61,70,77,80	定遠—昆明	兵工署	—	—	銅盂	CDS B Re2 C-596	119 c/s	13,524	
〃	〃	82	〃	資委會	—	—	鍋炉帮甫	XCC6566 MEA	1 c/-	271	
〃	〃	82	〃	〃	—	—	絶缘线	XCC6510 MEA	1 c/-	250	
〃	〃	82	〃	〃	—	—	鍋炉装置	CK9701614 5537	12 pcs	713	
〃	〃	82	〃	〃	—	—	紅礬	IMAAIMO3	4 Tins	107	
〃	〃	73,76, 75,81	〃	中央銀行	—	—	鈔券	C.B.C	168 c/s	7,896	
9-15	〃	69,75,76,82	〃	兵工署	—	—	鋅块	ANACONDA	4 pcs	100	
〃	〃	50,61,70,74,80 51,63,72,78 56,66,73,79,81	〃	〃	—	—	紫銅	N.E.C	84 pcs	2,100	
〃	〃	50,63,66,78	〃	〃	—	—	銅盂	CDS B Re8 C-596	68 c/s	7,728	
〃	〃	80	〃	〃	—	—	鎂銅	UA2-T-1132-7	2 c/s	289	
〃	〃	80	〃	航委會	—	—	鋁片	UG-26-7274	3 c/s	419	
〃	〃	79	〃	〃	—	—	飛機另件	COAA	51 Pkgs	1,630	
〃	〃	80	〃	資委會	—	—	機器	SP157	1 c/s	110	
〃	〃	80	〃	〃	—	—	油管	UN5-T-1734A2	5 pcs	502	
〃	〃	81	〃	〃	—	—	銅绝	XCC6 S-92	4 coils	1,613	
〃	〃	80	〃	衛生署	—	—	医药用品	XCC15 MOEH	11 c/s	595	
〃	〃	69,75,76,80	〃	中央銀行	—	—	鈔券	C.B.C	168 c/s	7,896	
—	〃	—	〃	交通部	—	—	銅线	XCC8 F45	1 coils	73	

局長　　副局長　　運務科長　　貨運股長　　製表員

78

空運進口物資到達旬報表

(中)第44號

填製機關滇緬公路運輸局　　自民國32年9月11日至20日　　第4頁

到達日期	承運機關	飛機號數	起迄地點	物資機關	本局編號	物資名稱 原名	物資名稱 譯名	箱記	件數	重量（公斤）	附註
9-16	中航機	70,76,78,81	定疆—昆明	兵工署	—	—	鋅塊	ANACONDA	4 pcs	100	
〃	〃	50,61,66,74,79 51,62,68,75,80 56,63,69,77,82	〃	〃	—	—	紫銅	N.E.C	254 pcs	6,350	
〃	〃	50,61,74 51,63,77	〃	〃	—	—	鋼盂	CDS Ro2 B C-596	102 c/s	11,592	
〃	〃	80	〃	資委會	—	—	鋼絲	XC6 S-92	4 coils	1,516	
〃	〃	70,76,78,81	〃	中央銀行	—	—	鈔券	C.B.C	168 c/s	7,896	
9-17	〃	68	〃	兵工署	—	—	鋅塊	ANACONDA	1 pcs	25	
〃	〃	50,64,69,73,79 51,68,70,77,82	〃	〃	—	—	紫銅	N.E.C	245 pcs	6,125	
〃	〃	51	〃	〃	—	—	鋼盂	XCB Ro2 B C-596	17 c/s	1,932	
〃	〃	73	〃	航委會	—	—	攝影機	CDS RFDAC-648	3 c/s	485	
〃	〃	73	〃	〃	—	—	軟片	〃	8 c/s	1,491	
〃	〃	56	〃	〃	—	—	鋁片	UG25-3047	1 c/s	106	
〃	〃	56	〃	〃	—	—	工廠用品	UG16-F-6230 A-1	15 c/s	1,908	
〃	〃	66	〃	〃	—	—	〃	〃	11 c/s	} 1,215	
〃	〃	66	〃	〃	—	—	光學玻璃	CDS Ro2 A C-611	18 c/s		
〃	〃	66	〃	〃	—	—	擴孔錐	UG1-F-1832-2	1 c/s		
〃	〃	66	〃	〃	—	—	金屬綫	UG1-F-6034-1	1 c/s	291	
〃	〃	66	〃	〃	—	—	變壓器	UG1-F-6113-1	1 c/s	61	
〃	〃	69	〃	資委會	—	—	鋼絲	XC6 S-92	4 coils	1,516	

局長〔印〕　　副局長　　運務科長〔印〕　　貨運股長〔印〕　　製表員〔印〕

空運進口物資到達旬報表

(甲) 第 44 號
第 5 頁

塡製機關滇緬公路運輸局　　自民國 30 年 9 月 11 日至 20 日

到達日期	承運機關	飛機號數	起迄地點	物資機關	本局編號	物資名稱 原名	物資名稱 譯名	箱記	件數	重量（公斤）	附註
9-17	中航機	77	定疆—昆明	資委會	—	—	蠟	NRC1-3	6 c/s	382	
〃	〃	82	〃	交通部	—	—	電話器材	XC3 F-315	2 c/s	191	
〃	〃	82	〃	〃	—	—	〃	XC3 F-320	4 c/s	445	
〃	〃	82	〃	〃	—	—	〃	BTFA-686-1	2 c/s	670	
〃	〃	68	〃	〃	—	—	電器滅火機	C-636 SR-3029-E	3 c/s	179	美軍扣存九月廿四日送還
〃	〃	77	〃	衛生署	—	—	醫藥用品	XC13 MOFH	27 PKgs	1,751	
〃	〃	62,68,76,81	〃	中央銀行	—	—	鈔券	C.B.C	159 c/s	7,966	
—	〃	—	〃	交通部	—	—	無線電另件	Ro2 613	1 c/s	170	九月十七日美軍交還
—	〃	—	〃	〃	—	—	螺絲	Ro2 244	1 c/s	20	〃
—	〃	—	〃	中央廣播台	—	—	無線電另件	UR1-20-1806-1/100	7 c/s	780	〃
9-18	〃	59,63,70,74 51,64,73,77 56,66,75,77	〃	兵工署	—	—	紫銅	N.E.C	648 pcs	16,200	
〃	〃	64	〃	航委會	—	—	無線電另件	COS Ro2-E-207	1 c/s	66	
〃	〃	64	〃	〃	—	—	工廠用品	UG16-F6200A-1	1 c/s	57	
〃	〃	64	〃	交通司	—	—	乾電池	NN12-F-7086	1 c/s	105	
〃	〃	64	〃	交通部	—	—	無線電另件	UB9-F6077-2	5 c/s	661	
〃	〃	64	〃	〃	—	—	通訊器材	XC8 F-429			
〃	〃	64,74,77,81,82	〃	衛生署	—	—	醫藥用品	XC13 MOFH	96 c/s	8,132	
〃	〃	64	〃	資委會	—	—	機油	UNAA29-7019	1 drm	124	

局長　　副局長　　運務科長　　貨運股長　　製表員

80

空運進口物資到達旬報表

（中）第44號
第6頁

填製機關滇緬公路運輸局　　自民國38年9月11日至20日

到達日期	承運機關	飛機號數	起迄地點	物資機關	本局編號	物資名稱 原名	物資名稱 譯名	箱記	件數	重量（公斤）	附註
9-18	中航機	64	定疆－昆明	軍医署	——	——	医药用品	UMD-T-1936	1 %	555	
〃	〃	64	〃	〃	——	——	〃	UMD-T-1935-4	5 %		
〃	〃	64	〃	〃	——	——	〃	UMD-T-3894-2	3 %		
〃	〃	62,68,69,79	〃	中央銀行	——	——	鈔券	C.B.C	152 %	8,076	
——	〃	——	〃	軍医署	——	——	医药用品	CDS C	45 %	2,045	九月十八日美軍交還
——	〃	——	〃	交通部	——	——	無线電器材	Reg 613	45 %	2,045	〃
9-19	〃	51,63,68,73 56,64,70,74,77	〃	兵工署	——	——	紫銅	N.E.C	27 pcs	675	
〃	〃	73,74	〃	〃	——	——	鋼盂	CDS Reg C-596	5 %	567	
〃	〃	74	〃	〃	——	——	熔接器	UA2-T-4490-34	1 %	50	
〃	〃	72	〃	〃	——	——	鋼条	UA2T-1132-2	26 %	2,015	
〃	〃	74	〃	航委會	——	——	飛機另件	CDS Reg C-513-14	1 %	80	
〃	〃	74	〃	交通司	——	——	乾電池	CTC MF 27	5 %	427	
〃	〃	74	〃	〃	——	——	鋼线	Reg 455	6 coils	528	
〃	〃	63,73,77 69,74,82	〃	衛生署	——	——	医药用品	XC013 MOF 17	136 % 60 Tins	10,042	
〃	〃	51,56,68,70	〃	軍需署	——	——	灰布	Gens YLee	96 %	7,856	
〃	〃	64	〃	甘肅油礦局	——	——	汽油精	——	4 %	1,845	由資委會收接
〃	〃	62,66,79,81	〃	中央銀行	——	——	鈔券	C.B.C	152 %	8,076	
〃	〃	——	〃	交通司	——	——	橡皮導	UTC UA12-T-6286	24 %	1,265	九月十九日美軍交還

局長　　副局長　　運務科長　　貨運股長　　製表員

81

空運進口物資到達旬報表

（中）第44號

填製機關滇緬公路運輸局　　自民國38年9月11日至20日　　第7頁

到達日期	承運機關	飛機號數	起迄地點	物資機關	本局編號	物資名稱		箱記	件數	重量（公斤）	附註
						原名	譯名				
—	中航機	—	宛驛—昆明	交通司	—	—	真空管	801-SIGC-11	9 c/s	458	九月九日美軍交還
—	〃	—	〃	〃	—	—	無綫電器材	UA9-F6093	3 c/s	300	〃
9-20	〃	69	〃	兵工署	—	—	鋅塊	ANACONDA	1 PCO	25	
〃	〃	56.62.64.70.74 61.63.66.72.77	〃	〃	—	—	紫銅	N.E.C	126 PCS	3,150	
〃	〃	75	〃	〃	—	—	鋼条	UA2-T-1132-2	28 c/s	2,014	
〃	〃	64.66	〃	〃	—	—	烟管	Ord Dept	36 c/s	3,734	
〃	〃	70.77	〃	〃	—	—	金剛砂布	ORD.P.S	150 c/s	2,431	
〃	〃	74	〃	衛生署	—	—	醫藥用品	SC13 MOFH	22 c/s	1,789	
〃	〃	56.63.72	〃	航委會	—	—	航空汽油	100 oct	36 c/s	5,730	
〃	〃	62.77	〃	軍需署	—	—	灰布	Gen.S.Y.Lee	35 c/s	2,864	
〃	〃	77	〃	甘肅油礦局	—	—	汽油精	—	1 d/m	439	由[illegible]委会收接
〃	〃	69.79.81.82	〃	中央銀行	—	—	鈔票	C.B.C	159 c/s	7,997	
〃	〃	—	〃	航委會	—	—	器材	—	1 PKG.	150	九月廿日美軍交還
〃	〃	—	〃	資委會	—	—	電用器材	—	3 c/s	275	〃
共計									5,408	295,453	

局長　　副局長　　運務科長　　貨運股長　　製表員

82

空運進口物資到達旬報表

(中)第45號

第1頁

填製機關滇緬公路運輸局　　自民國32年9月21日至30日

到達日期	承運機關	飛機號數	起迄地點	物資機關	本局編號	物資名稱 原名	物資名稱 譯名	箱記	件數	重量（公斤）	附註
9-21	中航機	51,61,66,70,75 56,63,67,72,77 59,64,69,74,78	定疆－昆明	兵工署	——	——	紫銅	N.E.C	107pcs	2,675	
〃	〃	68,73,81,82	〃	〃	——	——	錫塊	ANACONDA	4pcs	100	
〃	〃	59,66,69,72,78 64,67,70,75	〃	航委會	——	——	航空汽油	100 Oct	107 c/s	17,030	
〃	〃	68,73,81,82	〃	中央銀行	——	——	鈔券	C.B.C	168 c/s	7,896	
——	〃	~~56,61,64,67 59,65,66,69~~ 70	〃	交通司	——	——	無綫電另件	Reg 244	1 c/s	90	九月廿一日美軍交還
——	〃	~~72,74,77,81 73,75,78,82~~ 79	〃	航委會	——	——	飛機另件	——	2 c/s	100	〃
9-22	〃	56,61,64,69,70 59,63,68,69	〃	兵工署	——	——	紫銅	N.E.C	103pcs	2,575	
〃	〃	72,74,77,81,79 73,75,78,82	〃	〃	——	——	〃	〃			
〃	〃	56,63,67,70, 59,64,69,82.	〃	航委會	——	——	航空汽油	100 Oct	96 c/s	15,280	
〃	〃	72	〃	軍需署	——	——	灰布	Gen.S.Y.Lee	24 c/s	1,964	
——	〃	——	〃	航委會	——	——	子彈	Reg COS A C-242	100 c/s	5,000	九月廿二日美軍交還
——	〃	——	〃	滇緬警組	——	——	用品	——	1 c/s	50	〃
——	〃	——	〃	滇緬局	——	——	螺絲	——	1 c/s	72	〃 物主机關不詳暫由本局收存
9-23	〃	56,59,66,68, 57,64,67,69,70	〃	兵工署	——	——	紫銅	N.E.C	97Pcs	2,425	
〃	〃	72,74,76,79,82 73,75,77,81	〃	〃	——	——	〃	〃			
〃	〃	56,64,68,72,76 57,67,70,75,77	〃	航委會	——	——	航空汽油	100 Oct	120 c/s	19,100	
〃	〃	59.61	〃	軍需署	——	——	灰布	Gen.S.Y.Lee	43 c/s	3,990	
〃	〃	74	〃	花紗布管制局	——	——	藍布	P.S	17 c/s	1,947	

局長　　副局長　　運務科長　　貨運股長　　製表員

空運進口物資到達旬報表

(中) 第45號

填製機關滇緬公路運輸局　　自民國32年9月21日至30日　　第2頁

到達日期	承運機關	飛機號數	起迄地點	物資機關	本局編號	物資名稱 原名	物資名稱 譯名	箱記	件數	重量（公斤）	附註
9-24	中航機	50.51.64.67 56.61.66.68.69	定疆-昆明	兵工署	——	——	紫銅	N.E.C	805 pcs	7,625	
〃	〃	70.74.76.79 72.75.77.81.82	〃	〃	——	——	〃	〃			
〃	〃	61.68.75.81 67.69.76.82	〃	航委會	——	——	航空汽油	100 Oct	96 c/s	15,280	
〃	〃	50	〃	中央銀行	——	——	鈔券	C.B.C	22 c/s	1,978	
——	〃	——	〃	兵工署	——	——	乾電池	CDS R of 電 C-192	2 c/s	400	九月廿四日美軍交还
——	〃	——	〃	交通司	——	——	無线電另件	Reg 613	53 c/s	985	〃
——	〃	——	〃	〃	——	——	通訊器材	〃	15 c/s	1,364	〃
——	〃	——	〃	〃	——	——	乾電池	UA12-F-7086	2 c/s	280	〃
——	〃	——	〃	〃	——	——	鉄錨	Reg 244	28 c/s	2,250	〃
——	〃	——	〃	交通部	——	Grip Wire	——	SR 31351-42 NC-4421	1 c/s	61	〃
9-25	〃	50.61.64.74.77 56.62.70.75.78 57.63.72.76.79.81	〃	兵工署	——	——	紫銅	N.E.C	71 pcs	1,775	
〃	〃	72.79	〃	〃	——	——	過熱管	HS.0 800	70 pcs	3,936	
〃	〃	64.75	〃	〃	——	——	烟管	Ord Dept Ministry of War	38 c/s	3,920	
〃	〃	82	〃	〃	——	——	鋼条	UA27-1122-2	13 pcs	135	
〃	〃	50.61.74 57.70.77.78	〃	航委會	——	——	航空汽油	100 Oct	84 c/s	13,370	
〃	〃	74	〃	軍需署	——	——	灰布	Ger.Sylee	19 c/s	2,004	
〃	〃	82	〃	交通部	——	——	鋼綫	XC3 E-45	1 coil	43	
〃	〃	——	〃	航委會	——	——	光学玻璃	Reg c-614	1 c/s	86	九月廿四日美軍交還

局長 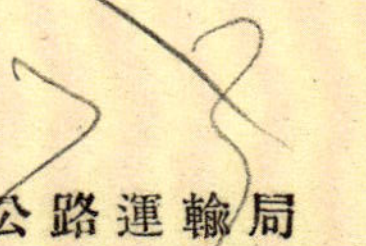　　副局長　　運務科長　　貨運股長　　製表員

84

空運進口物資到達旬報表

(中)第45號
第3頁

填製機關滇緬公路運輸局　　自民國32年9月21日至30日

到達日期	承運機關	飛機號數	起迄地點	物資機關	本局編號	物資名稱 原名	物資名稱 譯名	箱記	件數	重量(公斤)	附註
9-24	中航機	——	定疆一昆明	航委會	——	——	乾電池	UG6-6002-9/618	3 c/s	234	九月廿五日美軍交還
9-26	〃	50,62,70,76,79. 57,65,74,77,81 61,68,75,78,82	〃	兵工署	——	——	紫銅	N.E.C	70 Pcs	1,750	
〃	〃	76	〃	〃	——	——	測量機	Reg No 143/477	1 c/s	165	
〃	〃	68	〃	〃	——	——	過熱管	H.S.O 8000	35 Pcs	1,968	
〃	〃	76	〃	交通司	——	——	車床	J1200,0,8938	2 c/s	1,108	
〃	〃	64	〃	〃	——	——	輪胎	Ref C-123 (32×6)	68 tires	2,009	
〃	〃	50,63,75,79, 57,70,77,81,82 62,74,77,81	〃	航委會	——	——	航空汽油	100 Oct	144 c/s	22,900	
〃	〃	72	〃	〃	——	——	飛機另件	CDS A C-807-A	28 c/s	2,023	
〃	〃	76	〃	〃	——	——	〃	〃	8 c/s	693	
〃	〃	66	〃	軍需署	——	——	皮布	Gen SY Lee	19 b/s	2,004	
〃	〃	78	〃	資委會	——	——	金屬条	XC6 S-63	82 Pcs	1,900	
〃	〃	61	〃	政治部	——	——	無線電另件	CT-1204 2293/9967	25 c/s	1,653	
—	〃	——	〃	交通司	——	——	汽車另件	——	42 c/s	4,000	九月廿六日美軍交還
—	〃	——	〃	〃	——	——	無线電器材	——	1 Box	10	〃
—	〃	——	〃	〃	——	——	乾電池	——	2 Box	107	〃
9-27	〃	50,57,62,67, 56,61,64,68,70	〃	兵工署	——	——	紫銅	N.E.C	209 Pcs	5,225	
〃	〃	72,75,77,79, 74,76,78,81,82	〃	〃	——	——	〃	〃			
〃	〃	57,62,77, 63,74,81	〃	〃	——	——	鋼盔	CDS B Reg C-596	100 c/s	11,592	

局長　　副局長　　運務科長　　貨運股長　　製表員

空運進口物資到達旬報表

(中) 第45號
第4頁

填製機關滇緬公路運輸局　　自民國32年9月21日至30日

到達日期	承運機關	飛機號數	起迄地點	物資機關	本局編號	物資名稱 原名	物資名稱 譯名	箱記	件數	重量（公斤）	附註
9-27	中航機	50.61.68.75 56.67.70.76	定疆一昆明	航委會	—	—	航空汽油	100 Oct	96 c/s	15,280	
〃	〃	64.79	〃	〃	—	—	飛機另件	——	6 c/s	2,100	
〃	〃	72.82	〃	花紗布管制局	—	—	蔴布	P.C.	54 c/s	3,894	
〃	〃	54.55	〃	中央銀行	—	—	鈔券	C.B.C.	66 c/s	4,017	
—	〃	——	〃	配件庫	—	—	輪胎	——	60 Sets	737	九月廿七日由西南公路局交还
—	〃	——	〃	〃	—	—	修理廠設備	RefC-46	1 c/s	318	〃 〃
9-28	〃	50.55.59.63.66 54.56.62.64.67	〃	兵工署	—	—	紫銅	N.E.C.	174 Pcs	4,350	本日64号機因左边發動
〃	〃	68.73.76 70.74.77.81.82 72.75.78	〃	〃	—	—	〃	〃			機停駛所裝之航委會航
〃	〃	57.59	〃	〃	—	—	烟管	Ministry of War	26 c/s	2,681	空汽油12桶兵工署紫銅四
〃	〃	75	〃	〃	—	—	橡皮管	〃	13 Rolls	946	塊在途推落故未收到
〃	〃	57	〃	交通司	—	—	輪胎	RefC-123 (32×6)	20 Pcs	595	
〃	〃	57	〃	〃	—	—	〃	RefC-85 (34×7)	10 Pcs	591	
〃	〃	77	〃	軍需署	—	—	灰布	Gen.SY.Lee	24 c/s	1,964	
〃	〃	55.64.74.81 63.73.76.82	〃	航委會	—	—	航空汽油	100 Oct	96 c/s	15,280	
〃	〃	57	〃	政治部	—	—	無線電器材	CT-1244 2203/9902	8 c/s	361	
〃	〃	68	〃	中信局	—	—	造紙器材	UKD-7541	11 c/s	1,986	
〃	〃	68	〃	配件庫	—	—	乾電池	——	1 c/s	17	
〃	〃	75	〃	英使館	—	—	書籍	BMOI	22 Pkgs	1,021	

局長　　副局長　　運務科長　　貨運股長　　製表員

X6　86

空運進口物資到達旬報表

(中) 第45號
第5頁

塡製機關滇緬公路運輸局　自民國33年9月21日至30日

到達日期	承運機關	飛機號數	起迄地點	物資機關	本局編號	物資名稱 原名	物資名稱 譯名	箱記	件數	重量（公斤）	附註
9-29	中航機	50,54,56,59,63, 51,55,57,62,64,66	空疆—昆明	兵工署			紫銅	N.E.C	507 pcs（合計上兩行）	12,675	
〃	〃	67,70,74,76,78, 68,73,75,79,81,82	〃	〃			〃	〃		7,640	
〃	〃	57,68,77,81	〃	航委會			航空汽油	100 Oct	48 c/s	↙	
〃	〃		〃	滇西電訊專員處			銅線		37 coils	4,037	
9-30	〃	50,54,56,59,63, 51,55,57,62,64,66	〃	兵工署			紫銅	N.E.C	1,258 pcs（合計上兩行）	31,450	
〃	〃	67,70,73,75,77, 69,72,68,76,78,81	〃	〃			〃	〃			
〃	〃	72,76	〃	衛生署			X光綫器材	XCB MOFH	4 c/s	2,253	
〃	〃	54,57, 59,68,82	〃	中信局			鈔券紙	URI-F-6119	65 c/s	9,750	
〃	〃	70	〃	資委會			銀片	UNAD-33-70241	9 c/s	1,836	
共計									5,249	320,930	

局長（印）　副局長　運務科長（印）　貨運股長（印）　製表員（印）

交通部川滇西路管理局、国立西康技艺专科学校等关于运输学校图书仪器望沿途予以协助的一组文书

（一九四三年十月至十一月）

交通部川滇西路管理局致交通部公路总局滇缅公路运输局的笺函（一九四三年十月二十八日）

交通部川滇西路管理局用箋

酉泉局長吾兄勛鑒：敬啓者，西昌國立西康技藝專科學校新到圖書儀器二十四箱，共重一千五百公斤，現存昆明中法大學，急待運回應用。茲由該校派總務主任劉之祥兄來昆起運，特爲介紹，敬請吾兄賜予洽見，並設法飭派車輛運至鎮南，所需費用當由該校照章繳納

中華民國　年　月　日　電報掛號：二一三六六

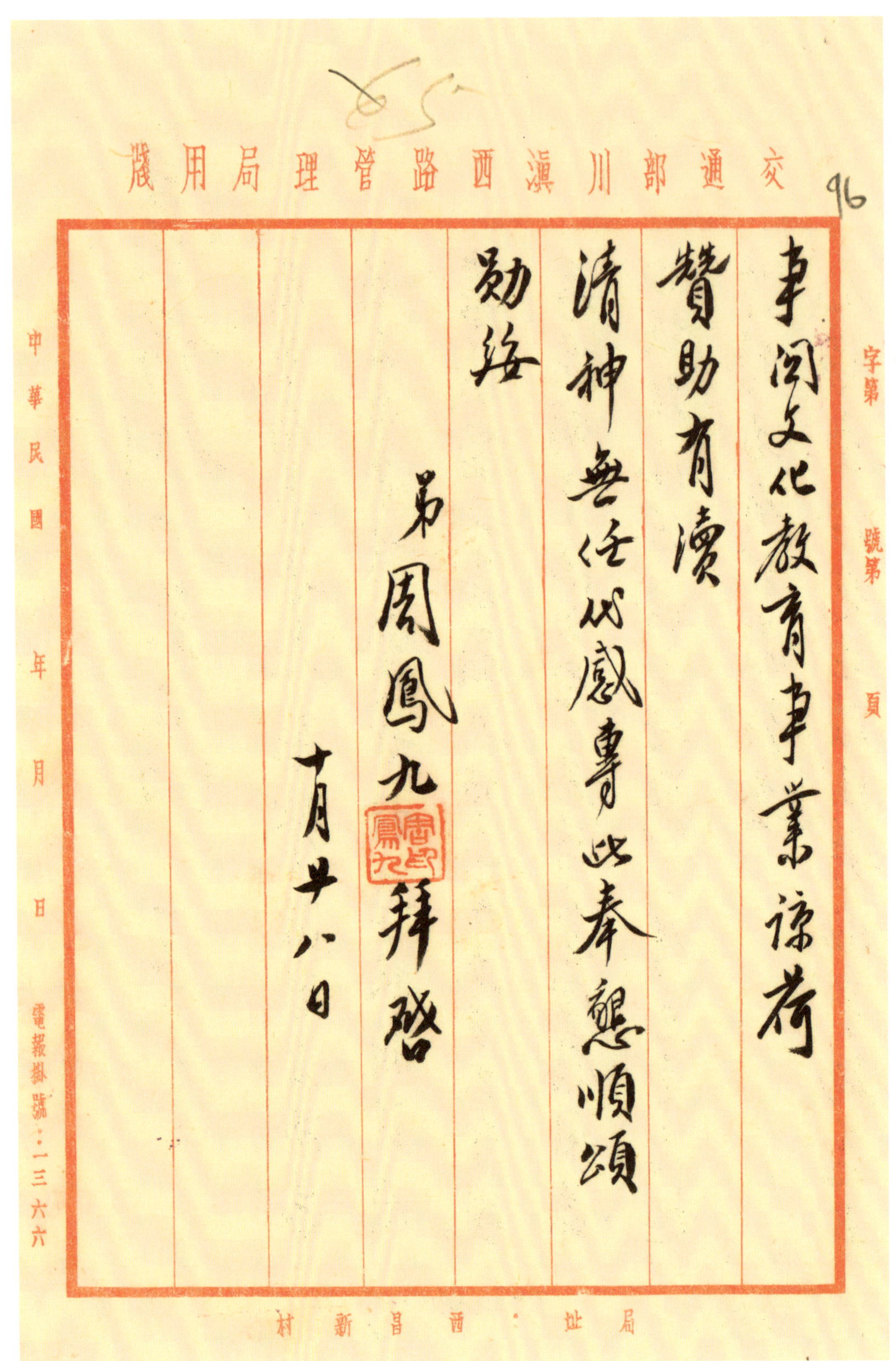
交通部川滇西路管理局用箋

事關文化教育事業，諒荷

贊助，有瀆

清神，無任代感。專此奉懇，順頌

勛綏

弟周鳳九拜啓
十月廿八日

中華民國　年　月　日
電報掛號：一三六六
字第　號第　頁
局址：西昌新村

国立西康技艺专科学校致交通部公路总局滇缅公路运输局的公函（一九四三年十一月二日）

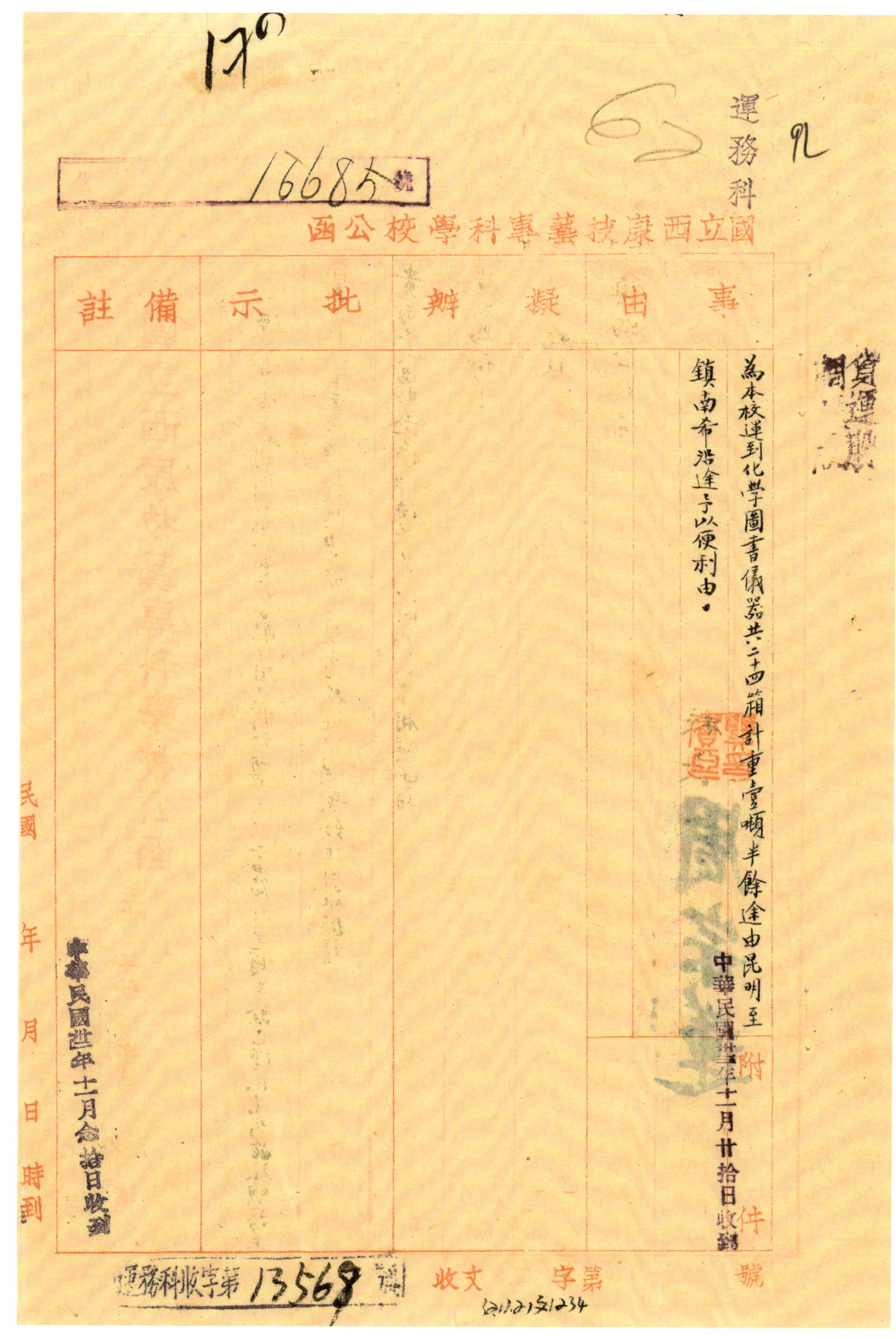

170

運務科

16685號

國立西康技藝專科學校公函

事由	擬辦	批示	備註
為本校運到化學圖書儀器共二十四箱計重壹噸半餘途由昆明至鎮南希沿途予以便利由。			

附件

中華民國卅二年十一月廿拾日收到

運務科收字第13568號

收文 字第 號

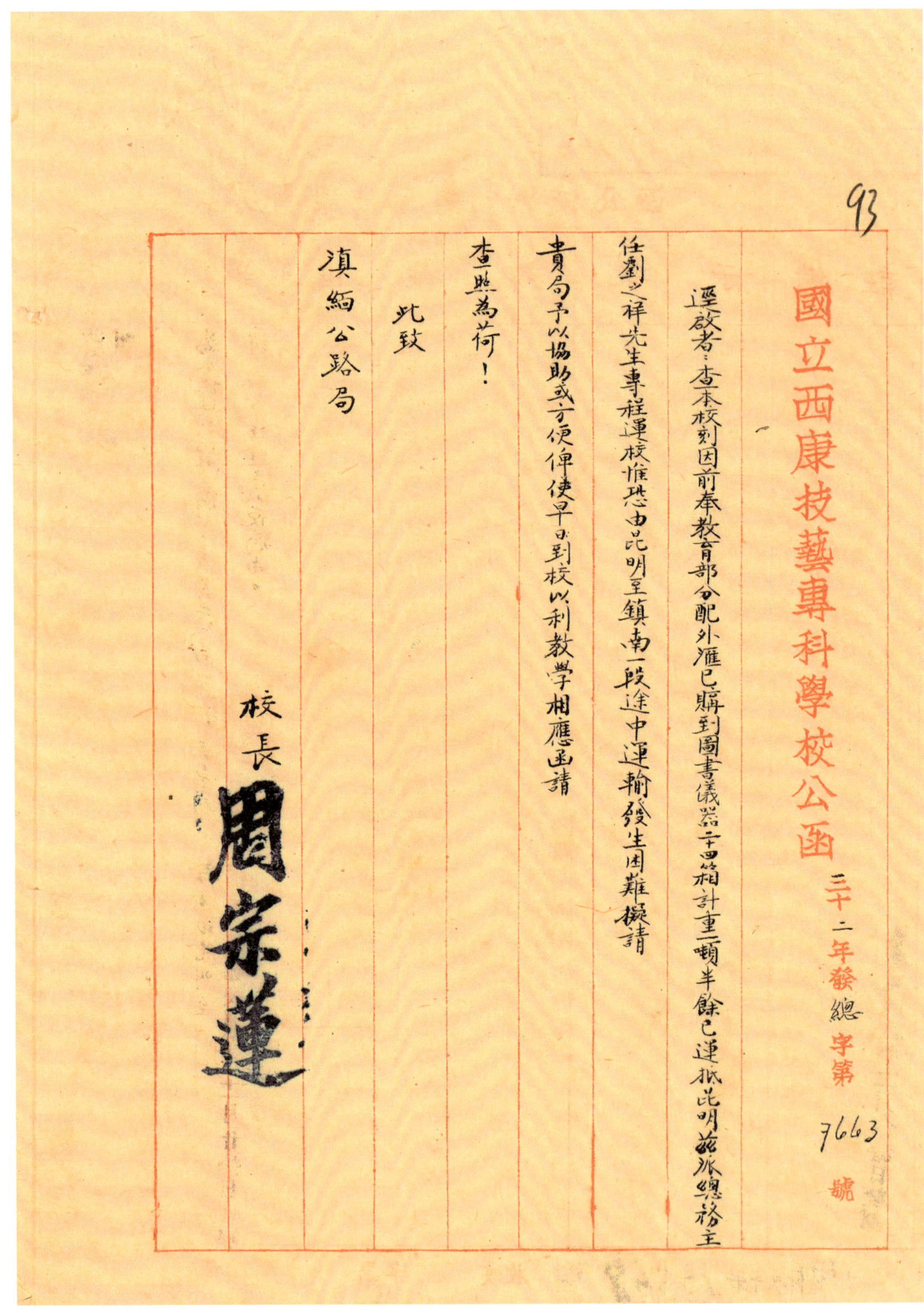

93

國立西康技藝專科學校公函

三十二年發總字第7663號

逕啟者：查本校刻因前奉教育部分配外滙已購到圖書儀器十四箱計重一噸半餘已運抵昆明茲派總務主任劉之祥先生專程運校惟恐由昆明至鎮南一段途中運輸發生困難擬請

貴局予以協助或予方便俾使早日到校以利教學相應函請

查照為荷！

此致

滇緬公路局

校長 周宗蓮

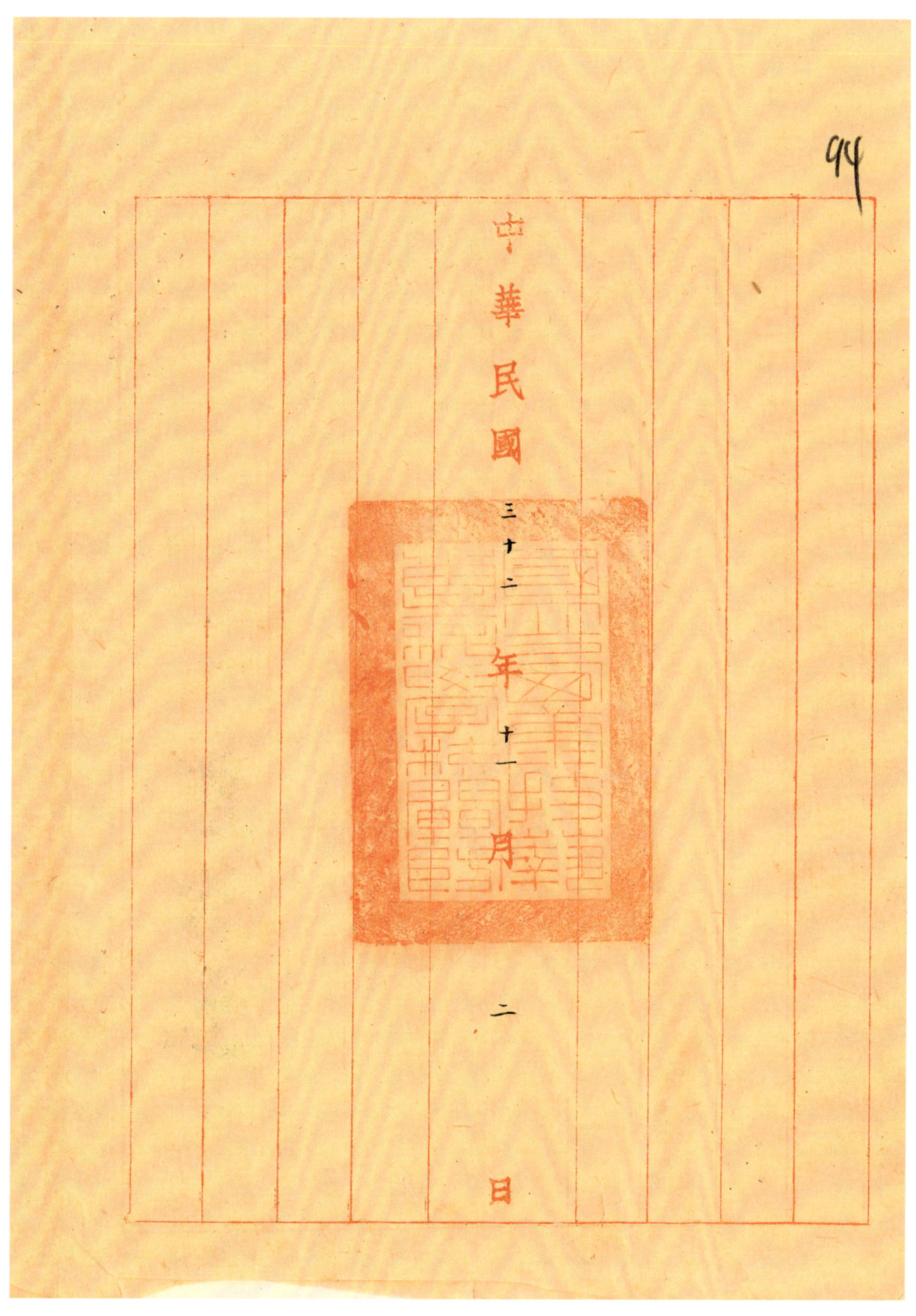

94

中華民國三十二年十一月二日

国立西康技艺专科学校致交通部公路总局滇缅公路运输局的笺函（一九四三年十一月二十四日）

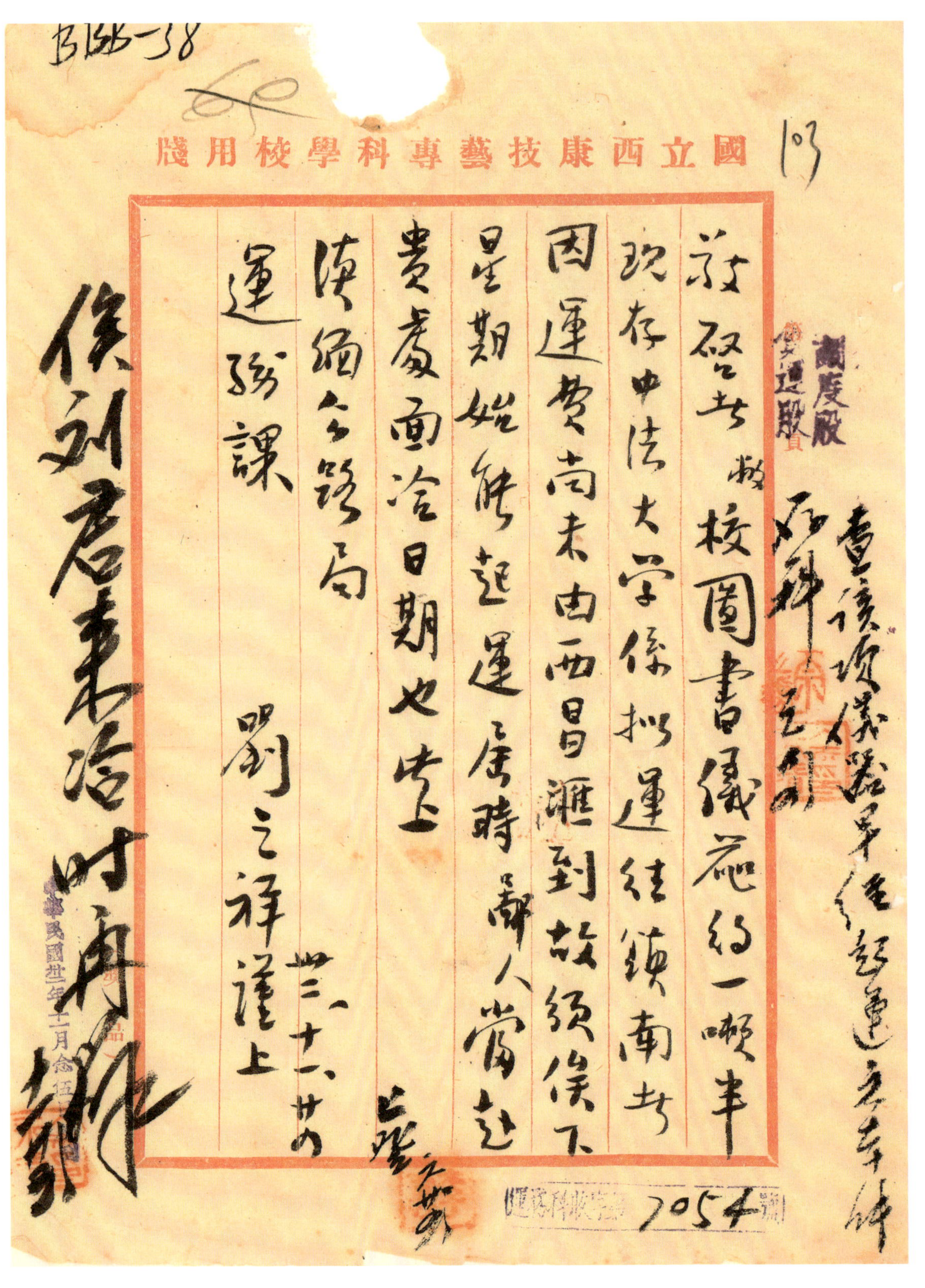

國立西康技藝專科學校用牋

敬啓者：敝校圖書儀器約一噸半，現存中法大學，係擬運往鎮南者，因運費尚未由西昌滙到，故須俟下星期始能起運，屆時鄙人當赴貴處面洽日期也。此上

滇緬公路局

運務課

劉之祥謹上

卅二、十一、廿四

俟劉君來洽時再辦

交通部公路总局滇缅公路运输局致交通部川滇西路管理局的笺函（一九四三年十一月三十日）

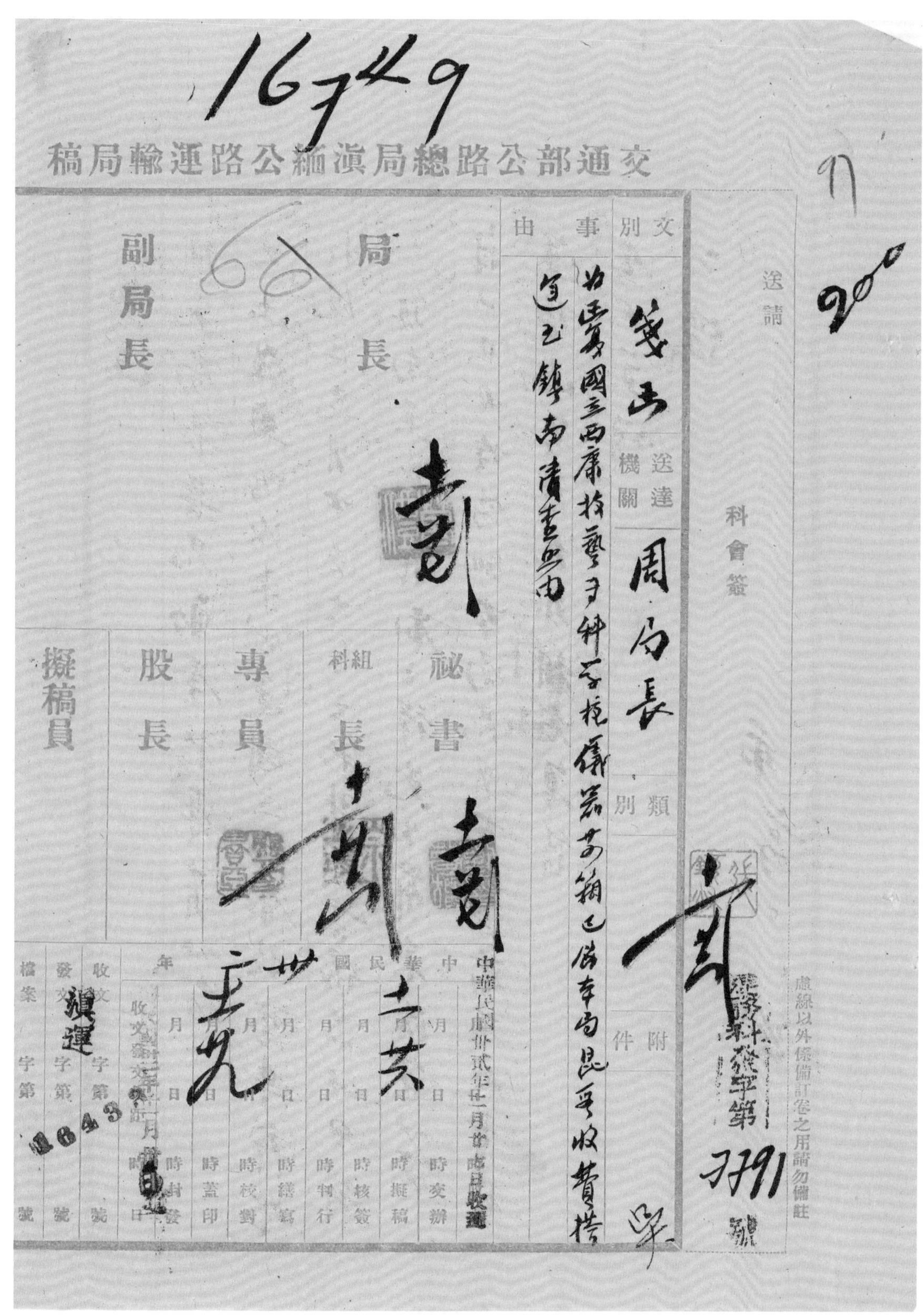

16749

交通部公路總局滇緬公路運輸局稿

局長

副局長

秘書

組科長

專員

股長

擬稿員

文別：箋函

送達機關：周局長

類別

事由：為貴局國立西康技藝專科學校儀器書箱已據本局昆明收費撥運至鎮南請查照由

附件

送請 科會簽

滇運 發字第 7791 號

中華民國卅二年十一月卅日收到

收文 字第 號

發文 字第 號

檔案 字第 號

中華民國 年 月 日 時交辦 / 月 日 時擬稿 / 月 日 時核簽 / 月 日 時判行 / 月 日 時繕寫 / 月 日 時校對 / 月 日 時蓋印 / 月 日 時封發

虛線以外係備訂卷之用請勿備註

箋上

鳳九局長吾兄勛鑒：接奉十月廿八日

大函，敬悉。囑派車代運國立西康技藝專科學

校現存昆明中法大學之教科圖書儀器卅四箱

至鎮南，並派該校劉立祥先生前來洽運等節，

自可照辦。除飭知本局昆明第一運輸段收費搭

運，暨函復該校外，特函復，請

查照，並頌

公綏

弟 [illegible] 〇 啟

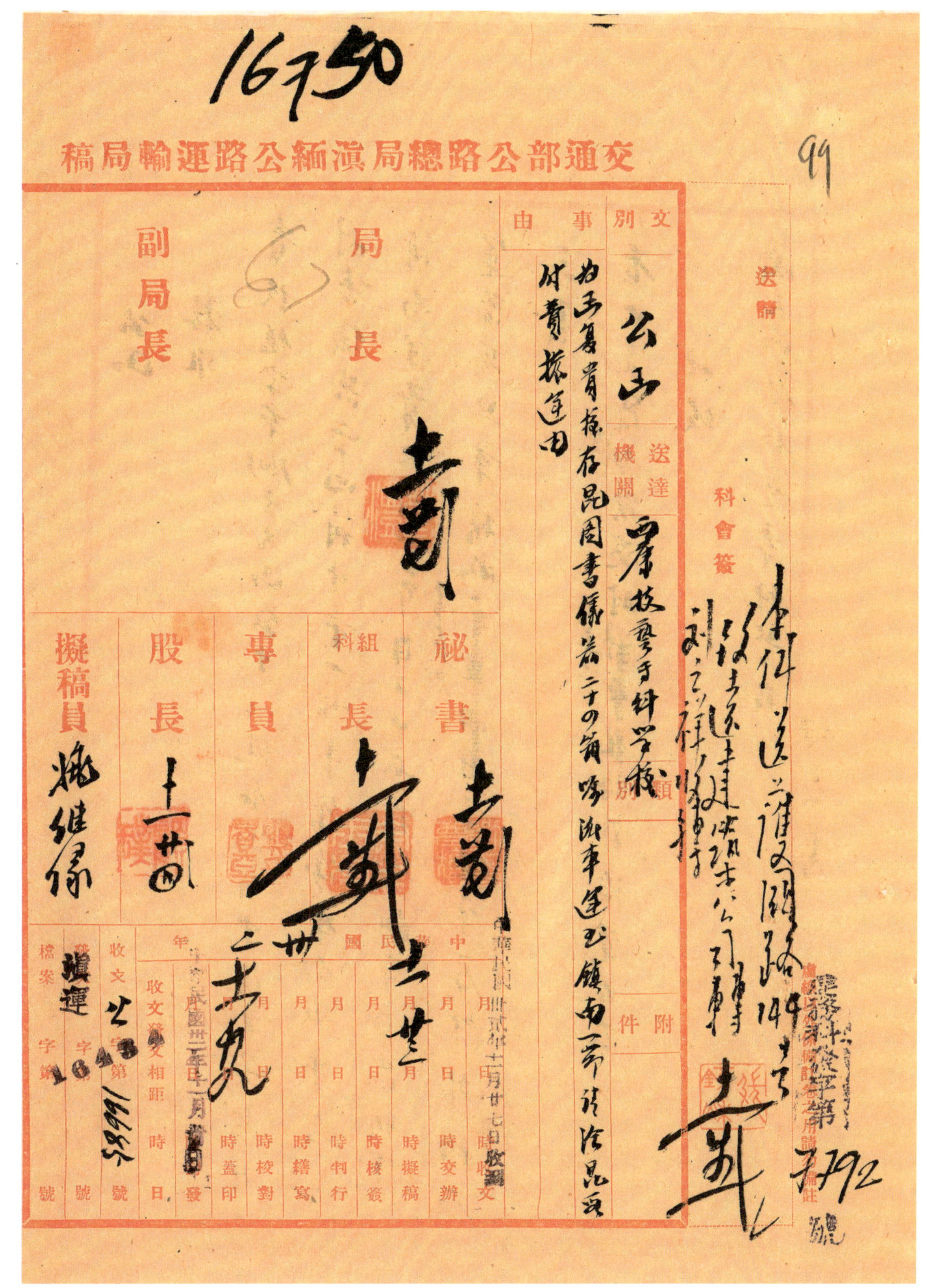

16750

99

交通部公路總局滇緬公路運輸局稿

文別：公函

送達機關：西康技藝專科學校

事由：為函復貴校存昆圖書儀器二十四箱請派車運至鎮南一節請洽昆站付費搭運由

局長

副局長

祕書

組長

專員

股長

擬稿員 姚維緣

中華民國　年　月　日

收文　月　日　時
交辦　月　日　時
擬稿　月　日　時
核簽　月　日　時
判行　月　日　時
繕寫　月　日　時
校對　月　日　時
蓋印　月　日　時
封發　月　日　時

收文發文相距　日　時

收文　字第　號

發文　字第　號

檔案　字第　號

交通部公路总局滇缅公路运输局致国立西康技艺专科学校的公函（一九四三年十一月三十日）

100

公函

接准

貴校繼字第7663號大函敬悉以現存昆明中法大學數種圖書儀器二十四箱計重一噸半餘囑本局派車運至玉鎮南運費照付一節自可照辦除飭由本局昆明第一運輸處照章核收車租油料並隨車便運外相應

函復

查照並請分飭運時備車租油料洽運為荷

此致

國立西康技藝專科學校

局長 萬

交通部公路总局滇缅公路运输局致昆明第一运输段的代电（一九四三年十一月三十日）

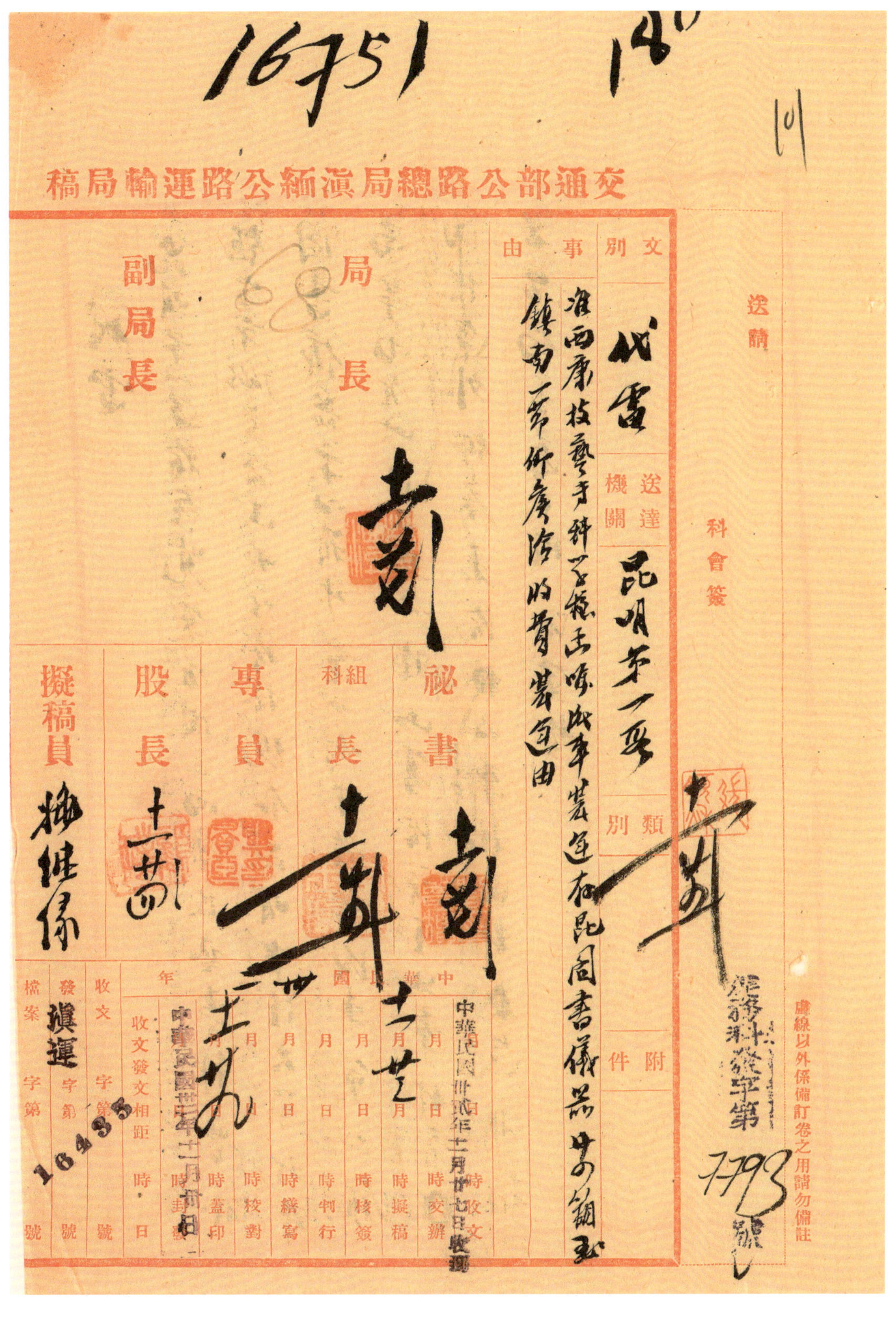

交通部公路總局滇緬公路運輸局稿

文別：代電

送達機關：昆明第一段

事由：准西康技藝專科學校函請將本年發送存昆圖書儀器等箱點轉交鎮南一號附屬卡車帶運西康由

102

代电

昆明第一运输处览：案准国立西康技艺专科学校锐字第1046号公函，略以该校现存昆明中法大学新村图书仪器等四箱，计重一吨半，除派车运至镇南等由，准此。自可照办。除函该校迳至本处付费外，仰派车运外，仰该处来洽收车租，由轩迳运，再报命为要。局长高。〇戊 陷运货

交通部公路总局滇缅公路运输局空运物资接转处造具由印内运到达物资接转数量表（一九四三年十月至一九四四年六月）

附表四

由印内運到達物資接轉數量表

三十二年十月份至三十三年六月份止

機關名稱 \ 重量(公斤) \ 年月份 \ 機別		中 [illegible] 機									總計
		32...10	32...11	32...12	33...1	33...2	33...3	33...4	33...5	33...6	
兵工署	D. O. O.	263,085	169,981	183,680	183,336	35,178	230,995	284,654	311,777	308,526	2251,420
交通部	M. O. C.	84,496	51,294	47,173	104,855	8,470	55,038	73,044	101,829	9,746	588,774
交通司	B. O. C.	51,436	74,114	65,864	102,164	14,788	100,576	103,778	163,939	47,283	833,939
航委會	C. O. AA.	28,404	37,886	25,410	29,470	9,426	47,783	29,145	44,331	3,202	295,057
軍醫署	A. M. S.	29,824	15,885	25,812	14,601	9,822	29,108	58,491	119,535	16,735	350,813
衛生署	N. H. A.	24,624	19,469	22,768	25,892	9,443	31,550	20,436	31,618	12,799	219,604
軍需署	C. D.	67,383	35,942	28,419	36,679	6,165	65,611	41,249	104,210	31,778	479,636
液委會	N.L.E.C.	———	55,956	35,266	75,127	23,504	31,973	41,870	———	———	283,696
中央銀行	C. B. C.	160,914	107,715	93,591	90,624	12,738	144,995	244,365	142,206	67,475	1204,621
中信局	C. T. C.	19,043	9,238	54,663	38,792	24,549	23,100	———	13,452	5,094	188,936
中航公司	C. N. A. C	———	———	25,509	57,007	154,203	66,426	31,326	44,452	59,738	438,561
配件庫	N.A. S.C.	48,543	49,597	30,654	47,733	51,659	52,234	32,836	57,435	19,932	395,622
鹽務局	M. O. F.	4,101	3,528	14,537	21,593	21,280	22,691	26,036	23,698	3,346	140,810
資委會	N. R. C.	42,381	32,016	34,955	44,152	54,309	41,015	41,563	60,142	11,252	361,785
中央航空公司	C.A. T.C.	———	———	9,155	7,545	11,538	11,150	———	———	———	40,388
花紗布管制局	C.Y. C.A.	7,241	5,889	8,715	8,192	———	2,137	———	10,955	1,790	45,007
政治部	M.O. P.A.	1,640	———	———	———	1,213	1,683	———	1,062	———	5,598
中央通訊社	C. N. A.	———	———	———	———	974	———	———	60	———	1,034
軍令部	M.O. M.I.	———	———	———	52	28	———	———	———	2,850	2,930
復興公司	F.S. C.O.	———	———	———	———	———	———	248	1,582	———	1,830
滇區電訊處	C. W. N.	———	———	———	———	———	———	———	———	———	———
教育部	M. O. E.	28	———	159	———	230	45	———	4,204	———	4,666
英大使館	B.M. S.I.	1,008	1,663	———	1,021	1,009	34	———	———	520	5,255
中央廣播台	C. B. A.	1,988	2,439	———	255	———	———	1,504	1,847	192	8,225
中国海軍部	C. N.	———	———	———	———	———	———	———	1,969	———	1,969
美紅會	A. R. C.	———	———	———	18	———	———	———	———	———	18
中英庚款董事會		———	———	———	27	———	———	———	———	———	27
甘礦局	T. E. L.	2,118	———	3,681	2,454	2,000	———	———	———	———	10,253
外事局	F. A. B.	———	———	———	———	208	———	———	———	———	208
第五軍	5 th. A.	———	———	———	———	———	108	———	———	———	108
西南公路局	S.W.HWA.	———	———	———	———	———	1,843	———	———	———	1,842
十四航空隊	14th A.F.	———	———	———	———	———	———	———	———	122,778	122,778
軍委會技術室	B.O. I.S.	———	132	———	———	———	———	———	———	2,142	2,274
五路空軍部		———	———	———	———	———	———	———	———	5	5
中国紅十字會		170	———	———	———	———	———	———	———	———	170
中央造紙廠		652	———	1,896	———	———	———	———	———	———	2,548
軍政部		135	———	———	———	———	———	———	———	———	135
滇緬局		———	———	70	———	———	———	———	———	———	70
GRAND ...	... TOTAL	859,417	652,654	751,974	901,589	210,730	960,178	1030,442	1239,143	729,483	8295,610

局長　處長　副處長　業務課長　物資股長　製表員

交通部公路总局滇缅公路运输局空运物资接转处造具美军机内运中美政府物资数量表（一九四三年十月至一九四四年六月）

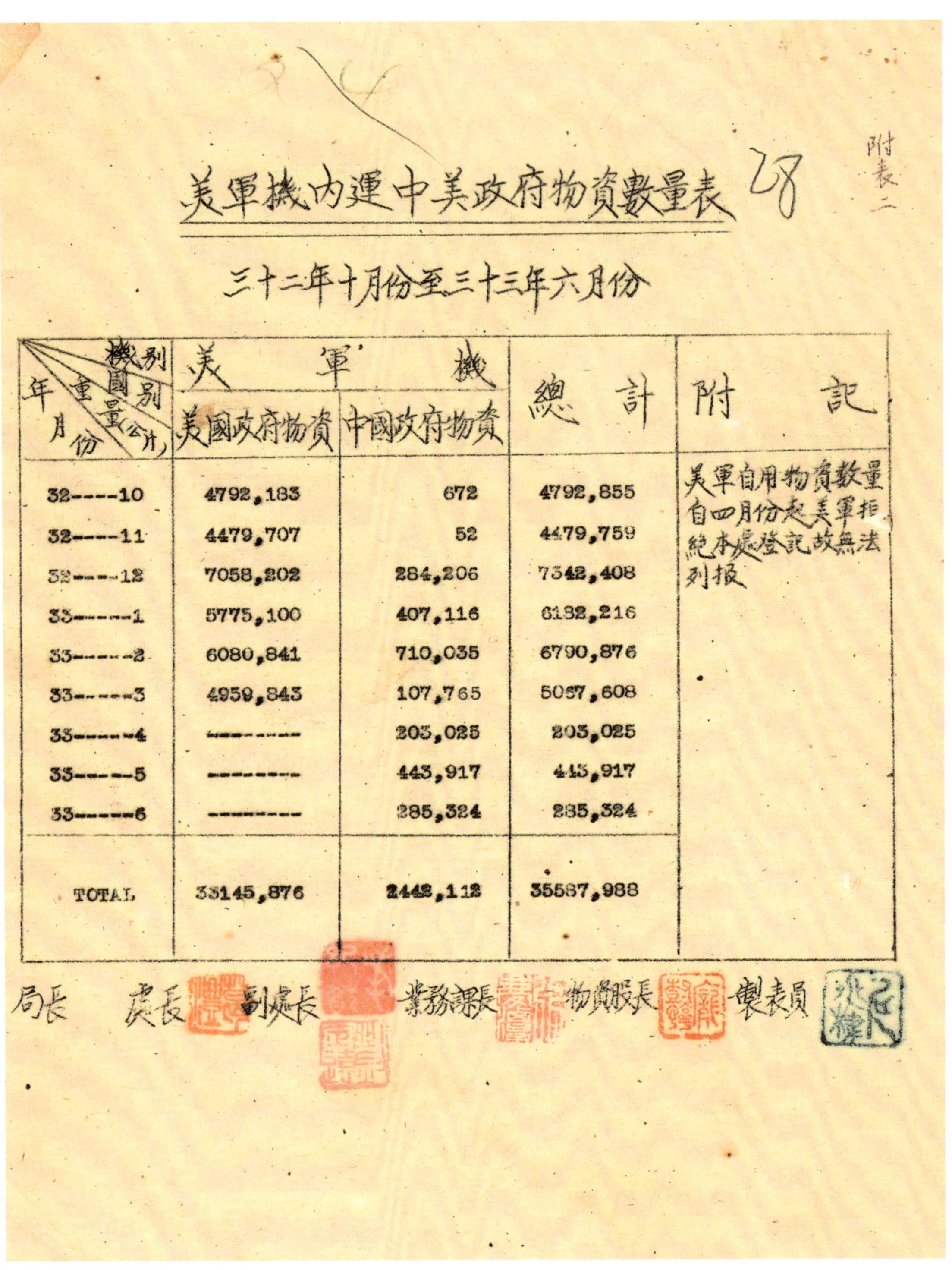

附表二

28

美軍機内運中美政府物資數量表

三十二年十月份至三十三年六月份

年月份 \ 重量（公斤） \ 國別 \ 機別	美軍機		總計	附記
	美國政府物資	中國政府物資		
32----10	4792,183	672	4792,855	美軍自用物資數量自四月份起美軍拒絕本處登記故無法列報
32----11	4479,707	52	4479,759	
32----12	7058,202	284,206	7342,408	
33------1	5775,100	407,116	6182,216	
33------2	6080,841	710,035	6790,876	
33------3	4959,843	107,765	5067,608	
33------4	--------	203,025	203,025	
33------5	--------	443,917	443,917	
33------6	--------	285,324	285,324	
TOTAL	33145,876	2442,112	35587,988	

局長　處長　副處長　業務課長　物資股長　製表員

交通部公路总局滇缅公路运输局空运物资接转处造具美军机由印内运我国政府物资数量表（一九四三年十月至一九四四年六月）

附表三

美軍機由印內運我國政府物資數量表

三十二年十月份至三十三年六月份

機別 / 年月份 / 數量 / 機關名稱	美軍機										附記
	32…10	32…11	32…12	33…1	33…2	33…3	33…4	33…5	33…6	總計	
兵工署	-----	-----	271,510	390,534	707,719	107,765	132,317	281,086	233,304	2133,535	單位公斤
交通部	160	-----	-----	348	-----	-----	11,136	39,145	48,434	149,223	
航委會	464	52	11,268	7,156	2,316	-----	-----	-----	-----	21,256	
軍醫署	-----	-----	-----	80	-----	-----	-----	-----	-----	80	
軍需署	48	-----	-----	-----	-----	-----	-----	-----	-----	48	
配件庫	-----	-----	1,323	-----	-----	-----	-----	-----	-----	1,323	
滇區電信處	-----	-----	105	-----	-----	-----	59,272	73,686	3,586	136,649	
TOTAL	672	52	284,206	407,116	710,035	107,765	203,025	443,917	285,324	2442,112	

局長　處長　副處長　業務課長　物資股長　製表員

交通部公路总局滇缅公路运输局空运物资接转处空运物资接转费收入运费总表（一九四三年十月至一九四四年六月）

表六

31

空運物資接轉費收入運費總表

32年10月至33年六月份止

日期	機別		總計	附記
	美軍機	中航機		
32-----10	6,574,112.58	1,291,570.16	7,865,682.74	
32-----11	6,626,183.90	1,085,989.61	7,712,173.51	
32-----12	10,525,608.24	1,780,754.62	12,306,362.86	
33------1	12,962,607.52	2,200,668.17	15,163,275.69	
33------2	13,965,898.50	4,462,298.72	18,428,197.22	
33------3	13,225,164.90	2,433,571.51	15,658,736.41	
33------4	26,264,958.86	2,572,573.38	28,837,532.24	
33------5	23,914,751.58	4,044,445.36	27,959,196.94	
33------6	31,903,408.11	2,534,141.84	34,437,549.95	
TOTAL	145,962,694.19	22,406,013.37	168,368,707.56	

交通部公路總局滇緬公路運輸局空運物資接轉處會計課

交通部公路总局滇缅公路运输局空运物资接转处各站燃料消耗数量表（一九四三年十月至一九四四年六月）

附表五

空運處各站燃料消耗數量表

（自三十二年十月份起至三十三年六月份止）

站別 年月份	昆明站		羊街站		呈貢站		雲南驛站		陸良站		備註	
	酒精	機油	酒精	機油	酒精	機油	酒精	機油	酒精	機油		
三十二年十月份	6415 3/4	146 1/4	2880 1/2	117 3/4	3682 1/4	109 3/4						
三十二年十一月份	6742 1/4	119	1410 1/4	54 1/8	3721 1/4	92 1/2						
三十二年十二月份	11126	242 1/2	2119	75 3/4	5442	290 1/2						
三十三年元月份	18074	371 1/2	476 1/4	17	4245	251						
三十三年二月份	16586 3/4	352	157	4 1/2	4560 1/8	179 1/2	2974	89				
三十三年三月份	11670 1/4	255 3/4	589 1/2	19	2897 3/4	116 1/4	1338 1/4	59 3/4				
三十三年四月份	11976	274	312	10 1/4	3444 1/2	117 1/4	4555	63 1/4				
三十三年五月份	9572	239 3/4	462 3/4	12 1/4	3182	70 1/2	3808 1/2	49 1/2				
三十三年六月份	10501 3/4	225 1/4	307 1/2	4	3207 1/2	66 1/8	3627 1/4	73 3/4	346 1/2	4 3/4	合計	
											酒精	機油
共計	102664 3/4	2226	8714 3/4	315	34382 3/4	1293 1/8	16303	335 1/4	346 1/2	4 3/4	162411 3/4	4174 1/2

云南中国茶叶贸易股份有限公司、交通部公路总局滇缅公路运输局等关于代运中国茶叶公司下关茶叶来昆事宜的一组文书（一九四四年四月至五月）

云南中国茶叶贸易股份有限公司致交通部公路总局滇缅公路运输局的公函（一九四四年四月二十四日）

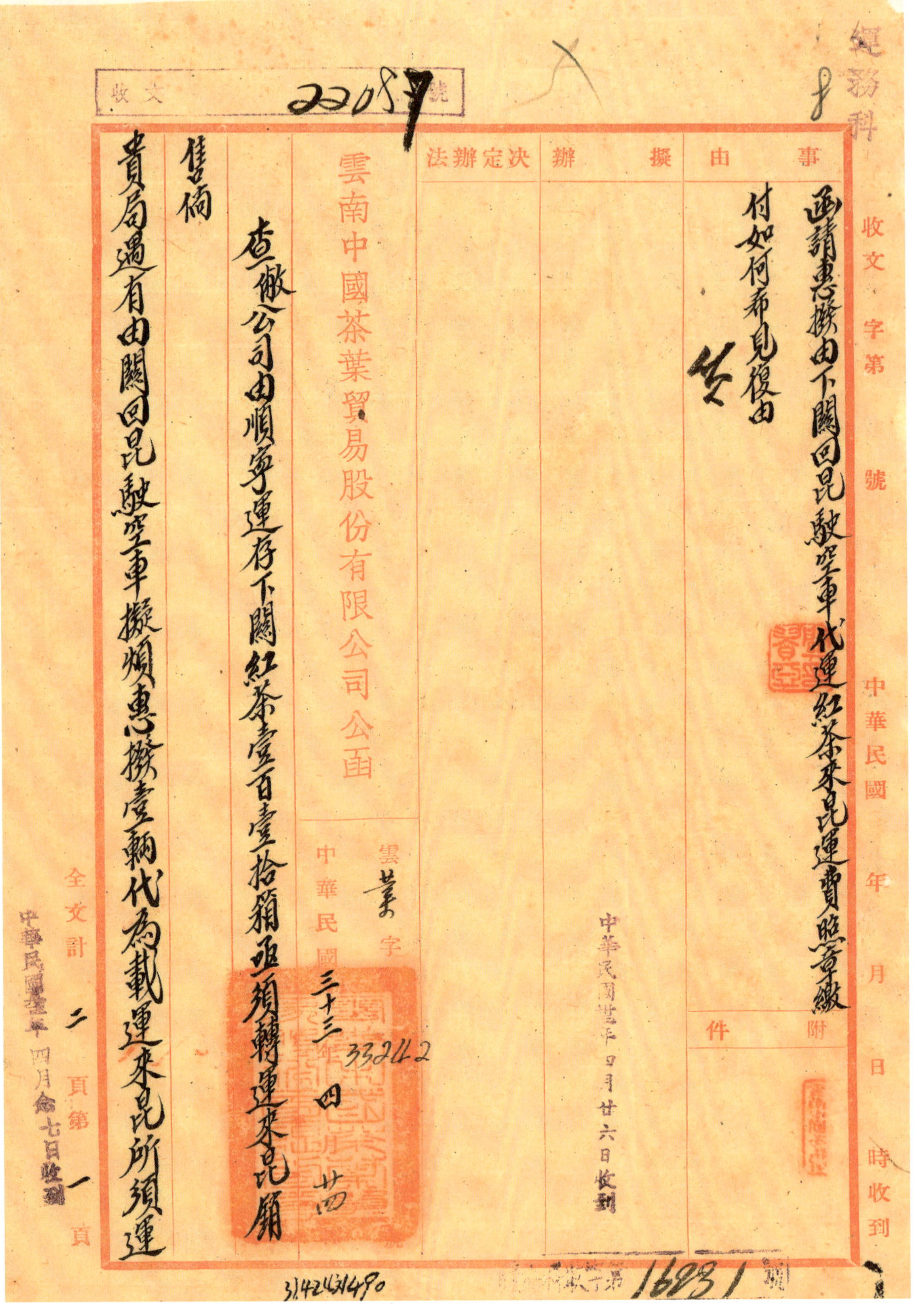
收文 22087 號

經務科

事由：函請惠撥由下關回昆駛空車代運紅茶來昆運費照章繳付如何希見復由

雲南中國茶葉貿易股份有限公司公函

雲 業 字

中華民國三十三年四月廿四日

查敝公司由順寧運存下關紅茶壹百壹拾箱亟須轉運來昆簡

佳倘

貴局遇有由關回昆駛空車擬煩惠撥壹輛代為載運來昆所須運

全文計二頁第一頁

中華民國卅三年四月廿七日收到

貴當照章繳付如何之處并希見復爲荷

此致

滇緬公路運輸局

總經理 鄭鶴春

全文計 二 頁第 二 頁

交通部滇缅公路运输工程监理委员会致云南中国茶叶贸易股份有限公司的公函（一九四四年五月三日）

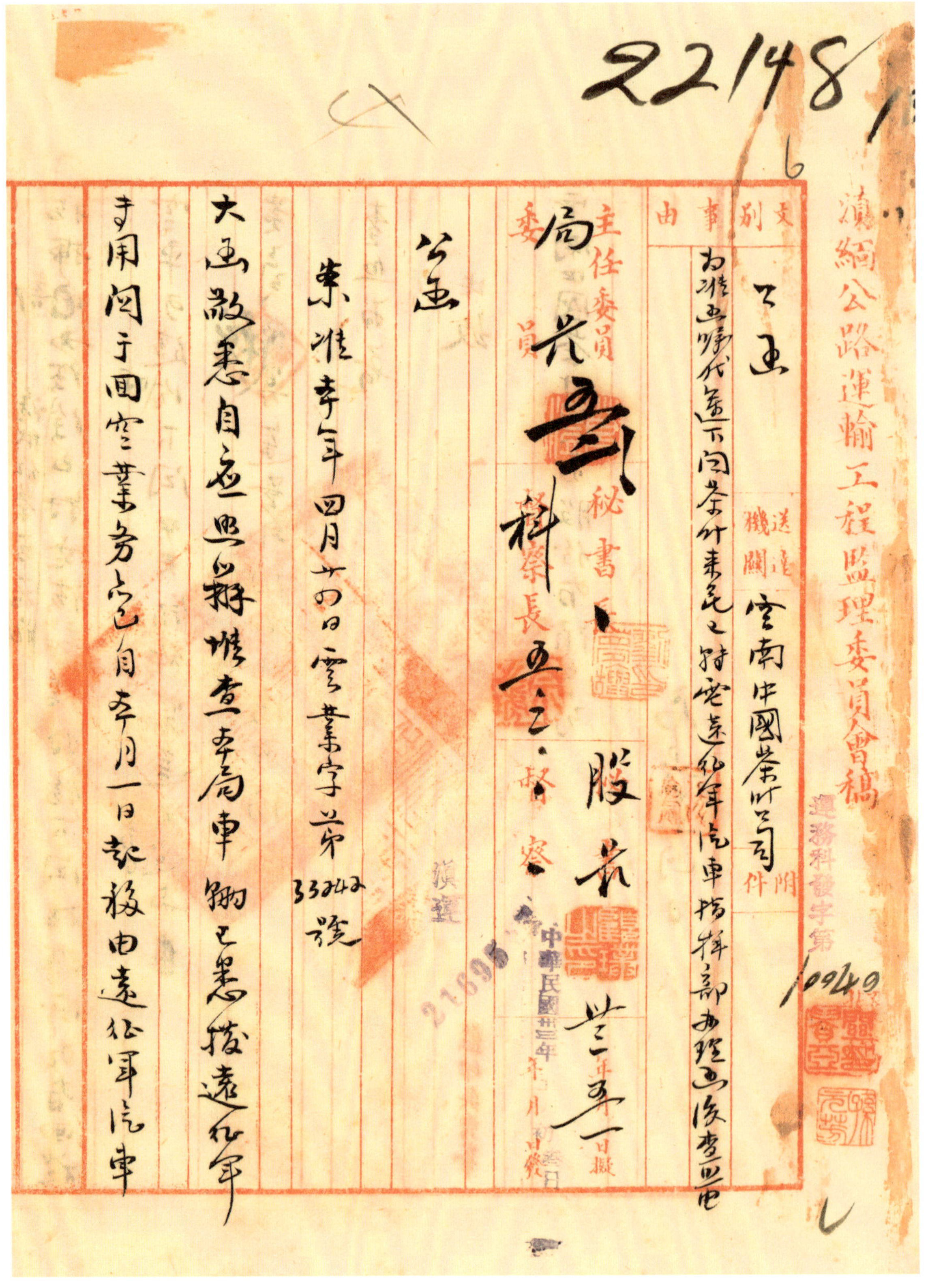

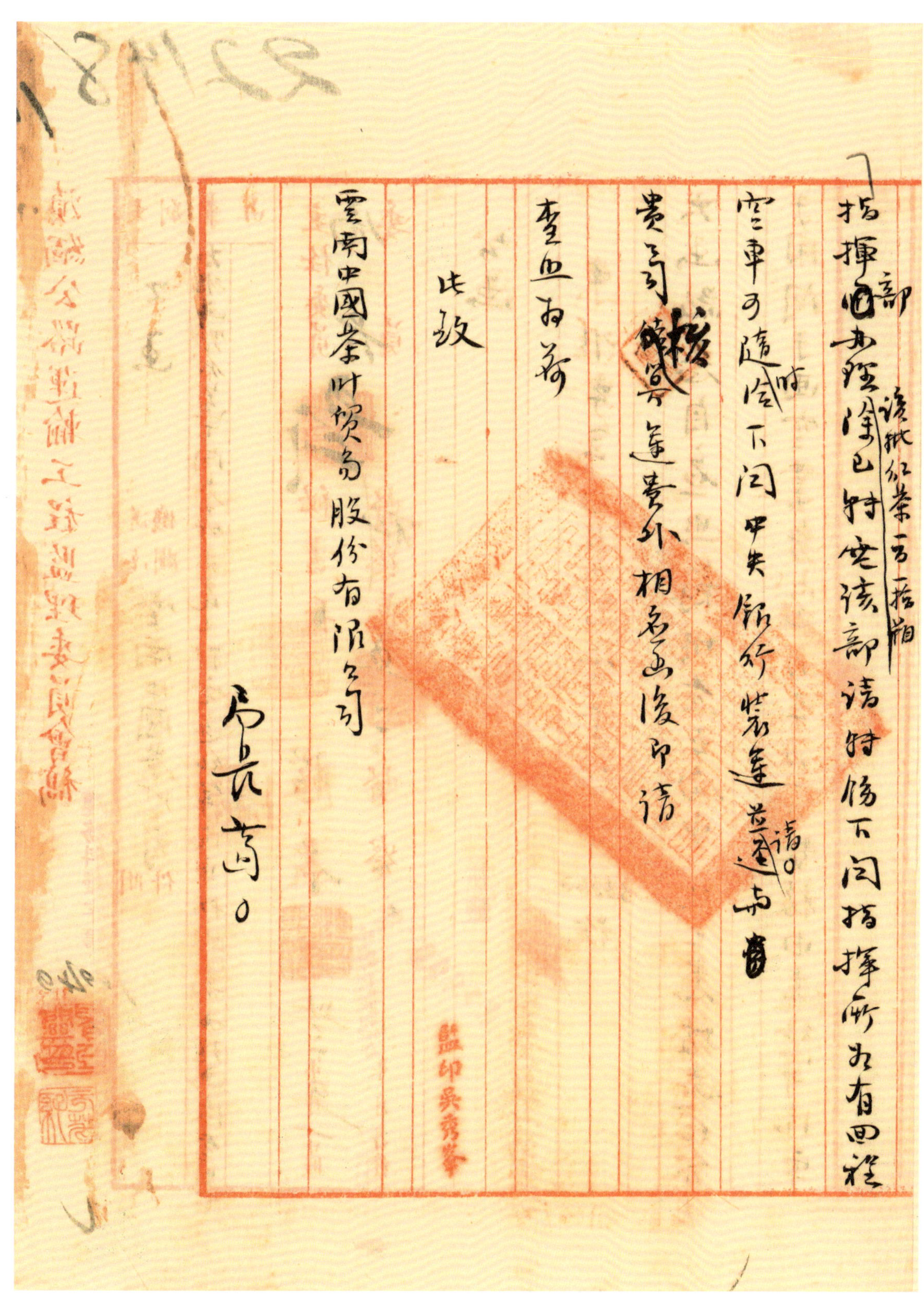

指揮部該批紅茶一百一拾箱已封存該部，請特飭下關指揮所如有回程空車可隨時搭運下關中央銀行裝運，並請函達貴司[illegible]。

貴司核[illegible]將運費亦相應照[illegible]後即請

查照為荷

此致

雲南中國茶叶貿易股份有限公司

局長 高○

監印 吳秀峯

滇緬公路運輸工程監理委員會

滇缅公路运输工程监理委员会致远征军兵站总监部汽车指挥部的代电（一九四四年五月三日）

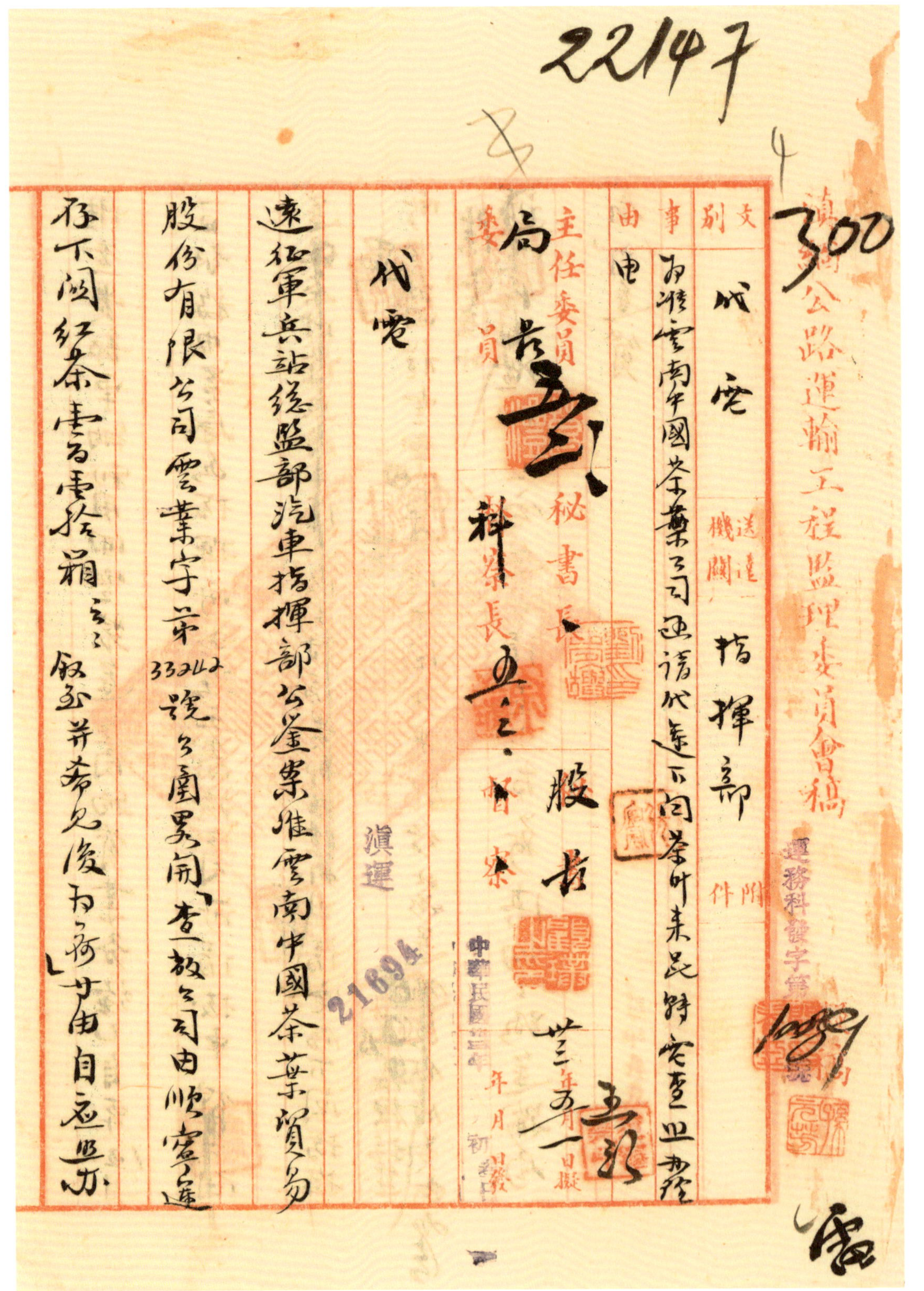

惟查贵部车辆利用回空装运公商物资业务经已自本年（五月）一日起移由贵处负责指挥所有经手案件该公司所请拨车代运回运一节所请电饬下同指挥

所派各回程空车回运查除下同中央银行装运及赴桂林装运外何贵处办法

除已复外

陈主任后外

请查照转饬相应电达即请查照为荷

滇缅公路运输局

辰（江）运贸

监印 吴秀峯

远征军兵站总监部汽车指挥部致交通部公路总局滇缅公路运输局的代电（一九四四年五月十九日）

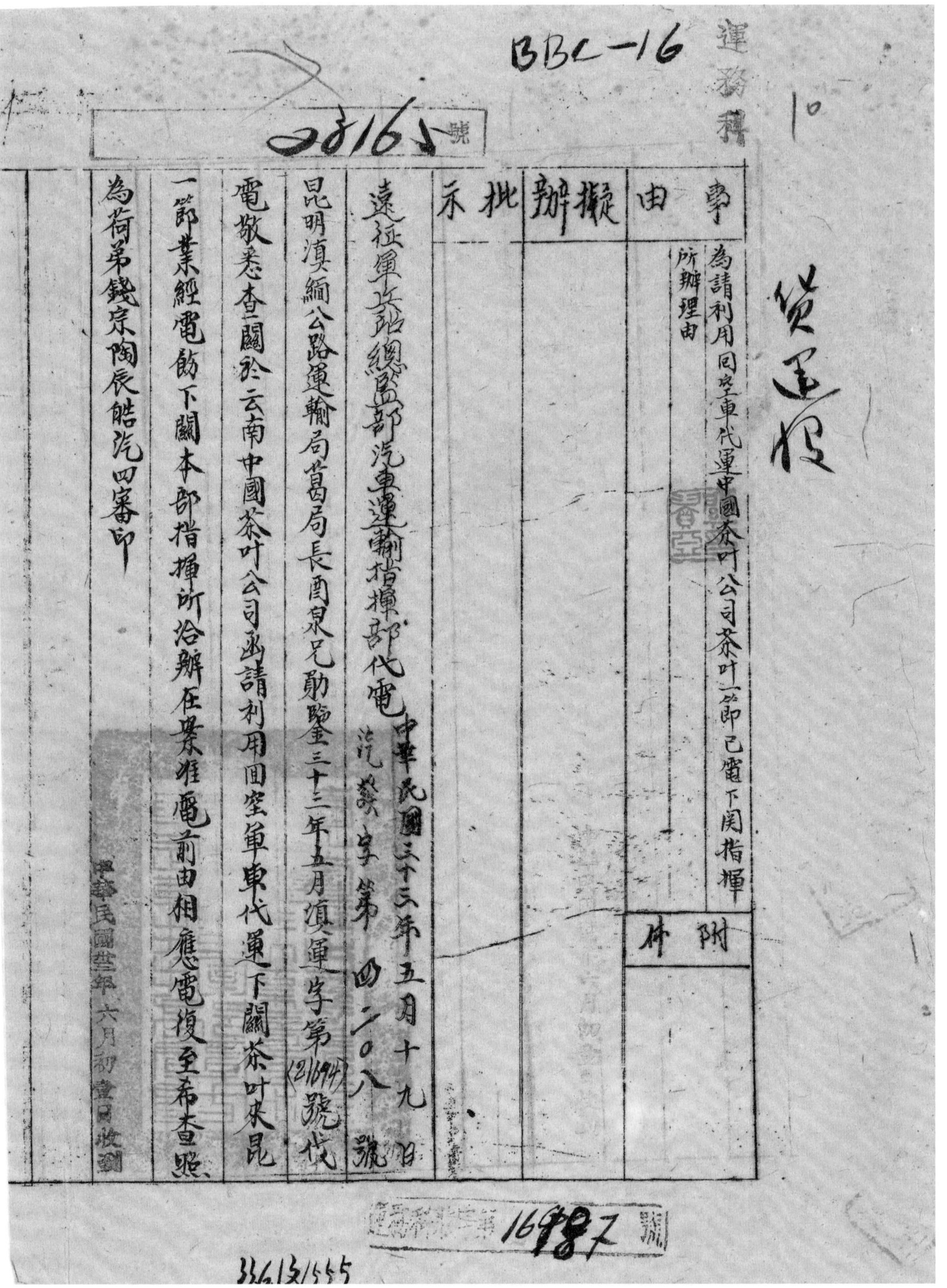

BBC-16

運務科

28165 號

10

事由：為請利用回空車代運中國茶叶公司茶叶一節已電下關指揮所辦理由

擬辦：

批示：

貨運股

附件：

遠征軍兵站總監部汽車運輸指揮部代電　中華民國三十三年五月十九日　汽發字第四二〇八號

昆明滇緬公路運輸局龔局長雨泉兄勛鑒：三十三年五月滇運字第（21694）號代電敬悉。查關於云南中國茶叶公司函請利用回空車代運下關茶叶來昆一節，業經電飭下關本部指揮所洽辦在案，准電前由，相應電復，至希查照為荷。弟錢宗陶辰皓汽四審印

中華民國卅三年六月初壹日收到

運務科收字第16987號

336/3/1555

交通部公路总局滇缅公路运输局局长葛沣同意租车运酒精到下关致昆明公商车辆调配所所长胡维平的手令

（一九四四年七月二十八日）

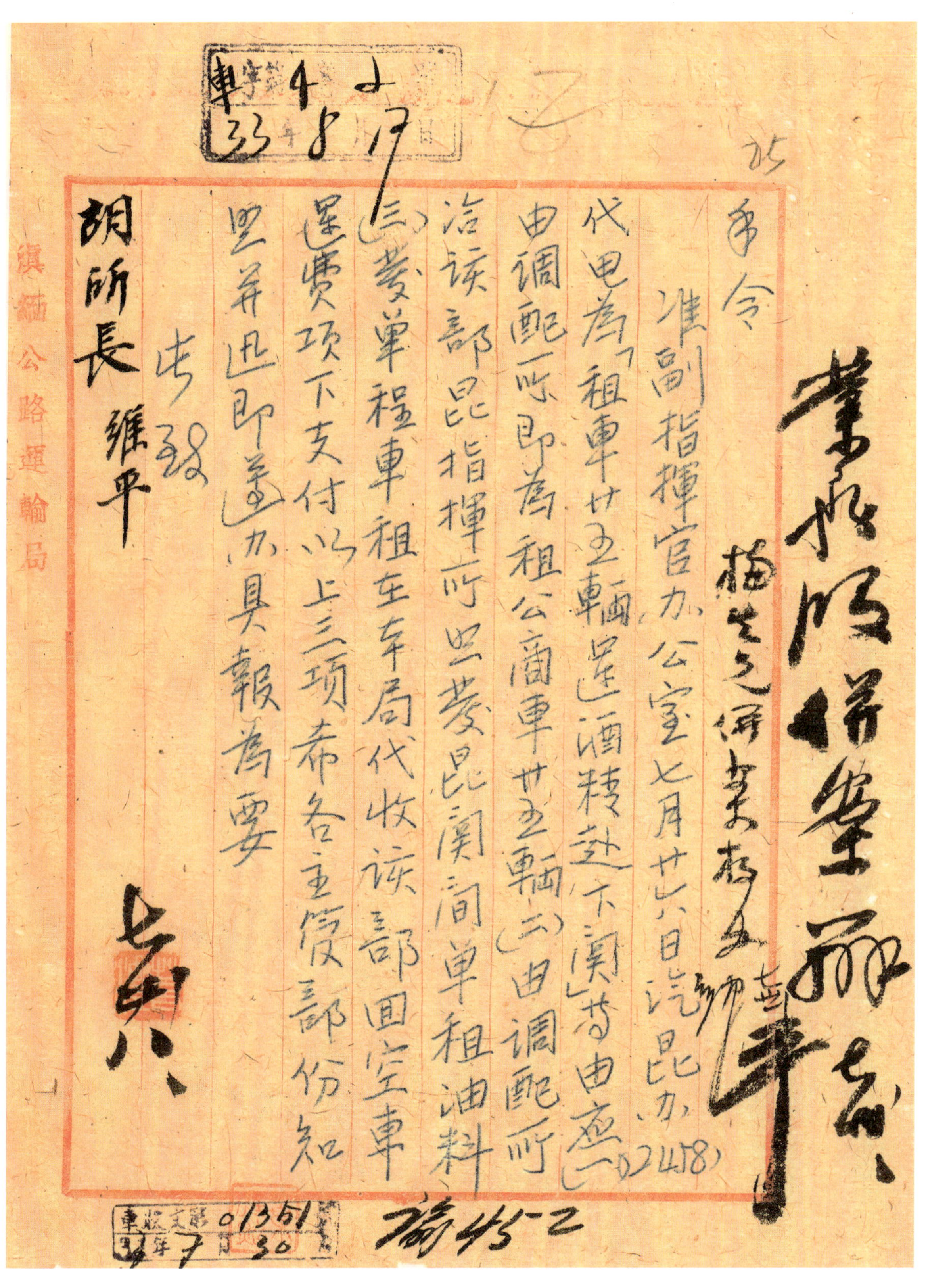

手令

准副指揮官辦公室七月廿六日汽昆办（2418）代电為租車廿五輛運酒精赴下関並由應（一）由調配所即為租公商車廿五輛（二）由調配所洽該部昆指揮所照發昆関間單程租油料（三）發單程車租在本局代收該部回空車運費項下支付以上三項希各主管部份知照並迅即遵办具報為要

胡所長維平

先發

葛沣

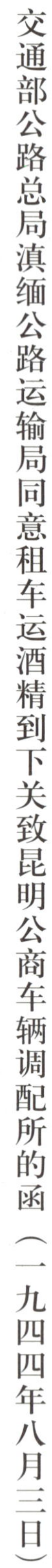

交通部公路总局滇缅公路运输局同意租车运酒精到下关致昆明公商车辆调配所的函（一九四四年八月三日）

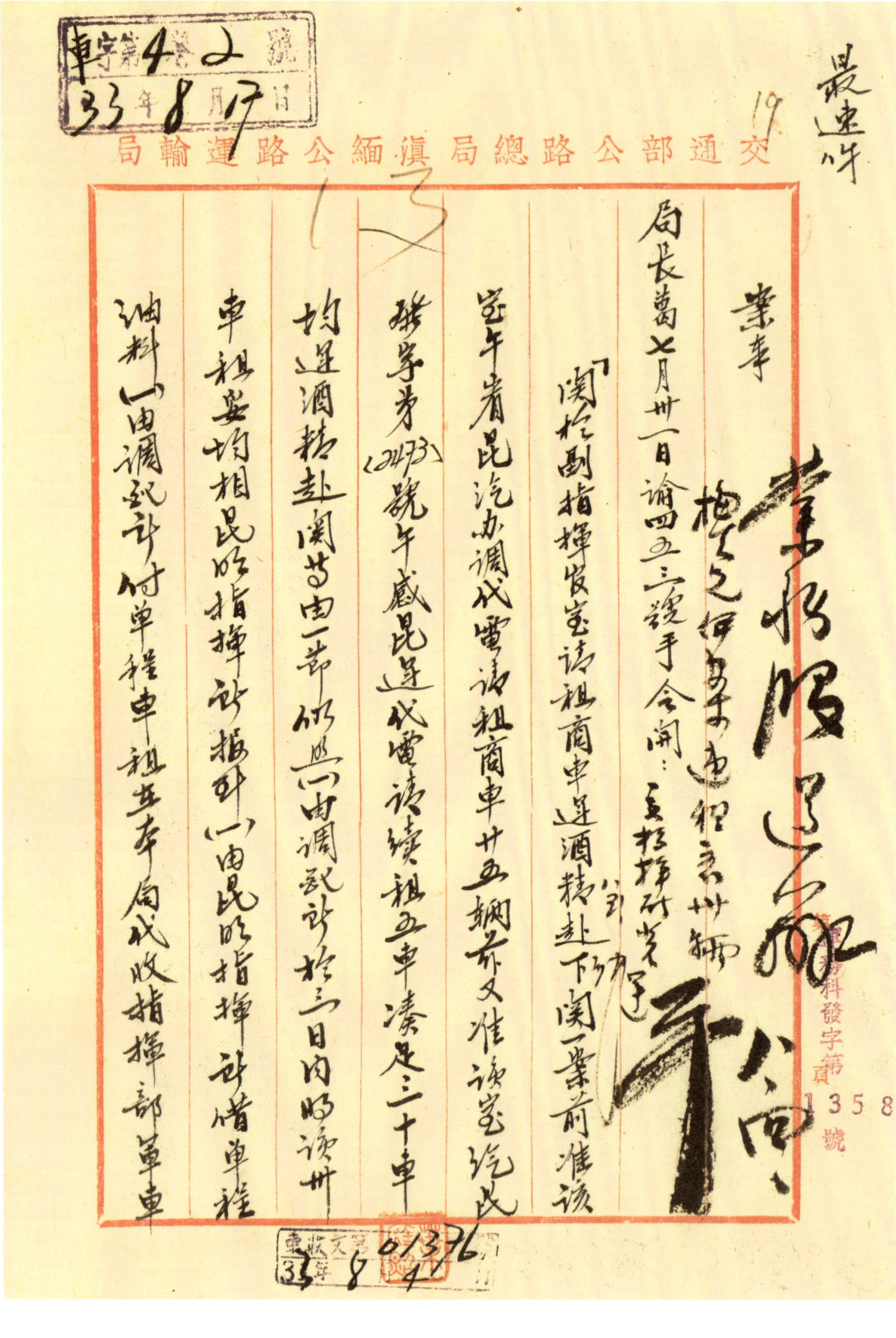

車字第42號
33年8月17日

交通部公路總局滇緬公路運輸局

最速件

業奉

局長龔七月卅一日諭四五三號手令開：「関於副指揮官室請租商車運酒精赴下関一案前准該室午肴昆汽办調代電請租商車廿五輛亦又准該室總民勝字第（24173）號午感昆運代電請續租五車湊足三十車均運酒精赴関等由一節，所照（1）由調配所於三日內照該冊車租妥，相昆明指揮部指揮許報（1）由昆明指揮許借單程油料（1）由調配許付單程車租在本局代收指揮部單車

業務科發字第1358號

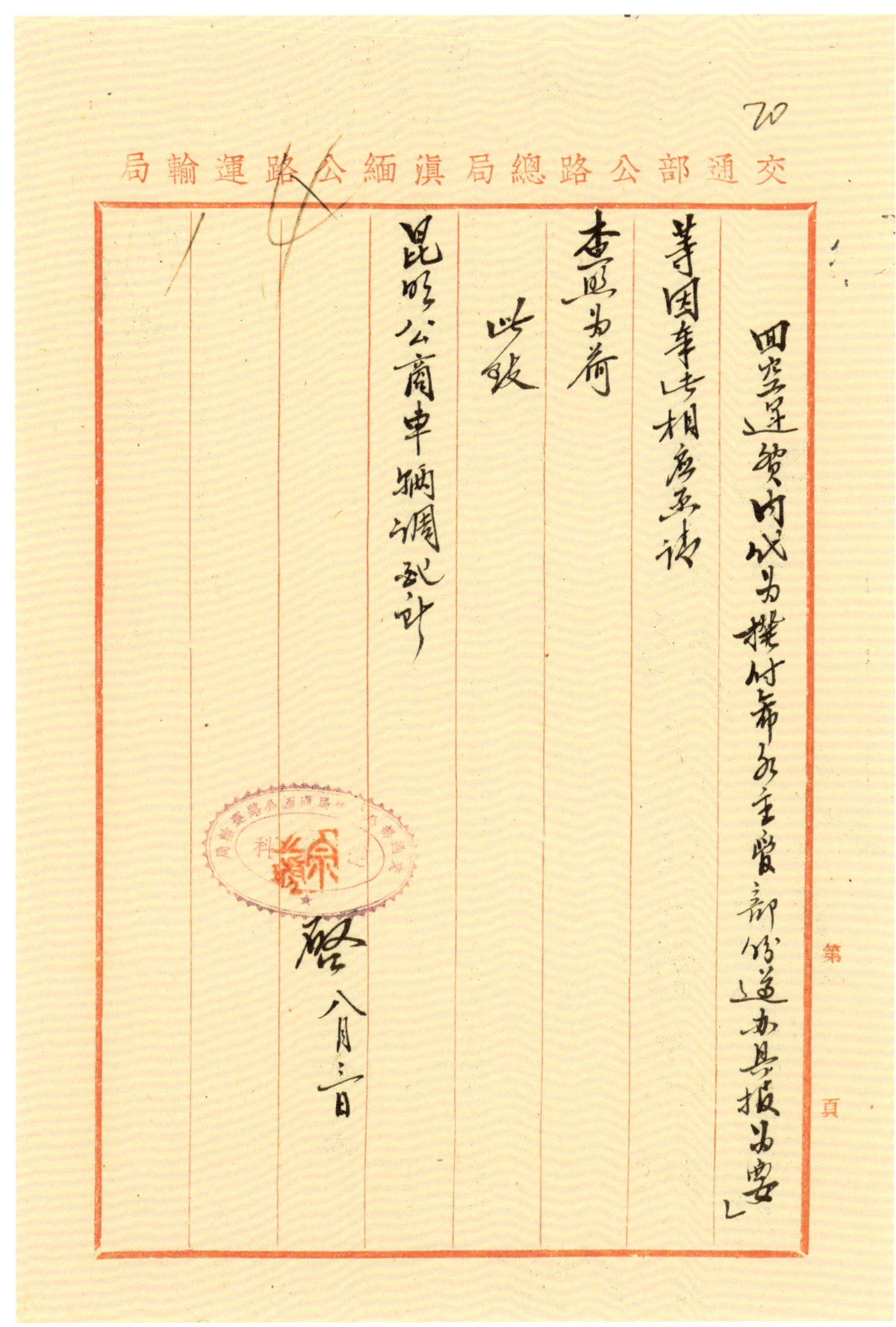
20

交通部公路总局滇缅公路运输局

回空运货，内八为拨付部分主管部门运出县报为要」等因，奉此，相应函请查照为荷！此致

昆明公商车辆调配处

启 八月三日

第　页

交通部公路总局滇缅公路运输局第二运输段关于报送商车承运远征军部队合约致滇缅公路运输局的代电（一九四四年九月七日）

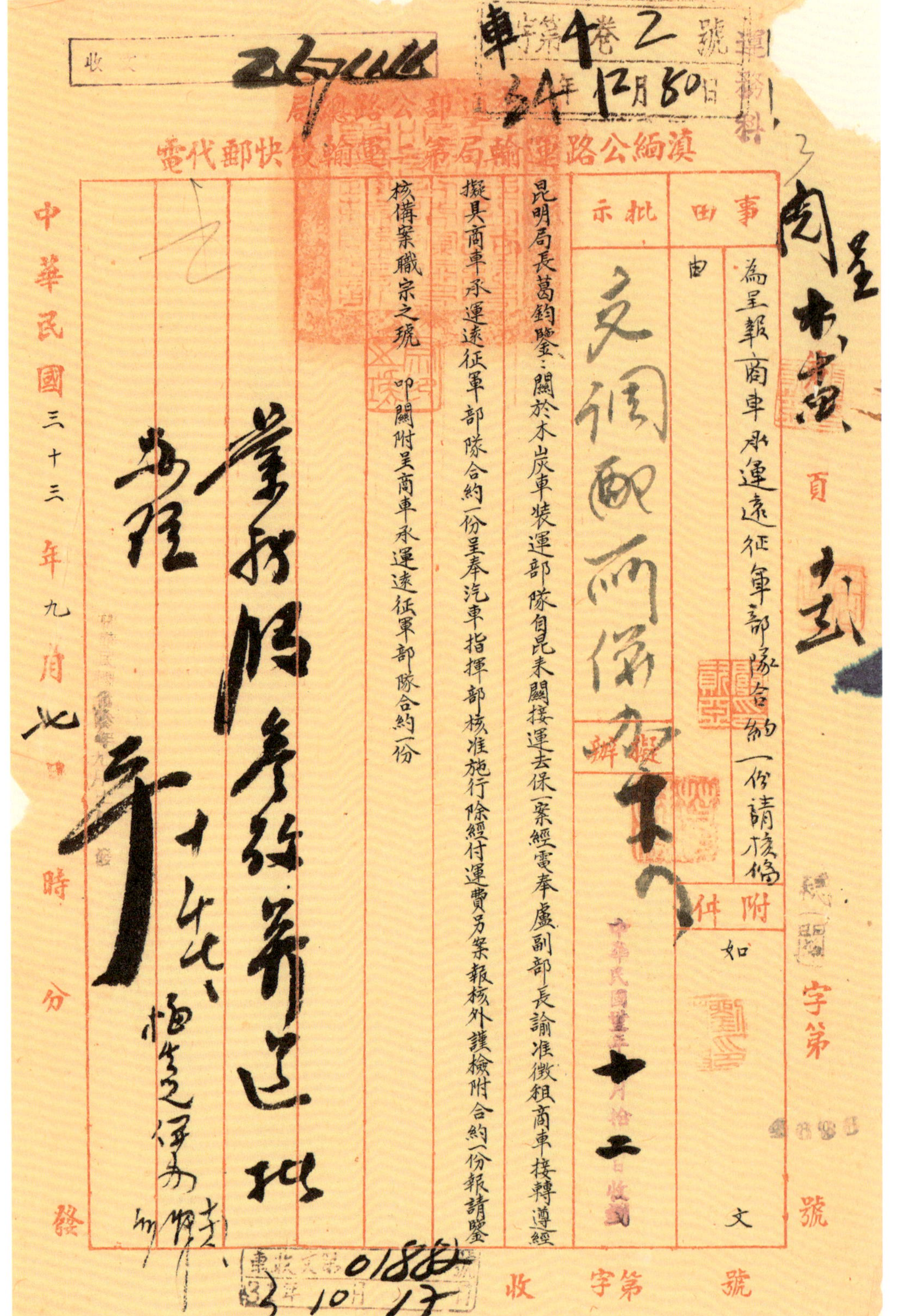
滇緬公路運輸局第二運輸段快郵代電

事由：為呈報商車承運遠征軍部隊合約一份請核備

昆明局長龔鈞鑒：關於木炭車裝運部隊自昆来關接運去保一案經電奉盧副部長諭准徵租商車接轉遵經擬具商車承運遠征軍部隊合約一份呈奉汽車指揮部核准施行除經付運費另案報核外謹檢附合約一份報請核備案職宗之琥叩關附呈商車承運遠征軍部隊合約一份

附件：如文

中華民國三十三年九月七日

承運遠征軍部隊合約

商號國滇第　　號車願遵照左開條款承運遠征軍部隊

一、由下關一次裝運部隊至保山板桥

二、由下關至保山板桥以二百四十六公里計算

三、承運部隊車輛由汽車運輸指揮部供給酒精机油酒精重車按每加侖行駛六公里發給空車按每加侖行駛六公里半發給机油按酒精數量二十五分之一發給

四、承運部隊所需往返酒精机油在下關一次發給

五、承運部隊車輛由汽車運輸指揮部按照交通部規定發給車租重車每噸公里十八元五角四分空車每噸十四元九角八分養路費由車主担負每車以三噸計算

（旁注：按照大局規定供給 [illegible]料費每[illegible] 運費一八、八七分九 交正）

六、承運部隊車輛由云南驛裝運部隊出發時先付給往返八成車租俟達成任務返抵下關時再付給二成車租

七、如回程派裝軍品部隊時應按照重車酒精机油車租補發

八、車主對於所裝部隊應負安全准時到達之責

謹呈

遠征軍汽車運輸指揮部

車號

車主

月　　日

交通部公路总局商车指导委员会昆明分会、昆明公商车辆调配所等关于拨车配运中央银行存滇券料的一组文书（一九四四年十一月至一九四五年一月）

交通部公路总局商车指导委员会昆明分会致中央发行局第二分局的笺函（一九四四年十一月十三日）

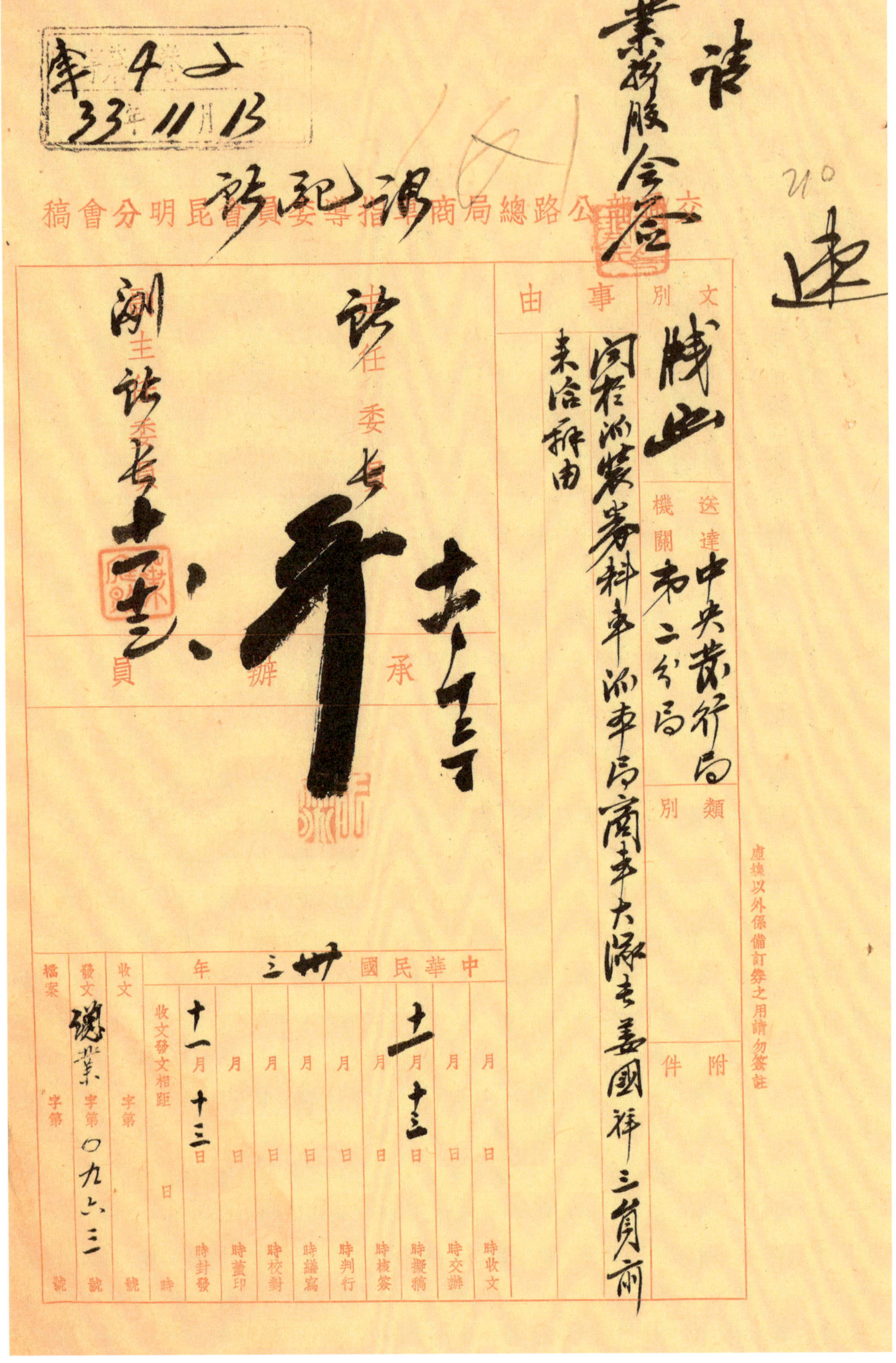
交通部公路總局商車指導委員會昆明分會稿

文別	牋函
送達機關	中央發行局第二分局
事由	關於派裝券料車派車局商車大隊長姜國祥三員前來洽辦由

主任委員　　委員　　承辦員

中華民國卅三年十一月十三日

發文　總業字第〇九六三號

牋函

接准

貴局十一月六日滇字第331號函嘱撥派木炭車一批由昆裝運券鈔赴筑並開於啓運及沿途手續章則十一點等由自應照辦茲派本局商車第八大隊長姜國祥第九大隊長鄒中林第十二大隊長周金龍三員前來洽辦外相應函復即希

查照辦理為荷　此致

中央發行局第二分局

交通部公路总局致滇缅公路运输局、中央银行发行局的代电（一九四四年十一月二十八日）

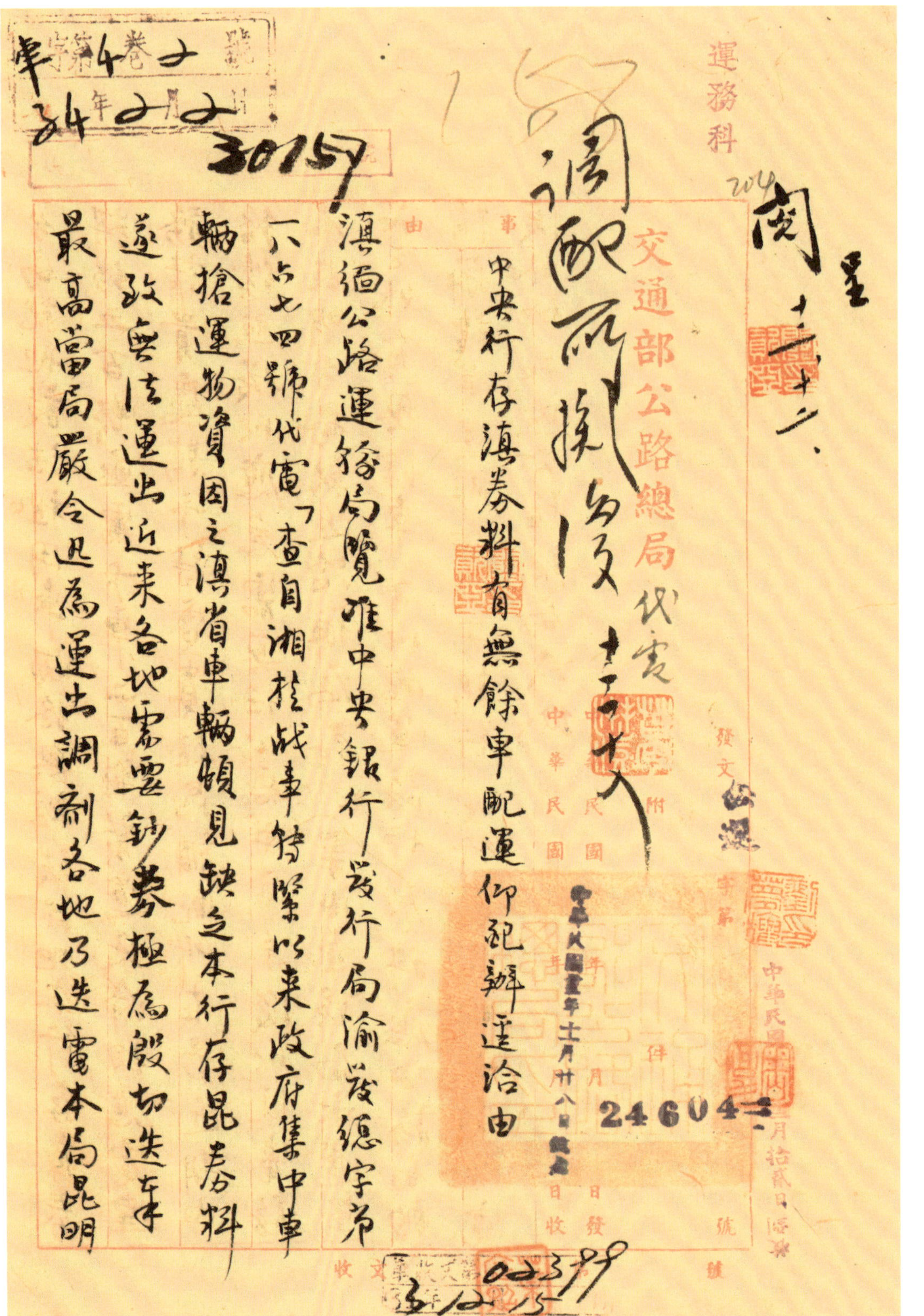
运务科

交通部公路总局代电

事由：中央行存滇券料有无余车配运仰配办运洽由

滇缅公路运务局览：准中央银行发行局渝发总字第一八六七四号代电，「查自湘桂战事转紧以来，政府集中车辆抢运物资，因之滇省车辆顿见缺乏，本行存昆券料遂致无法运出，近来各地需要钞券极为殷切，迭奉最高当局严令迅为运出调剂各地，乃迭电本局昆明分局就地設法租用車輛終無辦法昆地本行存有券料約五百噸亟需卡車二百輛裝運來渝相應電達務請貴處賜予特電貴駐昆調配所在最近期内絡續照撥以應急需無任公感並希示復以便電飭本昆明分局就近洽辦爲荷」等由查該局承運軍品之外有無餘車可以配運該行券料應由該局酌情辦理并逕函知中央銀行發行局昆明分局除電復外仰知照公路總局戌〈儉〉運管印

(公總30)33.8—30,000

交通部公路总局滇缅公路运输局致昆明公商车辆调配所的代电（一九四四年十二月二日）

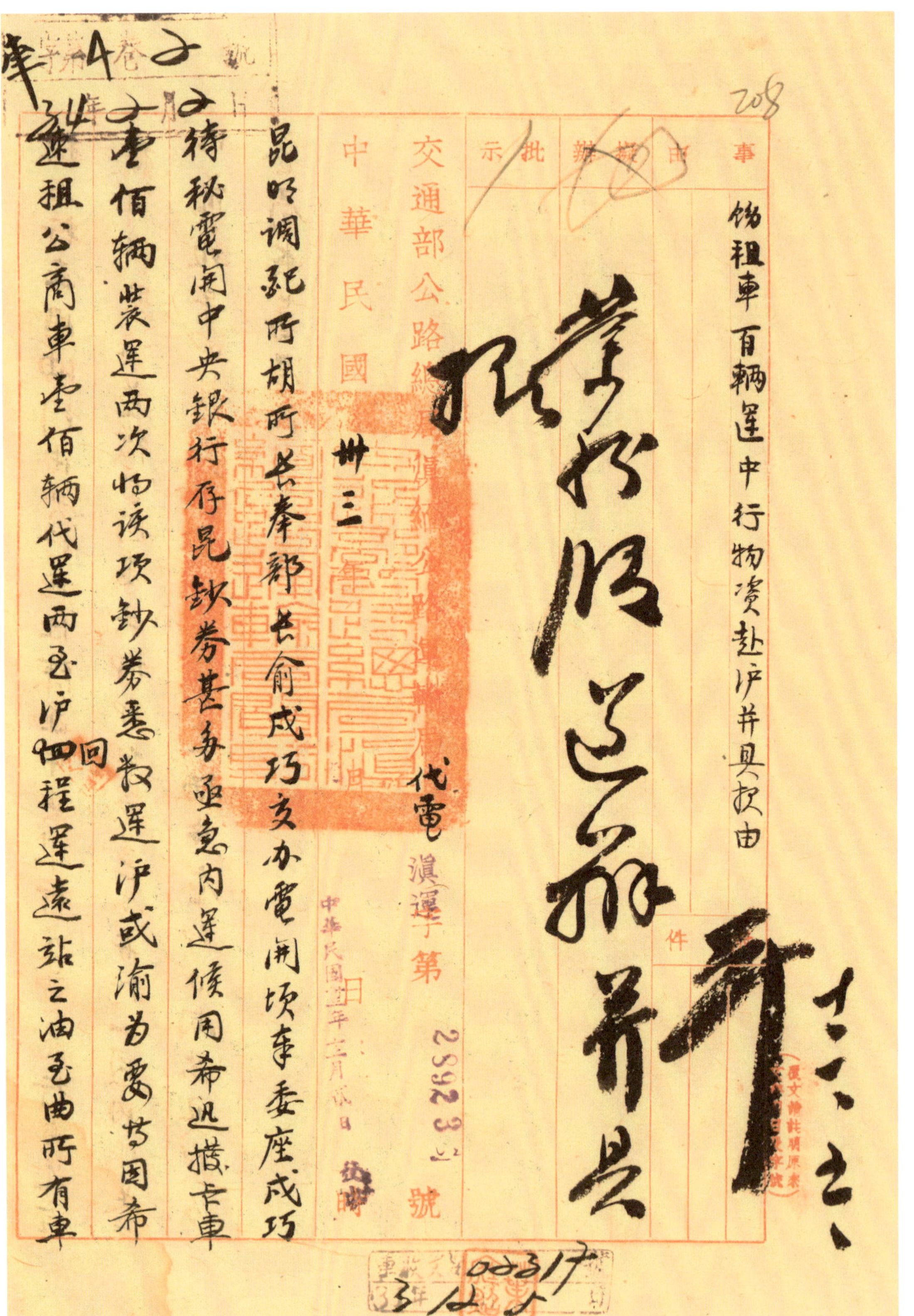
事由：飭租車百輛運中行物資赴沪並具報由

交通部公路總局滇緬公路運輸局代電 滇運字第28923號

中華民國卅三年十二月 日

昆明調配所胡所長奉部長俞戌巧交辦電開頃奉委座戌巧侍秘電開中央銀行存昆鈔券甚多亟應內運候用希迅撥卡車壹佰輛裝運兩次將該項鈔券悉數運沪或渝為要等因希迅租公商車壹佰輛代運兩至沪回程運遠站之油至曲所有車

租及行车用油均由央行担任，除函中央銀行迅電昆行尅先洽辦外，請照辦並復。茲因車少，仰即切实遵办，並於一週内派足车以前租車四拾辆案中欠撥之十一辆，並應即日開出，是为要。局长葛灃戌冬昆運

昆明公商车辆调配所致交通部公路总局滇缅公路运输局的代电（一九四五年一月八日）

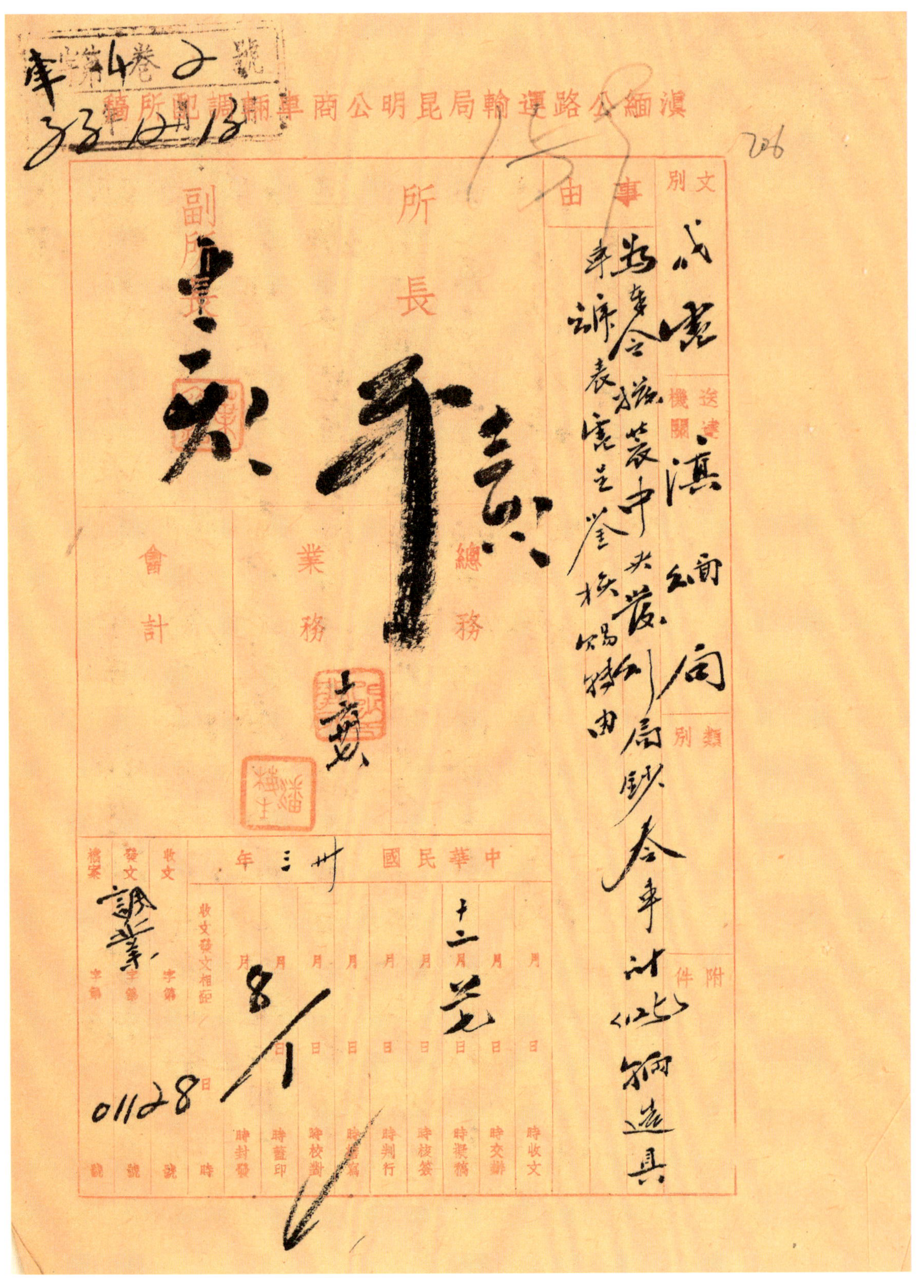
滇缅公路运输局昆明公商车辆调配所稿

文别：代电
送达机关：滇缅局
事由：为奉令检发中央发行局钞券车计（以上）辆造具车号清表电呈鉴核备由

所长
副所长
总务
业务
会计

中华民国卅三年十二月廿八日

代電

滇緬公路運輸局局長龔鈞鑒：案奉鈞座滇運字第2813號訓令，以

冬昆運代電略開：本部前令成功公司籌開汽車，委託成

功待社電開：中央銀行存昆之鈔券，為亟急由運，以便用節

迅撥卡車裝運出口，該運滬車租及用油均由中央行擔負，

仰即遵辦具報，等因奉此，當即遵辦。查該案曾於十二月廿日起

至十二月十四日止，共計派出汽車兩批，合行造具車號表一份，隨

電呈請鑒核，轉報為禱。（銜）長禎〇〇叩亥（齊）

業即附車號表一份

军事委员会战时运输管理局云南分局昆明公商车辆调配所关于送一九四五年六月份运输物资状况月报表致局长葛沣的呈（一九四五年七月十六日）

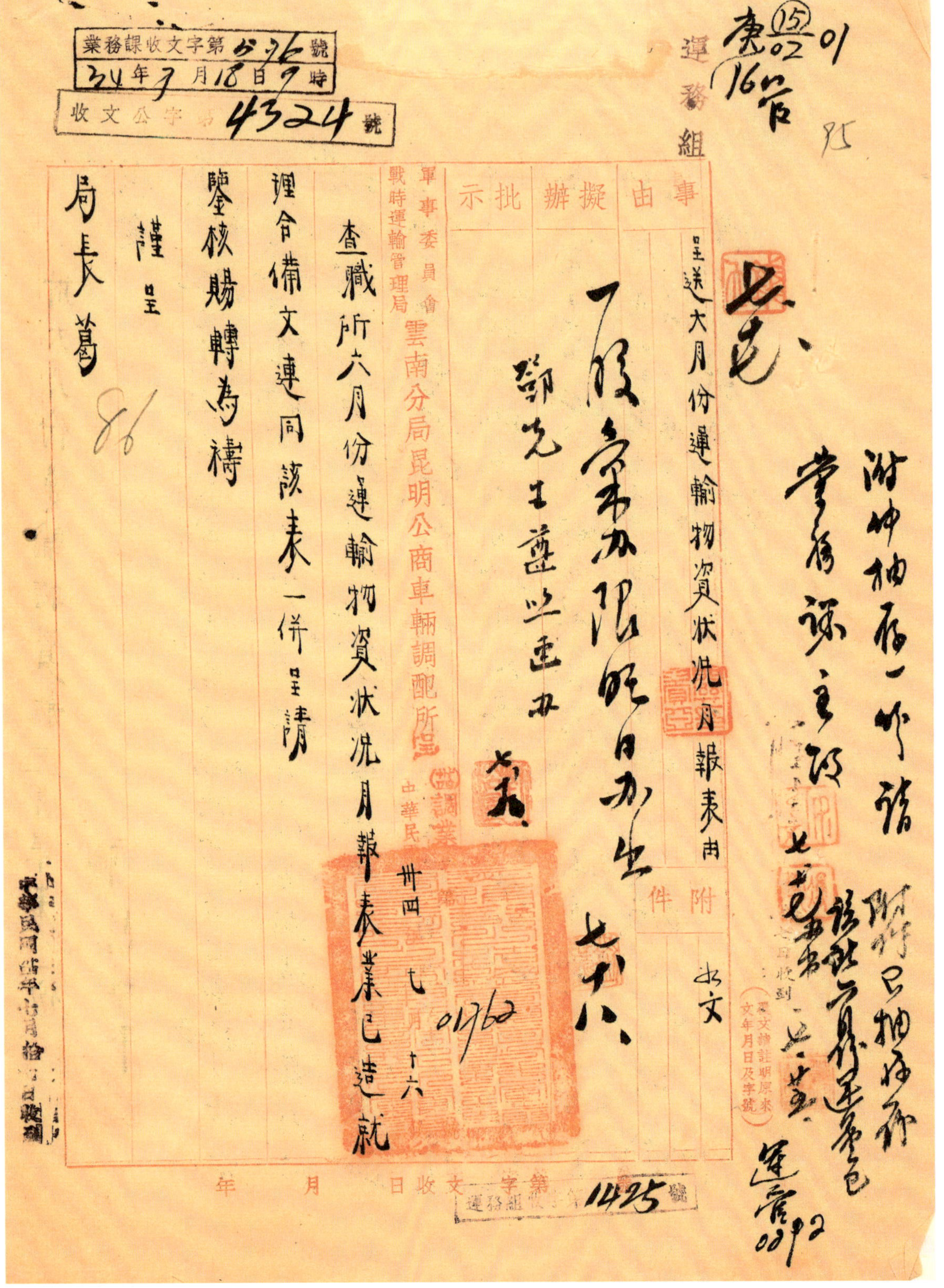
事由：呈送六月份运输物资状况月报表由

查职所六月份运输物资状况月报表业已造就，理合备文连同该表一併呈请鉴核赐转为祷。

谨呈

局长葛

軍事委員會戰時運輸管理局雲南分局昆明公商車輛調配所

卅四　七　十六

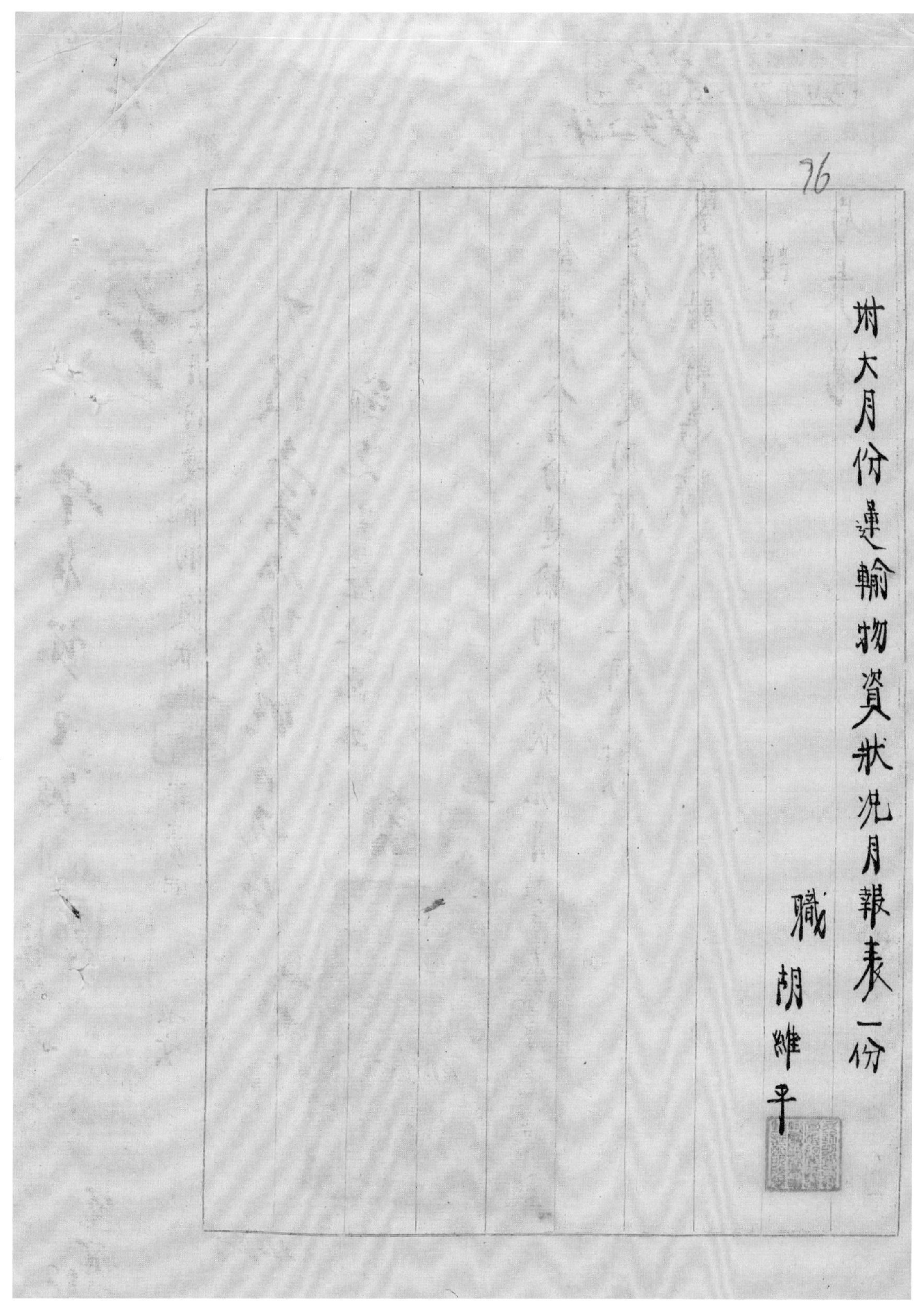
96

附六月份运输物资状况月报表一份

职 胡维平

附：交通部公路总局滇缅公路运输局一九四五年六月份运输物资状况月报表（一九四五年七月）

滇緬公路運輸局

34年6月份公路運輸物資狀況月報表　　共6頁第1頁

起訖站	承運機關	噸數及延噸公里	中央銀行	物運處	中茶公司	中國紙廠	第35工程處	第八工程處	共計	貨運車數	貨運噸數	車噸公里	客運車數	客運人數	延人公里	空駛車數	空駛噸數	空駛公里
昆明—畹町	自運	噸數	3						3	1	3	2877						
		延噸公里	2877						2877									
〃—龍陵	〃	噸數	3						3	1	3	2508						
		延噸公里	2508						2508									
〃—保山	〃	噸數	6						6	2	6	4008						
		延噸公里	4008						4008									
〃—下關	[illegible]	噸數		3					3	1	3	1236						
		延噸公里		1236					1236									
〃	自運	噸數			9				9	3	9	3708						
		延噸公里			3708				3708									
昆明—騰衝	〃	噸數				3			3	1	3	2517						
		延噸公里				2517			2517									
〃—鎮南	滇緬鐵路督辦公署	噸數					6		6	2	6	1368						
		延噸公里					1368		1368									
〃	自運	噸數						3	3	1	3	684						
		延噸公里						684	684									
昆明—霑[illegible]	軍工會運輸總隊	噸數					3		3	1	3	981						
		延噸公里					981		981									
〃	[illegible]	噸數					3		3	1	3	981						
		延噸公里					981		981									
本頁小計		噸數	12	3	9	3	12	3	42	14	42	20868						
		延噸公里	9393	1236	3708	2517	3330	684	20868									
總計		噸數																
		延噸公里																

局長　　主管　　核對　　製表　　34年7月11日填

滇緬公路運輸局

34年6月份公路運輸物資狀況月報表　　共6頁第2頁

起訖站	承運機關	噸數及延噸公里	滇緬鉄路三工程處	中國銀行	中國紅十字會	軍工署八工程處	礦業銀行	粮食調查處	後勤司令部	第八工程處	共計	貨運 車數	貨運 噸數	車噸公里	客運 車數	客運 人數	延人公里	空駛 車數	空駛 噸數	空駛公里
昆明-雲南驛	自運	噸數	3								3	1	3	981						
		延噸公里	981								981									
〃	〃	噸數		3							3	1	3	981						
		延噸公里		981							981									
昆明-[illegible]	〃	噸數			3						3	1	3	819						
		延噸公里			819						819									
〃	〃	噸數				3					3	1	3	819						
		延噸公里				819					819									
〃	〃	噸數					3				3	1	3	819						
		延噸公里					819				819									
〃	商車	噸數						78			78							26	78	21294
		延噸公里						21294			21294									
昆明-大姚	物運處	噸數							6		6	2	6	1842						
		延噸公里							1842		1842									
〃	合作鋪	噸數							3		3	1	3	921						
		延噸公里							921		921									
〃	[illegible]	噸數							3		3	1	3	921						
		延噸公里							921		921									
〃	自運	噸數								6	6	2	6	1842						
		延噸公里								1842	1842									
本頁小計		噸數	3	3	3	3	3	78	12	6	111	11	33	9945				26	78	21294
		延噸公里	981	981	819	819	819	21294	3684	1842	31239									
總計		噸數																		
		延噸公里																		

局長　　主管　　核對　　製表　　34年7月11日填

滇緬公路運輸局

89　99

34年6月份公路運輸物資狀況月報表

共6頁第3頁

起訖站	承運機關	噸數及延噸公里	後勤司令部	光當處	中國銀行	糧政局	田糧處	航委會	美國供應處	物運處	糧食調節處			共計	貨運車次	貨運噸數	車噸公里	客運車數	客運人數	延人公里	空駛車數	空駛噸數	空駛公里
大[illegible] 昆明	商車	噸數	282											282							94	282	86574
		延噸公里	86574											86574									
楚雄 昆明	自運	噸數		121										121	4	12	2304						
		延噸公里		2304										2304									
〃	〃	噸數			3									3	1	3	576						
		延噸公里			576									576									
〃	物運處	噸數				30								30	10	30	5760				45		
		延噸公里				5760								5760									
〃	商車	噸數				15	90	9	9					123					1		41	123	23616
		延噸公里				2880	17280	1728	1728					23616									
祿豐 昆明	自運	噸數		18										18	6	18	1854						
		延噸公里		1854										1854									
〃	〃	噸數				12								12	4	12	1236						
		延噸公里				1236								1236									
〃	〃	噸數								6				6	2	6	618						
		延噸公里								618				618									
〃	商車	噸數				3					3			6							2	6	618
		延噸公里				309					309			618									
祿豐縣 昆[illegible]	[illegible]	噸數		6		54								60	20	60	3540						
		延噸公里		354		3186								3540									
本頁小計		噸數	282	36	3	114	90	9	9	6	3			554	47	141	15888				157	411	110808
		延噸公里	86574	4512	576	13371	17280	1728	1728	618	309			126696									
總計		噸數																					
		延噸公里																					

局長　　主管　　核對　　製表　　34年7月11日填

滇緬公路運輸局

34年6月份公路運輸物資狀況月報表

共6頁第4頁

102

起訖站	承運機關	噸數及延噸公里 \ 物資機關	昆華煤鉄公司	中國旅社	汽營處	塩分局	塩管局	企業局	化工廠	雲南鋼鉄廠	電力製鋼廠	礦工務局	通運公司	共計	貨運		車噸公里	客運		延人公里	空駛		空駛公里
															車數	噸數		車數	人數		車數	噸數	
昆明 祿豐	自運	噸數	12											12	4	12	708						
		延噸公里	708											708									
昆明 平彝	〃	噸數		3										3							1	3	240
		延噸公里		240										240									
〃	〃	噸數			84									84							28	84	672
		延噸公里			672									672									
昆明 一平浪	〃	噸數				153.75	75							228.75							61	228.75	28593.75
		延噸公里				19218.75	9375							28593.75									
〃	物資處	噸數						102						102	34	102	12750						
		延噸公里						12750						12750									
〃	自運	噸數							3					3	1	3	375						
		延噸公里							375					375									
〃	資会運務處	噸數								30				30	10	30	3750						
		延噸公里								3750				3750									
〃	自運	噸數								30				30	10	30	3750						
		延噸公里								3750				3750									
〃	五金器具廠	噸數								24	3			27	9	27	3375						
		延噸公里								3000	375			3375									
〃	商車	噸數								156		36	15	207							69	207	25875
		延噸公里								19500		4500	1875	25875									
本頁小計		噸數	12	3	84	153.75	75	102	3	240	3	36	15	726.75	68	204	24708				159	522.75	55380.75
		延噸公里	708	240	672	19218.75	9375	12750	375	30000	375	4500	1875	80088.75									
總計		噸數																					
		延噸公里																					

局長　　主管　　核對　　製表　　34年7月11日填

滇緬公路運輸局

34年 6月份公路運輸物資狀況月報表

104

共 6 頁第 5 頁

起訖站	承運機關	噸數及延噸公里	中華机廠	合棠局	自運	盐務局	公商車	中元造紙廠	經互會	中國毛織公司	永利化學公司	中央銀行	中蔡行	共計	貨運 車數	貨運 噸數	車噸公里	客運 車數	客運 人數	延人公里	空駛 車數	空駛 噸數	空駛公里
昆明-平浪	商車	噸數	3	39	30	611.25								683.25							235	683.25	85466.25
		延噸公里	375	4875	3750	76466.25								85466.25									
其他短途	公商車	噸數					84							84	28	84	420						
		延噸公里					420							420									
昆明-瀘州	自運	噸數						9						9	3	9	8208						
		延噸公里						8208						8208									
〃	兵工署	噸數						9						9	3	9	8208						
		延噸公里						8208						8208									
〃	〃	噸數						18						18	6	18	16416						
		延噸公里						16416						16416									
〃	貿運局	噸數							9					9	3	9	8208						
		延噸公里							8208					8208									
〃	盐局	噸數							21					21	7	21	19152						
		延噸公里							19152					19152									
〃	電政局	噸數							9					9	3	9	8208						
		延噸公里							8208					8208									
〃	商車	噸數								3	9			12							4	12	10944
		延噸公里								2736	8208			10944									
昆明-貴陽	自運	噸數										15	3	18	6	18	11916						
		延噸公里										9930	1986	11916									
本頁小計		噸數	3	39	30	611.25	84	36	39	3	9	15	3	872.25	59	177	80736				229	695.25	96350.25
		延噸公里	375	4875	3750	76466.25	420	32382	35568	2736	8208	9930	1986	177086.25									
總計		噸數																					
		延噸公里																					

局長　　主管　　核對　　製表

34年 7月 11日填

滇緬公路運輸局

105

34年 6 月份公路運輸物資狀況月報表　　　共 6 頁第 6 頁

起訖站	承運機關	噸數及延噸公里	交通銀行	工礦調整處	經委會	中央信託局	兵工署	郵政局	資委會運務處	昆惠會昆廠	郵政局	美軍工程處		共計	貨運車數	貨運噸數	車噸公里	客運車數	客運人數	延人公里	空駛車數	空駛噸數	空駛公里
昆明 貴陽	自運	噸數	3	3										6	2	6	3972						
		延噸公里	1986	1986										3972									
〃	貨運局	噸數			9									9	3	9	5958						
		延噸公里			5958									5958									
〃	商車	噸數				6								6	~~2~~	~~6~~	~~3972~~				2	6	3972
		延噸公里				3972								3972									
昆明 重慶	川滇公路局	噸數					39	~~15~~						39	13	39	44850						
		延噸公里					44850	~~17250~~						44850									
〃	自運	噸數						15						15	5	15	17250						
		延噸公里						17250						17250									
〃	商車	噸數				12								12							4	12	13800
		延噸公里				13800								13800									
昆明 曲靖	自運	噸數							9					9	3	9	1440						
		延噸公里							1440					1440									
〃	〃	噸數	3											3	1	3	480						
		延噸公里	480											480									
昆明 易隆	〃	噸數								12				12	4	12	1920						
		延噸公里								1920				1920									
〃	商車	噸數									3	3		6							2	6	960
		延噸公里									480	480		960									
本頁小計		噸數	6	3	9	18	39	15	9	12	3	3		117	31	93	75870				8	24	18732
		延噸公里	2466	1986	5958	17772	44850	17250	1440	1920	480	480		94602									
總計		噸數	318	87	138	903	303	243	72	267	18	54	18	2421	230	690	228015				569	1731	302565
		延噸公里	100497	13830	15483	130104	76074	86538	42795	37116	9372	14910	3861	530580									

局長　　主管　　核對　　製表　　34年 7 月 11 日填

空军第五总站关于请拨车装运器材赴渝致战时运输管理局云南分局的公函（一九四五年十二月十三日）

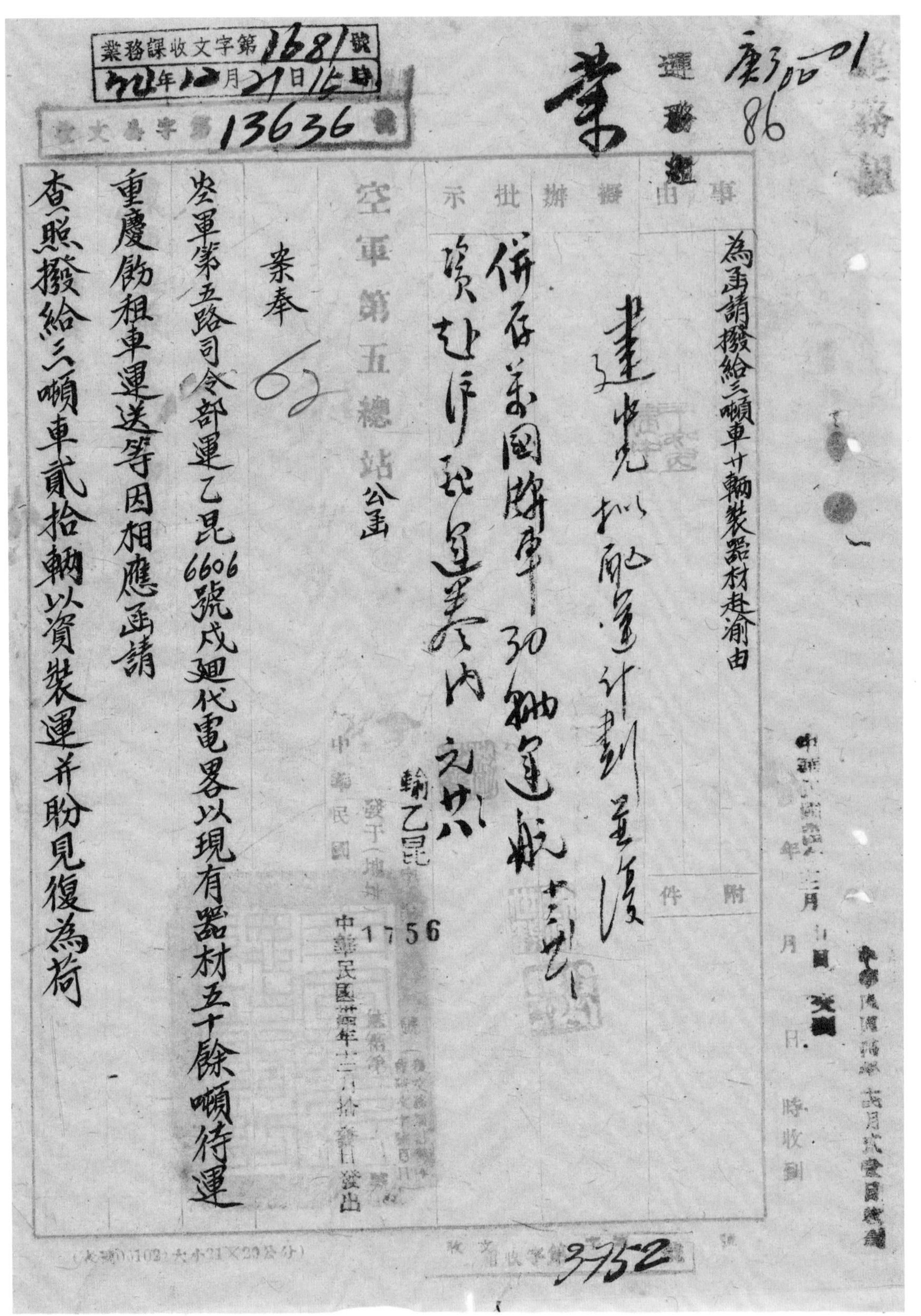
業務課收文字第1681號

收文字第13636號

事由：為函請撥給三噸車廿輛裝器材赴渝由

案奉

空軍第五路司令部運乙昆6606號戌迴代電略以現有器材五十餘噸待運重慶飭租車運送等因相應函請查照撥給三噸車貳拾輛以資裝運并盼見復為荷

空軍第五總站公函

輸乙昆 1756

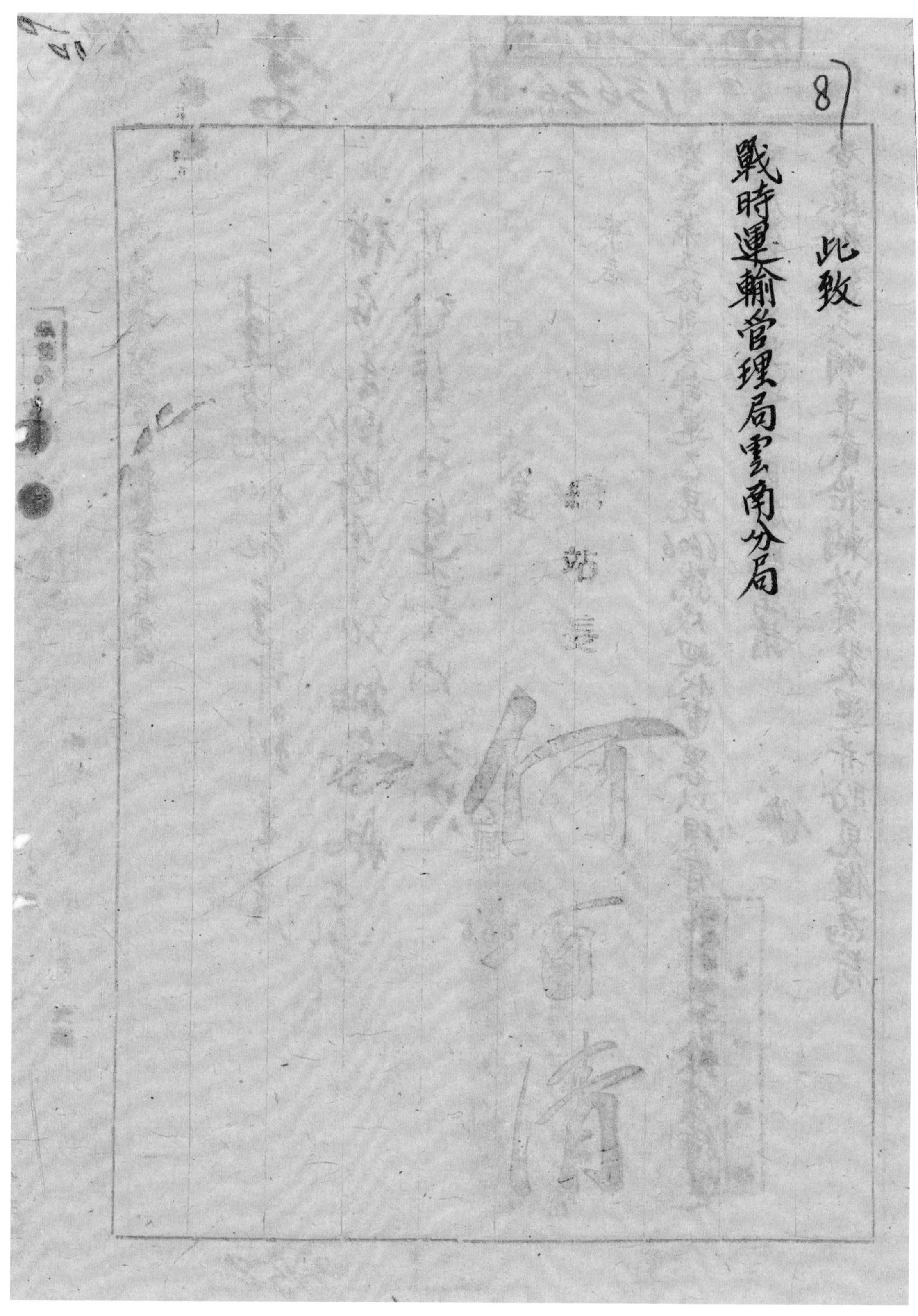
87

此致

戰時運輸管理局雲南分局

三、抢运物资会议记录、情况报告

101

中華民國紅十字會總會滇緬路運輸情況報告

一、提綱：

本會車輛自去歲七月起參加滇緬路運輸

（一）車輛編制：

（a）參加車輛七十五輛編成十六小隊四中隊

（二）運輸情形：

（a）常川行駛車輛——六十一輛（約全部車之80%㆑）

（b）各車平均行駛時間——每月十天至十五天

平均行駛里程——一千七百公里

（C）一年來運輸量

102

材料—一千二百五十二噸（十一個月）

汽油—四百五十一噸（九個月）

(d)每月平均運量—一百六十四噸

(三)沿途設備

(1)油站—六

(2)倉庫—三

(3)修理所組—三

(四)員工待遇

1.職員 $175—325

2.小隊長 $269.50—292.50

3.司機 $313.66—401.10

4.機工 $165—245.00
$303.66—451.10

二、概況

抗戰軍興本會應戰時救護工作之需於救護總隊部之下設立運輸股負責運送負傷將士及醫藥材料去歲十月以滇緬路運輸緊急奉命參加滇緬綫搶運工作擔運醫藥及其他救護材料進口迄今已達一年之久另以事實上之需要於本年五月起在緬境設置臘戍運輸站管轄庫房一所及運貨卡車八輛（交由交通部華緬轉運印代營）行駛臘戍至龍陵一段由仰光辦事處主管其八輛車之運貨統計因時間匆促不及蒐集茲僅將救護總隊部運輸股參與此綫工作之車輛編制運輸情況沿線設備員工待遇等分述如下：

（一）車輛編制——本會派至滇緬綫參加趕運車輛共計七十五輛全係「國特牌照」除三輛為二噸半之雪佛來車外其餘皆為二噸之司蒂倍克救護卡車以

104

四或五輛編成一小隊共十六隊以四小隊為一中隊共四中隊三中隊担任運輸材料一中隊担任運輸油料小隊中隊各有小隊長中隊長負管理指揮之責而以小隊為運輸之單位此種編制根据一年來之經驗其優点有二：(一)管理容易嚴密(二)車輛行駛時可以互相幫助且因數目甚小亦無互相牽掣之弊 每小隊更附以機工一人担任途中修理免致車輛拋錨延遲運輸

(二)運輸情况

(A)常川行駛車輛——自參加肆運以來車輛除因材料無法補充及損壞程度不堪修理者外餘皆儘力保持其行駛能力七十五車中停駛者十四輛尚有六十一輛常川行駛其全部車輛之百分比為百分之八十

(B)車輛每月平均行駛時間及里程——根据統計本會可用車輛每月平均行駛

時間為十天至十五天，每月每車平均行駛里程為一千七百公里

(C) 一年來之運輸總量：

(1) 醫藥材料（二十九年八月初至三十年六月底十一個月）

(a) 軍醫署材料由緬入口共運七百三十三噸，內二百七十八噸運達貴陽（由昆起運），一百八十八噸運達昆明，二百六十七噸運達下關，共計五十九萬一千另九十三噸公里

(b) 本會材料進口共運三百七十四噸，內三百噸運達貴陽，二十噸運達下關，四十六噸運達龍陵，共計四十八萬五千二百一十四噸公里

(c) 美紅會材料（本年四月至六月）由龍陵至昆明共運一百四十五、五噸，共計十二萬二千六百八十六、五噸公里

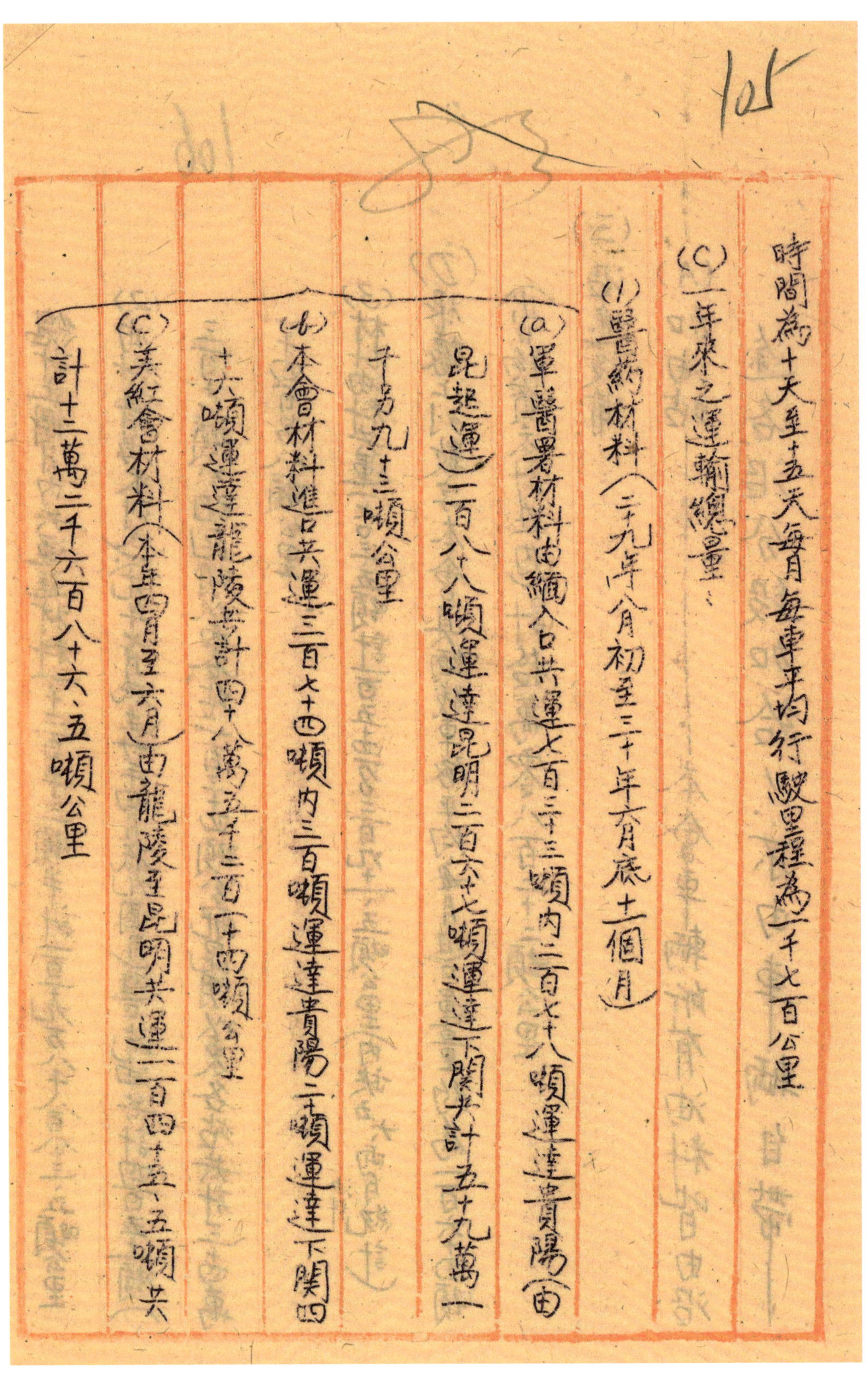

時間為十天至十五天每月每車平均行駛里程為一千七百公里

(C)一年來之運輸總量：

(1)醫藥材料（二十九年八月初至三十年六月底十一個月）

(a)軍醫署材料由緬入口共運七百三十三噸內二百七十八噸運達貴陽（由昆起運）二百八十八噸運達昆明二百六十七噸運達下關共計五十九萬一千另九十三噸公里

(b)本會材料進口共運三百七十四噸內三百噸運達貴陽二十噸運達下關四十六噸運達龍陵共計四十八萬五千三百十四噸公里

(c)美紅會材料（本年四月至六月）由龍陵至昆明共運一百四十五、五噸共計十二萬二千六百八十六、五噸公里

總計十個月內共運進材料一千二百五十二噸半計一百十九万八千八百八十三、五噸公里

(2) 油料（滑油未列入）（廿九年七月底至卅年四月底九個月）進口汽油共計四百五十一噸（三百十七噸分配昆明以西各站一百三十四噸分配昆明以東各站共計三十四萬一千四百另八噸公里

(3) 材料油料共運一七〇三、五噸計一百五十四万三百九十一、五噸公里（內缺五六兩月油料統計）

(4) 根據上列數字本會滇緬綫車隊平均每月進口運量約為一百六十四噸（出口物資未計在內）計拾萬零八百二十二噸公里

(三) 沿途設備

(A) 加油站——本會車輛所有油料皆由沿途各沿分段加給，不由車輛自帶——

各站油料由運油車隊按時補給昆明畹町之間共設七站規定用油量畹町至龍陵十四加侖龍陵至保山二十二加侖保山至下關三十一加侖下關至楚雄二十五加侖楚雄至昆明二十加侖車輛到達後如有餘油規定交站

（B）倉庫共設三處（一）畹町（二）龍陵（三）下關容量如下畹町二十至三十噸龍陵二十至三十噸下關一百五十噸

（C）修理所組（一）原則—本會規定滇緬綫全部修理所組担任之工作僅為車輛之保養及小修引擎須要大修者即拆下送貴陽總廠修理換以預備引擎亦由貴陽送來以減少車輛等候修理耗費之時間（二）所組（a）設置地點（一）昆明（二）下關（三）龍陵昆明為所下關龍陵為組（b）修理能力（一）昆明每月六十輛（二）下關龍陵每月十輛至二十輛

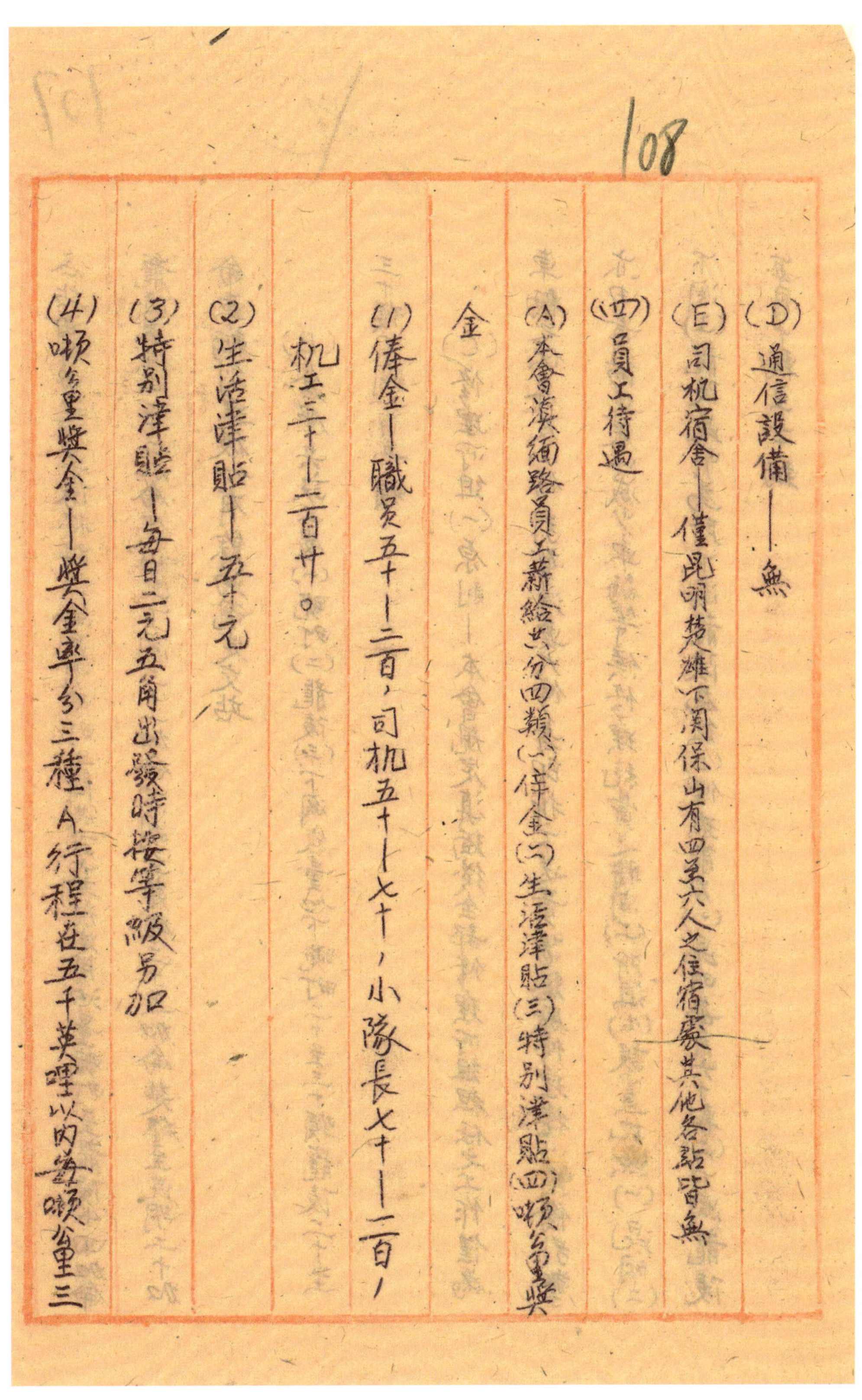

108

(D)通信設備——無

(E)司机宿舍——僅昆明楚雄下關保山有四至六人之住宿處其他各站皆無

(四)員工待遇

(A)本會滇緬路員工薪給共分四類(一)俸金(二)生活津貼(三)特別津貼(四)噸公里獎金

(1)俸金——職員五十——二百，司机五十——七十，小隊長七十——一百，机工三十——一百廿。

(2)生活津貼——五十元

(3)特別津貼——每日二元五角出發時按等級另加

(4)噸公里獎金——獎金率分三種 A.行程在五千英哩以內每噸公里三

109

分 B、在五千至一万二千之間每噸公里四分 C、在一万二千以上每噸公里五分發給司机及隨車机工

B、收入統計

1、職員——一七五——三二五元

2、小隊長——二六九、五——二九二、五

3、司机——三一三、六六——四〇七、一

4、机工——（所組）一六五——二四五元

（隨隊）三〇三、六六——四五一、二元

本会滇緬運輸情况大致如上所述，目前最感困難者（一）為廠房倉庫之缺少（二）為零件補充之不易（三）為員工待遇過低福

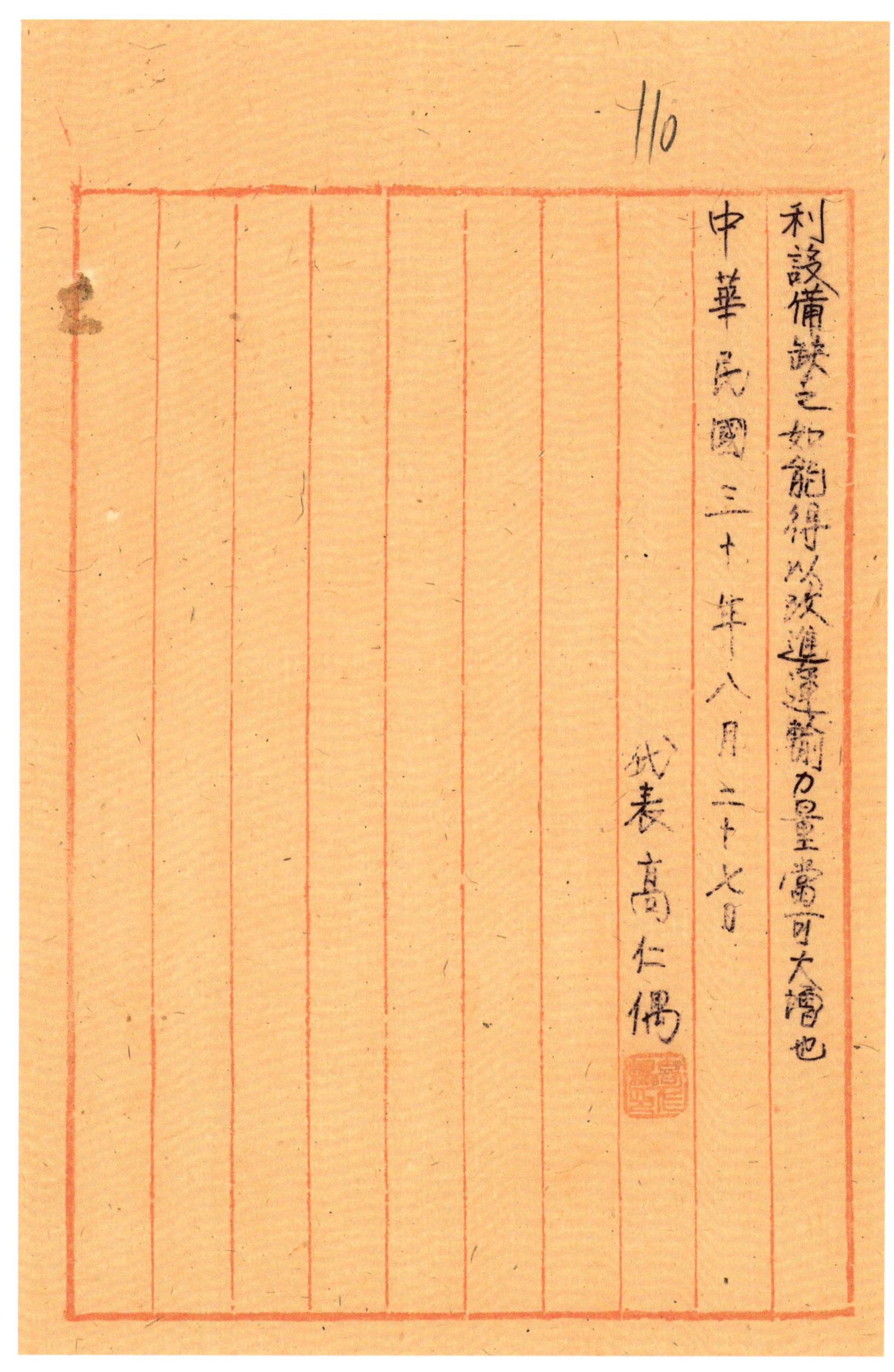

110

利設備缺乏如能得以改進運輸力量當可大增也

中華民國三十年八月二十七日

代表高仁偶

运输委员会讨论存腊戍物资抢运计划会议记录（一九四二年三月二十二日）

運輸委員會會議紀錄

本日會議主題——存腊物資搶運計劃

日期：三月廿二日

地点：中緬支局

出席者：方紹鎬　孫乃騄　周賢言　王正洋（滇緬公路）
林有燮（農民銀行）　曾大鈞　李雅庭（代中國紅十字會）
楊中興（交通銀行）　倪孝本（中國銀行運輸部）
岳陽烈（中信局信托處）　李維楨（交通部）
程步高（糧食部）

主席：方主任委員　紀錄：周賢言

議決事項

（一）物資搶運期限及車輛支配

（甲）資委會存腊物資（4000）噸以自有卡車（47）輛限70天內運完

(乙)滇緬公路局存腊榜樑材料〈1100〉噸又柏油〈2000〉噸上兩項物資以該局自有卡車〈32〉輛並另調中國銀行運輸部卡車〈20〉輛由該局自行裝運限70天內運完柏油綱索等由中緬代為報関代付運费

(丙)永利存腊物資〈1700〉噸以自有卡車〈10〉輛另調農民銀行卡車〈6〉輛交行卡車〈7〉輛(交行原有卡車〈8〉輛准以〈1〉輛留用作短途運輸之用)以上共計〈23〉輛由該公司自行裝運限70天內運完

(丁)中信局信托處存腊布匹〈150〉噸應即自運畹町卸車後即將所有卡車〈48〉輛(附車號單)向中緬支局報到加入中緬搶運該項車輛所需油料由中緬供給在應付運費項下扣除

(戊)糧食部現腊戌無存資所有卡車〈99〉輛應全向中緬支局報到加入搶運辦法與中信處同

18

（己）中行運輸部存腊物資已完所有卡車〈96〉輛在國者應全部調至腊担任搶運除撥調滇緬公路〈20〉輛工調處〈10〉輛外其餘〈46〉輛應即向中緬支局報到搶運辦法與中信處同

（庚）中緬支局存腊物資約〈33000〉餘噸再加南都運來青鉛〈7000〉噸共〈40000〉餘噸以現有卡車〈500〉輛再加興文銀行〈8〉輛糧食部〈99〉輛中行運輸部〈46〉輛（信託處48輛）共計約〈700〉餘輛內應撥中緬局〈30〉車輛改裝運載長料設備限10天內完工所需該料可在各托運貨中選借限70天內運完糧食部如有米到腊即由中緬支局代運

（辛）八募各机関存資亦限70天内運完預（將來）腊方如有多餘車輛可轉調八募協運

（二）汽油供給辦法

（甲）各机関車輛撥交中緬裝資者由中緬加給汽油在

運費內扣算

(乙)各機關倉庫凡在加油站之西者(新老腊戍方向)一律應先裝貨後加油如倉庫在加油站之東者(往畹町方向)一律應先加油後裝貨

(丙)國滇牌車輛裝兵來腊回程時應一律在腊戍海關前中緬新站裝貨後再行加油

(丁)各機關車輛所用油單應由各機關自行油印訂本(每百張乙本)先送中緬支局孫副局長編號登記後送中緬運輸科簽蓋發回應用並應將每本用完之存根繳回後再發新本

(戊)為稽核各機關資車用油數量起見各機關於每日車輛出發前須填寫該機關運出物資報告清單(附樣)一式兩份以一聯存根一聯送中緬支局加油站核對各車加油數量並加註實加油量簽蓋証明後

20

送中緬支局運輸科彙辦統計各加油站由中緬支局派員二人辦理之

（己）短途運輸車輛如疏散物資輸送建築材料接送員工車站提貨及調送裝卸工人以及空襲疏散等各項車輛所需汽油應列單聲明用途并預計每月需用數量向中緬支局報告領用油單并將每日所用油量列單送中緬支局運科彙辦統計

（庚）所有各機關過境車輛用油加至畹町為止

（辛）各機關每車加油數量應由中緬依照車輛廠牌與到達地点規定列表送各機關查照

（三）物資配運之程序

（甲）以自車運自貨之各機關之配運程序由各機關自行辦理

（乙）中緬支局每日運出之物資先由運科業務股憑各

21

機關之催運单及上屬機關電令指定之物资續具配運表送運輸委員會方主任委員核定（但遇有实際之要求運務股得先行裝货）

（四）各機關自行裝車应注意下列各点

（甲）各機關自行裝車之車輛应裝足噸位（各車輛噸位表另發）

（乙）又如容量有空餘者应事先通知中緬運務股指派加裝輕件为軍毯车胎等運费照给

（丙）为經加油站檢查人员發見裝量不足而事前未经通知中緬者得由中緬扣車改裝不給運费

（五）中緬局裝車人員得照運輸原則——（A）迅捷（B）確實（C）經濟——臨時改進搶運辦法不必拘泥歷来習慣與条例但事後应告知方主任委員

中缅运输总局局长俞飞鹏呈报仰光滞存物资抢运经过情形的报告（一九四二年三月）

報告　三十年三月　日於臘戍

呈報仰光滯存物資搶運經過情形請　鑒核由

案由

竊查上年西南運輸處改組為中緬運輸總局之初國外運輸業務仍舊由西南運輸公司辦理十二月間奉委座電令飭　職　兼理國外運輸遂將仰光西南運輸公司改組為中緬運輸總局仰光分局臘戍西南運輸支處改為臘戍支局隸於仰光分局均於本年一月一日成立當仰局成立之初正敵寇南侵之會仰埠物資尚滯存七萬餘噸是時空襲頻仍人心浮動工伕星散裝卸遲緩加以水陸運輸因緬方軍運緊張均為當局統制運輸工具數量益少中間復以英緬誤認美國租借法案物資之性質致發生扣留事實一再交涉始獲送還凡此情形均為搶運工作之大

俱力幸託

鈞座威福並由同人之通力合作勉將應運重要各物於五十日之期間內大致均已運出謹將搶運經過詳情分項陳明如次

甲、搶運經過

一、搶運物資數量　中緬運輸總局仰光分局成立時滯仰物資計有七萬零九百餘噸內為

(1)各倉庫及碼頭所存物資四萬三千三百餘噸(詳附表)

(2)未裝車輛噸位一萬八千七百餘噸

(3)各種油料八千九百餘噸

以上各項物資內中有交通部鐵路材料一萬五千五

百餘噸早經售與英方備作滇緬鐵路緬境工程之用另有資源委員會及兵工署之火磚共一千二百餘噸亦已售與緬甸鐵路局均以英方未經提去故我方迄未銷帳此外尚有由海防香港撤退時轉來笨重物資約計三千餘噸大部份為殘損不全之笨重機件或係廢料或以過重（有一件重至二十餘噸者）轉售固無人承受內運又非汽車所能裝載滯存日久迄未處置上年秋間曾經詳報有案除去上述物資約二萬零四百餘噸之外事實上可以內運物資約五萬噸之譜但自一月一日以後至二月二十日為止中間由美開到御光資船捌艘共卸租借法案物資一萬五千八百餘噸因而應運物資仍為六萬六千四百餘噸惟此六萬

六千餘噸之中內有十二月底以前未裝車輛一萬八千七百餘噸一二月新到船隻所卸未裝車輛四千一百餘噸共二萬二千餘噸此項新車底盤只須車身裝成即可裝載物資駛出與一般物資必須他項工具裝運者性質自有不同故實際必須裝運之物共只四萬肆千餘噸

仰光方面所以滯存物資至六七萬噸之多過去我方車輛有限新車裝配不及而美貨船隻繼續開到致收入與運出之數不能平衡滯積遂日見其多此固自然原因但英緬政府從前對於西南運輸公司未能誠意協助如海關辦理手續曠日費時路局撥供火車噸位無多且時告停頓與予請撥運輸商車提供裝卸工役

10

6

等等不免留难迟缓实为使我物资不能从速运出之重大原因

自一月一日起至二月二十日为止由仰光运出物资

(1)一月份运出数量一万五千四百余吨（附表）

(2)二月份运出数量一万七千七百余吨（附表）

(3)装成内驶车辆吨位一万四千二百余吨（附表）

(4)各机关如滇缅铁路及资源委员会自行运出数量四千六百余吨

一、抢运工具　仰光物资内运向分铁路水道及公路三项尤以铁路为最重要平时我方每日约可分得火车五十辆每月约一千五百辆水运月约二千吨公路则视过境新车之多寡而定自南洋战事爆发以后英方军事倥偬

一切交通工具多為軍事當局所統制我方運輸處處仰
人鼻息幾經交涉雖獲支配水陸噸位若干但就物資及
運輸重要性之立場觀之終不免有支配未能公平之憾
一月份內緬甸鐵路或以煤料缺乏或以軍運繁忙為詞
自十八日起至二十五日為止停撥噸位至八日之久再
三洽商始於一月廿六日恢復由仰光至亞馬丁之通車
但每日僅能撥到火車三十輛二月三日
鈞座節麾蒞腊是時適哈頓總司令及戴尼斯將軍亦均在
腊職陳明物資滯仰及火車噸位缺乏情形當奉
鈞座面諭商主任以我國既派遣大軍入緬協同作戰緬方
何能靳不撥車為我疏運物資應與交涉每日應撥車二
列一列直開腊戍一列開至曼德里消於兩日內答復哈

頓總司令當允增加火車噸位二月六日略有增撥至八日起始據按日撥到火車六十輛內三十輛直達臘戍三十輛開至曼德里自是運量大為增加物資得以陸續運出自一月一日起至二月廿日為止火車所運噸位計為二萬零六百餘噸水運方面緬方統制本嚴經交涉後稍獲船隻運量不減往昔一二兩月由水路運出物資計為三千六百餘噸餘則概為公路運輸之噸位查從前新車在仰裝成後只可一次內駛不准於緬境公路往返行駛我方鑒於在現狀之下公路運輸難望起色乃毅然決然不問緬府是否許可以新車五百輛交由威爾遜顧問辦理自仰光至臘戍馬丁之搶運工作自二月四日開始至二十日為止計短程運出之物資為六千餘噸明知臘戍馬丁

距仰不遠地點不甚安全為避免資敵不得不權宜出此此次搶運之成就我方自辦公路運輸收效亦尚不鮮而我國美籍顧問及技術人員之熱心協助得力尤多

六、亞馬丁物資之清運　亞馬丁原屬小站西南運輸公司及中緬仰光分局對於該站向無何種設備仰光緊急時先將物資搶運一部份至此臨時派員組設轉運站撥派裝卸工人一切均屬草創物資運到亞馬丁後又須將車輛交即放回仰光接運故運亞物資清轉頗費時日加以由仰亞北開火車均無汽閘設備不能駛上曼德里以北山地因而物資到曼又須卸下改裝火車北運有此周折故由仰運至亞馬丁物資直至三月二日始全數運清其卸滯曼德里之物資至三月中旬亦均轉運至腊戍無損

14

8

失

乙 撥給英方物資

英方扣留美國租借法案之我國物資情勢初甚嚴重

嗣奉

委座致電英方嚴厲交涉始據將已淨批准各物留用其餘概已送還交涉經過迭經電陳在案至奉

委座先後批准撥給英方之物資兩批內中除車輛及軍火成品均已照單全部撥給計五千五百餘噸(內有車輛噸位三千一百餘噸)外此外或以我方事先已經內運或被所需要均為我方所懇致未撥給撥過之物亦經取得正式收據附呈

鈞察(委座文內附餘均照抄一紙)並請

15

發交軍政部歸案

丙、仰光撤退經過

仰光與緬北之交通路綫只有仰北二十一英里處之交叉點一方面通卑謬一方面通同古及曼德里至墶古地方距仰五十英里為南北鐵路之交叉點地位極為重要敵軍一過雪當河墶古被佔則仰光勢不能守二月十八日前方情況緊張美國軍事顧問團遂約翰上校密告敵軍已迫近雪當職即召集各機關代表會商遂步撤退辦法各機關大部份定於十九日撤退黃飭仰光分局副局長陳湘濤率領大部份職員於十九日離仰同時責成副局長沈士華挑選倉庫及警衛幹員二十餘人留仰辦理最後工作十九日緬甸鐵路局已

16

不供給火車當由我方工人將附近路軌上空車七輛
推到倉庫勉為裝貨遜約翰上校並切囑路方務為運
出二十日火車絕跡我方所辦之公路汽車運輸亦由
美國軍事代表團遜約翰上校決定於是日中午結束
全部撤退是日上午八時英方軍事當局已頒公告全
市車輛限四十八小時以內離仰否則強迫毀滅所有
公民限期撤退並隨帶三天之乾糧在此種情勢之下
仰光分局已無工作可做遜約翰上校巫勸沈副局長
（附逕）於威尔遜車隊撤退之際即率工作人員撤退沈
副局長先將留仰華工一中隊及其餘工人輸送離仰
深知運輸恢復無望即於二十日下午三時率領工作
人員最後離仰

三、破壞不及搶運之物資

一、各倉庫自有物資　二月十九日下午二時沈副局長士華偕同遜約翰上校之代表魏則尓上尉赴中緬各倉庫視察一周計尚存有不及搶運之物資約三千噸（如附表）對於此項物資事前已與美方洽妥由美軍事代表為之執行破壞工作因美軍事代表團早經奉到美國軍部命令執行美棄物資之破壞工作也沈副局長於視察各庫之後即正式函請遜約翰上校負責辦理並聲明希望事先與英方軍事當局接洽以免發生誤會（附函）遜約翰上校當於原函加簽同意沈副局長遂偕同監查科科長楊華波將庫門封鎖並將各庫鑰匙親自點交遜約翰上校

18

10

接收

一、通用公司未裝車輛

美案車輛由美政府與通用公司訂約自本年一月起由該公司在印設立裝配廠承裝由美運來車輛裝成後交由我方接收在未經裝成以前仍屬美方物資我方不負任何責任查該公司原係西南運輸公司舊有之裝配廠接收擴充員工為數雖多工作進行仍不見如何迅捷（附致宋部長函）二月十八日下午四時該公司奉美軍事代表團命令停止工作其時未裝車輛計有奇姆西九百五十九輛雪佛蘭二百廿二輛共計一千一百八十一輛當經封存其正在裝配中尚未裝成之卅九輛亦經約翰上校

移交英方完成皆英方無法覓得工人只完成一輛餘均未及裝配此外一月下旬至二月上旬裝成之𢆶福特車八百二十輛及裝甲車九十五輛當時卒(?)均美軍事代表團羅沙少校之主持督同華工晝夜趕裝得於十四天之內裝成內駛如委託通用公司裝配恐亦不免損失

三、執行破壞　上項物資及車輛遵約翰上校原擬於二月廿一日相機執行破壞旋以前方情況稍見緩和馬格魯德將軍至仰遂展緩二日卒於廿三日下午三時由馬格魯德將軍指揮工作人員五人分向各倉庫及通用公司實施破壞工作一時火焰冲霄付之一炬因葯力猛烈遵約翰及魏則永[illegible]以距

史較迪略受[illegible]偕馬將軍等即於當晚離仰（附馬將軍談話摘要）

此次不及搶運離仰物資除未裝車輛一千一百八十一輛依照約定辦法非由我方負責者外其餘損失物資大部份為笨重及殘損不全之機件所有美國租貸法案之物及兵工成品與器材等均已全數運出甘肅油礦機器除上年十一月廿八日仰光碼頭被炸損失數十噸外其餘已全部運清竊以仰光物資之搶運自開始至於撤退前後僅五十日而六萬餘噸之物資尚能運出未致資敵者中緬仰光分局人員及中央各機關駐仰代表均能同心協力晝夜工作美籍顧問技術人員均屬熱忱協助收效固亦不少而最大力量實在於

21

委座經腊時交涉哈頓總司令轉飭增撥火車噸位藉非有此則職雖捐磨頂踵亦無能為役謹此呈報伏乞

鑒核並懇

賜示祇遵謹呈

職 俞飛鵬

滇境物资抢运会议第一次会议记录（一九四二年八月九日）

2

滇境物資搶運會議第一次會議紀錄

日期　卅一年八月九日上午十時

地點　黑林舖中緬運輸總局會議室

出席

運輸統制局　萬森東澧

中緬運輸總局　陸振軒　宗之琥

邵鴻　盧其昌代　盧其昌

川滇東路運輸局　鄭獨步　汪友麟

滇緬綫區司令部　陳愚

航委會駐昆專員辦公室　許鏡軒

空軍第二轉運所　劉尚賢

西南公路運輸局　萬國賓

3

川滇鉄路公司　袁絲昌

軍政部第三交通分處　沈宗元　王文俊

兵工署昆明办事処　陳修和

車輛管制所　胡維平

瀘昆驛運處　程樹仁　陳英信　李遵舜

衛生署昆明接收站　談瀛觀

中緬局昆明空運站　林紀猷

川滇西路運輸局　周　復

主席　萬參事

紀錄　湯傳金

開會如儀

主席報告：

關於兵工署航委會資委會等机關現存滇境物資西起保山東至昆明一帶物資共約七萬餘噸擬於四個月内運清業經由統制局規定搶運詳細計劃頃奉統制局訓令本人駐昆主持此項搶運滇境[沿道]聯繫事宜并已由統制局通知各物資机關及運輸机關各特派代表一人駐昆會商聯繫故特邀集各位共同商討進行事宜至此項搶運計劃各机關或有尚未奉到者兹逐項宣讀分別討論唯本日報告及討論各項均係政府整個搶運計劃極為机密各机關請出席各代表勿對外發表

討論及決議事項：

（甲）總論

現存滇境物資約七萬五千噸擬自本年七至十月四個

七月先將現存保山下關雲南驛昆明四地重要物資約三
萬四千〇三十噸利用鉄路公路驛運內運至瀘州宜賓
貴陽重慶等地汽車運輸所需汽油擬由政府統購撥用
內運計劃如下

（一）保山現存物資8500噸限七月十五日前運過功果橋以東
永平附近按商車800輛承運計算半個月可全部運達永
平自七月十六日起仍以上項商車賡續運昆預計九月
中旬可掃數運達昆明惟由永運昆油料尚無着落

主席報告：

上項保山物資係專指兵工物資而言此項計劃業經
实施查本年六月十七日保山原存兵工物資約一萬一
千六百餘噸　俞部長在昆明時即决定擇其最重要者

搶運九千噸其餘二千六百噸暫時留存保山原定計劃
亦係於七月十六日將九千噸全部運下滇緬因行營
汽油征購處未能將油料如期撥到迄至七月底始將原
定九千噸兵資除有一千噸運至永平外其餘已運至下
關并有一小部份已到昆目前下關所存兵資一萬弍千
餘噸永平所存兵資一千餘噸之搶運昆明須視油料供
應情形方可決定汽油征購處現尚有汽油八百餘桶未撥
交希望甚少統制局及俞部長現均在重慶籌劃酒精供
應中緬局八月份指撥十二萬介侖此項酒精倘能全數
於八月間運到昆明則永平下關存資可望於限期前運
至昆明
重慶方面因汽油空桶缺乏 統制局迭經電催趕運本

局空桶積存於永平下關楚雄一帶昆明所存可用者約
二千個查帶運汽油空桶以前亦曾辦過惟因無人督促
致無成效現在时机迫切昆明汽油空桶不能運至渝沪
則渝沪一帶酒精勢將無法運昆此事業經中緬局規定
詳細办法分電各有關机關查照務請澈底办到
川滇鉄路公司袁處長報告：
帶運汽油空桶办法已收到并已通知曲靖段查照办理
請川滇東路局及中運公司代表通知曲靖站關於川滇
鉄路承運之汽油空桶到曲後應隨時密切联絡
交三分處沈處長報告：
本處軍車及本處征租之商車均已奉令每車帶運空油
桶四個是否仍須照新規定办法再帶運四個

8

主席报告：

過去帶運空油桶办法因未澈底实行故無成績此次中緬局方面办法較為完善關於交三分處空桶可否由中緬局統籌設法統籌帶運

交三分處沈處長报告：

主席提議可以同意照办自保山至曲靖本處約存有空桶二萬個以上確数俟切实調查後開单报局

主席报告：

航委會中運公司等机關如有油桶亦可交由中緬局統籌代運所需代運汽油空桶獎金可暫由本局先行墊付

（二）原存下關物資約八千噸擬另征租商車三百輛運昆自七月份起預計九月下旬可以運完

主席报告：

原存下關兵工物資約四千噸連同此次由保山搶運至関之兵工物資約八千餘噸總共待運物資約有一萬二千餘噸遵照統制局搶運計劃規定應將昆明以西之物資限九月底前完全運至昆明目前所存西綫之物資大部份均屬兵工物資請兵工署代表發表意見

陳處長修和報告：

主席剛才所报告搶運保山兵資情形及保關一帶所存物資数量均係实在情形目前保山尚存有物資二千餘噸下關存資為数在一萬二千噸以上目前因油料困難影响運輸倘油料能有办法則該兩地物資可於九月底以前全数運昆

關於裝卸問題物資机關及運輸机關均極注意查保山兵工物資在搶運未開始前共存壹萬八千餘噸最近兩個月內共搶運物資一萬五千噸以上平均每日裝卸約五百噸均無延誤其中除庫方係晝夜工作外運輸机關協助亦多

主席報告：

昆明以西所存兵資今後當仍以汽車運輸為主唯其他各種運輸工具仍須儘量利用故中緬局已與雲南省驛運管理處訂立下關昆明間每月承運兵資150噸之驛運合約雖驛運價較汽車為高（因其成本高）但為利用此項運量不得不如此現省驛運處方面已準備就緒并已有板車向庫方報到請兵工署從電下關庫方準備將

玉

可交驛運輸較之物資先行交運中緬局方面亦電知下關總站協助關於金沙江水運問題已派專家查勘正研討通航問題唯無論金沙江可以通航與否下關經下莊永仁至金沙江北岸魚鲊之驛運已奉統制局電令飭即開辦現已與雲南省驛運處商訂每月150噸運量之合同下關所存之兵工物資如有其他办法運昆并請陳處長儘量利用

(三)存雲南驛航委會物資約六三〇噸擬由該會自有車輛於七八兩月内接運至西昌

主席報告：

請航委會代表報告昆明以西各地所存物資情形

航委會代表許鏡軒報告：

本會下庄街之第五廠及第三庫已遷西昌雲南驛方面約存有三百餘噸物資

主席提示：

航委會所存雲南驛等地須東運物資以及七月份物資運輸情形（將各種車輛承運噸數分類填列）分別開列詳表送本席

(四) 昆曲鉄路每月運力約5000噸七至十月內共可運二萬噸至曲靖

主席報告：

目前滇境存資以兵工署為最多鉄路方面仍以運輸兵資為主要任務上項每月五千噸運力至少應以三千噸裝運兵工物資今後希望鉄路方面能按時撥車物資机

六

儞能按時裝好以後由川滇鉄路每日撥車一百噸於上午九時前送到大板桥站待裝兵工署應於當日下午十時前裝妥交鉄路配運列車到達卸車地点後限八小時内卸完以力求車輛運轉迅速此項办法已商妥自本月六日起实行除已由中緬局撥給木炭車五輛作短途運輸外請兵工署方面多僱裝卸工人

馬龍庫方面裝車任務應移交川滇東路運輸局办理請鄭代表通知貴局查照办理

川滇鉄路袁慶長報告：

本路每月運力五千噸除以三千噸撥裝兵工物資外其餘二千噸如何分配請主席决定

主席报告：

14

各物資机関現在需要川滇鉄路噸位者报告

航委會代表許鏡軒报告：

目前航委會進口物資多已運完將來如各厰庫站学校等遷移時需要鉄路噸位外目前暫不需要

交三分處沈處長报告：

交通司八月份要噸位五百噸

衛生署代表談瀛觀報告：

英紅會葯品現由外籍人士所組之公誼救護隊運輸隊目前存昆者僅有五十噸中央防疫處因遷貴陽有廿噸机器等設備運筑衛生署接收站約有十噸物資存昆待運至於鉄路噸位暫不需要

川滇東路鄭代表獨步报告：

15

決議：

八月份川滇鉄路噸位撥兵工署3000噸中緬局及交通司各五〇〇噸川滇東路五〇〇噸資委會是否需要俟詢莫處長後再定多餘噸位如其他机関不需要悉撥交兵工署

川滇鉄路袁處長報告：

本路列車編組稍有調整即將原有車輛組成若干列車每列車噸位最大為115噸最小85噸列車到昆後集中在總站卸車卸竣後送大板車交兵工署装車闗於卸車問題時有因押運人未能随列車到達以致遲延甚久此點

決議：

請各物資机関飭知其押運人員注意

七

每列車派押運員一人隨車同行

主席报告：

目前中運公司正集中車輛行駛曲筑段搶運兵資但曲靖兵資現只存172噸倘大板桥兵資不能適時運至曲靖則中運公司車輛到曲後必致因等待物資發生運輸上脫節現象此事甚為重要中緬局派宗科長前往大板桥視察装車情形及其双方联繫事宜

昆明至宣威之驛運尚未開運但板車已到庫报到請兵工署注意飭庫交運

昨晚接奉重慶俞部長電話略以空運到昆物資多未轉運應查明迅即運渝嗣後應隨到隨運等因此事已通知川滇鉄路即送車輛100噸至大板桥一袁處長报告此項

17

車輛已經送到一限今晚九時前裝妥交鉄路運曲并通知中通公司將到曲車輛儘先留待裝運此項物資今後空運到昆物資請兵工署注意隨到隨運

兵工署陳處長報告：

兵工物資運輸程序本處另有規定因空運到昆之物資有時與庫存現有之待運物資同屬一種重慶方面既特別注意空運到昆物資自當儘量設法提前運出

（接下頁）

18

五、「曲筑線汽車每月運力約三千噸由中運公司車輛及征租商車担任并盡量利用煤氣車行駛七月至十月四個月內共可由曲站接運2000噸至貴陽再由筑線節運運力月約200噸擬同時利用協運存曲站附近兵工材料七月至十月共另外內運800噸至貴陽以上兩項如不及全數轉運貴陽時可酌依限度照應運過盤江橋以策安全至每月汽車運力三千噸七月至十月四個月內所運物資種類擬支配如左：

(1) 第一個月運械彈1400噸兵工材料1000噸其他各機關重要物資500噸（包括軍需署衛生署及中央橡膠廠之重要物資其中中央橡膠廠機器僅60噸擬於本月內運畢）。

(2) 第二三四三個月每月均運械彈1400噸兵工材料1000噸其他各機關重要物資500噸（包括軍需署衛生署等機關之重要物資）」

中運公司彭代表報告：

七月份運量尚未彙總俟彙總後再報。

主席指示：

中運公司七月運量請分別注明有關車輛及軍公商車

乙、

19

各机关运若干及各种车辆私运各机关物资若干分别列表开送本席

统制局所分配各物资机关吨位各物资机关如不需要时请事先声明，以便拨交兵工署装运兵工物资

泸

昆驿运今后程度长於仁报告：

昆筑线驿运输力已移作加强昆明至大板桥至宣威段使用，关於由筑段每月驿运200吨计划已奉交通部核准统制局函取消

主席指示：

关於取消由筑段驿运200吨之位一案请泸昆线驿运分处详报统制局并请拟送本席

六、

筑渝线汽车运力每月约四〇〇吨拟将抵筑物资自七月份起每月接运一千吨至渝供用到十月份止共可接运四千吨

主席报告：

筑渝段运输由西南公路运输处办理惟该线七月份及以后各月运量请西南运输处列表拟送一份以便汇报

七、

航委会存昆物资拟於该会自有车辆自七月份起每月运六〇〇吨至筑到十月份止共可接运二四〇〇吨再交通司存昆

通讯器材，拟以该司军车自七月份起每月运量五〇吨至筑，至十月份止共可接运六〇〇吨。至航委会所需油弹六〇〇吨，航校设备二〇〇吨，如有抢运必要时再行酌加。

航委会代表许镜轩报告：

航空委员会所需吨位，皆系在滇境各机关还运之物，至进口物资应运送之物业已运完，各机关还运时期未定，故目前只无物资可运，本军航可谓无物资可运，但各厂库及航校设备尚需用油弹约七千余吨，特报请鉴照。又由该方面无待运物资需要，本会各机关如来会还移时需要吨位。

交三分处沈处长报告：

交通司现在待运物资约六〇〇吨，由该处待运物资约六〇〇吨（87号汽油留存待运物资之内）。

目前由泸缴到有独汽一二五辆编队及租赁中国企业公司、大兴公司等商车共约一百卅余辆专运本司物资至筑。一周车辆仍须备抢由筑缴运输。

资委会所属物资拟拟该会自有车辆自七月份起每月接运二五〇吨至渝，至十月份止共可运达一五〇〇吨。

九、（三）常报告：

本日资委会所表未到，该项俟留下次讨论。

曲泸线汽车每月运力约六〇〇吨，由川滇东路运输局车担任。必要时可加租商车协运，尽量利用煤气车，拟按七月至十月四个月中共可由曲站接运八〇〇吨至泸，接运方法拟以用汽车全部运至叙永抛叙，除以其中六〇〇吨利用水运外，其余六〇〇吨仍以汽车运泸，再由泸经铁路运力以月约六〇〇吨，拟同时利用接运存曲站附近兵工材料七月至十月共可另列内运八〇〇吨至汽车每月〇〇吨运力连同叙泸段水运在内拟完全接运兵工材料，内有兵工厂重要机器约2000吨，该项物资如不及全数运达泸州时，最低限度亦应运达成都，以策安全。

川滇东路运输局郑代表独步报告：

关于运输境存资事宜，本局已在华商未运到七月份本局承运兵工署第十工厂重要器材六〇〇吨运泸，已有五百余吨到泸。

本局前向泸州内江各糖厂订购之酒精，因敌委会等物资机关运费未能照付，致未能出现，已由统制局加以统制本局現有車輛350輛，如油料供應不缺乏，每月可担任由泸綫運量二千餘噸。

主席報告：

統制局八月份共訂購膠輪六〇萬公斤，其撥交中緬局者為十二萬公斤，川滇東路為十萬五千公斤，現奉統制局電知首批膠輪二萬四千公斤已到泸，以2/3（16,000公斤）撥中緬局，1/3（8000公斤）撥川滇東路局，其中撥交中緬局之膠輪，該川滇東路經允利用回空車皮由泸回昆之公商車輛裝運，所需運費由本局照付，但不供給燃料。

川滇東路七月份運量該列表開送。

十、「資委会存昆物資擬就該会自有運力自七月份起每月運275噸至泸，至十月份止共可運達1500噸，再交通司存昆通訊器材亦擬就該司軍車自七月份起每月運500噸至泸，至十月份止共可接運2000噸」

主席報告：

23

交通司昆泸线运力配备情形，沈处长业已报告资委会运力即与本案第八项合并在下次讨论

十一、「存昆兵工器材拟以另一部份自七月份起经蒙姑利用金沙江水运至宜宾（尚有若干技术问题待研究）蒙姑宜宾水运运力约600吨七月至十月试予运2400吨至于昆明至蒙姑一段每月六百吨运量则须利用驿运接运」

主席报告：

金沙江水道通航问题已派专家查勘，可否利用应俟试航成始可决定，目前中缅局正与云南省驿运处磋商下关至拉鲊（金沙江边）每月150吨驿运问题

（乙）经费拨付办法（略）

（丙）液体燃料收购及分配办法（略）

（丁）联系及推进办理（略）

12

24

臨時決議事項

一、統制局所規定之搶運計劃，請滇緬路各有關機關分別遵照辦理。

二、為求今後搶運業務聯繫起見，規定以後每星期日上午九時在狀元樓中國運輸公司樓上舉行會報一次，請各機關代表（包括統制局指定及中緬局邀請出席）準時出席，此係例會，每次舉行前不另通知，併請查照。

三、中緬局空運站業已成立，最近空運到昆各機關物資多有停置機場數日無人提運情形，影響國際信譽甚大，現由空運站林站長將到昆物資用中緬局自備車輛分別送往各物資機關接收，務請各物資機關對於該項空運到昆物資迅予接收，至車輛所消耗之材料，應請各物資機關撥給燃用木炭，請照付木炭費，各機關對於到昆物資須即轉運出，應隨到隨運。

十二

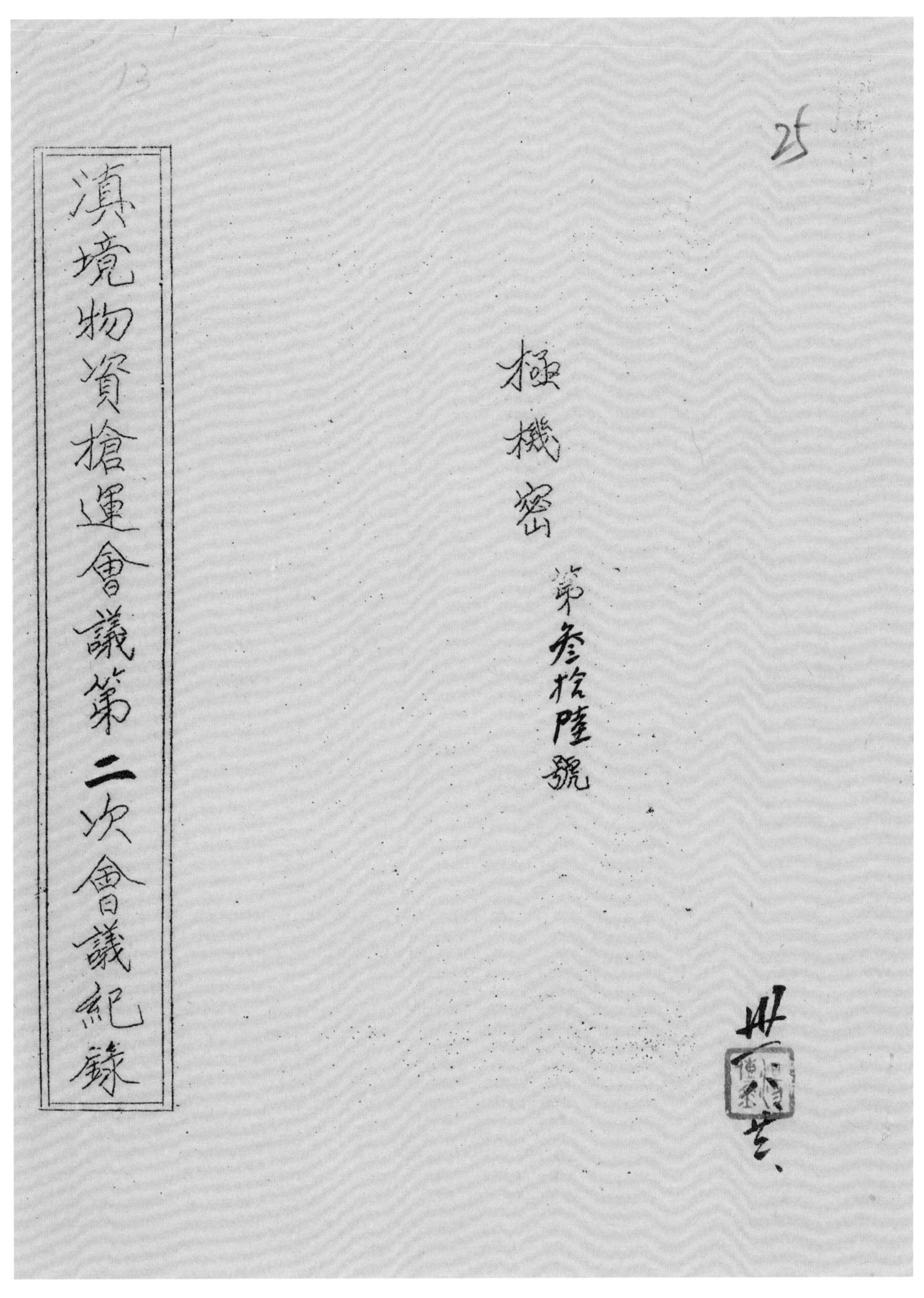

滇境物資搶運會議第二次會議紀錄

極機密

第叁拾陸號

26

搶運滇境存資第二次會報紀錄

日期　三十一年八月十六日上午九時

地點　狀元樓西南公路運輸局會議室

出席　西南公路運輸局　萬國賓

統制局　萬灃

中運公司　錢鵬

液委會昆明辦事處　俞同奎

交三分處　沈宗元

衛生署　談瀛觀（李牧耕代）

滬昆驛運處　程樹仁

〃　〃　李遵舜

雲南省驛運處　曹壽庵

〃　〃　馮廷璧

27

交通部材料廠 陳善継
滇緬公路運輸局 宗之琥
川滇鐵路公司 沈昌
〃 〃 袁紹昌
航委會駐昆專員辦公室 許鏡軒
航委會第二轉運所 劉尚賢
川滇西路運輸局 周復
川滇東路運輸局 鄭獨步
〃 〃 汪友麟
兵工署 王文俊
軍医署 涂懷權
滇緬公路運輸局昆明空運站 林紀猷

主席 葛灃

紀錄　湯傳僉

開會如儀

主席報告

一、奉統制局代電開送各機関參加搶運滇境物資駐昆明聯繫代表姓名如左

空軍總指揮部　蕭健

後方勤務部　錢司令（川滇綫區）

經濟部資委會　夏劍塵

交通部　袁紹昌　高鑾

衛生署　談瀛觀

軍需署　鍾毓三

西南公路運輸局　萬國賓

交通司　張詩儂

29

川滇東路運輸局　鄭獨步

此外由本席邀集昆明各有關机關代表嗣後每星期日例會仍請出席以便共同商討

二、上次會報曾通知各運輸机關代表於本日會報時報告七月份運量及八月份搶運計劃請各　代表報告

討論及決議事項

一、中運公司錢代表報告：

曲筑段自七月十六日開始搶運起至七月底止本公司車共運出物資1020噸軍車運出243噸最近因貴陽油料未能繼續征得現車輛多停車待油

本公司車輛首批改裝木炭爐者計客車七十輛貨車三十輛專駛曲筑段每月可往返三次現擬續裝貨車一百輛加入搶運

二

主席提示：

曲靖貴陽綫每月運力照統制局規定應為三千噸以中運公司現有車輛估計每月如油料充足祗運二千五百噸左右，關於八月份曲貴綫運輸計劃如何請錢專員電貴陽請示并通知本席

二、川滇鐵路公司袁處長報告：

川滇鐵路七月運量如下

各物資机関在昆明總站裝車出發者 一、三六五噸

兵工物資在大板橋裝車出發者 三〇五噸

共計 一、六七〇噸

八月份撥車噸位如下：（八月一日至十五日）

物資机関	昆明撥車噸位	上板橋撥車噸位	共計撥車噸位
航委會	10		10

31

交通司	155		155
交通部	25		25
川滇東路	30	10	40
中緬局	115		115
兵工署		415	415
軍需署	30		30
資委會	40		40
兵站總監部	20		20
共計	425	425	850

三、主席報告：

上次會報規定自本月六日起由川滇鉄路逐日撥車一百輛送大板橋裝兵工物資數日以来成績并不見佳主要原因由於庫房與車站相距約一公里庫房與車站間鉄少聯

駁空具滇緬局所撥木炭車五輛因司机不習於駕駛無法應用現兵工署已與雲南省驛運管理處洽商用板車盤駁目前曲靖方面兵庫存資不多務希庫方與省驛處及鉄路三方面隨時密切联絡將大板橋物資從速運曲靖以備汽車接轉

雲南省驛運管理處曹處長報告：

大板橋庫站間短途板車運輸今日與兵工署繼續洽商大約三日後可開始

四、川滇鉄路公司沈總經理提議：

兵工署呈貢庫物資似可同時利用滇越鉄路運昆轉往曲請以增加到曲靖物資數量

決議：請兵工署參攷研究

主席報告：

33

八月份川滇鉄路昆至曲五千噸噸位根据各机関需要情形分配如左、

兵工署　三、〇〇〇噸

中運公司　二〇〇噸

資委會　一〇〇噸（該會代表未出席暫定為此數）

交通司　五〇〇噸

中緬局　五〇〇噸（中緬局结束此項噸位移交滇緬公路運輸局使用）

川滇東路局　五〇噸

其他　六五〇噸（此項噸位如其他机関不需要時悉數撥给兵工署用）

共計　五、〇〇〇噸

上項分配於各机関之噸位如有多餘不需要者請於本月二十日左右通知鉄路以便撥给兵工署使用

六、川滇鉄路沈總经理報告。

18

34

本人此次在渝時各方對於本路責難甚多希望本路每日由昆運曲運量能達九千噸當即按實際能力向統制局允諾每月承運五千噸同時本路將車輛序列重行編組調整將每列車載重調整為85噸每日由昆開兩列計170噸則每月運量即可達五千噸之數惟各物資機關對於裝卸頗成問題有因裝好後起票手續延誤以致車輛無法掛出有因車輛到達後而物資機關遲遲不卸車以致延誤車輛之運轉本路規定車輛送到後應於十二小時內裝好或卸完事實上不難辦到嗣後如再有撥車不裝或裝好不辦妥起票手續時鉄路即將車輛另撥其他機關裝載或將已裝好者卸下改撥其他機關裝載又目前鉄路噸位有餘力而各物資機關物資多不託運將來緊急時期鉄路運輸繁忙時本實上將無法承運併請查照

主席報告：

沈總經理報告裝車卸車確屬嚴重問題請各物資机関代表密切注意改善鉄路方面對於每輛貨車裝車所需之時間有一調查登記根據此項登記結果即近半月來裝車時間由最初每輛車需時十日逐漸遞減為一日可見物資机関已在努力改善但仍應達到鉄路上午九時前將車輛撥到當日晚九時前裝妥交鉄路配運之原則沈總經理對於已撥不裝及已裝不能開出者卸下并改撥其他机関裝載之取締辦法固善唯於統制局搶運滇境計劃并無補益本席主張由搶運會即派人駐太板橋負責監督撥車裝車及其聯絡事宜如鉄路或庫方有不能遵照規定施行者報統制局核辦目前以搶運物資為最緊急之工作以後汽車接運將全部在曲請裝車故川滇鉄路運輸極為重要

沈總經理提議：

剛才本席所提之機車不裝或已裝而不能交鉄路開出者由鉄路將其所裝物資卸下改裝其他机關裝載一点係專指昆明方面裝車而言至於本路與兵工署方面機車裝車事宜仍可照方洽商辦理似不必另行派人駐大板橋

決議：照辦

七、交三分處沈處長報告：

交通司目前存昆帶運物資約600噸八月份除川滇鉄路已撥車100噸運由外本處方面尚有運車及租僱之商車多輛由昆起運故川滇鉄路八月份倘能撥足五百噸車輛交通司撥昆待運物資大致可以運清

八、川滇東路鄭代表獨步報告：

七月份本局運量到瀘者共為377噸最近電訊方面恐有障

37

關於瀘州方面運量迄未見報已電催查報

主席提示：

關於經由川滇東路之軍公商車到達瀘州之運量請鄭代表速電瀘州站查報

關於川滇東路運量與統制搶運計劃規定每月應運二千噸七月份既未能運足以後應設法充實運力達成任務請將七月運量八月份運輸計劃及補救辦法以及困難各點書面送交本會以便轉報　統制局

鄭代表報告：

按照本局現有車輛每月運量可達二千七百噸唯油料缺乏車輛無法行動

九、瀘昆驛管處程處長報告：

七月份裝出机油250車

昆明兵工署物資本月十四日開始交運

十、滇緬運輸局宗科長報告：

七月份中緬局集中運力搶運保山兵工物資計由保山搶運至下關者約12000吨搶運至永平者約900吨故目前滇緬綫待運兵工物資約為13000吨八月份因缺乏油料停車待油最近交通司撥借酒精一批已將到昆124桶運下關應用截至昨日止据下關站電話報告已有179吨物資起運來昆

十一、雲南省驛管處馮科長報告：

叙昆綫七月份運交通部器材40吨目前此綫馱馬力尚有餘力每月約有二五〇至三〇〇吨可以承運公物

關昆段驛運共已由昆發出80輛板車下關至拉鮓一綫驛運正籌劃中此綫全程行駛需時二十五至三十天每月運量約有一五〇吨

兵工署昆明辦事處王科長報告：

上年敘昆綫聯運本署物資遺棄沿綫甚多，署方迭經嚴催清理，迄未解決，本處對於此項運量頗為懷疑

決議：敘昆綫既有運力，自應設法利用，由宗科長接洽[illegible]

十一、主席提議：

嗣後由滇緬綫運昆兵工物資如運至大板橋入庫再由庫中提出駁裝火車，既麻煩，消耗油料亦多，虛糜可否將西綫運昆物資逕在西站卸車改裝火車運曲靖

沈總經理報告：

西站本路有庫房一所，可容一百吨，現由航委會借用，似已無物資存儲

決議：請航委會將該庫移讓兵工署應用，并請兵工署逕洽辦理派員駐庫接收物資

十三、稽科長提議：

空運昆明物資現由空運站運至大板橋裝車往返二十餘公里耗油甚多可否逕運至柘東路站裝火車

決議：

(一)空運到昆之危險物品或爆炸品仍用車逕運大板橋直接裝車免除入庫手續

(二)其他非危險物品由昆明站送柘東路復興公司庫房存備裝車

(三)由兵工署與復興公司接洽借用庫房并派員辦理接收物資及其裝車等事宜

主席提示：

(一)滇緬線所存物資統制局搶運計劃限九月底前運昆為欲達成此項任務目前祇希望統制局能多撥酒精唯渝

瀘等地極其缺乏空桶故此次帶運空桶辦法務請中運公司及川滇東路通知曲靖站嚴格執行如空桶不能及時運至渝瀘則酒精無法運昆影響搶運工作至深且鉅務請特別注意

（二）各機關如有完好完好空桶（液委會存一五〇〇個交通司存二〇〇〇個中運公司存三〇〇〇個）亦請將存放地點數量開列詳單并將應付獎金一併送請滇緬運輸局代辦帶運事宜

（三）滇緬局委託川滇鐵路運曲靖之空桶設法與兵工署之銅鐵材料合裝以節噸位并擬不派押運員請鐵路代為負責運曲靖交中運公司或川滇東路接收

（四）西南運輸處時代曾在馬龍設站辦理兵資到達起運及裝火車業務現中緬局結束馬龍已不在滇緬局管區內擬請川滇東路就近設站管理在川滇東路尚未設站前

暂仍由原有机构负责维持至该地物资由库房装火车

仍可做照大板桥办法利用驿运（板车）

郑代表报告：

此事即电本局请　示办理

（五）空运昆明物资上次资委会运到有镪水及硝酸等危险物品停置数日始行运回重庆方面对于此事极为注意嗣后空运到昆物资（兵工物资除外）由林站长通知各物资机关各物资机关接到通知后应即时派车往飞机场将物资运回如有物主不明者由空运站代运至拓东路复兴公司库房存储希林站长先与复兴公司接洽

（六）下次会报请各物资机关运输机关将七月份运量八月份运输计划及其办理调整或困难情形书面送交本会以凭汇报　统制局

43

（七）嗣後每星期日上午九時在狀元樓中運公司舉行例會

請各代表準時出席

——完——

滇境物资抢运会议第三次会议记录（一九四二年八月二十三日）

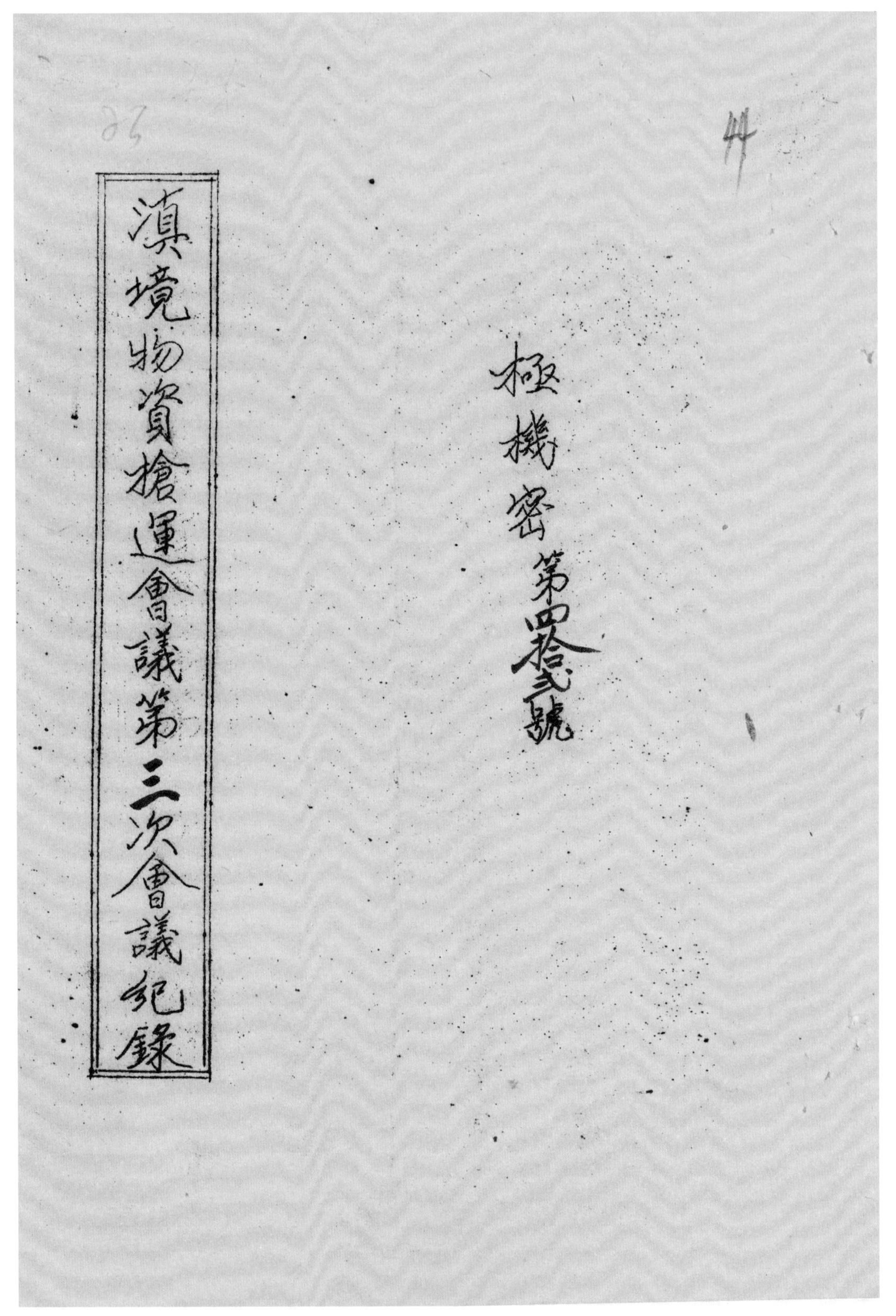

極機密第四叁弍號

滇境物資搶運會議第三次會議紀錄

搶運滇境存貨第三次會議

日期 三十一年八月二十三日上午九時

地點 昆明狀元樓西南公路會議室

出席 運輸統制局 葛灃

滇緬公路運輸局 宋之琥

中國運輸公司 錢鵬

川滇東路運輸局 鄭獨步 汪友麟

川滇西路運輸局 周復

川滇鐵路公司 袁紹昌

車輛管制所 周復

昆明空運站 林紀猷

交通部瀘昆驛運管理分處 程樹仁 鄭耀南

雲南省驛運管理處 曹壽庵 馬廷璧

46

兵工署昆明辦事處　王文俊
航空委員會駐昆專員辦公室　許鏡軒
空軍第二轉運所　劉尚賢
資源委員會運務處昆明辦事處　黄继善
後方勤務部駐昆代表　錢宗陶
交通部駐昆代表　高鋆
衛生署駐昆代表　設瀛觀
軍需署駐昆代表　[illegible]航三
交通司駐昆代表　張詩儂
交通部駐昆明材料廠　譚家樹
液委會昆明辦事處　俞同奎
復興公司　史國綱

主席　葛灃

紀錄：湯傳僉

開會如儀

主席報告：

前兩次會議因討論事項多故時間甚長現請各机関代表報告七月份全月(略當)及八月份截至二十二日止之運量

報告及討論議決事項

一、交通司代表張詩儂報告：

交通司七月份由昆運油料441吨器材304吨(以上均係汽車)

二、川滇東路代表鄭獨步報告：

本路七月份運量如下：(起運站運出數量)

馬龍曲靖至宣威　兵工物資　一二九吨

馬龍曲靖至威寧　兵工物資　六吨

48

曲靖至泸州　　航油　　一六五吨

昆明曲靖至泸州　　資委會物資　　六吨

宣威至泸州　　兵工物資　　三五〇吨

共計　　六五六吨

以上係本局車輛運量其他軍公商車運量不在內

二、主席提示：

各綫軍公商車經過檢查所站時均有登記根據登記即可称得軍公商車之運量以此項運量與各運輸局車輛之運量彙總即得各綫之總運量嗣後報告本會之運量應爲上項之總運量以便轉報　統制局請川滇東路將曲靖宣威泸州三地檢查所方面登記之軍公商車運量查報滇緬路局及西南路局亦分別倣照辦理

三、川滇東路袁處長報告：

七月份運量（見附表（一））

各机関運出物資噸數

31年7月份　　（附表一）

起運站 / 机関 / 物資名称	昆明						大板橋	共計
	交部材料廠	交通司	中緬運輸局	軍需署	資委會	中運公司	兵工署	
油類	85	400				10		495
器材	130		30		160	10	70	400
彈藥							235	235
其他				130				130
共計	215	400	30	130	160	20	305	1260

八月十六日至二十二日本路運出噸量如下

物資机関	在昆明撥車噸位	大板橋撥車噸位	共計
滇緬運輸局	一三〇		一三〇

50

交通司	七〇			七〇
航委會	二〇			二〇
兵工署		三五五		三五五
共計	二二〇	三五五		五七五

根据本週運量情形兵工署在小板橋裝車不甚踴躍故鉄路方面尚有多餘吨位可撥其他机関應用

四、軍需署代表鍾毓三報告：

軍需署七月份由鉄路裝運130吨至曲靖八月份鉄路已撥車三十吨現尚需撥車一百吨可在昆明總站撥車每日裝車能力約為三十吨目前存昆物資約有六七百吨待運

決議：自明日起請川滇鉄路撥車三十吨於三日内撥足一百吨

主席提示：

(一)各机關代表將滇境各地存資待運數量每週報告

(二)川滇鐵路噸位業經分配每月撥給兵工署三千噸并規定其他机關不需要之噸位統撥給兵工署故兵工署每月可得四千噸以上之鐵路噸位平均每日需裝車130噸如照本週兵工物資僅裝三五五噸之情形僅及預定每日裝車一百噸之半數鐵路方面目前尚未發生撥車遲緩問題請兵工署對於裝車問題注意迅速改善加強

五、雲南省驛運處曹處長報告：

(一)關昆段驛運自十七日起開始馱馬運輸為顧及糧料調節起見故每日只發運十噸之譜計十七至廿日止共發出四十一噸五四三公斤二十日以後仍逐日發運

52

唯運量電報未到

(二) 關昆段板車運輸自六約後即已召集板車209輛於本月十一日由昆第一批出發五十輛十五日第二批出發七十五輛十八日第三批出發85輛約三日後出發第四批之五十輛預計第一批出發之板車可於二十三日到關至遲二十五日可以趕運總計車馬兩項照合約每月承運150吨可以如約依期運足照目前情形揣已招之工具尚有裕餘運量增加

(三) 下關拉鈔段所需馱馬迭據本處下關辦事處負責人電呈業已洽妥足數每月150吨之運力現關拉段合約尚未訂立此項人馬在關等候開支甚大難以久待如一時不能訂立合約可否將此項馱馬調關昆段服務多餘運量滇緬局是否仍需要搶運物資請核定

(四)大板橋兵工署倉庫至車站之短途運輸已準備每日八十至一百噸之工具由倉庫至車站每噸運價六十元另加管理費五元兵工署嫌運價太高以致本處無法辦理查由倉庫至車站約有三公里每噸公里運价祇合二十二元短途運輸裝卸費時每車每日亦祇能往返四次所得并不多現本處已與兵署洽商可不收管理費改為代伊工具此事兵署尚未答覆

決議：

(一)閩昆段多餘運力仍撥裝兵工物資其運价及付費辦法仍照前定合約規定辦理

(二)閩拉段驛運合約請與宗科長洽商運价如較高時滇緬運輸局尚須與兵工署洽商在合約未簽訂前可將此綫馱馬調在閩昆段服務一次目前閩拉段驛運應

54

以兵工署设库为先决问题此事并报 统制局备案

(三)短途运输工具及运价事宜由 主席再与兵署洽商

(四)闽拉段驿运合约仍照闽昆段办法签约后换文报

统制局备案

六、主席报告：

八月份铁路吨位业经分配已分配有吨位而不需者请

报告以便拨兵工署应用

军政部交通司张代表报告：

本司吨位仍请照规定500吨之数拨足

资委会运务处黄继善报告：

本月份铁路吨位不需要

中运公司钱代表报告：

本月份铁路吨位因中缅局油料尚未拨到暂不需要

七、油料問題

(一)主席報告：

目前搶運滇境存資應以油料為前提請各机関代表報告存油狀況以備參攷及籌劃本席先代表滇緬運輸局報告存油狀況中緬運輸總局自七月廿五日起油料即告罄盡嗣後僅由征購處交到汽油四十五桶又本局向交通司商借之酒精二萬介侖第一批於本月上旬運到一四〇桶本局實收一二四桶其中有十六桶本局未收到請交通司張代表查詢第二批二三四桶昨日接交三分處沈處長電話云已於十八日由沪出發諒即可到昆

中緬局八月份奉統制局撥發酒精十二萬介侖第

56

一批二萬四千介侖已到泸其中預計一萬六千介侖撥本局預計八千介侖撥川滇東路第二批四萬介侖已接重慶電話即可到泸其分配比例尚未規定如仍照第一批規定以預撥本局可有二萬七千介侖前後两批約有四萬三千介侖

(二)中運公司錢專員報告：

本公司八月份無油由靖貴陽間僅賴木炭車三十輛行駛故截至目前為止運量尚不足壹百噸現重慶方面已奉撥大批酒精不久即可運到九月份所有車輛當可全部出動如油料充足曲筑段每月可運二千五百噸

主席提示：中運公司九月份奉撥酒精若干其支配至曲筑段使用者若干請錢專員查詢見告

(三)川滇東路運輸局鄭代表報告

本路七月份油料係平均分配於沿途各站每站約有廿桶現已用完目前係先由泸撥車運滇緬運輸局之酒精現如油料充足每月運量可有二千噸如油料萬一不足時擬集中力量將曲靖物資先行運至威寧已通知兵工署在威寧設庫

主席提示：川滇東路局車按照計劃應以搶運兵工物資為主請鄭代表詢問油料供給情形見告

(四)資源委員會運務處昆明辦事處黃副主任報告：

(1)統制局搶運計劃所規定之本會自有車輛每月昆泸线及昆筑渝线各擔任375噸一項想係指資委會所屬滇境各廠遷移之用此項遷廠計劃迄尚未實行昆明區

原有車輛已調西北區服務目前昆明僅有車廿輛作短途運輸用至昆筑段運輸由貴陽負責

(2)本處最近空運到達物資甚少

(3)本處六月十一日存油一四〇桶同月廿五日向征購處登記時只剩七十桶目前祇存有十餘桶

主席提示：請黃主任將貴會在昆明無物資可運情形及將來遷廠時是否已準備運輸工具與油料又遷廠計劃最近是否實行等項報告資委會同時書面通知本席

(五)航空委員會第二轉運輸所劉代表報告：

(1)本處自六月份以後即無存油以後曾動用七十四號汽油近與雲南酒精廠每月訂購酒精三萬介侖實際上該廠每月只能交一萬五千介侖僅可供昆明曲靖

需益等地應用

（乙）現有蓋材190噸待運已備妥車輛因前昆築間無固定之車輛行駛以後如有運輸即為還廠問題

主席提示：航委會所屬各單位遷移所需噸位（約八千餘噸）請將計劃及備情形通知本席

（六）交通材料廠譚代表報告：

昆存材料大致運完惟滇境各電政机關尚有一部份材料需退回共噸位若干尚不得知曲請存料待下次報告

（七）衛生署談代表報告：

最近空運到昆物資連同美紅會中央防疫處衛生署等原存昆明之物資共有九十 噸待運

主席提示：已将中缅局拨交重庆市公共汽車管理處之車輛中撥出火輛裝衛生署物資由衛生署供給車程油料請向車輛管制所接洽

八、昆明西站兵工署倉庫問題

(一)(一)兵工署王科長報告：航委會允將西站（火車站）庫房撥借一所容積約未百噸

(二)航委會劉代表報告：西站庫房原有兩所現先讓一所

主席提示：

(1)西火車站庫房事宜請兵工署從速洽商借讓并佈置妥當通知下関庫方嗣後由関到昆物資統在西站卸車不再運至大板橋自九月一日起實行

(2)拓東路復興公司庫房已洽妥借用自九月一日起凡空運到昆明之物資除危險品爆炸品等仍送大板桥裝車外其餘較為安全物資統送至拓東路庫房以便裝車

九、主席提議

馬龍設站事宜川滇東路表示仍由滇緬運輸局辦理現滇緬局已着手派員在曲靖設站并派員駐馬龍聯繫目前已運到曲靖交川滇東路曲靖站帶運之空桶尚未接收已暫請鉄路方面保管唯泸州需用空桶甚急擬請鄭代表通知曲靖站迅提二百個交赴泸車輛帶運所需由火車站提運至汽車站之襍費請暫墊付開单送滇緬局撥還

決議：照辦

62

十、關於空運事宜：

(一)空運站林站長提議

最近飛机到昆時間多在下午五時後為求隨到隨運起見請兵工署通知大板桥庫如在每日晚間十時前運到大板桥之物資應隨時接收以免延誤

決議：照辦

(二)林站長報告：自開始空運起到目前為止共計到昆物資約三百噸其中85%為兵工物資5%為航委會物資其餘為資委會交通部等机關物資(空運到昆數量包括美空軍飛机及中航机運到者)

兵工署空運到昆物資運送至庫房所耗之油料請速歸還

（三）主席提示

空運到昆物資希林站長隨到隨即運送各物資机關唯目前油料缺乏此項運送所耗之油如各物資机關允予撥還空運站即可照辦現除兵工署物資由空運站代為運送外其他資委會航委会及交通部等机関到達物資既少不須空運站代運即仍由各机関自行接運空運站對於此項机関到昆之物資應即時（無論晝夜或假日）通知各物資机関

各物資机関各於接得通知一小時內來站提運將来空運〻量增加到達物資多時仍須另行設法解决以策安全

十一、主席提示

64

(一)下次會議時請出席各代表準備下列各項材料

(1)各運輸机関及物資机関七月及八月份運量按起訖地點物資種類物資机関或運輸机分别列製

(2)各物資机関滇境存資數量地點

(3)各物資机関及運輸机関現存油料狀況

(4)上週運量及本月運量累計

(5)對於運輸統制局規定之搶運計劃辦理情形書面通知

(6)汽油空桶所存數量及帶運情形

(二)統制局在瀘州撥滇緬局之酒精請川滇東路速撥車裝運

(三)川滇鐵路裝車問題請各机関密切注意改善務須將裝車時間儘量縮短

—完—

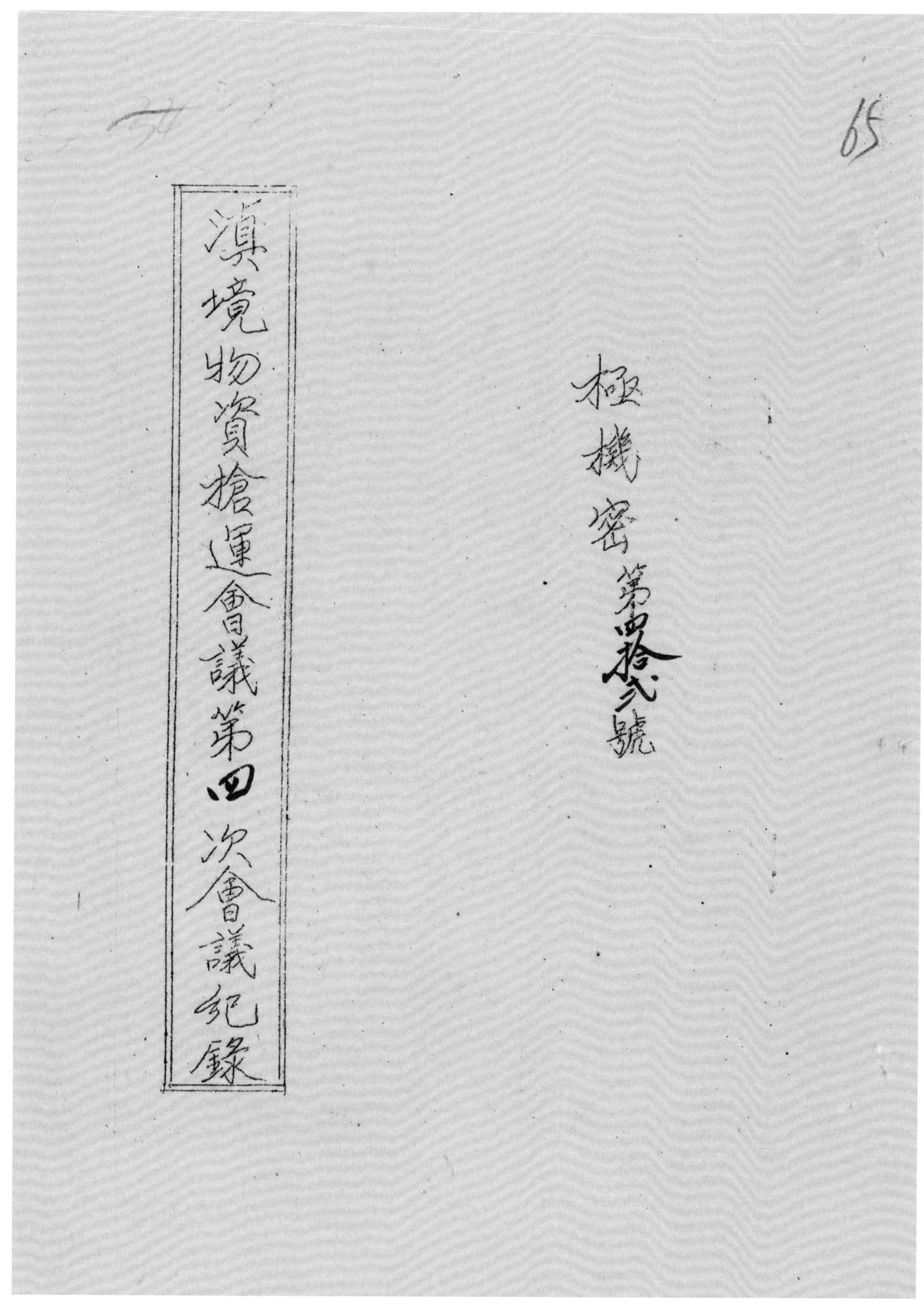

65

極機密 第四拾弍號

滇境物資搶運會議第四次會議紀錄

搶運滇境存資第四次會議紀錄

日期：三十一年八月卅日上午九時

地点：昆明狀元樓西南公路運輸局駐昆代表辦事處會議室

出席：運輸統制局　葛參事灃

滇緬公路運輸局　宗之琥

西南公路運輸局　萬國賓

中國運輸公司　錢鵬

川滇東路運輸局　鄭獨步　汪友[illegible]

川滇西路運輸局　周復

川滇鐵路公司　袁紹昌

車輛管制所　周復

67

單位	出席人
昆明空運站	林紀猷
交通部瀘昆驛運管理分處	李遵舜
雲南省驛運管理	曹壽庵　孫楚生
兵工署昆明辦事處	缺席
軍政部第三交通分處	張詩儂
航空委員會駐昆專員辦公室	蘇藩
空軍第二轉運所	劉尚賢
資源委員會運務處昆明辦事處	江陸靜
衛生署駐昆代表	談瀛觀
軍需署駐昆代表	缺席
交通司駐昆代表	張詩儂
交通部昆明材料廠	陳善繼　譚家樹
液委會昆明辦事處	章作霖

68

復興公司 史國綱

主席：葛糸事灃 紀録：湯傳金

開會如儀

主席報告：

上次會議議決請各機關代表報告（一）七月及八月份物資運出數量（二）待運存貨數量（三）現存油料狀況等三項各位代表多已書面送交本席尚有未送者即請送交以憑彚報運輸統制局

討論及議決事項

一、川滇東路鄭代表報告

1.本人此次赴曲靖視察發現大部車輛均在停置待油故目前本路運量之多寡全視油料供應情形而定如油料供應不能充足擬遵照統制局指示儘先搶運丕、

威寧現已通知兵工署請在威寧設庫兵工署方面恐尚未着手進行

2.最近本局車輛裝運兵工物資有已裝好一部份即行擱置不裝另行與商車裝車之情形此事影响本局運量甚大特報請查照

決議：請兵工署迅行糾正制止。

3.統制局在瀘州撥交滇緬運輸局之酒精頃接電報自本月十九日起至廿一日止共已運出廿五車

4.滇緬局運至曲靖之空桶已由曲站着手提出交軍公商車帶運唯此次運曲之空桶有少數損壞及缺少桶蓋者又曲靖檢查所方面對於車輛裝備物資已滿者表示似可免予帶運特併報請查照

決議：滇緬運輸局由昆運出空桶時應選擇完好堪

用桶蓋齊全者至於運輸空補一事係奉統制局電令飭辦應函曲靖檢查所儘量協助。

5，八月份截至廿六日止川滇東路公商車輛由曲靖起運噸數共為九十三噸

二，主席報告：

1，本會為明瞭各機關滇境存資運出情形起見特擬定滇境物資運輸狀況旬報表格式（已分送各代表）請各機關照式畫製按旬填報下次會報時請將八月份下旬填報

2，運輸統制局頒發之搶運計劃規定自七月份即開始搶運限十月底運完滇境存資參加搶運之主要機關為滇緬運輸局川滇鐵路西南公路及川滇東路運輸局四個單位此項計劃本席於七月底始行收到現在

已到八月底關於過去七八兩月搶運成績如何以後九十兩個月如何推進亟應加以檢討過去兩月搶運成績以滇緬運輸局比較良好因七月間中緬局已在開始將保山物資搶運下關統制局規定保山存資限七月十五日前搶運過功果橋實际上保山兵資截至七月廿一日止共計已搶出九千三百餘噸其中除有九百餘噸因油料不足搶運至永平外其餘均已運至下關并有一小部份已運至昆明雖時間方面較統制局規定遲數日但所担任之運量較原規定者超出甚多故第一期搶運計劃已告完成第二期統制局規定係將永平下關一帶存資於九月底前運至昆明查八月份因缺乏油料運量甚少目前公路運輸主要工作第一為尋覓油料第二為利用商車自備油為公服務前者統制局已將酒精統籌分配後者已由滇緬局擬

具辦法（凡商車自備汽油代汽油或酒精為公服務者除照現行運價付給運費外每噸公里不論空車重車一律給予油貼五元）呈統制局核定昨奉電諭已准照辦唯應於九月底前將下關物資運出三千噸至昆明等因此項辦法如能實行則三千噸運量或可達到統制局所撥滇緬局酒精如能於九月份運到同時利用本局改裝之木炭車重油氣化器車及自備油料之商車三千噸則九月份當可將永關一帶存資運出六千噸至昆明大約十月底即可將永平下關一帶兵工物資全數運至昆明

三、川滇鐵路袁處長報告

本路奉交通部令飭報搶運情形已將撥給各機關噸位及多餘噸位報部

73

主席提示：川滇鐵路裕餘噸位仍應儘量利用俾減短車運輸途程加速達成搶運任務

中運公司錢專員報告

曲筑綫八月份截至廿五日止軍公商車及中運車運量共為527噸其中中運車只運四十一噸日前接貴陽電話以奉　何總長令儘量將運到貴陽之兵工物資趕運重慶供用故八月份車輛大部担任此項任務今後十二個月內統制局每月允撥酒精廿萬介侖（將黔桂兩省六個酒精廠出品撥中運用）故油料方面可無問題九月份運輸計劃尚未奉到但已通知各廠迅即修車準備大約曲筑綫每月中運車可担任二千噸商車可担任一千噸如中緬局車一百輛撥交後運量尚可增加

五、川滇東路運輸局鄭代表報告

本局車輛現編組為三個大隊分段行駛接運俟統制局酒精撥到後擬將三個大隊車輛全部調在曲靖威寧間担任搶運工作故目前最希望兵工署能在威寧設庫統制局每月如能撥足酒精十萬介侖則曲威段僅本局車輛即可担任三千噸

主席提示：

（一）關於曲筑綫及曲瀘綫搶運任務請錢鄭二代表逕與貴局方面切實聯絡擬定方案後書面通知本會以便通盤籌劃本會為統制局滇境物資搶運優先支配委員會（以下簡稱優先支配委員會）之一部份故對於整個搶運計劃必須全部明瞭

（二）兵工署滇境存資搶運計劃業經優先支配委員會從

一次會議決改為(1.)曲靖每月運畢節二千噸以一千噸轉運瀘縣(2.)曲靖每月運貴陽二千五百噸以五百噸轉運交兵工署40 41 42廠及重慶請中運公司及川滇東路代表分別查照

(三)查优先支配委員會第一次會議紀錄中資委會以在滇工廠急需拆運機器材料約875噸次要拆運機器材料約一二八八六噸兩共約一三七六一噸擬先將急需器材875噸自備車輛運瀘因自存油料不敷提議請統制局酌撥經決議仍應由資委會自籌此事資委會準備情形如何請下次會議時書面報告

六、臨時決議事項

一、目前滇境存資最多者首為兵工署此次搶運滇境存資亦以兵工物資為最緊要上次會議兵工署代表出

席甚遲此次則未出席致各方聯絡洽商事項無法進行應即通知兵工署昆明辦事處指派妥員準時出席

二、根據目前鐵路運輸狀況川滇鉄路每月噸位中可有四千五百噸撥給兵工署應用平均每日需裝車一百五十噸實際上目前大板橋庫裝車能力極低每日不過四五十噸與計劃所規定相差甚遠關於大板橋兵資由庫運至車站裝車之短途運輸問題上兩次會議曾討論利用板車嗣因兵工署嫌雲南省驛管理處運價過高轉請滇緬局代辦滇緬局為求達成任務起見亦可代辦唯兵工署既嫌原定運價過高則滇緬局於簽訂合約時對於運價價一節自應參照瀘昆驛運管理分處之運價加以合理之分析檢討經双方同意後即簽訂合約（務於八月廿一日簽訂合約）

77

三、復興公司史代表提議

1、目前各方均需要汽油空桶現本公司滇境各地所存空油桶截至八月廿日止計平彝92隻楚雄1342隻下關1947只永平590隻保山3363只共計7334只亟願出讓各機關需要者擬即價讓

2、保山存有桐油二百七十餘噸目前無法外銷擬請酌予派車運回如無車可派擬請設法練成柴油以資利用（桐油練製柴油方法甚為簡單）

決議：

1、目前各運輸局均存空桶甚多尚未運出此項一時尚不需要

2、保山所存桐油目前無法派車運昆至於練製柴油一節俟與液委會及華南式重油氣化器學校研究後再行決定

——完——

滇境物资抢运会议第五次会议记录（一九四二年九月六日）

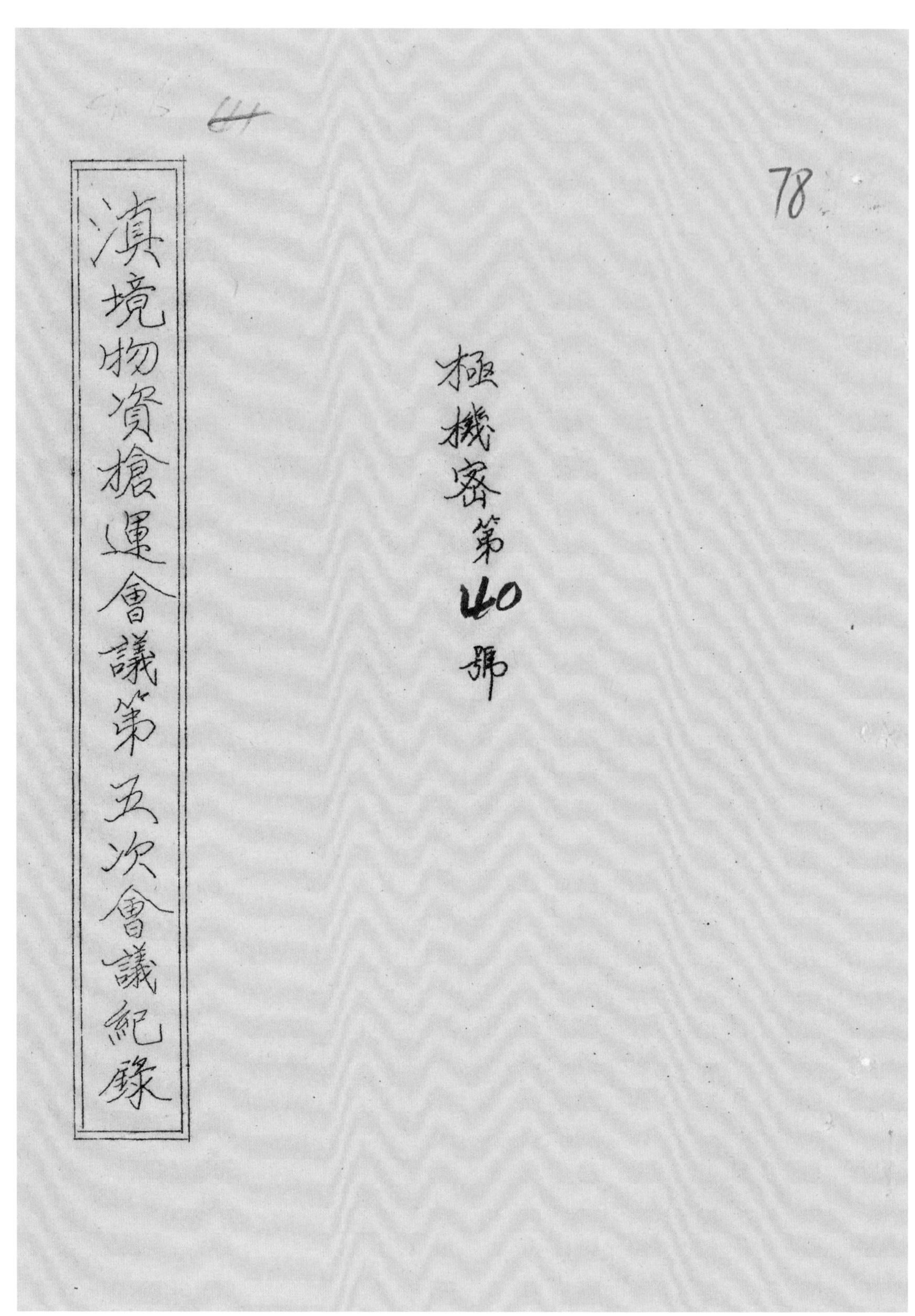
64

78

滇境物資搶運會議第五次會議紀錄

極機密第40號

滇境物資搶運會議第五次會議

日期　三十一年九月六日上午九時

地点　昆明狀元樓西南公路運輸局駐昆代表辦事處會議室

出席

運輸統制局　葛灃

滇緬公路運輸局　宗之琥

西南公路運輸局　萬國賓

中國運輸公司　錢　鵬

川滇東路運輸局　鄭獨步　汪友麟

川滇西路運輸局　周　綏

川滇鐵路公司　袁紹昌

昆明空運站　林紀猷

交通部瀘昆驛運管理分處　程樹仁、李遵舜

雲南省驛運管理處 曹壽庵 孫楚生

兵工署昆明辦事處 陳修和 王文俊

軍政部第三交通分處 張詩儂

航空委員會駐昆專員辦公室 蘇藩

空軍第二轉運所 劉尚賢

資源委員會運務處昆明辦事處 汪陸靜

交通部駐昆代表 高鍪

軍需署駐昆代表 鍾毓三

交通司駐昆代表 張詩儂

交通部昆明材料廠 譚家樹

液體燃料管理委員會昆明辦事處 俞同奎

歐亞航空公司 陳德[illegible]

主席 葛參事灃

紀錄 湯傳金

開會如儀

討論及決議事項

一、促進昆東綫兵工物資運量

主席報告：

根據目前各机關不甚需要鉄道噸位情形今後川滇鉄路運量每月可有4500噸撥給兵工署應用川滇鉄路八月份撥給兵工署噸位原規定為三、〇〇〇噸自六日起按日撥車一百輛但兵工署方面自八月十一日起至八月底止共運出1500噸僅及原規定之半數其原因在於庫房與鉄路車站間之短途運輸未能解決現大板橋庫房與車站之短途運輸已由滇緬公路運輸局與雲南省驛運管理處簽訂運輸兵資每日80—100噸之合約再加兵

82

工署庫方原有每日五十噸之輸力則每日可裝車150噸
每月運出4,500噸之任務當可達到
雲南省驛運管理處孫代表報告
大板橋庫站間短途運輸本月八日可以開始
決議：
(一)兵工署大板橋庫方多備裝卸工人各種起運手續（如
起票派押運員等）力求迅速
(二)兵工署大板橋庫站間短途運輸即日實行
(三)鐵路方面務須按日撥足噸位
二、昆明以東接運兵工物資油料準備情形
中運公司錢代表報告：
渝筑綫現趕運酒精四百噸至貴陽其中約可送二百
噸至曲靖一俟到達即可開始運輸

川滇東路鄭代表報告：

瀘州方面已開始運酒精南下

上次規定每月由曲靖運兵工物資一千噸至宣威現改為運至威甯已報 運輸統制局并獲悉已奉 准

三、最近兵工物資運輸及設庫情形

兵工署昆明辦事處陳處長報告：

(一)兵工署物資由曲靖轉往瀘州貴陽上月(八月)因燃料缺乏故運量甚少

(二)設庫問題 本處因管區甚大現在添設新庫甚感困難且籌備亦須時日瀘昆綫以威甯畢節以前即擬設庫現威甯方面已抽調人員前往進行恐尚有相當時日畢節方面亦在籌備昆明方面西站設庫事宜已在進行至柘東路庫房因管理及警衛兵力均不敷無法抽

84

調撥暫時不辦所有空運到昆非危險亦非爆炸品物資即請逕請西站至沾益一綫只在馬龍曲靖平彝三地設庫

(三)本處大板橋庫方自有之工具担任庫站間短途運輸能力平均每日約五十噸加雲南省驛運處每日一百噸之輸力則每月鉄路運量可運出3400噸唯曲靖方面本處庫房尚未建好故上項每月到達曲靖之3400噸兵工物資應請中運公司及川滇東路設法與鉄路銜接轉運

主席提示：

(一)陳處長提出之第三点曲靖以東接運兵工物資問題甚為嚴重此事應請中運公司及川滇東路代表特別注意

(二)曲請兵工署所需之庫房問題與曲靖物資儲滿後兵資由大板橋運至馬龍入庫及其裝卸問題由滇緬運輸局宗科長會同有關各方面解決

(三)兵工署平彝庫設法增加儲量以便到曲物資先行轉運至平彝

四、滇緬綫八月份運輸情形

主席報告：

(一)滇緬運輸局車輛八月份兵工材料運量因缺油關係為數甚少計由保永關楚到昆者140噸由保永到關者約348噸此外軍公商車運到昆明者376噸

(二)關昆段兵工物資驛運自八月十七日起開運截至八月底為止計已運出一百五十餘噸進行頗為順利

五、下關至弦鄉驛運問題

主席報告：

關拉段驛運前決奉　運輸統制局電令飭辦現已與雲南省驛運處訂妥合約兵工署方面并已準備在拉鮓設庫堆近奉　統制局電諭此事已有變更即此綫不運兵工物資現合約已訂各種工作均已準備如何解決仍請兵工署方面重加考慮

兵工署昆明辦事處陳處長報告：

關於川滇西路之運輸問題本署過去曾詳加考慮因運至拉鮓以後轉運極感困難管理方面亦覺不便現統制局既有取消利用此綫之意似可將關拉段已訂合約之運輸工具移至關昆段服務

決議：

電報　運輸統制局將關拉段已簽訂合約之運輸工

具移至關昆段應用

（附註：已由滇緬公路運輸局呈報 統制局）

六、昆明至蒙姑之驛運及金沙江水運

主席報告：

昆明蒙姑間驛運 統制局搶運計劃中曾經規定應予利用此段驛運擬仍由滇緬運輸局與雲南驛運管理處商訂合約至蒙姑至宜賓段金沙江水運已由金沙江工程處辦理試航

兵工署昆明辦事處陳處長報告：

關於金沙江水運事宜本人最早即主張利用因此段水道過去亦曾利用運雲南之銅至四川因灘險關係當時船隻係分九段行駛故目前如能有人主持金沙江之運輸則通航可以辦到至昆明至會澤或蒙姑之驛運目

88

前可以舉辦本處并已派人在此綫籌備（昆明至會澤約270公里會澤至蒙姑約四十公里）

決議：

（一）昆明會澤段驛運俟先舉辦

（二）金沙江水運问題另行商討

七、運輸統制局撥給酒精之分配及運輸

主席報告：

統制局撥給滇緬局之酒精係以每批到瀘數量三分之二撥滇緬局至撥足為止但川滇東路方面似以到瀘酒精之半數撥給滇緬局查滇緬局擔運任務較川東路為緊急距離後方及油料來源地較川東路為遠故嗣後到瀘油料請川東路仍照 統制局規定先以2/3運昆撥滇緬局至撥足規定之數量為止

八、汽油空桶運輸

主席報告：

汽油空桶川中各酒精廠需要甚急滇緬局除已將一部份空桶託中運公司交本行車輛照規定帶運外一部份空桶託川滇鐵路運至曲靖分交中運帶至貴陽川滇東路帶運瀘州務請川東路切實執行以免影响酒精廠之出品無法運裝

主席提議：

汽油空桶運輸極為重要昆明以東之運輸滇緬局事實上管理困難擬由各路局分段負責各該段之運輸運至瀘渝後交運輸統制局統籌支配滇緬局之空桶運至曲靖後分由中運公司及川滇東路分別統籌帶運事宜

90

决议：照办

九、军公商车带运汽油空桶奖金规定如左

昆明至贵阳每只空桶国币贰拾元

曲靖

贵阳至重庆每只空桶国币贰拾元

昆明至泸州每只空桶国币贰拾伍元

曲靖

永平至昆明每只空桶国币贰拾伍元

下关至昆明每只空桶国币贰拾元

楚雄至昆明每只空桶国币拾伍元

十、其他决议事项

（一）川滇铁路昆明西站兵工署仓库接收物资时间每日应自上午六时起至二十二时止

91

（二）各机関空運到昆尚須接轉之物資應隨到隨即轉運其運輸情形并請隨時報告本會以便彙報運輸統制局

（三）川滇鉄路自八月一日起承運兵工署物資之運費由滇緬公路運輸局代付

——完——

交通部公路总局滇缅公路运输局关于检发远征军租用车辆赶运军品会议记录致昆明公商车辆调配所的代电

（一九四四年八月二十二日）

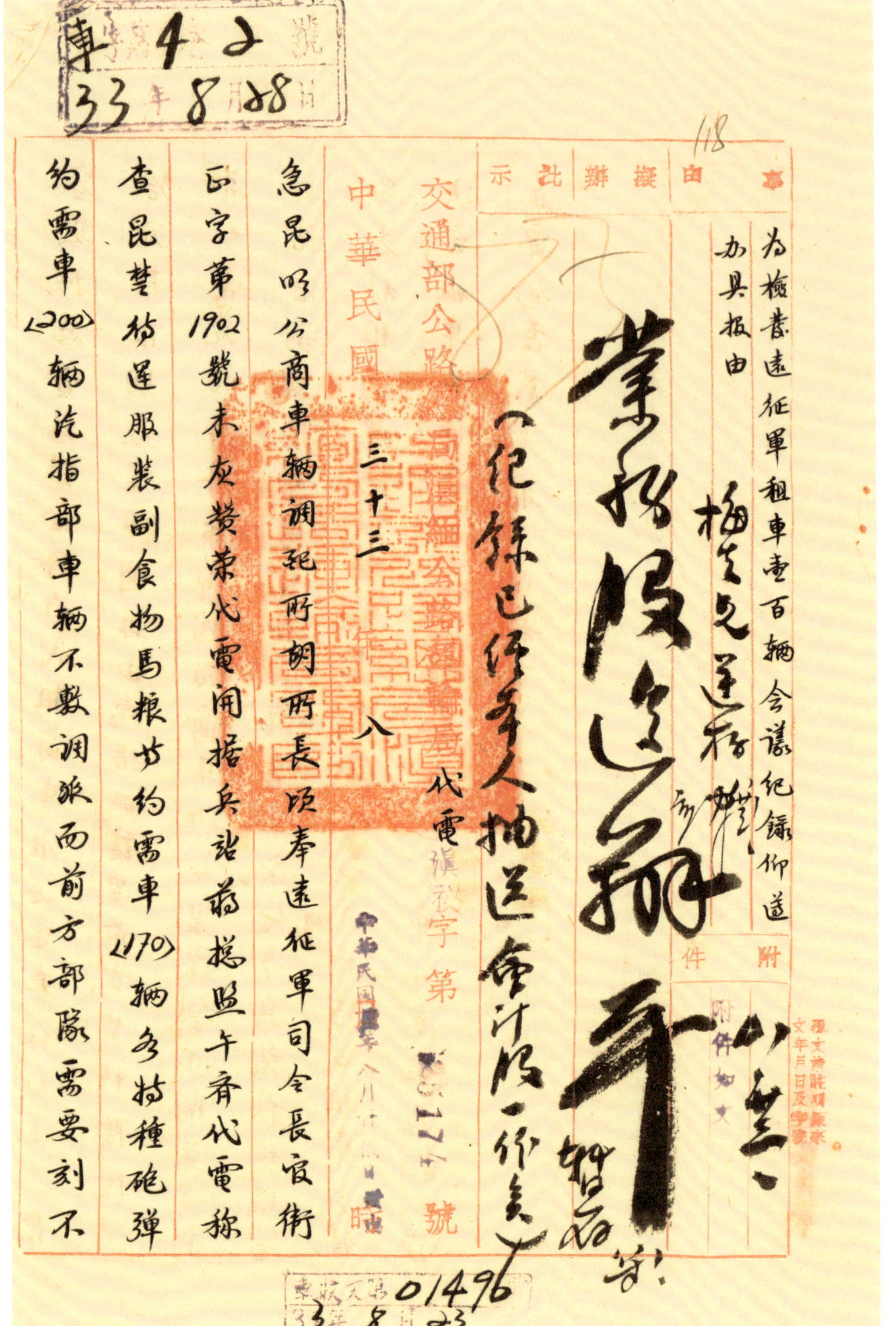
急昆明公商车辆调配所胡所长：顷奉远征军司令长官卫（立煌）字第1902号未灰赞荣代电开：据兵站总监午齐代电称：查昆楚预运服装副食物马粮等约需车（170）辆，另特种炮弹约需车（200）辆，汽指部车辆不敷调派，而前方部队需要刻不……

容緩擬懇電飭滇緬路局代租商車准按軍車行駛辦法發
給油料限期趕運下関再由汽指部接運前方等情除復准
并分電汽指部外希即代租商車〈370〉輛裝運至下関並逕與
兵站洽辦具報」等因自應遵辦唯本案經与兵站務總監洽
妥先行租商車壹百輛輸送急要軍品并於巧日租車會議
決定租車辦法茲附發會議紀錄四份希即遵辦具報勿誤
為要局長龔灃未養運秘附會議紀錄四份

附：远征军租用车辆赶运军品会议记录（一九四四年八月十八日）

120

遠征軍租用車輛趕運軍品會議紀錄

日期　三十三年八月十八日下午三時

地点　黑林舖滇緬公路運輸局

出席　葛灃　胡維平　湯傳金　趙象乾　商車第六大隊

湯嘉木　商車第四大隊　李鳳鳴　〃〃〃十三〃〃

顧鼎昇　〃〃〃五〃〃　楊益斎　〃〃〃十〃〃

段天樞　〃〃〃三〃〃　[illegible]國祥　〃〃〃八〃〃

周級三　〃〃〃一〃〃　郎中林　〃〃〃九〃〃

周金龍　〃〃〃十一〃〃　文武　〃〃〃七〃〃

主席　葛局長　紀錄　湯傳金

報告事項：

一、主席報告

本席此次因公赴保山曾奉遠征軍司令長官衛命令以前幾作戰急需之補給供應品為數至多汽指部現有車輛不敷調派飭即租商車370輛由昆明運至下關等諭當經與兵站蔣總監洽妥先行租用乙百輛俟先將[illegible]急軍品趕運本日所討論者即此次租用乙百輛急範圍此次租用車輛兵站方面除油料部份已有預算外車租與運費部份均無預算現遠征軍擬以各車主應得之車租按照前項現在酒精官價價格折合為介侖數付給酒精

討論及決議事項

一、胡所長報告：昆區酒精商車輛因派往成都等地機場者為數甚多最近遠征軍租車三十輛大部份為木炭昆目前所能調集者不過四五十輛抄請配用一部份木炭車輛載運馬粮服裝等非危險品

決議：由胡所長商同各商車大隊長調派酒精車木炭車各五十輛担任限本月二十七日前出足50輛其餘50輛限九月三日

前出足不得延誤

二、酒精車給與辦法案

決議：酒精車按照貨主供給單程燃料潤料及車輛辦法付給酒精機油及車租現金惟遠征車兵站無車租預貸故將應付之車租按官價折合酒精若干介侖以酒精發給又因車商仍願接收現金故決定將應發酒精按官價讓于滇緬公路運輸局变成現金發給商人

三、木炭車給與辦法案

決議：木炭車照交通部規定運價付給單程運費遠征車所發之運費作價酒精亦交由滇緬局變價給與現金

四、木炭車行駛終點請以雲南驛為終點以減少行駛日程而便回程載運案

決議：轉呈長官部核准

五、過去遠征軍租用車輛到達下關送往往勒令繼續西駛車主困難太多致多虧累不願應租請改善案

決議：此次租車盡請不再有勒令商車越站行駛情事

六、此次租車之車租及運費請體恤一次付清案

決議：照辦但商車應負責輸送物資至目的地

七、木炭車因駛越蠻山坡天子廟坡因坡陡且長需配用酒精又木炭車耗費機油甚多目前酒精機油均甚昂貴請體恤商艱賜予救濟案

處長核示：單方限於規定及預算事实上不能另給費用茲為体卹各商車困難并予救濟計(一)凡應租之木炭車得以官價向滇緬局價購昆明雲南驛間單程行駛所需之機油(一加侖)式又四分之一介侖(二)派救濟車一輛專在天子廟坡担任臨時上坡木炭車上坡時之拖救工作免收費用

散会

交通部公路总局滇缅公路运输局关于下发军运座谈会记录并饬遵照办理致公商车辆调配所的训令

（一九四五年一月六日）

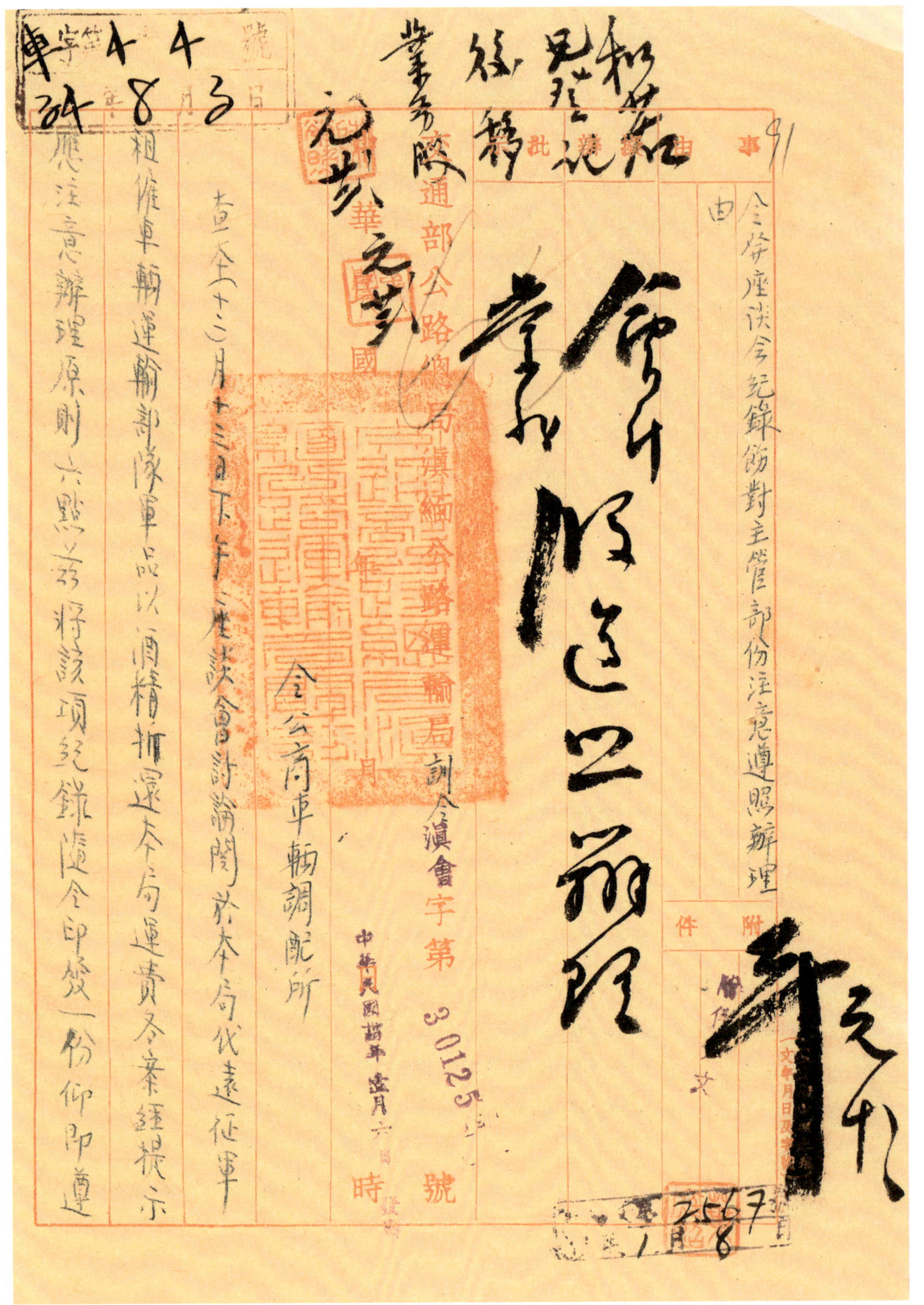

令发座谈会纪录饬对主管部份注意遵照办理

交通部公路总局滇缅公路运输局训令滇会字第30125号

令公商车辆调配所

查本（十二）月十三日下午三时座谈会讨论关于本局代远征军租雇车辆运输部队军品以酒精抵还本局运费各案经提示应注意办理原则六点兹将该项纪录随令印发一份仰即遵

中华民国卅四年一月六日

92

照辦理為要

此令 附發紀錄一份

局長 葛灃

行

監印吳義榮

93

卅三年十二月十三日下午座談會關于代遠征軍租車輛運送部隊軍品以酒精折還本局運費各案

局長提示辦理原則六點紀錄如下

（一）分案報銷

（二）每案征租車輛應將車輛號數列表說明其中關于供油不付車租之車輛亦應列入表內並取具物資運達單證附入報銷呈核

（三）租雇車輛於到達運送地點應由商車車主呈檢取物資機關簽收憑證繳回調配所查核過去漏缺此項手續者為補救計調配所向車主追繳

滇緬公路運輸局

發收憑証，如確有困難，應由車主在原領運費之收據上簽註行運物資註已運到並註短少等字樣，以資查覈。

（四）租雇車輛代運物資，該程已發全程運費，惟因中途機件損壞（拋錨），嗣經指揮行調派單車或另車裝運，其溢支運費由調配行商指揮部方面查出，通告各車主繳回。

（五）指揮部派車裝運車輛，即由湯科長主辦，飭知各指揮行查核並通知調配行办理。

（六）每案運輸完畢，於末車輛出發後一個月時間

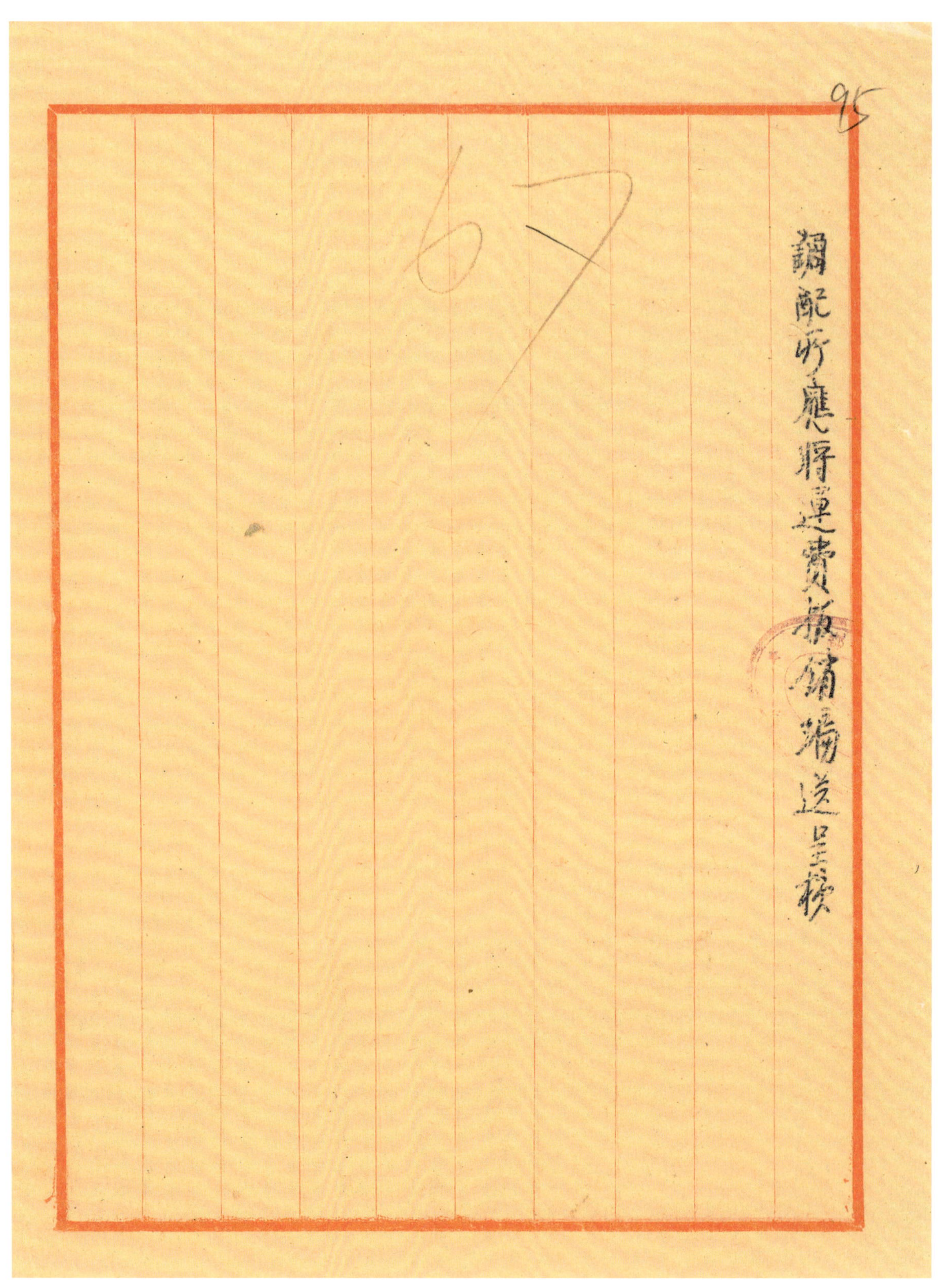

95

67

調配所應將運費表補編送呈核